12194

HISTOIRE

DE

LOUIS VAN BEETHOVEN.

LA ROCHELLE. — TYP. DE A. SIRET,
PLACE DE LA MAIRIE, 3.

HISTOIRE

DE LA VIE ET DE L'ŒUVRE

DE LUDWIG VAN

BEETHOVEN

Écrite en Allemand par Antoine Schindler

TRADUITE ET PUBLIÉE

PAR

ALBERT SOWINSKI

MEMBRE CORRESPONDANT DE L'ACADÉMIE DE CRACOVIE, ETC.

PARIS

LIBRAIRIE DE GARNIER FRÈRES

6, RUE DES SAINTS-PÈRES ET PALAIS-ROYAL, 215.

1864

A son Ami

M. Hippolyte Barbedette

Auteur des Essais de Critique Musicale
sur Beethoven, Weber, Chopin, Schubert, etc.,
Compositeur de Quintettis

En souvenir d'heureux moments passés en Poitou.

De la part du Traducteur.

LISTE
DES SOUSCRIPTEURS

PAR ORDRE ALPHABÉTIQUE.

M. C. Alard-Guerette, violoncelliste. 1
M. Alexandre père et fils, facteurs d'orgues et harmoniums 2
Mme la comtesse Foulques d'Agoult. 1
M. le marquis Etienne d'Aligre 6
Mme la baronne Anolrus 1
M. le marquis Jules d'Aoust 1
Mme la duchesse d'Audiffret-Pasquier 1
Mme la comtesse d'Auteroche, née Balbiany. 1
Mme la vicomtesse d'Auteroche, née de Laporte 1
M. Alexis Azevedo, homme de lettres 1
M. le comte et Mme la comtesse Alfred de Bagneux 2
M. le comte et Mme la comtesse de Bar 2
Mme la vicomtesse Gustave de Bar, née Dulaismon. 1
Mme Barbault de la Motte 1
M. Hippolyte Barbedette, compositeur et littérateur. 1
M. le vicomte de Bardonnet 1
Mme Baud, née de Pritelly 4
Le R. P. Baudry, supérieur du petit séminaire de Montmorillon. . . . 1
M. Beaussant, sous-préfet de Montmorillon. 1
M. le comte et Mme la comtesse René de Beaumont 2

Mme la comtesse de la Rédoyère, née de Chastellux 1
Mme Mélanie Bellenger. 1
M. le comte de Belveze. 1
M. Beluze, président du Cercle catholique 1
M. Bertaux. 1
Mme la vicomtesse Émile de la Bèsge 1
Mlle Thérèse de la Bèsge. 1
M. Bessems, violoniste et compositeur de musique 1
Mme la marquise de Beynac 1
M. Édouard Billard, professeur de piano 1
Mme la duchesse de Blacas, née de Damas 1
Mme la comtesse Xavier de Blacas, née de Chastellux. 1
M. François Bonhomme. 1
M. A. de Blum 1
M. le marquis de Bouillé 1
M. le comte Roger de Bouillé 1
M. du Boulet de la Bastide. 1
MM. Brandus et Dufour, éditeurs de musique 1
Mme de Bréchard 1
Mme la comtesse de Brosses, née de Villeneuve de Trans 1
M. Bruneau, organiste de la Métropole de Bourges 1
M. Victor Polearch-Brodzki, sculpteur 2
Mlle Aldona Bulharowska 1
M. le baron Anatole de Cambray 1
M. le comte et Mme la comtesse François des Cars 1
M. Gustave Chadeuil, littérateur. 1
M. Étienne Challiot, éditeur de musique 1
Mme Eugénie de Chambure 1
M. Henri de Chaponays 1
Mme la marquise de Chastellux 1
M. l'abbé Charbonneau, professeur au petit séminaire de Montmorillon. 1
M. Chaudreau, procureur impérial, à la Rochelle. 1
M. Charles de Chergé 1
M. Léonard Chodzko, homme de lettres 1

LISTE DE SOUSCRIPTION.

Mme la comtesse Augusta de Choulot	1
M. F.-F. Clerc, docteur en médecine	1
Mme de Clock, de Poitiers	1
Mme la baronne de Coriolis, née de Beauffort	1
M. le prince Wladislas Czartoryski	1
M. Dalmières, organiste de la grande église à Saint-Étienne	1
M. le comte de Damas d'Anlezy	1
M. le comte Maxence de Damas d'Hautefort	1
M. le comte et Mme la comtesse Paul de Damas	1
M. le marquis et Mme la marquise Elie de Dampierre	1
M. F. David, député des Deux-Sèvres	2
M. Eugène Delavault.	1
M. Delorme, professeur de musique	1
M. Henri Dombrowski, pianiste, compositeur de musique	1
M. l'abbé Ducos, professeur de musique au petit séminaire d'Auch. .	1
M. Durand-Fardel, inspecteur des eaux de Vichy.	1
Mme A. Duverne, née de Leyval	1
M. Antoine Elwart, professeur au Conservatoire, compositeur littér. .	1
Mme veuve Erard	1
M. le comte de Joannes d'Esgrigny	1
M. le marquis et Mme la marquise d'Eyragues	2
M. Adrien Eytmin	1
M. le comte Alfred de Falloux, de l'Académie Française.	1
M. Farge, chef d'orchestre, directeur des Orphéons.	1
M. Fétis, maître de chapelle de S. M. le roi des Belges.	1
M. Foret de Bonsens, à Angoulême	1
M. Charles Fournier, notaire à la Rochelle.	1
M. Le Froid Amédée de Méreaux, comp. de musique, littérateur. . .	1
M. H. Gaillard.	1
M. Eugène Geoffroy, professeur de musique	1
MM. Girod, éditeurs de musique	4
Mme la baronne de Goyon.	1
M. le comte Charles Grabowski	1
M. Grosjean, organiste de la cathédrale de Saint-Dié	1

Mme la princesse Puzyna, née Wawrzecka	1
Mlle Rang, de la Rochelle.	1
M. le duc et Mme la duchesse de Rauzan	2
M. Henri Ravina, pianiste et compositeur de musique	1
M. Ernest Redon, à Bordeaux.	1
M. Simon Richault, éditeur de musique.	1
Mme Robert de Champal, à Nancy.	1
M. le comte G. de Rohan-Chabot.	1
Mme Paul de Rolland	1
M. le baron Amédée de Roubin	1
M. le marquis de Ruolz	1
Mme de la Salinière.	1
M. A. Sarreau, professeur de chant, maître de chapelle de Saint-Michel, à Bordeaux	1
M. P. Scudo, compositeur et littérateur	1
Mme Skarzynska.	1
M. Marc Sokolowski, guittariste polonais	1
M. de Souvigny, banquier à Poitiers.	1
Mme la comtesse Sturza, née princesse Ghyka	1
M. le marquis et Mme la marquise de Surineau.	1
M. Sylvain, de Saint-Étienne, littérateur.	1
M. le comte Louis de Talleyrand-Périgord.	1
M. Adam Underowicz	1
M. le comte Severin Uruski, maréchal de la noblesse	1
Mme la duchesse d'Uzès	1
M. le comte Théobald de Walsh	2
M. le vicomte de Varesquiel	1
Mme la comtesse de Villars	1
MM. Wolff et Herbault (maison Pleyel)	1

AVANT-PROPOS DU TRADUCTEUR.

La littérature musicale française est riche en ouvrages sur Beethoven. Mais ce génie puissant, dont les sublimes inspirations réveillent en nous les plus nobles sentiments, n'a point trouvé un historien spécial. Une Biographie complète du grand compositeur manque encore en France.

L'Allemagne possède plusieurs travaux historiques relatifs à Beethoven. La biographie de M. Antoine Schindler, ami particulier de l'illustre maître, ayant vécu longtemps dans son intimité, répond à toutes les exigences. Écrite sur les lieux, par un juge compétent, elle s'appuie sur des documents authentiques.

Invité par M. Schindler à traduire son ouvrage en français, j'ai entrepris ce travail pour rendre hommage à l'immortel créateur des Symphonies et pour payer un juste tribut de reconnaissance à la ville de Vienne, séjour habituel du grand maître, où je puisai les premiers éléments de l'harmonie.

Le livre de M. Schindler, dont j'offre la traduction aux amateurs et artistes français, est regardé, à juste titre, comme le seul donnant l'histoire complète de Beethoven. Il renferme, outre la partie musicale, des détails intéressants sur le caractère, les relations et les souffrances physiques et morales de cet homme célèbre.

Dépositaire des dernières volontés, connaissant les pensées les plus intimes de son maître et ami, M. Ant. Schindler répond aux accusations injustes, éclaircit bien des points obscurs et, sans entrer trop avant dans les discussions métaphysiques, il met une grande impartialité dans les jugements qu'il porte sur l'œuvre de Beethoven.

Raconter simplement les créations du génie, c'est le plus sûr moyen d'être compris par le vulgaire ; mais, il faut s'inspirer du beau pour trouver le chemin du cœur humain. Le beau et le vrai constituent la philosophie de l'art. Ainsi procède Beethoven ; la tendance de son génie est toujours morale, aussi il remue profondément les peuples, quand il peint l'humanité souffrante avec ses passions et ses aspirations au bonheur. La vie de Beethoven offre des enseignements graves aux jeunes artistes qui veulent marcher sur ses traces. Qu'ils étudient donc l'histoire de ses travaux, qu'ils méditent sur leurs beautés poétiques, qu'ils se recueillent en présence de cette grande individualité si cruellement éprouvée, et qu'ils tâchent de puiser du courage dans la connaissance des difficultés que ce génie étonnant avait à vaincre pour arriver au but. Pour cela, il faut une bonne Biographie, conçue sur un plan rationnel et nourrie de faits.

L'édition française, qui paraît dans un seul volume, a été retardée par les difficultés inséparables d'une œuvre nouvelle, qui cherche à se faire jour à travers le mouvement littéraire de Paris. Mais, grâce au concours empressé de mes amis et élèves, ces difficultés ont été levées. Il était nécessaire de supprimer quelques longueurs de l'édition allemande qui intéresseraient peu les lecteurs français. La partie essentielle du livre ayant été conservée, l'ensemble ne peut qu'y gagner...

Depuis que ces lignes furent écrites, M. Schindler a rejoint son maître et ami dans la tombe. Connaissant ses intentions touchant l'édition française, et ayant reçu des encouragements très-flatteurs de la part des écrivains qui tiennent la première place dans la critique musicale française, tels que MM. Alexis Azevedo, Gustave Chadeuil, J. d'Ortigue, P. Scudo et Sylvain Saint-Étienne, etc., je me fais un devoir de ne plus retarder la publication de l'histoire de Beethoven.

INTRODUCTION.

Lorsque pendant la maladie de quatre mois, qui coûta la vie à Beethoven, il fut question de Plutarque entre lui, Étienne Breuning et l'auteur de ce livre, Breuning profita de l'occasion désirée depuis longtemps pour demander au Maître quel serait le biographe qu'il choisirait parmi ses contemporains. « Rochlitz, répondit-il sans hésitation, s'il doit me survivre ! » Puis il ajouta, que probablement beaucoup d'habiles auteurs s'empresseraient, après sa mort, d'amuser le public avec des anecdotes et des histoires plus ou moins fondées, comme cela arrive aux hommes qui ont de l'influence sur leur siècle. C'est pourquoi il désirait sincèrement que tout ce qu'on dirait un jour de lui fût marqué au coin de la vérité, tant par rapport à lui que par rapport à telle ou telle personne.

Cette déclaration, exprimée dans le moment où notre ami allait être délivré du fardeau de la vie, était trop importante pour qu'on ne lui donnât pas suite. Mais il fallait mettre la plus grande prudence dans nos conversations et dans tout ce qui pouvait faire allusion à sa mort. Son imagination excitée ne rêvait que plans de voyage, grandes compositions, etc., comme s'il eût été en parfaite santé. Bref, il ne croyait pas, dans ce moment, que son temps fut si proche. Il ne tenait pas à en être averti; il voulait vivre, avant tout; il avait encore beaucoup à créer, et ce pouvoir il le possédait plus que tout autre. La prudence et nos propres désirs nous engageaient donc à attendre une occasion convenable, pour ramener Beethoven au sujet en question. Cette occasion se présenta malheureusement bientôt. La perte successive de ses forces physiques et son peu d'espoir de guérison, lui firent envisager la mort avec un certain esprit stoïque. Plutarque et ses auteurs grecs favoris étaient toujours près de lui; un jour, il se mit à parler de Brutus (dont la statuette était sur sa table) et nous profitâmes de la circonstance pour renouer le fil rompu relativement à sa Biographie. Résigné à son sort, Beethoven lut avec une attention soutenue un projet écrit par Breuning, et dit, en le rendant : « Là est tel papier, là un autre; prenez-les et faites-en le meilleur usage, mais dans la stricte vérité; je vous en rends responsables. Écrivez aussi à Rochlitz. »

Outre les papiers désignés, il nous donna encore d'autres pièces et notices. Et, voulant nous prouver sa confiance à cette heure suprême, il remit à Breuning ses papiers de famille et certains documents, et, à moi, sa correspondance générale.

Après la mort du Maître, nous résolûmes de faire connaître au conseiller Rochlitz ses dernières volontés,

lorsque Breuning tomba malade, et alla rejoindre dans l'autre monde son ami de jeunesse deux mois après. Ce malheureux évènement me mit dans un grand embarras, car je perdais, dans Breuning, le seul homme qui connût les affaires particulières de Beethoven. La veuve de Breuning ne remit les papiers qui étaient en possession de son mari, à l'exception de quelques documents, qui furent déposés chez le docteur Bach, curateur. Il ne me restait plus qu'à faire connaître à Rochlitz les désirs de Beethoven, relativement à sa biographie, ce qui fut fait à la date du 12 septembre 1827. Le 18 du même mois, je reçus la réponse suivante : « Les singularités qu'on remarqua dans la ma-
» nière d'être de notre grand Beethoven, ne lui ont
» jamais nui dans mon esprit. J'avais depuis longtemps
» apprécié son caractère noble et élevé. Pendant mon
» séjour à Vienne, en 1822, j'eus l'occasion de le voir
» quelquefois d'abord, ensuite plus souvent ; et, dans
» nos entretiens, il se montrait franc et confiant, mais
» son infirmité le gênait et rendait la conversation
» difficile. La connaissance et l'appréciation de son
» grand talent et des services rendus par lui à l'art
» musical me firent suivre toujours avec intérêt la
» marche et le développement de son génie. N'ayant
» jamais négligé aucune occasion d'apprendre quelque
» chose de positif sur sa vie extérieure, autant qu'elle
» se reflétait dans ses œuvres, je me croyais capable
» de devenir son biographe à sa mort. J'avais résolu de
» publier sa biographie avec celle de C.-M. de Weber,
» dans mon livre intitulé : « *Aux amis de l'art mu-
» sical.* » Aujourd'hui que vous m'offrez de nouveaux

» matériaux et que vous me faites connaître les désirs
» de Beethoven, jugez d'après tout cela combien j'aurais
» été heureux de me rendre à votre invitation et à celle
» des autres amis. Malheureusement, il m'est impossible
» d'entreprendre un tel travail. Ma vie passée dans des
» efforts continuels, depuis les jeunes années, se venge
» sur moi d'une rude manière..... Je suis obligé de
» changer complètement ma manière de vivre, et le
» changement le plus important est de renoncer au
» travail; par conséquent, je ne puis me charger d'au-
» cun ouvrage nouveau, et il m'en coûte beaucoup de
» ne pouvoir remplir la tâche importante que vous me
» proposez. Je suis très-fâché de vous donner une telle
» réponse; mais la nécessité commande de nous mettre
» d'accord; je ne vous remercie pas moins de votre
» confiance. »

Malgré ce refus formel, je me risquai à réitérer ma demande, avec la promesse de mettre à sa disposition le fruit de mes relations personnelles avec Beethoven.

A la date du 3 octobre 1827, Rochlitz m'adressa une lettre de remercîments pour l'envoi du premier testament de Beethoven, de l'année 1802, lettre dans laquelle il me disait notamment :

« Je ne puis vous exprimer combien je suis touché
» à la lecture de ce document, qui renferme des
» preuves irrécusables de la bonté du cœur de notre
» grand Beethoven. Nul doute que tous ceux qui le
» liront n'éprouvent la même impression en apprenant
» les souffrances de ce génie sublime. C'est la page la
» plus éloquente qu'on puisse invoquer en faveur de
» l'homme et de l'artiste. Quant à votre désir répété

» de me voir entreprendre l'exécution de ce travail en
» question, je ne puis que répondre : hélas ! »

Après cette déclaration, je ne fis plus aucune démarche, et ne voulant pas me dessaisir des papiers qui étaient entre mes mains, j'attendis les évènements. On a vu dans la première préface comment cette attente m'avait réussie, et l'on verra, par ce qui suit, que personne n'était dans une meilleure position que moi pour parler de Beethoven.

Quand il s'agit d'une biographie de l'artiste qui représente le point culminant de la musique allemande de la dernière époque, il faut faire voir, avant tout, dans quelles circonstances cet homme de génie arriva à l'apogée de son art; comment il fit pour enfanter des chefs-d'œuvre impérissables. Il faudrait ensuite donner une juste idée de son caractère personnel tel qu'il se peint dans les écrits qui restent de lui. Pour parler de Beethoven, autrement que sous le rapport artistique, il faut l'avoir connu, l'avoir observé longtemps, l'avoir vu dans les peines de la vie, pour pouvoir juger de leurs effets sur lui. Enfin, pour donner un portrait fidèle, appuyé sur des faits dignes de foi, personne ne peut le faire avec plus de connaissance de cause que moi, ayant été de sa société intime pendant bien des années. Mais je sens profondément quels devoirs cela m'impose (1).

J'ai maintenu la division de cette Biographie en trois périodes. Cependant la *deuxième* a subi quelques changements. La première division n'était pas faite d'après

---

(1) Voyez la GAZETTE MUSICALE de Leipzig de 1826, p. 363, ainsi que la GAZETTE MUSICALE de Berlin, de la même année, p. 245, sur les relations de Schindler avec Beethoven.

mes idées; elle fut proposé par E. Breuning, à la suite d'un entretien que nous eûmes avec Beethoven et adoptée par lui à son lit de mort. Comme il ne s'agissait que de la vie extérieure, les limites de la deuxième période s'arrêtaient à l'année 1813 avec raison. C'était le moment de la vie du Maître illustre, où il était complètement absorbé par son art, au point d'oublier tout ce qui regardait le côté matériel de l'existence. Aussi, les nécessités de tout espèce furent la suite inévitable de cet état de choses. Quelle influence elles exercèrent sur l'âme de Beethoven, il est difficile de le déterminer ici; toutefois, elles réagirent sur lui et nous en reparlerons en lieu et place. C'est pour réunir la vie extérieure du Maître et ses travaux intellectuels, qu'on a prolongé la deuxième période jusqu'en 1814. Car c'est en ce moment là qu'il arriva au plus haut point de sa réputation. D'un autre côté, les événements de famille survenus en 1815, le changement des rapports sociaux, constituent une grande différence entre ces deux périodes et imposent au Biographe l'obligation de séparer ces deux époques.

Les limites naturelles de chaque période sont ainsi marquées. La première période commence à la naissance de l'illustre compositeur et finit en 1800 (quand même le temps d'études et l'époque préparatoire devraient aller au-delà); la deuxième période embrasse l'époque qui s'étend de 1801 à la fin de 1814, et présente Beethoven comme compositeur des symphonies et créateur des grands ouvrages. « Ma jeunesse, je le sens, ne commence qu'en ce moment » (disait-il dans une lettre à Wegeler, à la date du 16 novembre 1801). La troisième période commence en 1815, et finit avec sa mort, en 1827.

Je dois au docteur Wegeler les principaux détails sur la jeunesse de Beethoven. Le docteur fut le compagnon d'enfance du nouvel Amphion jusqu'à 1796. Sa correspondance avec Beethoven complète ce laps de temps jusqu'au commencement de la deuxième période, ainsi que sa *Notice*. Je tiens beaucoup de faits mentionnés dans cette période de Beethoven lui-même, ainsi que de plusieurs de ses amis intimes, avec lesquels je suis resté en relations longtemps après la mort du Maître. Pendant les événements de la troisième période, je vivais dans l'intimité du Maître et prenais part personnellement à toutes ses affaires.

La *partie musicale* indique les moyens à arriver à une intelligente exécution de la musique de piano de Beethoven, basée, non-seulement sur la tradition, mais sur des connaissances solides. Il était nécessaire de laisser réjaillir quelques rayons de lumière sur les personnalités artistiques du temps d'autrefois, et du temps présent, afin d'apporter des éclaircissements dans beaucoup de question. A la fin de l'ouvrage, il sera donné un aperçu général du nombre des éditions des œuvres de l'illustre compositeur. Cet aperçu prouvera à quel point elles étaient répandues.

Mais, les documents qui peuvent contribuer à donner une idée du caractère de Beethoven et de ses sentiments religieux, sont les trois ouvrages suivants de sa bibliothèque de cabinet que Etienne Breuning et l'auteur de ce livre, eurent le plus grand soin de conserver, savoir :
« *Considérations sur les œuvres de Dieu dans le règne*

de la nature » par Ch. Sturm, « *Les Œuvres de Goethe* » et « *l'Odyssée d'Homère.* »

Beethoven avait l'habitude, dans sa jeunesse, et plus tard, de *souligner* les passages de ses lectures qui avaient quelques rapports, soit avec ses pensées et ses sentiments, soit avec son art et les événements de sa vie. Outre cela, il les transcrivait sur son journal, qui renferme ainsi un grand nombre de beaux morceaux. Ces passages jettent une vive lumière sur certaines situations de son existence, circonstances qui ne pourraient être expliquées sans cela. Les notes marginales de sa main offrent non moins d'intérêt.

Chaque période est suivie d'un catalogue des œuvres principales et de moindre importance, relativement à leur composition, leur exécution et leur publication. On donnera, aussi, le nom du premier éditeur. Dans le désordre du catalogue actuel, le rétablissement des dates authentiques n'était point facile. Mais, on verra avec plaisir que nous avons tâché de remédier à cet état de choses par les rectifications jugées nécessaires, autant que c'était possible. Nous donnerons aussi le tableau musical du siècle, une peinture fidèle des sentiments et du degré de culture des musiciens, ainsi que des données sur la position des éditeurs de musique. Tous ces détails sont indispensables pour donner une bonne biographie d'un grand musicien.

Les articles critiques sur les œuvres, dans le temps de leur première exécution ou de leur publication, seront donnés en abrégé, comme faisant partie intégrante de l'histoire du Maître, et pour remplir les lacunes qui existent dans cette partie. Ces critiques donnent l'idée de la manière de juger de l'époque ; elles sont une preuve ostensible de la réaction persistante qui se fit jour contre Beethoven. Elles se ressentent, aussi, des inimitiés et des faiblesses de ses confrères jaloux. Inaperçues d'abord, ces inimitiés opposèrent, plus tard, au développement de la carrière musicale du jeune artiste, des obstacles sérieux qu'il fallait vaincre à toute force.

Mais, l'intérêt puissant, que tous les peuples civilisés témoignent aux créations colossales de Beethoven, dispense l'auteur de donner à sa narration un style trop élogieux. Il aime mieux raconter simplement, afin de ne pas encourir le reproche, fait à sa première édition, de s'être laissé entraîner à des phrases de rhétorique par une trop grande admiration pour l'illustre compositeur. Puisse ce travail obtenir l'approbation des savants et des artistes, c'est le meilleur éloge que puisse ambitionner un livre, traitant d'une science de goût et de sentiment.

Quant à la grande armée des musiciens, on sait qu'ils s'occupent peu de livres de théorie. Beaucoup d'entre eux préfèrent suivre une routine pratique, que de travailler à étendre l'horizon de leurs connaissances. Sur ce point, je n'ai rien à dire, mais il me reste une tâche à remplir, c'est de faire voir, d'après des portraits fidèlement esquissés, combien l'indifférence en matière d'instruction signalée autrefois dans cette classe de musiciens, se rencontre encore parmi ceux de nos jours. N'est-ce pas l'effet des phénomènes du monde surnaturel, que de voir certaines choses conserver leur caractère primitif, lorsqu'autour de nous tout change. D'un côté, on voit des générations entières garder leurs croyances, d'un autre côté, l'esprit humain tendre sans cesse à reformer les principes et les maximes d'autrefois. Bientôt, toutes les portes s'ouvriront devant la civilisation, qui effacera, jusqu'aux derniers vestiges, les préjugés des vieux Philistins allemands. Dans certains cercles il existe encore des individualités de cette espèce en pleine floraison; elles ne diffèrent entre elles que par le plus ou moins d'encens qu'elles brûlent devant l'autel du Dieu Plutus.

PREMIÈRE PÉRIODE.

Depuis la naissance de Beethoven, jusqu'à la fin de 1800.

> « L'homme est dans l'humanité. »
> A. MEISZNER.

I

Louis van Beethoven est né à Bonn, le 17 décembre 1770. Son père, Jean van Beethoven, faisait partie de la chapelle de l'électeur, à Bonn, comme ténor, et mourut en 1792. Sa mère, Marie-Madeleine Keverich d'Ehrenbreitstein, près Coblentz, était déjà morte en 1787. Le grand'père, Louis van Beethoven, né à Maestricht, où le nom de famille existe encore (1), fut basse-taille au service du prince électeur et plus tard son maître de chapelle à Bonn. Il dirigea les opéras du magnifique Clément-Auguste, électeur de Cologne, et mourut en 1773. D'après un portrait du grand'père, peint à l'huile, on voyait combien son célèbre petit-fils le rappelait.

La maison où naquit Louis van Beethoven est située, d'après le

---

(1) L'auteur de cette biographie, se trouvant à Maestricht en 1840, vit, à l'enseigne d'un magasin de denrées coloniales, le nom du grand compositeur : Louis van Beethoven.

docteur Wegeler, dans la rue de Bonn (Bonngasse), sous le n° 515. Ce fait est certifié par la dame Mertens, née Lengersdorf, qui habita en face de la maison, et confirmé par le professeur et docteur Henner, qui avait fait des recherches sur cet objet. Néanmoins, malgré toutes ces preuves, et l'inscription sur le registre des naissances à l'église paroissiale, une vive controverse s'éleva, sur ce point, à l'époque de l'inauguration du monument de Beethoven, en 1845. On opposait à la maison en question, une autre maison dans la rue du Rhin (Rheingasse), sous le n° 934, dans laquelle avaient, en effet, demeuré plusieurs membres de la famille du compositeur qui y devinrent octogénaires. La guerre dura quelque temps, sans que la vérité sortit de ces longues discussions; pendant que le docteur Wegeler, dans une nouvelle notice, maintenait son opinion première, les partisans de l'opinion contraire ne voulaient rien rabattre de leurs prétentions; cette querelle resta sans résultat. Mais il est juste d'ajouter, qu'à la demande du docteur Schild, propriétaire de la rue de Bonn, l'auteur de cette biographie s'adressa directement au frère du grand compositeur, *Jean van Beethoven*, lequel répondit qu'il ne se rappelait pas le nom de la rue où était né son frère *Louis*, mais qu'il la croyait éloignée du fleuve.

Quant au bruit que Beethoven était fils naturel de Frédéric-Guillaume II, roi de Prusse, bruit propagé d'abord par Fayolle et Choron, puis répété dans sept éditions du *Dictionnaire de la conversation* de Brokhaus, il n'avait aucun fondement. Beethoven en avait ressenti un vif chagrin.

Le 7 octobre 1826, il écrivit à son ami d'enfance, le docteur Wegeler, de rétablir la vérité et de défendre la réputation de sa mère. Entre la date de cette lettre et la publication du *Dictionnaire des Musiciens* (1810), il s'était passé bien du temps; on se demande pourquoi on n'avait pas jugé à propos de répondre plutôt aux auteurs du *Dictionnaire;* la raison en est fort simple : ce livre était inconnu en Autriche, et le docteur Wegeler ne jugeait pas la fable digne d'une sérieuse réfutation, « Attendu, dit-il, à la page 5 de » sa notice, qu'avant la naissance de Beethoven, le roi de Prusse » n'est jamais venu à Bonn, et que la mère de Beethoven ne s'est » jamais éloignée de cette ville avant son mariage. » Ainsi, cette assertion tombe d'elle-même. Sur ces entrefaites, l'auteur de cette biographie ayant appris qu'on préparait à Leipsick une 8me édition du *Dictionnaire de la conversation*, écrivit à la rédaction, à la date du 17 février 1833, pour faire supprimer le passage en question, ce qui a été fait.

Pour ce qui regarde la première éducation de Beethoven et son instruction, il faut lire la notice du docteur Wegeler (1) qui renferme des détails intéressants sur la personne, et sur le caractère de notre grand artiste. Le docteur s'exprime ainsi à la page 9 :
« L'éducation de Beethoven ne fut ni très soignée, ni entièrement
» négligée. Il fréquentait l'école publique, où il apprenait la lecture,
» l'écriture, le calcul et un peu de latin ; mais c'est principalement
» à la musique que son père le poussait sévèrement et sans relâche.
» Peu distingué par sa tenue et son intelligence, le père de Beethoven
» avait recours à la violence pour faire mettre son fils au piano ;
» d'un autre côté, il voulait que l'aîné de ses fils pût l'aider un jour
» dans l'éducation de ses jeunes frères. » A cela nous devons ajouter que le fougueux jeune homme, qui avait une volonté de fer, n'était pas facile à conduire. Il avait, aussi, peu de goût pour le violon ; — il existe à ce sujet un conte très poétique. On parle d'une araignée qui, « chaque fois que le petit Louis jouait du violon, se glissait du
» plafond, pour venir l'écouter sur son instrument. La mère, ayant
» aperçu cette compagne de son petit garçon, la tua, sur quoi le
» jeune homme désolé brisa son violon. »

Beethoven, devenu grand, ne se souvint plus de cette particularité de sa jeunesse, qui a été racontée par le D. Christian Müller dans une biographie publiée à Brême. (Voyez l'*Allgemeine musikalische zeitung*, 29ᵉ année, pag. 346).

Bientôt, l'instruction musicale de Beethoven reçut plus de développement sous un certain Pfeiffer, lequel était connu comme directeur de musique, joueur de hautbois, et comme un artiste très capable. Wegeler dit : « Beethoven devait beaucoup à cet
» excellent maître et il lui resta reconnaissant. Étant à Vienne, il
» fit parvenir une somme d'argent à Pfeiffer. » Il paraît certain que van der Eden, organiste de la cour, fut le premier maître d'orgue de notre jeune artiste, et contribua puissamment à ses progrès. Beethoven parlait souvent de cette époque de ses études qui fut décisive pour sa vocation. En peu de temps, et après un travail opiniâtre, il se sentit entraîné vers la musique avec une ardeur qui ne connut plus d'obstacles. Il marcha seul dans la

---

(1) Les notices biographiques sur Louis VAN BEETHOVEN, par le docteur Wegeler et Ferdinand Ries, viennent d'être traduites par M. A. F. Legentil. Paris, chez Dentu, un vol. in-12, 1862.

route que son génie lui ouvrait vers les contrées poétiques. Son nouveau maître, Neefe, connu comme compositeur et chef de musique, initia bientôt le jeune Beethoven aux sublimes conceptions des grands auteurs classiques, tels que Bach et Haendel. Il n'avait encore que douze ans, lorsqu'il fit ses premiers essais de composition que Neefe n'approuva point alors et pour lesquels il se montra sévère. Cependant son jeune élève fut bientôt nommé organiste près la chapelle de l'électeur, Max François, frère de l'Empereur Joseph, et partagea cette place avec son maître en 1785.

Cette nomination du jeune Beethoven, comme organiste à Bonn, ne s'accorde pas avec un passage de la biographie de Neefe, écrite par lui-même, datée de Francfort, le 30 septembre 1782, insérée dans la *Gazette musicale universelle* de 1798 à 1799, d'après lequel Neefe aurait déjà quitté la place de Bonn pour s'établir à Francfort. Mais ce fait n'exclut pas le jugement sévère porté par Neefe sur les premières compositions de Beethoven, qui venait de composer, à treize ans, trois quatuors pour piano, violon, alto et violoncelle, publiés, depuis, par Artaria, parmi les œuvres posthumes. Quant à la place d'organiste que Beethoven occupait avec Neefe, l'*Almanach de la cour*, de 1790, et le docteur Wegeler en parlent, et ces déclarations ne permettent aucun doute. (1)

C'est au comte de Waldstein, premier protecteur de Beethoven, que celui-ci dut sa place d'organiste et les moyens d'aller à Vienne, pour pousser plus loin son éducation musicale. Le comte Waldstein, qui accompagnait l'électeur, n'était pas seulement un connaisseur en musique, mais un bon exécutant. Chevalier des ordres allemands, plus tard commandeur, et chambellan de l'empereur d'Autriche, très-aimé de l'électeur de Cologne, il pouvait avoir

(1) Dans une correspondance sur l'état de la musique à Bonn, insérée dans le MAGASIN DE MUSIQUE, de Hambourg, mars 1783, par C.-F. Cramer, et reproduite depuis dans la GAZETTE MUSICALE DU BAS-RHIN, n° 25, 1858, on lit : « Louis van Beethoven, âgé de 11 ans, fils du ténor
» de la chapelle, est un talent de la plus grande espérance. Il joue bien du piano et avec beau-
» coup d'énergie, déchiffre à merveille, et, pour dire, il exécute en grande partie le CLAVECIN
» BIEN TEMPÉRÉ de J.-S. Bach, que M. Neefe lui a donné. Ceux qui connaissent le célèbre
» recueil des préludes et des fugues dans tous les tons (qu'on peut appeler le NEC PLUS ULTRA
» de la musique), savent ce que cela veut dire. M. Neefe, autant que ses occupations le lui
» permettent, enseigne les élémens d'harmonie et de composition au jeune homme. Pour l'en-
» courager, il a fait graver à Mannheim neuf variations de lui sur une marche. Il est à désirer
» que ce jeune homme, d'un génie incontestable, soit soutenu, et qu'il puisse voyager. IL SERA
» CERTAINEMENT UN SECOND W.-A. MOZART S'IL CONTINUE COMME IL A COMMENCÉ. »
Cette correspondance ne s'accorde pas avec ce que dit le docteur Wegeler de l'âge de Beethoven et du séjour de Neefe à Francfort depuis son départ de Bonn. De quel côté est la vérité ? — Il nous semble que l'opinion de Wegeler doit avoir la priorité comme basée sur les renseignements les plus positifs.

une grande influence sur le développement du génie musical de son jeune protégé. Par suite de son impulsion, Beethoven sentit en lui un instinct irrésistible à traiter un thème et à se livrer à l'improvisation, et, dans ce genre difficile, aucun de ses contemporains ne le surpassa. On sait à quel point le comte de Waldstein estimait déjà Beethoven, après ces premières manifestations, par une lettre écrite par lui au jeune artiste et que nous donnerons plus tard. Ce digne gentilhomme envoyait souvent des fonds à Beethoven, et, pour ménager son irritabilité, les faisait passer comme étant de petites gratifications du prince électeur. Nous devons mentionner que Beethoven, arrivé à l'apogée de son talent, témoigna publiquement sa reconnaissance pour son généreux protecteur en lui dédiant la grande sonate en *ut* majeur, œuvre 53, qui parut en 1806.

Une circonstance qui se rapporte à ses fonctions d'organiste, doit avoir sa place ici, d'autant plus qu'elle a un double intérêt, étant racontée par Beethoven lui-même et par le docteur Wegeler, quoique d'une manière différente. Remarquons en passant combien la tâche du biographe est difficile quand il veut arriver à la vérité. Les nombreuses contradictions que l'on rencontre dans la vie de Beethoven, forcent à une grande circonspection.

« On sait, dit Wegeler, que, dans les Églises catholiques, on chante, pendant trois jours de la Semaine-Sainte, les *Lamentations de Jérémie*. C'est une espèce de mélopée biblique, composée de morceaux de quatre à six lignes, devant être exécutés dans un rhythme particulier. Le chant consiste en quatre notes qui se suivent, comme : *ut*, *ré*, *mi*, *fa*, sur lesquelles on psalmodie le texte par verset, à la tierce, jusqu'à ce qu'enfin la phrase tombe dans la finale. Comme l'orgue n'est point toléré pendant les trois derniers jours de la Semaine-Sainte, on se sert quelquefois du piano pour donner le ton, mais rarement (cet instrument n'était point admis dans l'église). »

Pour bien comprendre ce passage, nous donnons ici le premier verset de « *Lamentationes Hieremiæ Prophetæ* » d'après l'office de la Semaine-Sainte, traduit en notes ordinaires, clef de *sol*, sur cinq lignes :

« Un jour, que Beethoven devait tenir l'orgue à la chapelle électorale, il s'avisa de demander au chanteur Heller la permission de le tromper, et profita si bien de cette permission, trop facilement accordée, qu'Heller perdit le ton, malgré la sûreté de son intonation, et ne put jamais retrouver la terminaison finale. Beethoven, cependant, tout en variant les accompagnements du plain-chant, donnait la note du ton avec son petit doigt. Les personnes présentes à cette séance, comme le maître de chapelle Luchesi et le directeur de musique Ries père, furent émerveillées des savantes modulations du jeune organiste. »

Ceux qui connaissent la manière d'accompagner le plain-chant grégorien, devinent qu'il ne s'agit ici que de l'embellissement des versets des *Lamentations*, au moyen d'accompagnements plus variés, avec un jeu d'orgue plus doux, comme cela se pratique pendant la *Préface*, dont le chant est dans le même caractère. Il va sans dire que l'organiste ne doit se permettre aucune licence harmonique qui ne soit autorisée dans ces lieux. Ce fut pourtant ce qui arriva réellement à Bonn, d'après les communications verbales de Beethoven lui-même.

Par suite de cet évènement, le chanteur Heller, blessé dans son amour propre, se plaignit à l'électeur de l'espièglerie du jeune organiste, lequel fut admonesté avec bonté; mais on lui défendit de se livrer à l'avenir à de pareils tours de force (Geniestreiche). C'est l'expression dont se servit Beethoven en parlant de cette aventure de sa jeunesse.

Une autre circonstance encore plus intéressante est racontée par Wegeler; elle montre que Beethoven avait déjà l'habitude de souligner, dans ses premières compositions, les endroits de difficile exécution. Il s'en préoccupait d'avance, et ce fut comme le premier anneau d'une longue chaîne de plaintes et reproches, qui eurent un long retentissement pendant sa vie, et durent encore après sa mort.

Lorsqu'à son retour de Londres, Haydn vint à Bonn, l'orchestre de l'électeur lui donna un déjeuner champêtre à Godesberg, près de Bonn (1). A cette occasion, Beethoven lui présenta une cantate de sa composition. Haydn la trouva très remarquable et engagea l'auteur à travailler. Cette cantate devait être exécutée plus tard à Mergentheim (2), mais les instruments à vent étaient si difficilement écrits, que les musiciens déclarèrent que la cantate ne pouvait être exécutée.

Ce fut par ces mêmes raisons, que l'ouverture de *Léonore* fut mise à l'écart, comme nous le verrons dans la seconde période de cette biographie. On se demande ce qu'est devenue la cantate ci-dessus! — Quoique Beethoven fut sévère pour ses premiers essais, il a conservé pourtant les trois quatuors pour piano, violon, alto et violoncelle, ainsi que le *trio en mi* ♭ qu'il appelle : « la plus haute tentative du style libre. » Ce trio fut composé à 15 ans ; le second morceau semble avoir servi de type pour ses futurs scherzi (3).

Le docteur Wegeler cite également, parmi les premières compositions, les sonates publiées dans l'*Anthologie* de Spire, qu'on crut longtemps tout à fait perdues. Ce fut à cette époque que le Lied : « *Si quelqu'un fait un voyage* » et le *ballet des Chevaliers*, exécuté par la noblesse pendant le carnaval, parurent chez Dunst, arrangés pour le piano, probablement par l'intervention de Ferd. Ries, qui favorisait activement l'entreprise de cet éditeur. Wegeler ajoute : qu'un chant d'amour (Minnelied), un air allemand et un air à boire, doivent se trouver chez lui également. Ces compositions passèrent longtemps pour être du comte Waldstein (Beethoven ne les ayant pas reconnues pour siennes), d'autant plus que le comte était en relations avec le maître de danse Habich, d'Aix-la-Chapelle,

---

(1) C'était au mois de juin 1792; Beethoven se disposait déjà à partir pour Vienne, car nous le voyons, cinq mois après, en route pour cette capitale, afin de travailler sous la direction du célèbre Haydn.

(2) Mergentheim, petite ville sur le littoral de Wurtemberg, était en 1527 le siège du grand maître des ordres allemands, qui avait alors sa résidence au château de Neuhauss. Actuellement, ce fonctionnaire habite la ville de Vienne.

(3) Le trio commence le catalogue thématique de B. et de H., à la p. 127. Il parut en 1830, chez Daust, à Francfort.

organisateur du ballet ; Beethoven avait intercalé dans ce ballet un thême de Righini « *Vieni amore* », sur lequel il fit des variations dédiées à la comtesse Hatzfeld.

Ces variations donnèrent l'occasion au jeune compositeur de montrer son beau talent sur le piano, lorsqu'il fit, avec tout l'orchestre, le voyage à Mergentheim et à Aschaffenbourg. Présenté au célèbre Sterkel, par Ries père, Simrock et les frères Antoine et Bernard Romberg, il écouta très attentivement Sterkel, n'ayant jamais eu l'occasion d'entendre un virtuose sur le piano. Ce dernier, maître de chapelle de la cour de Mayence, jouait très-agréablement et avec beaucoup de facilité ; mais, selon l'expression de Ries père, il avait le jeu d'une femme. Après Sterkel, qui s'était mis au piano pour complaire à ses visiteurs, Beethoven joua à son tour les fameuses *Variations*. Comme Sterkel semblait douter qu'il en fût l'auteur, Beethoven improvisa d'autres *Variations* non moins difficiles sur le même thême, et ce à la plus grande surprise de ses auditeurs, émerveillés de son jeu et de la façon dont il avait imité le style agréable qui lui avait tant plu chez Sterkel. Cela prouve, dit Wegeler, combien Beethoven savait s'assimiler le style des autres. (1)

Mais comme le même auteur a dit aussi que Beethoven avait le toucher un peu dur, son opinion se trouve en désaccord avec l'appréciation unanime de Cramer et de Cherubini, dans les années 1799 à 1805. Dans le cours de cet écrit, nous aurons souvent l'occasion de parler des qualités du jeu de Beethoven qui, à vingt-trois ans, étonnait tout le monde par son exécution chaleureuse, et conserva toujours son allure libre et son individualité. Bernard Romberg, avec lequel j'ai passé quelques mois à Münster, sa patrie, en 1834, jugeait ainsi Beethoven d'après l'opinion de Cherubini et de Cramer. Quelques détails intéressants me furent confiés par Romberg, sur son séjour à Bonn, avec Beethoven. Je lui dois aussi la connaissance de la baronne de Bevervorde, née de Bosclager, élève de Beethoven, dont il sera parlé plus au long. Il paraît qu'alors Beethoven rejetait lui-même la dureté de son jeu de piano sur l'obligation où il était de jouer beaucoup de l'orgue. Toutes ces particularités, quoique de sources différentes, peuvent servir à compléter un portrait fidèle de notre grand compositeur.

---

(1) Dans les anciens et les nouveaux catalogues on cite également, comme de Beethoven, les nouvelles variations en UT MIN. sur la MARCHE DE DRESSLER de 1780. — Treize variations en LA MAJ. sur le CHAPERON ROUGE, publiées en 1794, par Simrock, éditeur à Bonn.

Une singularité du caractère de Beethoven, c'était sa répugnance à donner des leçons de piano et à se faire entendre dans le monde. Mme de Breuning, dit Wegeler, « voulait un jour forcer Beethoven
» à aller donner sa leçon chez l'ambassadeur d'Autriche, qui de-
» meurait en face de sa maison ; pressé vivement par cette digne
» femme, Beethoven sort après bien des hésitations ; mais, à peine
» rendu à l'hôtel du ministre, il change d'avis, rentre et promet à
» Mme Breuning de donner plutôt deux leçons le jour suivant ;
» aujourd'hui, dit-il, cela m'est impossible. » Malgré sa position précaire, son aversion pour les leçons à donner l'emportait ; mais elle était, parfois, combattue par la pensée qu'il pouvait être utile à sa famille et à sa mère.

Quant à Mme Bovervorde, elle n'avait jamais à se plaindre de Beethoven, ni pour son exactitude, ni pour sa manière d'enseigner. Le professeur et l'élève étaient du reste fort jeunes ; cette dernière était fort jolie. Elle voyait souvent son jeune maître, qui avait alors l'air grave et contemplatif ; sa réputation commençait à s'étendre, et bientôt la ville de Bonn ne devait plus suffire à son génie. Cette ville, patrie de plusieurs musiciens célèbres, datait son histoire musicale de quatre-vingt-dix ans. Mme Bovervorde la connaissait bien, elle nous parla souvent de ses relations musicales avec B. Romberg, le vétéran du violoncelle.

D'après ce qui précède, on voit que, pendant toute sa vie, notre compositeur éprouvait un éloignement marqué pour les leçons de piano et surtout pour un enseignement systématique et régulier de la musique. S'il fit quelques exceptions, ce fut en faveur des personnes de la ville de Bonn, ou en considération du talent, de la beauté, ainsi que cela arrive à bien d'autres professeurs, sans qu'ils soient des Beethoven pour cela.

Ferd. Ries, le meilleur de ses élèves, eut à souffrir aussi de cette singularité de Beethoven. « Pendant que je jouais du piano, dit-il
» dans sa notice, Beethoven composait ou faisait autre chose ;
» rarement il se mettait auprès de moi pendant une petite demi-
» heure. (1) Durant quatre années de mon cours, je n'ai point
» reçu cinquante leçons entières. »

Le docteur Wegeler s'exprime ainsi sur sa répugnance à jouer en public : « Plus tard, lorsque Beethoven parvint au premier

---

(1) M. Schindler ajoute que Ch. Czerny faisait ainsi avec ses élèves. Je dois dire ici qu'ayant reçu quelques leçons d'amitié de Czerny, pendant mon séjour à Vienne, je l'ai trouvé très attentif et très minutieux pour l'exécution des auteurs classiques. *(Note du traducteur.)*

» rang, il éprouvait pour jouer en public un éloignement tel que
» cela le mettait de mauvaise humeur. Sombre et mal disposé, il
» venait alors se plaindre à moi de ce qu'on le forçait à se faire
» entendre, lorsqu'il sentait son sang brûler sous les ongles. Peu à
» peu, la conversation s'engageant entre nous, je cherchais à le
» calmer en l'entretenant de divers objets. Une fois mon but
» rempli, je faisais tomber l'entretien en me plaçant au bureau
» pour écrire. Alors Beethoven se mettait au piano et touchait
» quelques accords d'une main incertaine. Peu à peu, de ces
» accords, jaillissaient de ravissantes mélodies.

» Ah ! que n'ai-je pu en profiter, pour avoir un manuscrit de lui.
» Quelquefois je plaçais le papier de musique sur le pupitre sans
» avoir l'air de rien. Beethoven écrivait dessus, et, après l'avoir
» rempli, il le froissait et le jetait, ne me laissant que la permission
» d'en rire. Quant à son exécution, je dirai en passant qu'elle était
» magnifique. Il aimait à se laisser aller à sa fantaisie libre, ne
» suivant d'autres règles que son inspiration. Mais son dégoût pour
» jouer en public augmentait et devenait souvent le sujet de vives
» discussions entre nous. »

C'est ici le cas de relier à ces communications mes propres souvenirs, surtout ceux qui datent de 1818 à 1821. Alors Beethoven me traitait, en plaisantant, d'amateur frivole et un peu superficiel, ou bien il m'appelait d'un ton railleur « M. Ungrund » (frivole); quelquefois il m'interrompait au milieu d'une sonate pour se mettre à ma place et la rejouer en entier ou en partie. Cette manière de démontrer, en faisant entendre le morceau lui-même, avait un grand charme, et réunissait toutes les conditions d'une excellente leçon. Bien entendu que ceci n'arrivait jamais sans quelque orage préliminaire. Le maître grondait facilement et ne ménageait personne. Le seul comte Fr. de Brunswick, qui vit Beethoven souvent jusqu'à 1815, et dont nous reparlerons plus loin, n'avait qu'à se louer de lui.

Au printemps de 1787, Beethoven fit à Vienne un voyage dont le docteur Wegeler ne parle pas. Moi-même je n'ai que fort peu de détails là-dessus. Il paraît certain cependant, que les deux personnages qui firent alors le plus d'impression sur Beethoven furent l'Empereur Joseph et Mozart. Ce dernier prononça ces paroles prophétiques, en entendant improviser le jeune artiste : « Il fera
» beaucoup parler de lui dans le monde. » — Ces paroles furent répétées longtemps partout, et avec des variantes, sans que l'on

sut le lieu où elles furent dites. On prétend que cela se passa dans les appartements de l'Empereur Joseph, lorsqu'il reçut Beethoven en présence de Mozart. Le jeune artiste arrivait alors, muni d'une lettre de recommandation de l'électeur Max-François; il fit sans doute la connaissance du chevalier Gluck, lequel se trouvait en ce moment à Vienne, où il mourut le 15 novembre de la même année. Ces circonstances, comme tant d'autres moins importantes, ne peuvent plus être vérifiées; les témoins oculaires et auriculaires sont morts depuis longtemps. Beethoven lui-même, de peur de se tromper sur les évènements de sa jeunesse, gardait souvent le silence sur les choses dont il n'était pas certain; il aimait mieux les laisser dans l'ombre que de leur ôter leur côté poétique. Aussi, les détails de ses jeunes années, passées dans sa ville natale, ne sont pas connus. Cependant, on ne peut lire sans émotion les incidents qui marquent les premiers pas d'un homme de génie. Ce sont des révélations qui préludent au drame de la vie et qui ne sauraient être indifférentes aux artistes aussi bien qu'aux gens du monde. Il est donc essentiel de les connaître dans leur simplicité !

Au commencement de 1790, la paix régnait en Allemagne, et les artistes, préoccupés de leur existence personnelle, attachés à leurs places respectives auprès des princes, secondaient peu les efforts d'un génie naissant. La réclame des journaux, cet ingénieux moyen de notre *glorieuse* époque pour devenir grand artiste à peu de frais, n'était pas encore inventée. C'est à ces causes diverses qu'il faut attribuer le peu d'influence que Beethoven exerça, dans son jeune âge, sur son époque, sous le rapport musical. Sa jeunesse se passa sans aucun évènement mémorable pour l'histoire de l'art. Tandis que les lions du jours débutent souvent avec un opéra ou une symphonie, et mettent le monde musical en émoi, — soit insouciance, soit désir de se borner et de rester *homme* dans toute l'acception du mot, — notre jeune pianiste, organiste et compositeur, ne voulait faire que ce qui était *humainement* possible, à l'opposé des faiseurs de nos jours. Comme homme, il voulait connaître l'énigme de la vie et ne se détourna jamais de sa route. Il ne sera pas sans intérêt de citer ici un fragment de sa lettre au docteur Wegeler, en date du 29 juin 1800 : « Ce que je puis vous
» dire, c'est que vous me trouverez non-seulement grandi comme
» artiste, mais encore meilleur comme homme, et, si la prospérité
» revient dans mon pays, je ne ferai valoir mon art qu'au profit

» des pauvres. O moment heureux ! combien je me réjouis de
» pouvoir me rapprocher de toi et même de te créer. »

Jusqu'ici, nous avons parlé de Beethoven comme musicien ; maintenant nous le considérerons sous le rapport de ses connaissances littéraires. Il est évident que la science et la littérature mettent en relief le talent d'un artiste qui fait des efforts pour s'élever au-dessus du vulgaire.

Beethoven aimait la littérature classique, et son imagination s'inspirait à la lecture des poëtes allemands. Il devait ce goût à la famille de Breuning, qui, déjà à Bonn, le poussait vers la culture des lettres.

La lecture de bons ouvrages, en prose et en vers, développa en lui un goût naturel pour l'instruction. Son éducation s'en ressentit et son génie y trouva plus tard un aliment puissant. On voit, par la lettre déjà citée, combien la littérature classique avait de charmes pour lui. C'est en parlant des symptômes de sa surdité qu'il ajoute ces mots : « Plutarque m'a donné de la résignation » ; c'était son auteur favori et Beethoven ne le quittait jamais ; il y apprit l'histoire de l'ancienne Grèce et de ses institutions.

Jetons un coup-d'œil sur la famille de Breuning, avant de quitter la ville de Bonn, avec notre jeune héros. Arrivé à Vienne, il ne cessa de témoigner aux membres de cette famille un sentiment de reconnaissance qu'il garda jusqu'à la fin de sa vie.

« Denn Pflicht ist des Gutes Vergeltung. (1)

Plus tard, il appelait les membres de la famille de Breuning « ses anges gardiens, » et se plaisait à parler des affectueuses remontrances de la maîtresse de maison. « Elle savait détourner l'insecte » de la fleur, » disait Beethoven, et il considérait certaines amitiés comme nécessaires à la formation d'un talent. Une sage amitié pouvait seule prémunir le jeune homme contre le danger de la vanité en faisant une juste appréciation de sa valeur artistique. Déjà il était près de se croire grand artiste et prêtait l'oreille à ceux qui le confirmaient dans cette opinion, au lieu d'écouter les sages amis, qui lui faisaient entendre qu'il avait tout à apprendre pour devenir maître.

Voici maintenant la lettre du comte de Waldstein, qui prouve à quel point il avait apprécié le talent de son jeune protégé :

---

(1) Vers de l'Odyssée, traduction allemande de Voss.

« Cher Beethoven,

» Vous partez pour Vienne pour accomplir vos anciens désirs.
» Le génie de Mozart pleure encore son élève. Près de l'inépuisable
» Haydn, il trouva refuge mais point d'occupation; aussi il désire,
» par ce maître célèbre, être uni à quelqu'un. Par une application
» soutenue, retenez, mon cher Beethoven, l'esprit de Mozart des
» mains de Haydn.
» Bonn, le 29 octobre 1792.
                » Votre véritable ami,
                        » WALDSTEIN. »

Cette lettre (1) un peu mystique, mais promettant à notre jeune artiste un si brillant avenir, atteste en même temps la fin du noviciat de Beethoven à Bonn et son départ pour la capitale des arts, pour Vienne, qu'il doit bientôt remplir du bruit de sa renommée, et où nous allons le suivre.

II

En allant à Vienne, Beethoven avait pour but de se perfectionner dans l'art musical, sous la direction de Haydn. L'électeur Maximilien-François lui laissa les émoluments de sa pension d'organiste, laquelle, quoique peu considérable, suffisait cependant à son entretien.

Ce voyage eut lieu dans le mois de novembre, à en juger par la date de la lettre du comte de Waldstein. Dans ce moment critique, l'Allemagne du midi était inondée de troupes, par suite de la révolution française. Aucun incident ne signala le voyage, si ce n'est que le peu d'argent que notre jeune artiste emporta avec lui, fut bientôt dépensé en raison de la longueur de la route. Mais, comme il avait de bonnes recommandations pour des personnes d'un rang élevé à Vienne, il se tira d'affaires dans cette ville hospitalière, séjour préféré des grands talents, si bien, que, dès son arrivée, il prit le parti de s'y fixer, au risque de perdre sa place d'organiste à Bonn.

(1) L'original de cette lettre se trouvait à Vienne, dans la collection d'autographes de Fr. Graffer. L'auteur en doit la copie à l'obligeance de M. Aloys Fuchs.

Une de ses premières connaissances fut le baron Godefroy van Swieten, directeur de la bibliothèque impériale, personnage très considéré, qui exerça une grande influence sur Beethoven. D'après une notice biographique, publiée en 1803, le baron van Swieten, connaissait intimement Mozart et Haydn. Il s'était fait une grande réputation dans le monde musical, pour avoir contribué à l'exécution des œuvres de Bach et de Haendel, et pour avoir décidé la noblesse de Vienne à entrer, dans ce but, dans la *Société musicale*. On lui doit les paroles de la *Création* et celles des *Saisons*, d'après le texte anglais. C'est lui qui suggéra à Mozart l'idée d'instrumenter plus fortement les quatre oratorios de Haendel, savoir : *Messie, Acis et Galathée, la Fête d'Alexandre et Cécile.* (1) Ce digne Mécène et ami des artistes, s'occupa d'abord spécialement du jeune Beethoven, lequel fit connaissance, dans les réunions du baron, de tout ce que Vienne possédait alors de distingué dans les arts.

Souvent Beethoven quittait le dernier ces réunions musicales, car le baron était insatiable de musique et le jeune pianiste ne pouvait s'en aller que fort tard, après avoir joué un bon nombre de fugues de Bach, qu'il exécutait à merveille. Dans un de ses billets, le baron van Swieten engage Beethoven à venir passer la soirée chez lui en *bonnet de nuit*, afin de l'entendre à son aise. Parmi les nombreuses connaissances que Beethoven fit chez le baron van Swieten, il faut citer le prince Lichnowski. Ce fut un heureux évènement dans la vie de notre artiste, que la rencontre de ce nouveau protecteur. Voici quelques détails sur la famille Lichnowski.

Les membres de cette famille étaient d'une nature d'élite, portés vers tout ce qui est beau et grand. Ils avaient une juste compréhension de la noblesse, d'après la devise : *Noblesse oblige*. Ils cultivaient les arts et les sciences avec autant de soin que leurs égaux mettaient à soutenir leurs priviléges vermoulus comme l'unique objet de leurs efforts. Le prince Charles Lichnowski, élève de Mozart, se faisait remarquer, parmi les amateurs, par son talent sur le piano ; mais le comte Maurice, également élève de Mozart, lui était encore supérieur. Il devint bientôt le guide et l'ami de

---

(1) Ce digne amateur parle ainsi de lui dans la GAZETTE MUSICALE de Leipzig (1ʳᵉ ann., p. 252):
« J'appartiens, en ce qui touche la musique, à cette époque où l'on tenait pour nécessaire
» d'apprendre régulièrement et solidement l'art qu'on devait pratiquer ; je trouve là, une
» nourriture pour l'esprit et le cœur ; elle me fortifie au milieu du chagrin que j'éprouve de
» voir la musique en décadence. Toute ma consolation est dans Haendel, dans Bach et dans
» le petit nombre des maîtres de nos jours, qui marchent sur les traces de ces modèles du vrai
» et du grand, en promettant d'atteindre le but, ou qui même y sont déjà arrivés. »

Beethoven, auquel il resta attaché toute sa vie. La princesse Christine, née comtesse de Thun, très bonne musicienne, avait aussi beaucoup d'amitié pour Beethoven.

Notre artiste, accueilli avec tant de bienveillance dans cette illustre maison, jouit d'une hospitalité princière pendant plusieurs années. Le prince avait pour lui des soins paternels, et la princesse était sa seconde mère. Mais lorsque, par suite de l'occupation de la rive gauche du Rhin par les Français et le départ de l'électeur, Beethoven perdit sa place d'organiste à Bonn, le prince fit davantage, ainsi qu'on le voit dans la lettre au docteur Wegeler, datée de 1800 : « Tu désires connaître ma position ici ! Eh bien, elle n'est
» pas si mauvaise, quoique cela te paraisse incroyable. Depuis
» l'année passée, Lichnowski a bien voulu assurer mon existence
» par une somme fixe de six cents florins, que je puis toucher
» annuellement jusqu'à ce que je trouve une place convenable.
» Malgré de petites mésintelligences entre nous, il s'est montré mon
» ami le plus chaud, et cela n'a fait que raffermir notre amitié. »

L'attachement du prince pour Beethoven ne se démentit jamais, même quand ce fils adoptif s'exposait à le perdre, en s'attirant par sa mauvaise humeur ou son entêtement *un blâme sévère*. Ce que le comte Maurice qualifiait ainsi, n'était, d'après Beethoven, que de *petites mésintelligences* ne servant qu'à fortifier l'amitié.

C'était particulièrement la princesse Lichnowski qui, trouvant notre artiste original et aimable malgré sa gaucherie extrême, cherchait à l'excuser auprès du prince, lequel, nonobstant son admiration pour le talent de Beethoven, était plus sévère pour sa tenue dans le monde. « J'ai été élevé avec un véritable amour maternel, disait-il, en parlant des bontés de la princesse ; elle aurait voulu me mettre sous cloche, afin que personne ne me touchât. » Le comte Maurice était aussi son défenseur constant, et, selon lui, c'est le frère de Beethoven, Charles, qui était cause, dans la maison du prince, des malentendus que l'on mettait toujours sur le compte de notre pauvre compositeur.

Les conséquences de cette bienveillance exagérée ne pouvaient tarder à se faire sentir chez un homme comme notre Beethoven, doué d'un tempérament ardent, accessible aux impressions du dehors, admiré partout pour son talent, souvent aux prises avec les difficultés de la vie ; aussi sa tenue dans le monde était-elle un peu chancelante, le fils brûlant des muses hochait la tête au lieu d'écouter. Les sages conseils du baron van Swieten n'étaient guère suivis ; à peine le capricieux artiste venait-il à ses soirées, et cependant, c'est à van Swieten qu'il devait sa présentation dans la haute société. Beethoven cherchait déjà à s'affranchir des devoirs du monde, même alors que ses rapports personnels, et particulièrement ses liaisons avec la société musicale l'exigeaient. Cette société ne le comptait pas moins parmi ses membres, malgré son manque de formes sociales. Mais, pour de graves raisons, il ne fut pas encore exposé aux attaques pendant quelque temps.

Ce moment critique devait arriver cependant. Un artiste s'élevant aussi rapidement que notre Beethoven, devait exciter de la jalousie parmi ses confrères, d'autant plus qu'il était répandu dans les cercles de la haute aristocratie et patronné par elle avec distinction. Le lecteur doit être préparé à voir toute une armée d'antagonistes se liguer contre lui, à raison de ses qualités éminentes, et de ses singularités. C'était surtout son extérieur, son irritabilité dans les relations avec les artistes, le peu de ménagements de ses critiques, qui lui attiraient de nombreuses inimitiés. On n'admettait pas que le génie pût avoir des imperfections.

Disons aussi que son peu d'indulgence pour les bizarreries et les manquements de la haute société, ses prétentions à une éducation musicale supérieure à celle de ses confrères, son accent de la ville de Bonn, tout cela donnait aux opposants matière suffisante pour se venger de lui par les mauvais propos et la calomnie....

.... Dans la seconde partie, nous aurons l'occasion de revenir plus au long sur ce point. Ici nous remarquerons seulement que, d'après les relations unanimes de cette époque, les musiciens de Vienne, à l'exception d'un petit nombre, brillaient peu par leurs talents et leur instruction ; ils étaient souvent éclipsés par *les corps des métiers*, abstraction faite des artistes étrangers établis dans la capitale d'Autriche. Dans un article de la *Gazette musicale universelle* sur l'état de la musique à Vienne, on lit à la page 67, troisième année, le passage suivant : « S'il vient seulement en idée à » un artiste étranger de s'établir ici, il a immédiatement pour » ennemi, le corps de musique entier (1) (*Corpus musicum*). » Depuis une trentaine d'années, les choses se sont améliorées, mais l'existence des artistes est toujours la même.....

Telle fut, en partie, la cause des continuelles persécutions que Beethoven eût à supporter durant toute sa vie, ainsi que cela sera

---

(1) La même chose arrive à Munich, où l'esprit de rivalité s'est perpétué jusqu'à nos jours.

démontré. De son côté, il rendait la pareille en dénigrant ses adversaires, et son isolement personnel, mauvais système qui, dans la vie d'un artiste, peut amener de nombreuses inconséquences et contradictions, donnait lieu à des bruits absurdes.

En ce qui concerne la *critique* musicale, il aimait une égale répartition entre le blâme et la louange ; mais, en général l'un et l'autre le touchaient peu, et pendant sa vie entière il resta fidèle à ces principes.

A ces traits caractéristiques, il faut en ajouter un autre, non moins important, pour sa carrière d'artiste : il mettait le *rang* et la *richesse* au même niveau sans leur accorder une attention particulière. Avant tout, il estimait l'homme pour l'homme, le prince avant le banquier, car il regardait comme une sottise, pour un homme de génie, de faire des courbettes devant Mammon et ses gardiens. Il n'estimait le rang et la richesse que s'ils étaient alliés à l'humanité et à la bienfaisance ; c'est donc par erreur que les critiques de notre temps ont attribué ces sentiments à l'orgueil. On ne devait y voir qu'une manifestation d'un homme de génie, connaissant sa mission et voulant mettre en harmonie l'état moral de son âme avec ses principes.

Il faudrait placer sur la même ligne sa manière de considérer le *monde politique;* mais cela nous mènerait trop loin. Revenons donc à la musique.

A l'époque où Beethoven commença ses études sous la direction de Haydn, ses connaissances en harmonie ne dépassaient pas la basse générale (*Generalbass Lehre*) ; malgré cela, nous entendons dire qu'il était en état d'improviser des fugues sur le piano. C'est ce qu'il avait fait pour le thème donné par Mozart en 1787, et ce qui prouve qu'il était déjà fort habile dans l'art de traiter un thème d'abondance, grâce à l'habitude qu'il avait contractée de jouer des compositions fuguées.

L'on sait aussi que Haydn avait cessé de donner des leçons régulières de composition bien avant l'année 1792, empêché qu'il était par ses grands travaux et par les devoirs de sa place, comme maître de chapelle du prince Esterhazy, à Eisenstadt. D'ailleurs, son grand âge ne lui permettait pas de se livrer à l'enseignement.

C'était donc une faute, que d'avoir donné un pareil maître à un élève qui avait déjà ses habitudes et beaucoup de routine. Aussi

---

(1) Des détails, venant de la bouche d'une femme de Paris, seront mis au jour dans la période suivante.

l'association ne pouvait amener un résultat satisfaisant. Beethoven suivait son imagination et ne pouvait être facilement dirigé, ayant commencé tard ses études dans la haute composition.

A part l'opiniâtreté de Beethoven dans sa manière de voir les choses, les idées du maître ne cadraient pas avec celles de l'élève, dont la routine était un obstacle à l'étude de règles, sans lesquelles l'éducation musicale n'est point complète. D'un autre côté, le manque d'unité se faisait sentir dans l'éducation de notre artiste ; de même qu'il faut la pratique de plusieurs années, pour que le plus habile professeur de mathématiques puisse former un bon élève, de même le plus savant contre-pointiste ne peut initier un disciple aux secrets de la science, sans le temps nécessaire aux études sévères et progressives qui conduisent du facile au difficile. Mais ici la question se présente, de savoir à quel point un grand compositeur peut s'astreindre à entrer dans les plus petits détails du savoir pratique, pour être en même temps un excellent professeur. Cette question ne peut être résolue à l'avantage de Haydn, qui avait peu de temps à donner à son élève, lequel, dévoré par la fièvre d'invention, trouvait les procédés ordinaires trop lents pour lui. Malgré ces circonstances, Beethoven n'en fut pas moins l'élève de Haydn, conformément au désir exprimé par son premier protecteur, le comte de Waldstein.

. . . .

Parmi les musiciens de son temps, que Beethoven estimait particulièrement, était Jean Schenk (1), compositeur fort applaudi en Allemagne, ayant la réputation d'un bon professeur d'harmonie.

Or, il arriva que le compositeur Schenk, auteur d'un opéra comique intitulé le *Barbier de village*, joué avec succès en Allemagne, rencontra un jour Beethoven, lorsqu'il revenait de chez Haydn, le cahier de musique sous le bras. Schenk, qui réunissait aux qualités aimables celle d'un solide contre-pointiste, jeta un coup-d'œil sur ce cahier et y aperçut quelque chose de mal écrit. Beethoven, questionné là-dessus, avoua que Haydn venait de corriger ce travail à l'instant même. Schenk regarda de nouveau le cahier et y découvrit des fautes contre les règles, non corrigées ! Il n'en fallut pas davantage pour éveiller les soupçons de Beethoven ; il crut que Haydn n'agissait pas avec lui loyalement, et prit la résolution de rompre de suite avec ce maître. Cependant, il ne changea

---

(1) Né en 1761, mort en 1836.

de professeur que pendant le second voyage de Haydn en Angleterre, en 1794.

Depuis cette époque, Schenk resta le vrai maître de contre-point de Beethoven ; bien que ce dernier allât encore chez Haydn avec son cahier, on devine aisément que l'harmonie ne régnait plus entre le maître et l'élève.

Nous tenons ces faits de Schenk lui-même. Quelque respectable que soit la source, comme ces faits paraissent incroyables, nous citerons à l'appui le témoignage du chevalier Ignace Seyfried, dans la biographie de Jean Schenk, publiée dans le dictionnaire de Schilling.

« Lorsqu'en 1792, Beethoven vint à Vienne, Schenk l'entendit
» improviser pour la première fois chez l'abbé Gelineck. Ce fut une
» grande jouissance, car le jeune artiste faisait revivre le souvenir
» de Mozart. Il ne cacha pas sa mauvaise humeur à l'abbé Gelineck,
» et se plaignit du peu de progrès qu'il faisait en contre-point
» sous la direction de Haydn. Ce maître, très-occupé alors, n'avait
» pas assez de temps à donner à son élève, pour parcourir avec
» attention le travail qui lui était soumis. L'abbé Gelineck parla
» alors à Schenk, et lui demanda s'il serait disposé à examiner les
» cahiers d'études de Beethoven. Celui-ci y consentit volontiers, à
» la double condition qu'il ne serait question d'aucun dédomma-
» gement pécuniaire et qu'on garderait un silence inviolable de
» part et d'autre. Le traité fut ainsi conclu et observé scrupuleu-
» sement. A partir du mois d'août 1792, (1) le cours de théorie
» commença et dura jusqu'à la fin de mai de l'année suivante.
» Beethoven recopiait chaque leçon avant de la montrer à Haydn,
» afin de ne pas faire voir les corrections étrangères. » Ces parti-
cularités peu connues sont complétées par le fait suivant : Un jour que Schenk se présenta chez Beethoven, à l'heure convenue, il trouva l'oiseau envolé pour la Hongrie ! Un billet rédigé dans un style fort peu diplomatique, à l'adresse de Schenk, était ainsi conçu :

« Cher Schenk !
» Je ne désirais point partir sitôt pour Eisenstadt, j'aurais
» voulu vous parler avant. En attendant, comptez sur ma gratitude
» pour vos complaisances ; je vais faire mon possible pour vous la

---

(1) Il y a ici une erreur de chiffre. Beethoven n'étant arrivé à Vienne que vers la fin de 1792, c'est 1793 qu'il faut lire, d'autant plus qu'il lui fallut un certain temps pour commencer ses études avec Haydn.

» prouver. J'espère bientôt vous revoir et jouir de votre aimable
» société. Portez-vous bien et ne m'oubliez pas.

» BEETHOVEN. »

Il est surprenant que Ferd. Ries n'ait eu aucune connaissance de ce fait. Bien certainement, il en aurait parlé dans sa notice biographique, à moins de supposer que Beethoven, dont la mémoire n'était pas très-sûre pour son passé, ne s'en souvînt plus lors de ses relations avec Ferd. Ries (1800 à 1805).

Ce dernier raconte encore, à la page 86 de sa notice, un fait assez singulier : Haydn ayant désiré que Beethoven mît sur sa première publication : « Elève de Haydn, » le jeune homme s'y serait refusé, en disant qu'il n'avait rien appris de lui. N'est-ce pas trop dire, car bien que Beethoven n'ait pas profité suffisamment de ses études avec Haydn, il n'en est pas moins vrai qu'il reçut des conseils précieux de la bouche du célèbre compositeur ! Ries continue ainsi : « Beethoven
» travailla ensuite le contrepoint avec Albrechtsberger, et la musique
» dramatique avec Salieri. J'ai connu ces trois compositeurs ; ils
» estimaient beaucoup Beethoven, mais tous s'accordaient à dire
» qu'il était si obstiné et si volontaire, qu'il fut souvent obligé
» d'apprendre par sa propre expérience ce qu'il refusait d'apprendre
» avec ses maîtres. D'un autre côté, il trouvait trop sévère le rigo-
» risme scholastique d'Albrechtsberger et ne sympathisait pas avec
» l'école italienne de Salieri. »

Selon l'opinion du chevalier de Seyfried, Beethoven était avide d'apprendre, ce qui s'accorde avec le dire de Schenk. Le doute n'est donc plus permis sur sa passion pour la musique. Mais il reste prouvé que ce grand artiste était poursuivi, durant ses études, par une incessante fatalité. Rien n'est plus fâcheux pour celui qui veut travailler que le changement de maîtres et de méthodes. La position de Beethoven était à plaindre. Dans sa ville natale, ce furent d'abord son père, puis Pfeiffer, ensuite van der Eden et Neefe, qui cultivèrent la jeune plante plus ou moins méthodiquement. A Vienne, Haydn et Schenk en même temps, puis Albrechtsberger. Beethoven avait donc six professeurs de composition, sans compter son père. Il y a un proverbe qui dit : « Où il y a plusieurs cuisiniers, la soupe est trop salée. »

Et lorsque, plus tard, Beethoven faisait un rapprochement entre lui et Mozart, qui, avec la seule direction musicale de son père, arriva au plus haut degré de perfection, il faisait la critique indirecte de ses propres études, dont il n'était pas toujours satisfait.

Nous finirons ces observations par le récit d'une rencontre inattendue de Beethoven avec Schenk, son professeur particulier d'autrefois.

Changeant souvent d'appartement et menant une vie retirée à la campagne, Beethoven perdait de vue ses connaissances. Il voyait rarement, dans l'espace de plusieurs années, les personnes qui habitaient comme lui la capitale. Ses amis même avaient besoin de se rappeler à lui, sans quoi il oubliait jusqu'à leur existence. Un jour, au printemps de 1824, nous marchions ensemble sur le *Graben* lorsque Beethoven aperçut Schenk, et, dans sa joie de revoir cet ancien ami, il le prit par la main et le conduisit dans un café voisin, où ils se mirent à causer dans une chambre de derrière à peine éclairée et dont Beethoven referma la porte. Là, loin du bruit, Beethoven ouvrit à Schenk tous les replis de son cœur, en lui racontant ses malheurs et en exhalant ses plaintes contre la fatalité qui le poursuivait. Dans son épanchement sincère, les événements de 1793 à 94 ne furent pas oubliés, et Beethoven ne put s'empêcher de rire en parlant des tours qu'ils avaient joués à Haydn sans qu'il s'en aperçut. C'est la première fois que j'entendis parler de ces curieuses circonstances et des relations qui existaient entre Beethoven et Schenk. Ce compositeur distingué et modeste, qui ne vivait alors que du produit de ses leçons, reçut de Beethoven les plus chauds remercîments et l'expression d'un dévouement sans bornes pour les services rendus. Arrivé au pinacle de sa gloire, Beethoven fut plein d'effusion pour l'auteur du *Barbier de village*, d'*Achmet* et *Almanzine* et d'autres compositions importantes. Leurs adieux après tant d'émotions diverses furent touchants, comme s'ils devaient se séparer pour toute leur vie. En effet, Beethoven et Schenk ne se sont jamais revus depuis.

Nous approchons maintenant d'une époque de la vie de ce grand génie, si non la plus difficile, du moins la plus délicate à raconter, à savoir l'époque où il aima pour la première fois ! On était loin de pressentir, vingt ans auparavant, que ce chapitre aurait autant d'intérêt pour le monde musical, que les chef-d'œuvres du compositeur. Mais il en est ainsi, et l'auteur de ce livre, en décrivant ce sujet d'après des documents certains dans les premières éditions, n'avait point satisfait la curiosité du public. Il n'avait pas cru cependant devoir s'étendre sur cet objet plus que sur d'autres, non moins intéressants, à l'exception pourtant d'un seul, qui a pénétré bien profondément dans la vie intime de notre grand peintre et poëte.

Mais le monde lettré considérait ce sujet sous un autre aspect. Il trouvait les détails trop restreints et présentés d'une manière qui n'était pas assez piquante. Il aurait voulu un peu plus d'histoires romanesques, au risque de placer le plus profond des compositeurs dans la catégorie des héros de romans. Un compositeur aux allures tant soit peu excentriques et romantiques (c'est ainsi que certains littérateurs entendent la musique de Beethoven) devrait être également excentrique en amour et passionné jusqu'au grotesque. En aucun cas, il ne pouvait avoir rien de vulgaire ni être purement humain ! C'est le système de la littérature du jour, dont les publications pèchent par l'exagération, celui des romans-feuilletons, dans lesquels on exploite les singularités des hommes célèbres pour les mettre en relief, contrairement à la vérité. Aussi avons-nous vu les amours de notre Beethoven servis en pâture à la spéculation des écrivains allemands et français, et présentés souvent d'une manière immorale. Je regrette donc de ne pouvoir pas m'étendre davantage sur ce sujet, car mon opinion là-dessus n'a point varié.

Le chevalier de Seyfried s'exprime ainsi dans son ouvrage, intitulé : *Etudes sur Beethoven*, publié par T. Haslinger, à Vienne, en 1832 : « Beethoven n'a jamais été marié, et jamais on ne lui connut » aucun attachement sérieux. » Mais Ferd. Ries, son élève, semble en savoir davantage, puisqu'il dit, à la page 13 de sa notice : « Beethoven voyait volontiers les femmes, principalement celles » qui étaient jeunes et douées d'un joli visage... Il était très-souvent » amoureux, mais jamais longtemps. » Quant au docteur Wegeler, ami d'enfance et de jeunesse, il dit, en faisant appel à Etienne de Breuning et à Bernard Romberg, à la page 24 de sa biographie : « Beethoven n'était jamais sans amour et très-souvent épris au plus » haut degré. » (*Beethoven war nie ohne liebe, und meistens von ihr im hohen grade ergriffen.*) Il nomme aussi une demoiselle d'Honrath, de Cologne, qui fut sa première passion. Cette jeune personne venait souvent dans la famille de Breuning, à Bonn. Dans la suite, ce fut une jolie et gentille personne, Mademoiselle de W..., qui inspira de l'amour à Beethoven. B. Romberg me raconta, il y a trois ans, à ce sujet, plusieurs anecdotes. Elle était, dans sa jeunesse, l'amie de Madame Bewervorde, élève de Beethoven, qui se rappela cet amour à Munster, en ma présence, lors de sa rencontre avec B. Romberg.

A la suite des détails précédents, le docteur Wegeler continue ainsi dans sa notice : « Les amours de Beethoven cessèrent avec

» l'âge et laissèrent peu d'impression après elles. Peu à peu, elles
» s'effacèrent aussi dans le cœur de celles qui furent l'objet de ses
» affections. Pendant mon séjour à Vienne, (1) Beethoven était
» toujours amoureux ; il fit des conquêtes, qui même pour un
» Adonis, auraient été difficiles, sinon impossibles. »

Écoutons maintenant ce que Beethoven lui-même écrivait à son ami de Coblentz, à la date du 16 novembre 1801. Il avait alors trente-un ans, et rendait, ainsi qu'il suit, compte d'un événement qui lui faisait espérer quelques moments de bonheur :

« Je vis ici à cette heure un peu plus agréablement, car je me
» suis fait davantage aux hommes. Tu ne croirais pas combien ma
» vie a été triste et solitaire depuis deux ans. A chaque moment,
» ma surdité m'apparaissait comme un spectre. Je fuyais les
» hommes comme un misanthrope, et pourtant je ne le suis pas.
» Je dois ce changement à une charmante jeune fille, bien aimable,
» que j'aime beaucoup et qui m'aime aussi. Depuis deux ans, voilà
» quelques instants de bonheur et je sens pour la première fois que
» le mariage pourrait me rendre heureux. Malheureusement, elle
» est au-dessus de ma position, et je ne puis me marier dans ce
» moment, devant encore travailler activement. »

Plus loin nous trouvons, dans la même lettre, le passage suivant : « Je sens aussi que je ne suis pas fait pour une vie tranquille. » Cela ne veut-il pas dire que déjà, dans ce moment là, il avait pris la détermination de ne point se marier ? Nous verrons, dans la période suivante, une preuve authentique à l'appui de cette circonstance. Remarquons, seulement en passant, que les moments de bonheur qui troublèrent le repos du grand artiste et qu'il devait à cette jeune enchanteresse, allaient être bientôt cruellement expiés par d'affreux chagrins de cœur.

Après ce court exposé des joies et chagrins d'amour de Beethoven, rentrons de nouveau dans le domaine de l'art musical, afin de suivre le maître dans ses différentes phases et transformations.

Indépendamment de la société établie pour l'exécution des oratorios dans la maison du baron van Swieten, il s'en forma une autre, plus petite, composée d'artistes et amateurs, pour l'exécution de la musique de chambre. Cette société tenait ses séances chez le prince Charles Lichnowski. On pense bien que le nouveau venu eut bientôt un rôle à jouer dans ce cercle. Parmi les artistes chefs de pupitres,

---

(1) Le docteur Wegeler séjourna à Vienne de 1794 à 1796. Il y étudia la clinique.

on remarquait principalement le violoniste Ignace Schupanzigh, (1) l'alto Franz Weisz (2) et les deux violoncellistes Antoine Kraft (3) et son fils, Nicolas Kraft (4). Ces trois premiers artistes tiennent une place à part dans le développement du génie de Beethoven et contribuèrent beaucoup à l'effet de ses œuvres lors de leur apparition. La réunion des quatuors, composée d'habiles musiciens, répondit avec succès aux efforts de notre compositeur, en lui offrant l'occasion d'entendre ses compositions à mesure qu'il les écrivait. Indépendamment de ces instrumentistes à archets, nous citerons encore Joseph Friedlowski (5), qui fit connaître à Beethoven le mécanisme de la clarinette, et le célèbre corniste Jean Wenzel Stich (6), connu sous le nom italien de *Giovanni Ponto*, qui le familiarisa avec les ressources du cor, instrument qu'il employa d'une manière si remarquable dans la sonate pour piano et cor (œuvre 17). Enfin Charles Scholl (7), flûtiste distingué, fit apprendre à Beethoven le mécanisme d'un instrument qui subit de grands changements et perfectionnements dans les premières années du XIXe siècle.

La génération actuelle des compositeurs verra, par ce qui précède, combien les compositeurs de l'époque qu'on appelle classique, poussèrent loin la connaissance de tous les instruments, et à quel point ils savaient les employer selon leur nature. Ils en connaissaient les ressources par la tradition.

Bien qu'il y eût beaucoup d'empirisme dans cette pratique, ce fut néanmoins la route qui conduisit à l'*art de l'instrumentation*, art resté deux cents ans à l'état de métier. Pendant ce temps, la musique fit des progrès sous d'autres rapports, ainsi que tous les beaux arts. On s'est demandé quelle serait la route à suivre la plus sûre et la plus conforme au but, pour atteindre la perfection dans l'orchestration. Serait-ce celle de l'empirisme pratique, ou bien celle qui consiste à suivre rigoureusement les méthodes qui donnent des règles fixes et prescrivent l'imitation servile de modèles indiqués. Il est reconnu aujourd'hui que ces dernières compriment l'essor du génie chez les jeunes artistes, au lieu de développer en eux leurs propres idées. Aussi, certaines écoles, loin de fortifier les études d'un élève, tuaient en lui le germe de l'invention en appesantissant sa marche. Nous le répétons, en présence d'une semblable étude à faire, nous nous déciderions à suivre la route tracée par nos prédé-

---

(1) Né en 1776, mort en 1830. — (2) Né en 1778, mort en 1826. — (3) Né en 1751, mort en 1820. — (4) Né en 1778, mort en 1853. — (5) Né en 1775. — (6) Né en 1775. — (7) Né en 1778.

cesseurs, comme étant celle qui forme les jeunes artistes à penser par eux-mêmes. Cette manière est la plus rationnelle, bien qu'elle ne soit pas la plus facile ; elle a beaucoup d'analogie avec celles qu'on applique aux autres arts libéraux, et elle oblige l'artiste à marcher seul, sans suivre pas à pas les errements d'une école.

Si donc on était resté dans cette première voie, qui fit arriver tant d'artistes au plus haut degré de perfection, nous n'aurions pas à déplorer les pâles élucubrations de nos prodiges, qui, dès l'âge le plus tendre, jugent à propos de nous gratifier de quelques symphonies ou opéras estropiés.

En revenant au sujet, après cette courte digression, je crois devoir faire observer que les artistes nommés plus haut étaient presque du même âge que Beethoven. Ils contribuèrent, par leur active coopération au cercle du prince Lichnowski, à préparer l'*Époque de Beethoven*, époque qui date de la formation de cette société.

Les événements les plus importants de cette période de la vie de Beethoven, reçurent une sorte de consécration dans ce cercle d'élite. On laisse à penser quel précieux encouragement Beethoven lui dut. Il acquit une grande expérience en entendant exécuter, pour la première fois, ses compositions. Il sut profiter des conseils qu'on lui donnait directement ou indirectement. Nous l'entendrons parler lui-même de ses progrès, principalement dans le quatuor, et bientôt dans un autre genre dont il sera question. Il poussa plus loin ses connaissances en instrumentation, science dans laquelle il devait bientôt s'élever si haut. Sans cette excellente école et cet encouragement, ainsi que l'immense avantage de pouvoir faire essayer de suite ses productions, Beethoven ne se serait pas mis de suite à composer des quatuors et des symphonies, deux genres que Haydn et Mozart venaient de pousser très-loin, et peut-être qu'un autre compositeur n'aurait pas été accepté sans une vive opposition, car il est à remarquer que les premiers quatuors de Beethoven n'obtinrent pas, même dans son cercle, le succès auquel on devait s'attendre.

C'est ici le moment de parler d'un autre Mécène, qui contribua non-seulement à répandre le goût des arts dans la capitale de l'Autriche, mais dont l'influence se fit sentir pendant l'époque qui suivit les travaux de Haydn et de Mozart. Nous voulons parler du comte Rasumoffsky, ambassadeur de Russie à la cour de Vienne pendant plus de vingt ans, et qui laissa des souvenirs durables par l'encouragement qu'il donna sans cesse aux hommes de talent.

Le comte Rasumoffsky, excellent exécutant lui-même, et, pour le peintre en un mot, principal soutien des traditions de la musique instrumentale de Haydn, réunissait dans son palais, alternativement avec le prince Lichnowski, la société des quatuors. Il s'était chargé de la partie du second violon, et, pour donner à sa réunion d'artistes un but plus élevé, il résolut de former un quatuor composé des meilleurs musiciens de Vienne, avec des engagements à vie. Cet exemple, unique et premier dans son genre, fit naître plusieurs réunions et sociétés des quatuors; mais aucune n'égala celle du Mécène russe, qui assurait aux artistes des pensions leur vie durant.

Ce quatuor-modèle fut composé ainsi : Schupanzigh, premier violon; Sina (1), deuxième violon; Weisz, alto, et Linke (2), violoncelle. On l'appelait *quatuor du comte Rasumoffsky*. Sa réputation devint bientôt européenne et il mérite une place très-distinguée dans l'histoire. Ce quatuor ne pouvant pas voyager dans son ensemble, c'était une chose regrettable pour l'art musical sous plusieurs rapports, car, pour l'appréciation des œuvres classiques, pour leur intelligence et leur reproduction authentique, une pareille société manque à notre époque.

On regardait généralement le comte Rasumoffsky comme le dépositaire des traditions de Haydn, dans les quatuors et les symphonies. Cela tient à ce que le célèbre compositeur avait confié, en effet, à cet amateur distingué, des avis spéciaux pour leur exécution. On sait combien il est difficile d'indiquer exactement sur les partitions certaines finesses et particularités rendant exactement la pensée du compositeur. Le comte pouvait seul transmettre ces précieuses communications aux exécutants, ayant un sentiment délicat et le jugement très-sûr. Ces faits doivent être notés comme caractérisant le *quatuor du comte Rasumoffsky* et se rattachant aussi aux quatuors et quintettes de Beethoven. La réunion d'artistes jeunes encore avait besoin d'une bonne direction, émanant d'hommes compétents par leur goût et la connaissance des traditions des grands maîtres.

Le comte Rasumoffsky comprit, un des premiers, et apprécia le nouvel astre musical; il prit une part décisive au sort de Beethoven par la fondation de la société des quatuors. Le quatuor du comte Rasumoffsky s'appelait aussi le *quatuor de Beethoven*, comme s'il eût été engagé pour le service du grand maître par son nouveau protecteur. Il était d'ailleurs entièrement à la disposition de Beethoven.

---

(1) Né en 1783. — (2) Né en 1778, mort à Boulogne le 2 octobre 1857.

Pour savoir à quel point il en profita pour son instruction et pour mettre en relief les beautés de ses compositions, écoutons le chevalier de Seyfried, dans la biographie de Schupanzigh, insérée dans le *Dictionnaire de conversation* : « On sait que Beethoven
» était dans le palais du comte Rasumoffsky comme le *coq du*
» *village*. Tout ce qu'il composait était immédiatement essayé tout
» chaud, comme sortant du poêle, et d'après ses idées. On cher-
» chait à rendre ses intentions très-exactement, absolument comme
» il le voulait. Rien ne manquait aux ardents admirateurs de ce
» génie sublime ; ils s'appliquèrent à pénétrer avec zèle, amour,
» religieuse attention dans les profondeurs de ses plus mysté-
» rieuses intentions, et à saisir parfaitement ses tendances intellec-
» tuelles. Aussi, il n'y avait qu'une voix, dans le monde musical,
» sur la perfection avec laquelle les habiles artistes composant
» cette société exécutaient les chefs-d'œuvre de Beethoven... (1)

Les paroles si remarquables du chevalier de Seyfried, témoin oculaire de ces exécutions extraordinaires, peuvent être considérées comme un souvenir instructif pour notre siècle, non pas seulement en ce qui touche les compositions de Beethoven, mais encore pour l'ensemble des œuvres musicales de l'époque passée. Malheureusement, elles resteront sans effet, car les *traditions* de l'école classique sont une lettre morte pour la nouvelle génération, qui se contente de la reproduction exacte et correcte, sans approfondir les beautés intellectuelles de la musique.

Jetons maintenant un coup-d'œil sur la position économique de Beethoven, que nous considérerons plus loin sous plusieurs points de vue. Déjà on s'occupait dans le monde des moyens d'existence du grand artiste.

Nous savons, par Beethoven lui-même, que le prince Lichnowski lui assigna une pension de six cents florins par an, jusqu'à ce qu'une place convenable lui fût offerte. En donnant cette nouvelle au docteur Wegeler, à la date du 29 juin 1800, Beethoven continue ainsi :
« Mes compositions me rapportent beaucoup, et je puis dire que
» j'ai plus de commandes qu'il ne m'est possible d'en réaliser. Aussi
» j'ai pour chaque chose six ou sept éditeurs, et même plus si cela

---

(1) La GAZETTE MUSICALE de Leipzig de 1805, 7e année, parle ainsi du jeu de Schupanzigh :
Ce violoniste a une supériorité incontestable dans l'exécution des quatuors. Il sait pénétrer dans l'esprit de la composition. Son jeu, plein de feu et de force, ne manque pas de finesse et de délicatesse. Il réunit les qualités nécessaires pour rendre le genre léger, doux et humoristique. Personne ne peut remplir la partie du premier violon mieux que lui.
D'après cela, on peut juger ce qu'il a pu accomplir dans la maturité de son talent, avec le concours de tels accompagnateurs.

» me convient. On ne marchande plus avec moi ; je fais mon prix
» et l'on me paie. » Pour avoir une idée des honoraires de ce temps-
là, nous citerons une autre lettre de Beethoven, du 15 janvier 1801,
adressée à Hofmeister, éditeur de musique à Leipzig. Beethoven
demande, dans cette lettre, vingt ducats pour son septuor (œuvre
20), pour la première symphonie autant, pour le second concerto
de piano, dix ducats, et pour la grande sonate (œuvre 22), vingt
ducats ; — prix assez élevés pour l'époque.

Quelques détails encore en passant sur les talents financiers de
notre artiste. Ils sont donnés par Wegeler et expliquent bien des
contradictions que l'on rencontre dans la vie de l'artiste.

On lit à la page 33 de la notice du Docteur : « Beethoven, dont
» les moyens d'existence étaient bornés, ne connaissait pas le prix
» de l'argent, et ses connaissances restreintes en matière de finances
» le mettaient souvent dans un embarras dont il ne pouvait se tirer
» qu'à l'aide de ses amis. » Comme on dînait à quatre heures chez
le prince Lichnowski, il s'écriait, en se plaignant à quelques-uns de
ses amis : « Il me faut rentrer chez moi tous les jours à trois heures
» et demie, pour m'habiller un peu mieux et faire ma barbe ; je
» n'y tiendrai pas. » Il n'entendait rien aux affaires, il ne savait pas
se plier aux circonstances. Il soupirait toujours après la liberté et
l'indépendance ; tout ce qui apportait du changement à ses habitudes
le contrariait ; il était incapable de supporter le moindre assujé-
tissement. . . . .

Déjà, nous avons mentionné plus haut la cause permanente de
ses soucis. C'étaient les symptômes de sa surdité qui le préoccu-
paient à l'époque dont nous parlons. Il serait temps d'éclaircir ce
point « *Punctum saliens.* » Pour cela nous nous servirons encore
de la lettre de 1800, citée déjà, dans laquelle après avoir rendu
compte à son ami, le docteur Wegeler, de sa position financière,
il continue ainsi : « Mais le démon envieux, ma mauvaise santé, a
» jeté une méchante pierre dans mon jardin, c'est à dire que ma
» surdité augmente toujours depuis trois ans. A cette infirmité, il
» faut ajouter que le bas-ventre n'est pas en bon état. Jadis,
» comme tu le sais, il était bien misérable.... et bien, tout cela
» s'est gâté encore, j'ai été atteint d'une diarrhée continuelle qui
» me donne beaucoup de faiblesse. » Plus loin, il parle du traitement que les docteurs Frank et Vering lui faisaient suivre,
quoique sans résultat, et il poursuit : « Je puis te dire que je passe
» ma vie assez tristement depuis deux ans ; je vais peu dans le

» monde, parce qu'il m'est impossible de dire aux hommes : *je*
» *suis sourd*. Si je m'occupais d'un autre art que la musique, cela
» irait encore ; mais dans le mien, c'est une terrible situation. En
» outre, mes ennemis, dont le nombre n'est pas petit, qu'en
» diront-ils ? Pour te donner une idée de cette surdité extraordi-
» naire, je te dirai qu'au théâtre, je me place tout près de l'orchestre
» pour comprendre mieux l'acteur. Les sons élevés des instruments,
» des voix, n'arrivent pas à moi quand je suis un peu éloigné. En
» parlant, je m'étonne qu'il y ait des gens qui ne s'aperçoivent pas
» de mon infirmité ; mais, comme j'ai souvent des distractions, on
» met cela sur le compte de ce défaut. Quelquefois j'entends à
» peine celui qui parle doucement ; j'entends mieux les sons que
» les mots. Pourtant, si quelqu'un parle trop haut, cela m'est
» insupportable. Dieu sait ce que cela deviendra ! Le docteur
» Vering dit que cela ira mieux, si non tout à fait bien. Très sou-
» vent je maudis mon existence. Plutarque seul m'a donné de la
» résignation. »

Un ecclésiastique, du nom de Weisz, attaché à l'église métropolitaine de Vienne, s'occupait dans ce temps-là de la maladie de la surdité. Il avait déjà fait plusieurs cures très heureuses. Sans être empirique, il était familiarisé avec la physiologie des organes de l'ouïe et n'employait que des remèdes fort simples. Il jouissait d'une grande réputation et était même estimé des médecins. C'est avec leur autorisation que Beethoven se confia à ce digne ecclésiastique. Celui-ci lui prescrivit le repos, la diète et beaucoup de ménagements pour ses organes délicats. Tant que Beethoven suivit le régime du père Weisz, il s'en trouva bien. Mais soit qu'il fût rebuté par la longueur du traitement, soit qu'il fût empêché par les devoirs de société, il ne put le continuer, et l'ayant interrompu, il perdit patience, bien qu'il fût en bonne voie de guérison. Nous entretiendrons nos lecteurs plus longuement dans la troisième période de cet écrit, de cette malheureuse surdité de notre grand artiste. Le père Weisz continua pendant plus de vingt ans à lui donner ses soins par pure obligeance ; il s'intéressait vivement au sort de Beethoven. Nous citerons, ici, une lettre de Beethoven à Wegeler, datée du 16 novembre 1801, dans laquelle il raconte à son ami d'enfance le progrès de son mal. Il lui écrit : « Ma jeunesse, oui
» je le sens, commence seulement ; (1) n'ai-je pas toujours été

---

(1) C'est probablement à la même époque que Beethoven écrivait à Wegeler : « Qu'il aimait
» une charmante jeune fille, à laquelle il devait quelques moments heureux dans sa vie. »

» maladif ? Ma force corporelle se développe depuis un certain
» temps plus que jamais, et elle augmente les forces intellectuelles.
» Chaque jour me rapproche davantage d'un but que je sens, mais
» que je ne puis te décrire. Là seulement peut vivre ton Beethoven.
» *Mais je n'ai pas de repos !* Je n'en connais d'autre que le sommeil,
» et cela me fait mal de lui donner plus de temps qu'autrefois. Que
» je sois délivré de mon mal, seulement à moitié, et alors, homme
» mûr et accompli, j'irai à vous pour renouveler les vieux senti-
» ments d'amitié. »

En approchant de la fin de cette première période, nous devons faire mention d'un voyage artistique dans l'Allemagne du nord, que Beethoven entreprit vers cette époque, précédé d'une grande réputation. Il visita Prague, Leipzig et Berlin et excita une vive admiration par son talent sur le piano et par sa facilité à improviser sur un thème donné. C'est pendant l'année 1795, probablement en automne, que cette excursion eût lieu. Ce fait sera confirmé plus tard par Beethoven lui-même. Pendant son séjour à Berlin, il obtint la permission de dédier ses deux sonates avec violoncelle, (œuvre 5), au roi de Prusse, Frédéric-Guillaume II, qui aimait beaucoup la musique. Ce premier voyage du grand artiste devait être aussi son dernier, et, ce qui est digne d'être remarqué, c'est que tous les événements de ce voyage et leurs impressions se sont effacés de la mémoire de Beethoven. Il en donna la preuve en présence du conseiller d'état Rochlitz, en 1822. En général, sa mémoire était très faible pour tout ce qui appartient à un temps un peu éloigné.

APPENDICE.

I

SUR L'ÉTAT DE LA MUSIQUE A VIENNE PENDANT LES DERNIÈRES ANNÉES DU XVIII° SIÈCLE ET AU COMMENCEMENT DU XIX°.

Jusqu'ici la vie de Beethoven n'a été envisagée que dans les relations du compositeur avec une partie de la société musicale de Vienne. Nous nous proposons de donner à présent le tableau de cette société en ce qu'elle avait de grand et de remarquable. Or, il est notoire que la haute société allemande, si distinguée dans son ensemble, exerça une grande influence sur Beethoven, comme homme et comme artiste. On verra, par les contours de ce tableau, quels étaient l'esprit et le goût dominants à cette époque.

Nous avons parlé plus haut de grands services rendus à l'art musical par le baron van Swieten, qui, en fondant une société, composée de la noblesse et des artistes, contribua à l'exécution des œuvres de Haendel, de Haydn, de Bach (1), et de Hasse. Il serait intéressant de connaître les noms des principaux membres de cette société musicale. On trouve, dans le compte-rendu de la *Gazette universelle*, de 1801, sur la première exécution des *Saisons* de Haydn, sous la direction du baron van Swieten, les noms suivants : *Princes*: Lichtenstein, Esterhazy, Schwarzenberg, Auersperg, Lobkowitz, Lichnowski, Trautmansdorf et Kinsky. *Comtes*: Czernin, Erdoedy, Fries, Appony, Sinzendorf, Harrach, et tant d'autres. Nous voyons beaucoup de ces noms sur les titres des compositions du grand maître. Ces dédicaces prouvent ses rapports avec les personnages les plus distingués de l'empire, qui tenaient à

---

(1) Il paraît que dans ce moment là, on n'écoutait, en fait de compositions de Bach, que ses MOTETS. Les grands ouvrages de ce maître ne furent connus que plus tard à Vienne, et d'un petit nombre de connaisseurs. On appelait alors ces chefs-d'œuvre : « musique luthérienne. »

honneur de protéger ses travaux. Admis dans les cercles de la haute société de Vienne, cet homme de génie y trouva des protecteurs éclairés et des amis qui lui sont restés fidèles. Aussi Beethoven, vivant avec des personnes bien élevées, d'une éducation cultivée, ne cachait plus sa préférence pour le beau monde.

Les idées avantageuses qu'on avait alors de la noblesse en général pouvaient être appliquées à la noblesse autrichienne particulièrement. Elle réunissait l'instruction et l'éducation, aux formes extérieures les plus accomplies. Le développement du caractère et de l'intelligence était chez elle en équilibre, et les esprits cultivés suivaient une bonne direction. Aussi, c'est avec raison, que cette noblesse fut regardée comme le centre de la civilisation et de l'urbanité allemande (1). Il était dans l'intérêt d'une société aussi brillante, raffinée, possédant d'immenses richesses, d'accorder aux sciences, et aux arts, un puissant encouragement. C'était un moyen certain d'en rehausser l'éclat et d'en recueillir la gloire en retour d'une intelligente protection. Elle aimait réellement la musique, elle cultivait cet art enchanteur sans ostentation, en se laissant aller au charme d'une exécution parfaite, quelque fût le nombre des musiciens (fussent-ils quatre ou cent symphonistes). On regardait la musique comme un moyen de cultiver l'esprit et le cœur en donnant une bonne direction aux sentiments nobles et élevés. Le peuple allemand comprenait alors la simple grandeur, la vraie sensibilité et les sentiments purement humains dans la musique. C'est celui qui entend encore le mieux l'art de déduire l'ineffable et le sublime du pouvoir magique des sons. Et cependant, ce n'était point un siècle philosophique, mais un siècle sachant jouir sans préoccupation, dont le côté caractéristique survécut sans faiblir au premier lustre de notre siècle frondeur. Celui qui n'a point connu la ville de Vienne, sous le rapport musical, à cette époque, ne sait pas ce qu'on peut appeler jouir de la musique d'une manière *impartiale*, comme disaient les musiciens de ce temps-là. Grâce à Dieu, les cent journaux de musique n'existaient pas encore.

En ce qui concerne le dilettantisme de cette époque, nous voyons qu'il était cultivé par la classe la plus élevée de la société, dont les membres, par leur goût, leur aptitude et leurs manières distinguées, étaient au niveau de leur rôle. Les premières places appartenaient de droit aux plus habiles. Sur les appréciations des ama-

---

(1) Dans la troisième période, il sera de nouveau question de la noblesse autrichienne que nous trouverons bien changée.

teurs, et leur manière de juger le mérite des artistes, la *Gazette musicale universelle* s'exprime de la manière suivante dans la troisième année de sa publication : « On estime trop les talents à » Vienne, pour vouloir humilier les artistes, et on aurait moins » d'égards pour eux si on les voyait ramper devant les grands. »

Pour ne point laisser de lacune dans le tableau de la musique à Vienne, nous ne pouvons nous dispenser de parler aussi des concerts à la cour, qui avaient lieu alors avec un orchestre complet. Sa majesté l'empereur François jouait le premier violon; l'impératrice Marie-Thérèse, princessse de Naples, chantait des airs d'opéra et se faisait entendre dans les morceaux d'ensemble. Elle était une véritable artiste (1). Ces concerts, qui avaient lieu à Laxenburg, étaient dirigés par Salieri, mais plus souvent par Weigl, l'héritier des traditions de Mozart. L'auditoire était composé de la noblesse et des personnes attachées à la cour. C'était alors *l'âge d'or* de la musique à Vienne, et les deux maîtres de chapelle, dont la providence prolongea les jours jusqu'à *l'âge de bronze*, en parlaient avec éloge à l'auteur de ce livre.

Il ressort de ces circonstances, qu'elles stimulaient vivement le talent de notre Beethoven. La puissance de son génie se développait rapidement, grâce à son entourage distingué. Aussi, l'âge d'or de la musique à Vienne, pourrait être nommé *l'âge d'or* de la carrière du compositeur, temps précieux pour ses grands travaux et le rayonnement de toutes ses inspirations. Placé ainsi dans une admirable position, lié avec tout ce qui était bon et noble, il aurait pu marcher paisiblement dans la route tracée d'avance par son génie créateur, et être heureux, grâce aux bons soins et aux nombreux encouragements de ses nobles protecteurs, si le démon ne s'était pas glissé déjà dans l'organe le plus délicat et le plus nécessaire pour sa vocation. Cette fatale infirmité troubla le repos de son âme et empoisonna les jours qui devaient être consacrés à l'entier accomplissement de sa destinée.

. . . .

---

(1) C'est seulement après le décès de l'Impératrice, en 1807, que l'empereur François, en instituant ces concerts, organisa son quatuor d'instruments à cordes, qui l'accompagna dans ses longs voyages, comme à Paris, en 1815, et au congrès d'Aix-la-Chapelle, en 1818. Ce quatuor était dirigé par François Krommer, directeur de musique. L'Empereur faisait le premier violon, son aide-de-camp-général, le feld-maréchal baron de Kutschera, le deuxième violon, le premier gentilhomme de la chambre, l'alto, et le comte Wrbna, chambellan, le violoncelle. Après la mort de ce dernier, le sieur Gottlizeb, membre de la chapelle impériale, lui succéda vers 1820.

II

AVERTISSEMENT CONCERNANT LE CATALOGUE.

Pour bien indiquer les œuvres de Beethoven qui furent composées vers la fin de la première période (où commence sa carrière artistique), il serait nécessaire de faire quelques observations préliminaires.

A. Les œuvres de Beethoven forment deux catégories : les unes, portent le numéro d'ordre sous lequel elles ont été composées ; d'autres, n'ont qu'un simple numéro ou lettre alphabétique pour toute indication. Le premier classement émane du compositeur lui-même jusqu'à un certain point, tant qu'il conserva l'habitude de marquer de sa main le chiffre d'œuvre sur chaque manuscrit. Cette catégorie renferme presque toutes ses grandes compositions. Les ouvrages portant de simples numéros ont été marqués par les éditeurs, qui s'étaient d'abord entendus avec le compositeur, excepté pour les ouvrages moins importants, comme variations, danses et chansons, etc., dont beaucoup n'ont été publiés qu'après la mort de Beethoven.

Les classements sont en général très exacts pendant les dernières cinq années de la présente période. Plus loin, on est frappé d'un désordre qui se rencontre rarement, poussé à un si haut degré chez aucun compositeur. La faute n'en était pas seulement à Beethoven, mais à ses éditeurs et plus encore aux amateurs, dont nous parlerons dans la période suivante.

En ce qui touche les éditeurs, le malentendu venait souvent de leurs jalousies réciproques qui amenèrent une confusion regrettable. Une autre cause consiste dans le nombre incalculable de morceaux intercalés arbitrairement sous les mêmes numéros d'ordre. Ce n'est qu'en mettant de côté les arrangements et en les plaçant dans une catégorie à part, qu'on pourrait arriver à un meilleur ordre dans les ouvrages originaux.

B. Il y a des compositions qui ne furent pas publiées dans l'ordre où elles virent le jour. Plusieurs n'ont été vendues que plus tard, quelques-unes retenues longtemps dans les pupitres de messieurs les éditeurs, par spéculation ou pour d'autres motifs. On trouve dans le catalogue de la troisième période, plusieurs œuvres qui furent retardées dans leur publication. Déjà, l'œuvre première (Opus I) ne se trouve pas exactement dans l'ordre chronologique, attendu que le trio en *ut mineur*, qui fut terminé le premier, porte le n° 3. Cette distribution a sa raison dans la gradation des effets. Les trios en *mi* ♭ *maj.* et en *sol maj.* commencent la livraison; l'auteur aura voulu mettre le plus faible au milieu. Cela se voit encore dans les livraisons des trois sonates œuvre 2, et dans celle de l'œuvre 10, qui appartiennent à la première période. Ce système ne paraît plus dominer dans les compositions ultérieures.

On lit dans les nombreux commentaires sur la musique de Beethoven, que les compositions séparées, réunies avec d'autres, sous le même numéro d'ordre, et qui diffèrent entre elles par le style et leur valeur intrinsèque, appartiennent à une époque antérieure. Cette opinion peut être combattue; les années marquées au bas d'une œuvre, comme dates plus ou moins récentes, ont peu d'importance, et, rarement, il y a une différence de plusieurs années entre elles, tandis qu'on peut affirmer avec certitude qu'aucun de ces ouvrages, portant la date au bas, ne fut composé avant 1794. Au surplus, certains écrivains, dans les raffinements de leur critique, s'imaginent que Beethoven n'avait jamais de point d'arrêt dans ses travaux; ils le voient toujours en progrès, et reportent ses petites productions, lieder, et autres bagatelles, au temps de sa jeunesse. Ils conjecturent ainsi qu'après *Fidelio*, la symphonie pastorale et celle en *ut mineur*, le grand maître ne pouvait plus s'occuper de si petites choses. Ces bavards acrimonieux en musique, se donnent beaucoup de peine pour mesurer géométriquement le génie de Beethoven; ils veulent savoir combien un certain nombre d'œuvres peut valoir dans le commerce. Cependant, beaucoup de ces opuscules furent composées sous mes yeux pendant ma liaison avec Beethoven, et les copies, avec les corrections du compositeur, sont en ma possession. Est-ce que le Mont-blanc n'est pas entouré des montagnes plus ou moins grandes, au milien desquelles il apparaît comme un géant!

N'avons-nous pas entendu, quelques pages auparavant, le grand maître s'écrier, à l'âge de trente ans : « je n'ai plus de repos ». (Nichts von Ruhe.) Pourtant on peut assurer, que, vingt ans plus tard, il ne pensait plus ainsi ; — au contraire, il sentait qu'il avait besoin d'un peu de repos, c'est-à-dire d'un repos actif, ou de l'activité dans le repos. C'est de ces rares moments que datent les *inspirations* dont il faisait hommage à ses amis et protecteurs. Pourquoi donc ces prétendus philosophes en musique, qui fouillent notre pauvre globe terrestre, ne veulent-ils pas tirer la vraie conclusion de ce procédé, à savoir que Beethoven reculait quelquefois dans son jeune âge, avant de faire quelques pas en avant, afin de de s'y retremper par l'esprit et la volonté. Nous verrons, dans la troisième période, comment Beethoven qualifiait ces petites compositions

C. Si l'on demande, d'après ce qui précède, la date précise de la publication de différentes œuvres, — il est impossible de le dire avec certitude, bien qu'il importe peu de savoir, que telle ou telle composition ait été publiée une année plus tôt ou plus tard. Pour arrêter l'ordre chronologique des grandes compositions, l'auteur de cet écrit s'était mis en communication avec les éditeurs *Artaria* et *Diabelli*, du vivant même de Beethoven. Une lettre à ce dernier, servit d'occasion à l'éditeur Artaria pour répondre, en 1819, à certaines questions du maître lui-même : cette lettre sert de pièce justificative au catalogue de la deuxième période. Malheureusement, elle ne présentait pas d'issue suffisante pour sortir d'un pareil fouillis. La lettre originale d'Artaria existe encore.

D. On tâchera de faire connaître, dans le catalogue, le nom du premier éditeur, autant que cela sera praticable. Il est aussi d'une grande importance de savoir, que les œuvres publiées à Vienne ont été corrigées par Beethoven, ainsi que les dernières sonates publiées à Paris chez Schlessinger (œuvres 109, 110 et 111); ce fait est à ma connaissance. Quant aux autres éditions qui sont passées sous mes yeux, elles laissent beaucoup à désirer. Parmi les anciennes officines de Vienne, plusieurs se sont rendues coupables de négligence et d'incorrections. Il est à regretter que Beethoven ne fît pas surveiller l'édition de ses œuvres. Ainsi, dans la sonate pathétique, on a oublié de marquer les nuances dans les deux premiers morceaux, ce qui leur ôte la couleur, et rend une bonne exécution impossible. Ce manque de signe d'expression a été répété dans les nombreuses réimpressions de cette œuvre admirable. Il faut dire aussi que la plupart des éditions fautives existent par la faute d'éditeurs de musique qui, n'ayant plus d'honoraires à payer pour tant de chefs-d'œuvre tombés dans le domaine, devraient au moins rendre hommage au génie en soignant les réimpressions de la musique de piano comme la plus exposée à être dénaturée.

Un éditeur qui s'occuperait de retrouver les premières éditions de chaque œuvre de piano et qui en ferait une édition correcte, exempte de fautes, en n'ajoutant rien d'une main étrangère, rendrait un service à l'art musical et honorerait l'illustre compositeur, descendu dans la tombe sans avoir pu jouir de ses immortelles productions. La spéculation, pour la honte de notre siècle, a voulu tirer parti de tout, en vendant à bas prix les meilleurs ouvrages, comme si elle voulait les mettre sur la même ligne et au même taux que les balles de coton! Nous verrons, dans la deuxième période, comment Beethoven envisageait les corrections de ses ouvrages et ce qu'il exigeait des autres.

Les anciens magasins de musique à Vienne n'existant plus, leurs fonds passèrent en d'autres mains. Ainsi, le *Comptoir d'Industrie*, avec la maison d'*Eder*, *Mollo et Comp.ie*, devint l'établissement de *Steiner et Comp.ie*, actuellement celui de T. Hasslinger. Le magasin de *Witzendorf* passa à *Cappi*. On devrait retrouver, dans l'ancien fond de ces éditeurs, les premières éditions d'œuvres de Beethoven, publiées à Vienne.

CATALOGUE

DES ŒUVRES DE BEETHOVEN,

PUBLIÉES DEPUIS 1795 A 1800.

Œuvres.	Époques de publication	Premier éditeur.	
1	1795	Artaria	**Trois Trios** (en *mi*^{b}, en *sol maj.* et en *ut min.*), pour piano, violon et violoncelle. Il résulte de l'observation de Ferd. Ries, sur le trio en *ut min.* à la page 85 de sa notice, que Haydn, après avoir entendu les trois trios chez le prince Lichnowski, ne conseillait pas au compositeur de les publier. Cette circonstance fit soupçonner Haydn de jalousie envers Beethoven. D'un autre côté, on sait que ce grand maître passa les années de 1794 et 1795 à Londres. Son absence de Vienne, au moment de la publication de ce trio, détruit l'allégation de Ferd. Ries, lequel questionna lui-même Haydn sur cet objet; la réponse de Haydn fut « qu'il ne croyait » pas que ce trio serait compris facilement du public » et reçu favorablement. » Ainsi, cette interprétation tombe d'elle-même. Mais il sera permis de s'étonner de l'opinion de Haydn, quand on connaît ses trios. Pour ma part, je mets cet événement parmi les nombreux malentendus, qui malheureusement remplissent la vie de Beethoven.
2	1796	Artaria	**Trois Sonates** (en *fa min.*, en *la maj.* et en *ut maj.*) pour piano.
3	1796	incertain	**Grand Trio** (en *mi*^{b} *maj.*) pour violon, alto et violoncelle. Cette œuvre, d'après certaines personnes, serait composée déjà en 1791, avant les *Trios* (œuvre 1). Mais le compositeur l'aurait trouvé trop faible pour être publié le premier. Cette assertion n'a rien de fondé.
4	1796	Artaria	**Quintette** (en *mi*^{b}) pour deux violons, deux altos et violoncelle.

PREMIÈRE PÉRIODE. — 1770-1800.

Œuvres.	Époques de publication.	Premier éditeur.	
			Ce quintette provient des premiers essais de Beethoven pour les instruments à vent, principalement d'un ottetto pour deux hautbois, deux clarinettes, deux cors et deux bassons, dont le manuscrit se trouve chez Artaria. Le nouveau catalogue de Breitkopf et Haertel dit le contraire ; il prétend que c'est le quintette qui a donné naissance à l'ottetto. Au reste, ce catalogue se trompe quand il dit que cet ottetto est l'œuvre 103. Il n'existe point d'œuvres originales sous le numéro 103 ni 104. Nous renvoyons cette confusion à son auteur. (Voyez la lettre d'Artaria à Beethoven ci-dessus, à la date de 1819.)
5	1797	Artaria	**Deux grandes Sonates** (en *fa maj.* et en *sol min.*) pour piano et violoncelle.
6	1797	Eder	**Sonate facile** (en *re maj.*) pour piano à quatre mains.
			Les œuvres suivantes, désignées par lettres alphabétiques, parurent en 1797 :
			(A) **Neuf Variations** (en *la maj.*) sur le thème de l'opéra « *la Belle Meunière* » Artaria.
			(B) **Six Variations** (en *sol maj.*) sur un thème du même opéra « *Toutes les joies m'échappent* » chez le même éditeur.
			(C) **Douze Variations** (en *ut maj.*) sur le « *Menuet à la Vigano* » Artaria.
			(D) **Douze Variations** (en *la maj.*) sur un thème du ballet « *la Fille des Bois* » chez le même.
7	1798	Artaria	**Grande Sonate** (en *mi♭*) pour piano.
8	—	—	**Sérénade** (en *re maj.*) pour violon, alto et violoncelle.
9	—	—	**Trois Trios** (en *sol maj.*, en *re maj.* et en *ut min.*) pour violon, alto et violoncelle.
10	1799	Eder	**Trois Sonates** (en *ut min.*, en *fa maj.* et en *re maj.*) pour piano.
11	—	Mollo	**Grand Trio** (en *si♭*) pour piano, clarinette ou violon et violoncelle.

Œuvres.	Époque de publication	Premier éditeur.	
12	1779	Artaria	**Trois Sonates** (en *re maj.*, en *la maj.* et en *mi maj.*) pour piano et violon.
13	—	Eder	**Sonate pathétique** (en *ut min.*) pour piano.
14	—	Mollo	**Deux Sonates** (en *mi maj.* et en *sol maj.*) pour piano.
			ŒUVRES PUBLIÉES DANS LA MÊME ANNÉE. (A) **Douze Variations** sur le thème « *Une Fille ou une Femme* » Trueg. (B) **Huit Variations** (en *ut maj.*) sur le thème de « *Richard Cœur-de-Lion* » (*Fièvre brillante*). (C) **Dix Variations** (en *si♭ maj.*) sur un thème de Falstaff de Salieri « *la Stessa, la Stessissima* » Artar.
15	1800	Mollo	**Premier Concerto** (en *ut maj.*) pour piano avec orchestre. Une première exécution de cette œuvre eut lieu au théâtre de la porte de Corinthie, au printemps de 1800, par l'auteur. Ce concerto obtint un grand succès. En même temps, l'auteur fit entendre le septuor et sa 1re symphonie en *ut maj.* La *Gazette musicale universelle*, 6me année, pag. 321, en rendant compte de ce concerto, ajoute que Beethoven se fit entendre aussi dans une fantaisie libre sur le piano. Quant à sa symphonie, la *Gazette* en parle ainsi : « Il y a beau- » coup d'art et une grande richesse d'idées neuves ; » seulement, les instruments à vent sont trop souvent » employés, en sorte que l'harmonie domine au dé- » triment de l'orchestre. Dans la même année parurent encore : (A) **Sept Variations** (en *fa maj.*) sur un thème de l'opéra *le Sacrifice interrompu*, « *Enfant veux-tu dormir tranquille* », éditeur inconnu. (B) **Huit Variations** (en *fa maj.*) sur le thème « *Badiner et Plaisanter* », chez Simrock. Un grand nombre de compositions de cette catégorie, comme variations, danses, menuets, furent publiées dans l'année, mais faute de place nous nous bornerons

Œuvres.	Époques de publication.	Premier éditeur.

à indiquer les grands ouvrages qui datent de cette époque.

I. Les premiers **Trois Quatuors** (en *fa maj.*, en *sol maj.* et en *re maj.*) qui parurent un peu plus tard avec les trois autres sous le numéro d'œuvre 18. Il en sera question dans la deuxième période ; ils furent gravés séparément chez Mollo.

II. **Scena ed Aria** (*Ah perfido!*) appartient à cette période. Ce fait est certifié par une lettre d'Aloys Fuchs, qui m'écrivit en ces termes, à la date du 4 mai 1852 : « Je possède la partition originale de cette *scène et air*, dont le titre écrit de la main de Beethoven, porte : *Une grande scène mise en musique par L. v. Beethoven, à Prague, 1796. Dedicata alla signora contessa di Clari.* » On reconnaît l'écriture de Beethoven dans la partition, il mit de sa main le n° 46 sur le titre de cette composition.

Cette pièce vocale compte parmi les productions de la jeunesse de Beethoven. Elle a été placée dans le catalogue de Breitkopf et Haertel, comme œuvre 65, et dans celui de Hofmeister comme œuvre 48, mais c'est une erreur. Par l'inscription sur le titre, nous avons pu préciser l'époque du voyage de Beethoven à Prague, Leipzig et Berlin.

Adélaïde appartient aussi à cette période : elle fut composée en 1797, et parut bientôt chez Artaria ; c'est par erreur qu'elle porte le chiffre d'œuvre 46.

Je possède le fac-simile de la lettre de Beethoven qui accompagnait l'envoi de cette composition vocale, au poète Matthison, qui résidait alors à Dessau. Cette lettre, si intéressante sous le rapport historique, avait été d'abord insérée dans une feuille périodique que je ne connaissais pas.

Respectable Monsieur,

« Vous recevrez de moi une composition, qui est déjà imprimée
» depuis quelques années, et dont vous ne savez peut-être rien, à
» ma honte. Je ne puis guère m'excuser, en vous disant pourquoi

» je vous ai dédié une œuvre venant du cœur, tout chaud, sans
» vous en prévenir. C'est parce que je ne connaissais pas votre
» demeure, et peut-être à cause de ma timidité, craignant de
» m'être trop pressé à vous dédier cette composition, sans
» savoir si elle aurait votre suffrage. A la vérité, je ne vous envoie
» *Adélaïde* qu'avec inquiétude. Vous n'ignorez pas combien
» quelques années peuvent produire de changements chez un
» artiste qui travaille. Plus on fait des progrès, plus on est mécon-
» tent de ses œuvres premières. Aussi, mon plus grand désir serait
» satisfait, si la musique que j'ai faite pour votre divine *Adélaïde*,
» pouvait vous plaire, et si cela pouvait vous déterminer, à me
» faire un autre poëme semblable, et à me l'envoyer bientôt. Ne
» trouvez pas ma prière trop indiscrète; je vais employer toutes
» mes forces pour approcher de votre belle poésie. — Veuillez
» considérer cette dédicace comme signe du plaisir que m'a
» fait éprouver votre *Adélaïde*, et comme preuve de ma recon-
» naissance pour les délicieux moments que votre poésie m'a tou-
» jours procurés, et qu'elle me procurera à l'avenir.

» Rappellez-vous quelquefois en jouant *Adélaïde*,

Votre véritablement respectueux,

BEETHOVEN.

Vienne, le 4 août 1800.

COUP-D'ŒIL

SUR LE CARACTÈRE DE LA CRITIQUE MUSICALE ET LES JUGEMENTS DES ŒUVRES DE BEETHOVEN.

Pour compléter l'ensemble des faits relatifs à la première période, il importe de connaître comment les œuvres du jeune maître furent reçues à leur apparition par la critique musicale. En effet, ces jugements jouent un grand rôle dans la vie de Beethoven. Comme, depuis le commencement de sa carrière, il donna une direction à part à ses productions, direction qu'il suivit durant sa vie, la critique musicale se plaça dans une position à part, vis-à-vis de lui. Les articles critiques formaient une espèce d'assaisonnement piquant à la carrière artistique de Beethoven; satellites inséparables, ils le suivaient pas à pas avec quelques changements. Mais souvent le peu de fond de leur contenu sautait aux yeux. Il serait indispensable d'en extraire quelques exemples pour cet écrit, d'autant plus que ces sentences critiques auront plus de signification pour notre temps, que celles des journaux d'aujourd'hui. Qu'on nous permette donc d'en citer quelques unes ici.

Dans toute l'Allemagne, et on peut dire dans l'univers entier, il n'existait alors qu'un seul journal de musique d'une autorité reconnue. Nous voulons parler de la *Gazette musicale universelle* de Leipzig. *Emporium* du commerce de musique, cette feuille était regardée comme un tribunal sans appel de critique musicale. Fondée en 1798, sa première année finissait avec le mois de septembre 1799. Les douze années suivantes commençaient et finissaient de même jusqu'en 1800, époque où elles commencèrent avec le premier janvier. Frédéric Rochlitz, un des meilleurs critiques musicaux, dirigeait la rédaction de la *Gazette* de Leipzig.

Composée d'hommes éminens par leurs talents, leur science et leur indépendance, cette rédaction se distinguait par l'identité de leurs jugements. Elle sentait fort bien qu'elle avait des devoirs à remplir envers l'art et les artistes. Il lui arrivait quelquefois cependant de modifier ses jugements, mais c'était pour des ouvrages publiés en pays étrangers, sur lesquels les rédacteurs avaient manqué de renseignements positifs. Par sa continuité, son impartialité, cette feuille était arrivée à exercer une influence réelle sur son époque, abstraction faite de la position personnelle des artistes. Aussi, on avait une grande considération à Vienne, pour les articles critiques de la *Gazette musicale* de Leipzig. Cette première ville eut bientôt son journal de musique, rédigé d'abord par Ignace de Mosel, puis par J.-A. Kanné, mais sans grande autorité, ni influence. Quant à la *Gazette* de Leipzig, elle a maintenu sa réputation jusqu'au commencement de la quatrième dizaine du siècle, époque où les relations artistiques prirent, en se transformant, une autre direction. La musique, comme tous les arts libéraux, subit l'influence du monde industriel.

. . . .

D'après ce qui précède, on voit quelle importance a la *Gazette musicale* de Leipzig, pour l'histoire de l'époque dont nous nous occupons. Les artistes de ce temps-ci, qui arrivent facilement à la renommée, bien qu'elle soit de courte durée, verront par là à quelles conditions on acquiert une gloire véritable, durable après la tombe, et digne d'une critique juste, savante et sincère.

La première année de la *Gazette musicale* de Leipzig renferme un article critique sur plusieurs ouvrages de notre jeune héros, savoir : *Trois Airs variés* et *trois Sonates* pour piano et violon (œuvre 12). A propos des *Variations* sur l'air « Fièvre brûlante » de *Richard Cœur-de-Lion*, le critique s'exprime ainsi : « On sait que M. van Beethoven est un très habile pianiste, et, si on ne le savait pas, on pourrait l'apprendre par ces *Variations*. Mais est-il en même temps un aussi heureux compositeur ? c'est une question qu'il est difficile de résoudre d'après l'ouvrage que nous avons devant son yeux. Plusieurs de ces *Variations* nous plaisent, nous en convenons ; il est certain aussi que notre jeune compositeur a mieux traité ce thème que Mozart ne l'avait déjà traité dans sa jeunesse. Mais M. v. B.... a été moins bien inspiré dans ses *Variations* sur l'air : *Une Fillette*, etc., dans lesquelles il s'est permis des modulations qui ne sont rien moins qu'agréables. » Après plusieurs passages sur la musique, suit cette observation : « La quantité de *Variations* que l'on fabrique maintenant est incroyable ; (1) on les

---

(1) L'auteur de cet article serait autrement étonné s'il voyait certaines publications de nos jours ! Les variations, les transcriptions, les illustrations, les arrangements de toutes sortes, ont pris place de la véritable composition. *(Note du traducteur.)*

imprime de suite, sans que leurs auteurs sachent seulement comment on doit traiter un thème. » Ce coup d'épingle dut être très sensible à notre Beethoven.

L'article sur l'œuvre 12 est également curieux à connaître. « Le critique commence par dire qu'il ne connaissait pas les œuvres de piano de M. B..., mais il avoue que ce n'est pas sans peine qu'il est parvenu à se rendre compte de ces *Sonates* chargées d'étranges difficultés. Il est incontestable que M. B... suit une route à part, mais quelle route pénible et bizarre! Beaucoup de science et toujours de la science, mais peu de naturel et pas de chant. L'ensemble est savant, hérissé de difficultés, mais on voudrait plus de méthode pour soutenir l'intérêt; au lieu de cela l'auteur recherche les modulations extraordinaires; il a une répugnance visible pour les résolutions ordinaires et se plaît à entasser difficultés sur difficultés, ce qui ôte tout plaisir et toute patience pour les travailler. Déjà un autre critique a fait les mêmes reproches à M. B., et nous sommes d'accord avec lui. Cependant, ce travail ne doit pas être entièrement rejeté; il a son mérite et peut servir pour l'enseignement des pianistes d'une certaine force. »

Le critique des *Dix variations*: « La stessa, la stessissima, » s'exprime en ces termes : « On ne peut guère être satisfait (de ces variations); elles sont guindées et pleines de recherche, même désagréables en plusieurs endroits. Ces tirades, rapides, en demi ton, font un mauvais effet sur la basse. Non, en vérité, M. v. B. peut savoir improviser, mais il n'entend rien à varier un air. » — Et cela a été dit d'un compositeur comme Beethoven, à l'âge de trente ans ! Quel aiguillon pour entretenir les inimitiés parmi ses antagonistes !

Dans la seconde année de la *Gazette de Leipzig*, on trouve un article plus juste sur l'œuvre 10 (trois sonates en *ut min.*, en *fa maj.* et en *ré maj.*). Nous reproduisons ici un fragment de la première partie :

« On ne peut disconvenir que M. B. ne soit un homme de génie. Il a de l'originalité, et il suit une route à lui, ce qu'il doit à une solidité non ordinaire dans l'art d'écrire et à son grand talent sur le piano, qualités non contestées qui lui assurent le premier rang parmi les meilleurs pianistes et compositeurs de notre temps. »

Le critique engage ensuite Beethoven à se ménager, afin de suivre une direction.....

« Il y a si peu d'artistes auxquels on puisse dire : épargnez vos trésors et procédez avec ménagement ! Il y en a si peu chez qui les idées surabondent et qui sachent les traiter avec souplesse ! »

Vient ensuite l'article sur la sonate pathétique, qu'il ne faut pas oublier, car là se trouve la première trace de l'entrée de la critique musicale dans le domaine de la poésie, quoique d'une manière bien circonspecte d'abord. Il est très-probable que le titre de *Sonate pathétique* aura mis le critique sur la voie et lui aura donné l'idée de ne pas considérer cette œuvre sous le rapport technique seulement, comme c'était l'usage du temps : « Remarquable par le style
» et son caractère énergique, cette œuvre a été écrite d'inspiration.
» Quant au mot pathétique, il était d'abord destiné à la sonate
» œuvre 10, mais la concordance caractéristique du premier et du
» troisième morceau détermina l'auteur à donner le titre à l'œuvre
» 13, qui produisit une grande sensation parmi les amateurs et les
» artistes. »

L'article critique parut en février 1800. Nous le donnons textuellement :

« Ce n'est pas sans raison que cette sonate s'appelle pathétique ;
» elle est réellement d'un caractère passionné. Déjà une noble mé-
» lancolie s'annonce dans l'introduction *grave*, d'un style élevé et
» admirablement modulée. Le premier morceau, d'un mouvement
» très-vif, est écrit avec beaucoup d'âme ; il est interrompu deux
» fois par la phrase si expressive de l'introduction. L'adagio en *la*^{b},
» qui ne doit pas être pris d'une manière trop languissante, se
» distingue par une ravissante mélodie et d'heureuses modulations.
» Le rhythme a quelque chose de calme et de consolant ; il berce
» l'âme et amène admirablement le rondo final dans le ton du pre-
» mier allegro. Ce retour au ton et au premier sentiment donne à
» la sonate une unité qui en fait le grand mérite esthétique. Dire
» quelque chose de pareil d'une œuvre, présuppose, comme c'est
» le cas ici, que chaque exigence de l'art musical y est remplie et
» prouve manifestement sa beauté. Cependant nous désirerions,
» pour rendre cette sonate parfaite, plus d'originalité dans le motif
» du rondo, qui est une réminiscence. Ce n'est pas un blâme, c'est
» un vœu que nous faisons dans l'intérêt de Beethoven, qui peut
» seul inventer et être neuf quand il veut. »

Du reste, les critiques de la *Gazette musicale de Leipzig* n'ont jamais dépassé la ligne d'une discussion convenable et pleine d'égard pour Beethoven, même dans la deuxième période, où l'on trouve des appréciations plus sévères......... Sa conduite envers la critique

en général nous est connue. Elle est telle qu'on la peut attendre d'un artiste qui a la conscience de son mérite et s'est proposé un but élevé. Aussi nous nous garderons bien de le blâmer, car souvent les jugements sévères du tribunal musical de Leipzig, en lui donnant de l'humeur, portaient secours à ses adversaires. Mais on voit à quel point il savait se contenir, par le passage suivant d'une lettre adressée à l'éditeur Hofmeister, de 1801. Il y est question d'un certain O***, de Leipzig : « Laissez-les parler, ils ne pourront rendre
» personne immortel par leur bavardage, comme ils ne peuvent
» priver personne d'une immortalité qu'Apollon seul peut donner. »

Hofmeister, qui avait provoqué cette remarque, s'en trouva ensuite consolé. On prétend qu'O*** n'a fait que son devoir.

Voici enfin une appréciation du talent de piano de Beethoven, écrite en 1798. Elle se trouve à la page 325 de la première année de la *Gazette musicale de Leipzig*. C'est un correspondant de Vienne qui parle :

« Le jeu de Beethoven est très-brillant, mais il manque quelque
» fois de délicatesse et de clarté. Ce jeune artiste se montre surtout
» avantageusement dans la fantaisie libre ; il y est vraiment extra-
» ordinaire. Il suit facilement et avec une grande solidité l'idée
» musicale, et personne ne sait mieux conduire un thème que lui.
» Depuis la mort de Mozart, que je regardais comme le « *nec plus*
» *ultra*, » aucun grand talent n'a fait plus d'impression sur moi
» que Beethoven. «

DEUXIÈME PÉRIODE.

De 1801 à 1814.

> « Nichts von Ruhe. »
> (Lettre de BEETHOVEN à WEGELER.)

Avant de reprendre le fil historique, il est nécessaire de jeter un coup-d'œil sur le cercle d'amis qui entourait notre grand artiste au commencement de cette période, de considérer la durée de cette réunion ainsi que ses modifications, afin de répondre sur ce point aux antagonistes de Beethoven.

Nous avons fait connaissance, dans la première partie, avec le prince Charles Lichnowski, ami paternel et protecteur du jeune maître. Le comte Maurice, frère du prince Charles, s'attacha également à Beethoven, ainsi qu'un troisième ami, Nicolas Zmeskall, secrétaire de l'empereur. Bientôt ce cercle d'amis s'augmenta des personnages suivants : le comte François de Brunswick, le baron Joseph de Gleichenstein, et le baron Pasqualati, et se compléta par l'accession de Etienne de Breuning, qui vint de Bonn au printemps de 1800, dans l'intention de prendre du service en Autriche (1).

---

(1) Parmi les amis intimes de Beethoven, dans ce temps-là, il faut compter un Courlandais, AMENDA, qui quitta Vienne vers 1799, pour être pasteur dans son pays. Il a été bon musicien et écrivait des quatuors. La dernière correspondance de Beethoven avec M. Amenda existe encore, elle est datée de Talsen, du 20 mars 1815.

Parmi les artistes, on comptait alors I. Szupanzigh, violoniste, déjà nommé, et F.-A. Kanné, poète et critique très-estimé. Ferdinand Ries appartient aussi à ce cercle ; il vint à Vienne en automne 1800, à l'âge de dix-sept ans, pour travailler le piano sous la direction de Beethoven, son compatriote. Le nombre des amis intimes s'augmentera encore, dans la seconde moitié de cette période, par l'adjonction d'Oliva, philologue, et de Charles Bernard, poète et littérateur. Toutes ces personnes étaient du même âge que Beethoven, excepté le prince Lichnowski et Ferdinand Ries. En 1805, ce dernier quitta Vienne et ces illustres personnages ; il ne revint dans la capitale d'Autriche qu'à son retour de Russie, en 1808, pour y faire un séjour de quelques mois.

Outre ce cercle d'amis particuliers, il y avait encore un essaim d'amateurs et d'admirateurs de la nouvelle étoile. Ils affluaient de partout et entouraient ce génie naissant, comme cela arrive souvent à l'apparition d'un grand talent, surtout dans le domaine des arts. Les uns témoignaient leurs sympathies par des conseils, d'autres par toutes sortes de démonstrations amicales.

Les amis de Beethoven, appartenant à la noblesse de Vienne, avaient aussi des talents en musique. Nous savons déjà que le prince Charles Lichnowski était un élève de Mozart. Son frère, le comte Maurice, avait un talent d'artiste sur le piano, et fut également élève du divin maître. Le comte de Brunswick, magnat de Hongrie, jouait très bien du violoncelle, et excellait dans la musique d'ensemble. Nous reparlerons encore de cet homme distingué et de ses relations avec Beethoven et le monde musical de Vienne. Le secrétaire de l'empereur Zmeskall, était aussi remarquable sur le violoncelle. Quant au baron de Gleichenstein, propriétaire dans le grand duché de Baden, et au baron Pasqualati, négociant en gros à Vienne, ils étaient moins bien partagés sous le rapport de l'exécution, mais on ne pouvait leur refuser une aptitude artistique.

Beethoven conserva longtemps le souvenir de ces excellents amis ; on peut en voir la preuve dans les dédicaces de ses œuvres. Ainsi, quatre de ses meilleures compositions portent le nom du prince Charles Lichnowski, son protecteur, savoir : les trois trios (œuvre 1), la sonate pathétique (œuvre 13), la sonate en la^b, (œuvre 26), et la 2$^\text{me}$ symphonie. Deux sont dédiées à son frère, le comte Maurice Lichnowski, savoir : quinze variations (œuvre 35), et la sonate (œuvre 90). La sonate en *fa min.* (œuvre 57), et la fantaisie (œuvre 77), sont dédiées au comte de Brunswick. La sonate, avec violoncelle (œuvre 69), est dédiée au baron de Gleichenstein. Le chant élégiaque (œuvre 118), porte le nom du baron Pasqualati. Le concerto de violon (œuvre 61), est dédiée à Etienne de Breuning, et le quatuor en *fa mineur* (œuvre 95), au secrétaire Zmeskall.

Excepté le prince Charles Lichnowski (1), qui mourut en 1814, tous les amis de Beethoven lui survécurent; tous m'étaient personnellement connus et plusieurs avaient de l'amitié pour moi. Avec le comte Maurice, j'étais en relations continuelles ; bien plus encore avec le comte de Brunswick, en compagnie duquel je passai les hivers de 1828 et de 1829, à Pesth. Schupanzigh, Kanné et moi, avions des intérêts communs, et Beethoven nous confiait souvent les siens. Les rapports de ces personnages avec Beethoven étaient pour moi comme une source vivante dans laquelle je puisais tous les détails qui se rattachaient à l'existence de notre grand compositeur, et c'est de là que provient en grande partie ma liaison avec lui. L'entourage de ces hommes si distingués par leurs talents et leur éducation, s'estimant réciproquement, et portant tous beaucoup d'attachement au compositeur, était de nature à faire régner l'harmonie et à éloigner les malentendus qui, résultant d'une différente manière de voir les choses, auraient pu nuire à Beethoven. Le seul danger que présentât le cercle extérieurement, c'est que tant de volontés et d'opinions différentes ne fussent un obstacle pour mener les choses à bonne fin. Or, il y avait des personnes qui, malgré ce solide rempart d'amis, les embrouillaient et suscitaient des embarras à l'illustre maître. Ces personnes réussirent même à éloigner de lui, pendant plus ou moins de temps, des amis désintéressés, dont l'influence pouvait nuire à leurs projets. Il est triste à dire que ces personnes étaient les deux frères de Beethoven. Ils parvinrent, dans des vues tortueuses, et à force d'intrigues hypocrites, de contradictions préméditées, et de malveillance, à rendre nuls les soins des amis et protecteurs. Leurs efforts tendaient à allumer une guerre agressive entre les parties.

Par un singulier jeu de la nature, ces deux frères de Beethoven, dominés par l'esprit mercantile, étaient incapables d'aucun sentiment élevé, tandis que le grand artiste, si admirablement doué pour la musique, avait un esprit cultivé plein de sens et de pénétration. On pouvait lui reprocher trop de faiblesse pour ces deux individus, qui, malgré les liens du sang, étaient loin de lui

---

(1) Le prince Charles Lichnowski, d'origine polonaise, est le père d'Édouard Lichnowski, mort en dernier lieu en France, et regretté par ses nombreux amis. *(Note du traducteur.)*

ressembler. Ils gravitaient autour de lui déjà pendant la première période. Le frère aîné obtint même une place à la Banque nationale de Vienne, par l'intercession de Beethoven; il était né en 1774. Le plus jeune, suivit le grand compositeur à Vienne où il étudia la science pharmaceutique.

Pour bien définir l'esprit qui animait les deux frères dans leur manière d'agir vis-à-vis des amis de Beethoven, nous dirons que leurs machinations partaient d'un faux principe, comme cela va être prouvé par les faits nombreux de cet écrit, qui viendront à l'appui de cette vérité. Écoutons d'abord ce qu'en dit Ferd. Ries à la page 97 de sa notice. « Ces deux frères se donnaient beaucoup de peine pour éloigner du grand maître tous ses amis intimes, en lui persuadant qu'il se tramait quelque chose de mauvais contre sa personne. Ceci une fois démontré, Beethoven répandait des larmes et oubliait tout. Il avait coutume de dire : « c'est pourtant mon frère ; et l'ami recevait des reproches en retour de sa bienveillance et de sa sincérité ! En attendant, le but des frères était rempli, en ce sens que beaucoup d'amis de Beethoven se retirèrent de lui, surtout lorsque sa surdité rendit les relations plus difficiles. »

Pour faire voir sous un autre aspect comment Beethoven fut gouverné par ses frères, nous citerons une lettre portant la signature de l'aîné, en réponse à une demande de manuscrits par la maison André d'Offenbach. L'original de cette lettre se trouve dans la collection d'autographes de Mme Belli-Gontard, à Francfort-sur-le-Mein. Elle est ainsi conçue :

« Vienne, le 23 novembre 1803.

» Cher Monsieur,

» Vous nous avez honoré dernièrement d'une lettre dans laquelle
» vous nous témoignez le désir d'avoir de nouvelles compositions
» de mon frère, ce dont nous vous remercions beaucoup.

» Pour le moment, nous n'avons qu'une *symphonie* et un grand
» *concerto* de piano. Le prix de chaque ouvrage est de 300 florins.

» Voulez-vous trois sonates pour piano? Nous ne pouvons vous les
» donner pour moins de 900 florins, tout cela en monnaie de
» Vienne. Ces sonates ne pourront être livrées que toutes les cinq
» ou six semaines, car mon frère ne s'occupe plus de telles baga-
» telles ; il n'écrit plus qu'oratorios, opéras, etc.

» Nous demanderons pour chaque pièce que vous graverez,

» huit exemplaires de droit d'auteur. Dans tous les cas, je vous
» demanderai une réponse pour savoir si ces pièces peuvent vous
» convenir, afin que nous ne soyons pas empêchés de les vendre à
» une autre personne.

» Nous avons encore deux adagios pour le violon, avec accom-
» pagnement d'instruments, qui coûteraient 135 florins ; de plus,
» deux petites sonates faciles, deux morceaux qui sont chacun à
» votre service moyennant 280 florins. Je vous prie de dire mille
» choses aimables à notre ami Koch.

» Votre très humble,

» Ch. V. BEETHOVEN, K. K.
» Caissier. »

Cette lettre donne lieu à de curieux commentaires. Quel désenchantement de voir le sublime compositeur si mal conseillé par ses propres frères, et quelle fanfaronnade dans ces deux mots : « *de telles bagatelles,* » quand même le sens général de la lettre ne prêterait pas au ridicule.

Beethoven ne pensait pas encore aux opéras en 1802 ; tout au plus pouvait-il s'occuper de la composition de sa cantate « *Christ au mont des Oliviers.* » De pareilles lettres étaient loin d'attirer l'attention du public sur la vente des manuscrits à Vienne, sous la raison des *frères Beethoven*.

On conçoit bien que la somme de contrariétés et de désagréments de tout genre, accumulés autour du maître, grâce à ces procédés, est un fait de nature à rendre la tâche du biographe difficile au plus haut degré. C'est pourquoi, l'auteur s'est appliqué à bien peser chaque circonstance de la vie de Beethoven, afin de déduire les faits saillants de ses manifestations et de ses grands travaux ; il en résultera plus de profit pour le monde musical et plus d'intérêt pour les admirateurs de tant de chef-d'œuvres. Nous aurons aussi à nous prononcer sur la question de savoir comment Beethoven entendait les affaires matérielles ; la réponse sera, « comme quelqu'un qui tournait toujours le dos à ces choses-là : la nature ne l'ayant point doté d'une bonne entente ni de l'aptitude nécessaire aux affaires. » C'était son côté faible, ainsi qu'on l'a vu plus haut.

I.

1801. — Après ce court exposé, nous citerons, comme l'événement le plus important du commencement de cette période, la première représentation du ballet : *Les créations de Promethée.* C'est par erreur que l'auteur de cette biographie plaça cet événement deux ans plus tard. La raison en est que les renseignements positifs manquaient au moment de la publication de la première édition de ce livre. Par bonheur, on retrouva un programme de 1801 qui donne non-seulement la date précise de cette représentation, mais qui constate que la musique était réellement de Beethoven, ce dont on avait quelque doute. Nouvelle preuve qu'un fait historique, confirmé par écrit, peut disparaître quelquefois au grand jour, de telle sorte que son existence même puisse être controversée par la génération suivante. Nous devons la découverte de cette pièce si importante aux recherches historiques de M. le docteur Sonnleithner, bailli des Bénédictins, à Schotten, près Vienne.

D'après cette pièce et d'après les notes données par le répondant, la première représentation du ballet de *Promethée* eut lieu au théâtre du Burg, le 28 mars 1801. Dans le courant de cette année, et dans l'année suivante, ce ballet fut donné assez souvent. Il disparut ensuite de la scène et ne fut repris qu'en 1843, au théâtre de la porte de Carinthie, sous son titre primitif, en deux actes et six tableaux, mais, cette fois, avec la musique de Beethoven, de Mozart et de Joseph Haydn. On n'avait conservé de la partition de Beethoven que les morceaux les plus intéressants. Ce ballet se maintint en scène pendant plusieurs années. En 1843, on donna, le 22 mai, au théâtre de la Scalla, à Milan, un ballet, sous le même titre, de *Salvatore Vigano*; ce ballet différait beaucoup du premier travail de Vienne. La musique était en partie de Beethoven, de Mozart et d'autres compositeurs.

Après la partition du ballet de Promethée (œuvre du chorégraphe de la cour, S. Vigano), la première symphonie vit le jour. Quant à la musique du ballet, elle n'a plus été jouée du vivant de Beethoven. L'ouverture seule fut souvent exécutée par les orchestres de Vienne, avec les ouvertures faciles de Mozart. Nous ne mentionnons cette circonstance que pour parler du mauvais effet produit par un certain accord avec lequel cette ouverture commence. C'est un fait à remarquer, qu'il suffisait d'un accord pour faire des ennemis irréconciliables à Beethoven, même parmi les savants musiciens.

Beethoven racontait lui-même qu'à propos du fameux accord, plusieurs professeurs de composition de l'école de Vienne, qui ne s'étaient pas encore prononcés contre lui, se déclarèrent ses antagonistes; parmi eux il faut citer Preindl, maître de chapelle de la cathédrale de Saint-Etienne, auteur d'un traité de composition (1), né en 1758, mort en 1826. Cet ancien professeur jeta audacieusement le gant à Beethoven et engagea une discussion sur l'accord en question en hardi chevalier, lui jura une inimitié perpétuelle et tint son serment. On connaît la haine implacable des grammairiens contre les novateurs ; cette haine persista au-delà de la tombe. Joseph Preindl, Dionys Weber, qui fut plus tard directeur du Conservatoire de Prague, s'unirent pour combattre ensemble les innovations de Beethoven. D'un autre côté, l'abbé Maximilien Stadler, ancien ami de Mozart, déclara une guerre ouverte à notre compositeur, dont il déplorait les tendances. Grand admirateur de l'époque de Haydn et Mozart, l'abbé Maximilien Stadler joua un rôle important dans l'appréciation de la musique de Beethoven. Il vécut encore six ans après le maître, tandis que Dionys Weber, né en 1771, mourut septuagénaire.

1802. — Il n'est pas question, dans cette année, de l'exécution d'œuvres importantes, peut-être parce que le maître trouva bon de ne s'occuper momentanément que *de bagatelles* (pour nous servir de l'expression de son frère dans la lettre citée plus haut). Mais dans ces bagatelles, il nous initie par excellence à la plus profonde poésie, savoir : dans la sonate avec violon (œuvre 23), publiée dans cette année là, ainsi que dans celle en *fa majeur* (œuvre 24). Vient ensuite la sonate en *la* ♭ avec la marche funèbre (œuvre 26). Mais, citons avant tout les deux sonates (quasi fantasia) en *mi* ♭ *majeur* et en *ut* ♯ *mineur* (œuvre 27), dont l'apparition date de deux ans plus tôt. Il sera très-intéressant de voir comment les critiques de Leipzig jugèrent ces compositions. On lit dans la quatrième année de la

---

(1) On y enseigne que chaque morceau doit commencer par un accord parfait posé sur la note fondamentale. Cette règle fut suivie jusqu'à Beethoven, qui, le premier, commença son ouverture avec un accord dissonant. Aussi, on cria haro sur le transgresseur de cette loi. — En général, on voit dans cette méthode de composition de J. Preindl, publiée par J. de Seyfried, en deux volumes, la science se racornir et n'enfermer que ce qu'un compositeur de Vienne devait connaître : beaucoup de savoir fait mal à la tête.

Gazette musicale, page 654, l'analyse suivante de la sonate en *la* ♭ et des deux sonates (œuvre 27).

« Ce sont ces trois compositions, dont M. Beethoven vient d'enrichir le répertoire des pianistes habiles et des musiciens éclairés. Enrichir, — c'est le mot, car elles sont une véritable richesse ! Elles appartiennent au petit nombre des productions de cette année, qui ne vieilliront pas, comme la sonate en *ut* ♯ *mineur.* »

Plus loin, le critique dit :

« Quant au n° 1, il pouvait être plus ingénieusement travaillé.
» On ne peut pas dire cela de la sonate en *la* ♭ *majeur*, composition
» véritablement grande, magnifique autant par son harmonie que
» par sa couleur sombre. Le compositeur, pour initier l'exécutant
» à la pensée de son chef-d'œuvre, a inscrit en tête ces mots :
» *Marcia funebre sulla morte d'un Eroe ;* c'est une pièce très-
» difficile à rendre avec style et expression convenables. Il en est
» ainsi des n°ˢ 2 et 3, où l'on trouve des idées compliquées et des
» difficultés d'exécutions ; — celui qui s'en plaindrait ressemblerait
» à nos philosophes du jour, qui traitent un sujet profond dans
» une conversation agréable, en prenant le thé. »

L'article sur la *sonata quasi fantasia* doit être cité textuellement. Le critique s'exprime ainsi :

« Cette fantaisie, taillée en marbre, présente un ensemble parfait
» depuis le commencement jusqu'à la fin. Elle a été inspirée par
» un sentiment ardent, intime et profond. Il n'est pas possible
» qu'un homme doué de quelque sensibilité ne soit vivement im-
» pressionné par le premier *Adagio*, et porté successivement au
» plus haut degré d'émotion par le *Presto agitato.* Le piano ne peut
» atteindre à cette hauteur que par la libre fantaisie. L'auteur a eu
» raison d'écrire les deux principaux morceaux dans le ton d'*ut* ♯
» *mineur*, ton d'une sublime mélancolie, qui fait frémir. Partout
» les *signes conventionnels* sont marqués, autant qu'on peut indiquer
» sur le piano le style et l'expression par ces signes. Beethoven a
» des idées particulières sur cet objet ; il possède admirablement
» son clavier et donne une grande importance à la tenue des mains,
» comme autrefois Ph.-Em. Bach, qui avait un doigté particulier.
» Il est nécessaire d'avoir un excellent piano, surtout pour l'exécu-
» tion de l'Adagio. »

Dans la *Partie musicale* de cet ouvrage, nous aurons l'occasion de revenir sur ces précieuses traditions de l'exécution de la musique de Beethoven. Nous ferons observer seulement que l'inscription

« *Senza sordini*, » que le compositeur a placée en tête du premier morceau de la *sonata quasi fantasia*, et qui veut dire qu'on la joue avec les étouffoirs levés, ne peut s'appliquer aux pianos de nos jours, car cette pédale cause trop de confusion.

Encore une particularité qu'il importe de relever ici ; — elle date de 1802. Il s'agissait de la sonate en *ré majeur* (œuvre 28), qui mettait la critique de Leipzig dans l'embarras. Elle s'exprimait ainsi : « Beethoven reste fidèle à son caractère et à sa manière ; et, fran-
» chement, un artiste comme Beethoven ne peut faire mieux que
» de garder sa manière......... Dans les arts, on ne gagne rien à
» louer ou à blâmer les parties séparées d'un ouvrage ; elles ne font
» pas plus l'ensemble que les cailloux accumulés ne font un rocher.
» Un compositeur agréable peut faire une œuvre intéressante, mais
» pas une œuvre complète. Cette dernière ne peut exister que lorsque
» le même sens, les mêmes intentions, relient toutes les parties, et
» ces intentions doivent être comprises de ceux qui écoutent. »

Après avoir considéré les rapports de la critique avec Beethoven, nous nous occuperons de la conduite des éditeurs à son égard. On ne verra pas sans étonnement l'état précaire de la propriété intellectuelle en Allemagne à cette époque, état qui s'est perpétué jusqu'à nos jours. Aussi, les éditeurs commettaient souvent de véritables attentats contre les productions du génie de Beethoven ; cela se passa sous ses yeux et durant sa vie entière, sans qu'il lui fut possible de se préserver d'une semblable piraterie. Aucune loi ne garantissait alors les productions de l'esprit. Les plaintes du grand maître n'étaient que trop justes, lorsqu'il disait : « les éditeurs engraissent
» de mes os, tandis que moi, pauvre diable, je manque du né-
» cessaire. »

Une de ses réclamations, insérée dans la *Gazette musicale* de Leipzig (Novembre 1802), porte ce qui suit :

« Je crois de mon devoir de faire connaître au public que les
» deux quintettes en *ut majeur* et en *mi* ♭ *majeur* ne sont point des
» œuvres originales. Le premier de ces quintettes est tiré d'une
» symphonie de ma composition, publiée par Mollo, à Vienne. Le
» second a été arrangé sur mon septuor (œuvre 20), publié à Leipzig,
» chez Hofmeister. Ces deux arrangements ont été faits par les
» éditeurs sans ma participation (1). Je sais que notre siècle est
» fécond en arrangements et transcriptions, dont tout auteur devrait

---

(1) Nous voyons, par ces lignes, que l'arrangement du septuor en quintette n'est pas de Beethoven, comme l'affirme F. Ries.

» s'inquiéter. MM. les éditeurs sont tenus d'avertir le public, quand
» l'auteur n'est pour rien dans l'arrangement de son œuvre ; car,
» souvent, cette transformation d'une composition dénature l'idée
» primitive du compositeur et peut lui faire tort. Pour éviter cette
» confusion, je porte à la connaissance du public qu'un nouveau
» quintette, en *ut majeur* (œuvre 29), paraîtra prochainement à
» Leipzig, chez Breitkopf et Hærtel.

» LOUIS VAN BEETHOVEN. »

Le maître plaisante ici sur la fécondité du siècle pour les arrangements, et ce n'était encore que le commencement ! Qu'est-ce qu'il aurait dit, s'il voyait les innombrables arrangements de ses œuvres, appelées *transcriptions* de nos jours. Aucun compositeur n'a subi autant d'arrangements, de traductions et de décompositions, en ce qui touche ses productions intellectuelles, que notre Beethoven. Si chacun de ces arrangements ou transcriptions lui avait rapporté un minimum d'intérêt, il serait arrivé à beaucoup de bien-être. Mais c'est surtout après sa mort qu'on fut inondé de toutes sortes d'arrangements, pour piano, de ses symphonies, quatuors, trios, etc. (1)

Cette première réclamation de Beethoven ayant fait peu d'effet, nous lisons dans le n° 3 de la même feuille, publiée dans le mois de novembre de la même année, un autre avis au public en ces termes :

« M. Ch. Zulehner, un contrefacteur de Mayence, vient d'annoncer
» un édition complète de mes œuvres, pour piano et instruments
» à archets. Je regarde de mon devoir de prévenir tous les amateurs
» de musique que je suis tout-à-fait étranger à cette édition. Je n'ai
» jamais songé à une collection quelconque de mes œuvres, et je
» ne le ferai pas sans avoir, préalablement, parlé de cette affaire
» aux éditeurs de mes œuvres partielles, afin d'arriver à une correc-
» tion qui manque à beaucoup de compositions publiées sépa-
» ment. Je dois ajouter ici qu'une pareille édition, entreprise
» illégalement, ne pourrait jamais être complète, attendu que
» plusieurs nouvelles compositions vont paraître à Paris, et que
» M. Zulehner, comme sujet français, ne pourra les faire graver.

---

(1) A. D. Marx se trompe, lorsqu'il affirme, dans son excellent livre : VIE ET TRAVAUX DE BEETHOVEN, t. 1, p. 158, que les nouveaux arrangements cités par lui (qui tombent dans ce temps-là) ont été faits par Beethoven. Il n'y en a guère que trois ou quatre de sa main ; le reste n'est pas de lui. Ce travail n'en était pas un, et n'avait aucune importance pour ce génie créateur.

» Pour ce qui est d'une édition complète de mes œuvres, revue et
» corrigée par moi, j'aurai bientôt l'occasion de faire connaître
» mes intentions.

» Louis van Beethoven. »

Cet énergique avertissement n'améliora point l'état des choses ; les œuvres de notre maître trouvèrent de nombreux admirateurs, et, chaque année, les éditeurs les recherchaient avec fureur, excités par l'appât du gain. Plusieurs cas s'étant présentés dans cette période, forcèrent le compositeur à des poursuites pénibles. D'autres avaient leur côté burlesque. Bref, chaque ouvrage nouveau devenait libre à son apparition comme oiseau sur la branche. C'est dans ces circonstances regrettables que s'écoula la plus grande partie de l'existence de Beethoven.

On voit, par l'avertissement de 1803, comment et à quel titre les œuvres de Beethoven sont devenues propriété légale de tant d'éditeurs. Cet avertissement n'a point perdu sa signification pour le temps présent, car il nous démontre clairement et jusqu'à l'évidence que l'auteur, en se réservant la faculté de corriger lui-même l'édition complète de ses œuvres, conservait le droit de la publier en temps opportun. Ce fait mérite un examen consciencieux.

L'année de 1802 ne s'écoula point cependant sans un dérangement sensible dans les affaires de notre compositeur ; Beethoven fut pris d'une maladie grave, pendant laquelle il fut soigné par un médecin très-estimé, le docteur Schmidt. Pour lui prouver sa reconnaissance, le maître arrangea lui-même son septuor et en fit un trio qu'il dédia au docteur. Bientôt, pour hâter son rétablissement complet, Beethoven s'établit à Heiligenstadt, à une forte lieue de Vienne, lieu où, dans les années suivantes, ses plus grandes compositions virent le jour.

C'est à Heiligenstadt qu'il fit alors son testament, qui était d'abord destiné à son frère comme *memorandum* : admirable écrit où l'on ne trouve pas seulement la preuve de sa profonde mélancolie, causée par la surdité dont il était déjà victime depuis quelque temps, mais qui met en lumière les plus nobles sentiments (1). Voici le jugement de Fr. Rochlitz sur cette pièce, jugement qui sera partagé par tous les lecteurs : « Sans nul doute, ce document fera la
» plus grande impression sur tous ceux qui le liront, excepté les

---

(1) L'original de ce document faisait d'abord partie de la collection de Franz Gräffer, maintenant il se trouve en possession du célèbre violon. Earsy.

» méchants. Aucun écrit ne peut, après la mort, donner une idée
» plus favorable et plus caractéristique de quelqu'un, soit comme
» artiste, soit comme homme. » — (Voyez l'introduction de son
ouvrage).

« A mon frère Charles.

« O hommes qui me croyez haineux, intraitable ou misanthrope,
» et qui me représentez comme tel, vous ne me rendez pas justice !
» Vous ne connaissez pas les raisons secrètes qui font que je vous
» parais ainsi. De cœur et d'esprit j'étais porté, dès mon enfance,
» aux sentiments bienveillants, j'éprouvais même le besoin de faire
» quelques belles actions. Mais songez que, depuis six ans, je suis
» dans un triste état de santé, aggravé encore par d'ignorants
» médecins ; que, bercé d'année en année par l'espoir d'une amé-
» lioration, j'en suis réduit à la perspective d'un mal double, dont
» la guérison sera longue et peut-être impossible. Né avec un
» tempérament vif et ardent, susceptible de sentir les agréments
» de la société, j'ai été obligé de m'en séparer de bonne heure et
» de vivre dans la solitude ; et, quand je voulais me mettre au-
» dessus de cela et oublier mon infirmité, j'en étais repoussé avec
» un redoublement de tristesse par suite de ma difficulté d'entendre.
» Il m'était impossible pourtant de dire aux hommes : Parlez plus
» haut, criez, car je suis sourd ! Ah ! comment était-il possible
» d'avouer la faiblesse d'un sens, qui aurait dû être plus parfait
» chez moi que chez les autres, d'un sens que j'ai possédé autrefois
» dans l'état de perfection, et d'une perfection telle que peu
» d'hommes de mon art la possédaient ; non, je ne le puis pas. Ne
» m'en veuillez donc pas quand vous me voyez dans la retraite,
» quand je voudrais vivre avec vous ; mon malheur me fait dou-
» blement souffrir, car je vois que l'on me méconnaît. Pour moi,
» point de délassement dans la société, point de conversation in-
» time, point d'épanchements mutuels. Vivant toujours seul, sans
» autres ressources que celles que commande une impérieuse
» nécessité, je ne puis me faire admettre dans la société, et je vis
» comme un banni. Toutes les fois que je m'approche du monde,
» une affreuse inquiétude s'empare de moi ; je crains à tout instant
» le danger de faire remarquer mon état. — C'est ainsi que j'ai
» passé à la campagne la moitié de cette année : engagé par mes
» savants médecins à soigner mon ouïe, j'ai mené un genre de vie
» contraire à mes goûts naturels. Pourtant, quand, en dépit des

» motifs qui m'éloignaient de la société, je m'y laissais entraîner,
» à quel chagrin je m'exposais lorsque quelqu'un, se trouvant
» auprès de moi, entendant de loin une flûte et que je n'entendais
» rien ; ou qu'il entendait chanter un pâtre et que je n'entendais
» encore rien ! J'en ressentais un désespoir si violent, que peu s'en
» fallait que je ne misse fin à ma vie. L'art seul m'a retenu ; il me
» semblait impossible de quitter le monde avant d'avoir produit
» tout ce que je sentais devoir produire. C'est ainsi que je con-
» tinuais cette pauvre vie, véritablement misérable : un rien suffit
» pour me faire passer de l'état le meilleur à l'état le plus pénible.
» Patience, c'est le nom du guide que je dois choisir ! Je l'ai déjà,
» et ma résolution est de persévérer jusqu'à ce qu'il plaise aux
» inexorables Parques de couper la trame de ma vie. Peut-être cela
» ira-t-il mieux, peut-être non. Je suis décidé à me faire philo-
» sophe à 28 ans, chose qui n'est pas facile, et qui est plus difficile
» pour moi que pour tout autre. — O Divinité, tu vois dans mon
» cœur, tu le connais et tu sais que l'amour du prochain et le
» penchant au bien y tiennent une grande place.

» O hommes qui lirez ceci un jour, songez combien vous avez
» été injustes envers moi dans mon malheur ; que les malheureux
» se consolent en voyant en moi un de leurs semblables, qui,
» bravant les obstacles, fit tout ce que sa position lui permettait de
» de faire pour être digne d'être compté au nombre des hommes
» de bien et des artistes de mérite.

» Et vous, mon frère Charles, aussitôt que je serai mort, priez
» le professeur Schmidt, en mon nom, de décrire ma maladie et
» d'ajouter cette description à cet écrit, afin qu'après ma mort,
» autant que possible, le monde soit réconcilié avec moi. En même
» temps, je vous déclare tous deux héritiers de ma petite fortune
» (si on peut l'appeler ainsi). Partagez-la loyalement, soyez d'accord
» et aidez-vous mutuellement. Tout ce que vous avez fait contre
» moi, vous a été depuis longtemps pardonné, vous le savez. Je
» remercie mon frère Charles particulièrement pour l'attachement
» qu'il m'a témoigné dans ces derniers temps. Je souhaite que votre
» vie soit meilleure et plus libre de soucis que la mienne. Recom-
» mandez la vertu à vos enfants ; elle seule peut vous rendre heureux,
» et non pas l'argent. Je vous parle d'expérience : c'est la vertu
» qui soutient dans le malheur, et si je n'ai point fini ma vie par
» un suicide, je le dois à vous ainsi qu'à mon art. Vivez heureux
» et aimez-vous. Je remercie tous mes bons amis, principalement

» le prince Lichnowski et le professeur Schmidt. — Je désire que
» les instruments du prince soient conservés chez un de vous ; mais
» qu'il n'y ait point de discussion à ce sujet entre vous deux. Si
» cependant vous aviez besoin d'argent pour quelque chose de plus
» utile je vous permets de vendre ces violons et je serai heureux
» de vous être utile de mon tombeau. C'est avec joie que je vais
» au-devant de la mort ! Si elle vient avant que j'aie l'occasion de
» développer mes capacités musicales, j'attribuerai cela à la dureté
» de mon sort ; mais ce serait trop tôt, et je désire qu'elle vienne
» plus tard : dans tous les cas, je serai content, car elle me déli-
» vrera d'un état pénible ; j'irai avec courage au-devant d'elle.
» Adieu, ne m'oubliez pas dans la mort ; je le mérite, car je vous
» ai toujours voulu du bien durant ma vie, et toutes mes pensées
» étaient pour votre bonheur. Soyez heureux.
» Heiligenstadt, ce 6 octobre 1802.

» LOUIS VAN BEETHOVEN. »
m. p.
(L. S.)

A l'extérieur on lisait :

« Heiligenstadt, le 10 octobre 1802.
« Ainsi je te dis un triste adieu. — Car la chère espérance qui
» me soutenait jusqu'ici m'abandonne complètement : elle est des-
» séchée comme les feuilles d'automne qui tombent et se flétrissent.
» Je m'en vais de ce monde dans le même état que j'y suis venu ;
» seulement, le courage qui animait mes beaux jours a disparu.
» O providence ! faites luire pour moi au moins un seul jour de joie
» pure : depuis longtemps la véritable joie m'est inconnue. Quand
» donc, ô Divinité ! pourrai-je la ressentir dans le Temple de la
» nature ? Jamais ? — Oh ! non, ce serait trop dur !

» *A mes frères, Charles et.... A lire après ma mort
et à exécuter.* »

Le nom du second frère manque dans cet écrit ; on n'en connaît
pas la raison. Serait-ce parce que, dans ce temps-là, on croyait
remarquer moins d'affection chez Beethoven pour ce dernier. Mais
ce n'est ici qu'une conjecture. Cependant l'éloignement de Beethoven
pour cet autre frère augmentait avec les années. Ce dernier se rendait
peu digne du nom célèbre qu'il portait, par ses prétentions et sa
manie de s'enrichir. Il avait toutefois les traits caractéristiques de
la famille de Beethoven.

1803. — Comme nous l'avons remarqué, le grand compositeur fut empêché, par sa maladie, de déployer toute la fécondité de son génie. Mais, l'exécution de l'oratorio de *Christ au mont des Oliviers*, qui eut lieu le 5 avril 1803, prouva qu'il était néanmoins capable de mettre au jour de nouveaux travaux et de donner à son inspiration un nouvel essor. Déjà, en 1804, les plans de cet ouvrage avaient été jetés sur le papier pendant son séjour au village de Hetzendorf. Lui-même montrait encore, en 1823, un endroit isolé sous les ombrages du jardin de Schoenbrunn, où ce travail commença. C'était un chêne offrant un siège commode entre deux branches, à la hauteur de deux pieds du sol.

La *Gazette de Leipzig*, dans son nº 29, de cette année, parle ainsi de la première exécution du *Christ au mont des Oliviers* : « Cet ouvrage confirme mon ancien jugement, que Beethoven amènera dans la musique une aussi grande révolution qu'avant lui Mozart. Il marche déjà à grands pas vers le but. » L'auteur de cet article donne le nom d'*Oratorio* à l'ouvrage, et assure qu'il obtint un succès extraordinaire à sa première apparition. Les autres critiques l'appellent pourtant « Cantate », et c'est ainsi qu'il doit être nommé. Il faudrait connaître son nom authentique, car un changement de titre est arrivé plus tard à un autre ouvrage ; le concerto en ré, était intitulé d'abord « *Concertino* », et c'est contre la volonté positive de l'auteur qu'on a changé son titre primitif.

Toujours est-il que les jugements des hommes compétents et l'appréciation plus ou moins juste d'une œuvre aussi élevée allaient leur train, sans que l'on signalât de défauts dans l'ensemble ou dans quelque partie de l'oratorio. Cependant, un critique de Vienne s'écrie, dans le 44ᵉ numéro de la *Gazette musicale universelle* : « Dans l'intérêt de la vérité, nous sommes obligés de contredire notre confrère ; la cantate de Beethoven n'a point réussi. » Le compositeur était de cet avis ; il déclarait, sans réserve, avoir écrit les parties de chant dans le système du théâtre, à la manière moderne. Le long retard apporté dans la publication de cette œuvre (parue seulement en 1810), nous confirme dans l'idée que l'auteur n'en était pas complètement satisfait, et qu'il y avait entrepris d'importants changements.

Dans cette année, Beethoven publia les œuvres suivantes pour piano : trois Sonates pour piano et violon (œuvre 30), trois Sonates pour piano seul (œuvre 31), de plus, quinze Variations avec une fugue (œuvre 35). La première des trois Sonates, en *la majeur*, fut très-sévèrement jugée par la critique de Leipzig. Il y est dit qu'elle n'était point digne de Beethoven. Par contre, les quinze Variations sont considérées comme un *ouvrage remarquable*. On y trouve aussi, relativement à l'exécution de chaque variation, une explication qu'aucun pianiste ne doit ignorer. Un éditeur de musique, qui ferait connaître un choix des jugements de la *Gazette* sur les œuvres de Beethoven, rendrait service aux amateurs de piano. Un grand nombre de ces jugements seraient comme un enseignement qui aiderait à mieux comprendre le style de chaque ouvrage et à en rendre l'exécution intelligible. Réunis dans un petit format, ils seraient accessibles à tout le monde, tandis que, dispersés dans une collection de 25 années, ils sont comme perdus pour les pianistes. On peut juger de leur mérite par les extraits que nous en avons donnés. Ils appartiennent, en quelque sorte, à l'histoire du grand maître, et ne peuvent pas en être séparés.

Je me trouve maintenant en face d'un incident dont l'époque a été très-difficile à fixer. Ce serait une histoire très-agréable à décrire, si l'on n'était pas souvent aux prises avec les dates chronologiques, et arrêté, dans la narration des faits, par ce mot: *Quand?* Ce n'est pas précisément dans les faits, ni dans leur existence, que se trouvent les obscurités..... il n'est pas non plus très difficile d'aborder la chose au fond, mais la difficulté consiste à donner avec précision le jour et l'année où l'événement eut lieu.

Celui qui écrit l'histoire des affaires d'État peut se servir des archives, pour fixer avec exactitude les dates différentes, et ces documents facilitent beaucoup la marche de son travail. Mais celui qui écrit la biographie d'un artiste, alors que les dates importantes ont déjà un demi-siècle d'existence et ne se sont conservées que dans la mémoire d'un petit nombre de contemporains, dont deux ou trois seulement sont en vie, celui-ci, disons-nous, se voit souvent enveloppé dans un tissu des contradictions, dont il ne peut sortir que par un mouvement hardi ou par un heureux hasard.

Ainsi, ce n'est pas sans peine que j'ai pu fixer certaines dates dans la vie et les travaux de Beethoven. Pour éclaircir les faits dont il s'agit, je dus faire un voyage à Paris, lier connaissance avec Cherubini, et chercher à trouver les traces d'une date que je n'avais pu découvrir à Vienne.

Cherubini et sa femme, à leur arrivée à Vienne, en 1805, entendirent parler de cet événement, lequel se serait passé deux années plutôt. Ils affirmèrent qu'à cette époque, Beethoven avait déjà pu vaincre la passion profonde qu'il ressentit si vivement pour l'objet de ses premières amours. Néanmoins, cette passion exerça une grande influence sur l'âme du compositeur; mais il faut la placer, d'après ces nouveaux indices, en 1803, et non en 1806, comme cela a été imprimé dans mes premières éditions.

Nous avons vu, dans la première période, que Beethoven parlait, dans une de ses lettres au docteur Wegeler, d'une charmante jeune fille à laquelle il devait quelques moments de bonheur; mais cette enchanteresse qui apporta un heureux changement dans son âme troublée, lui causa ensuite d'affreux chagrins de cœur. Nous nous arrêterons plus longtemps sur les circonstances qui se rattachent à cet amour. Dès qu'il en fut question dans les premières éditions de ce livre, les plumes françaises et allemandes s'emparèrent de ce sujet pour en faire l'objet de leurs élucubrations dans les feuilletons. Il était une circonstance très favorable pour remplir leur but : l'histoire du cœur du grand compositeur se trouvait liée avec l'admirable sonate en *ut ♯ mineur*, qu'on ne peut entendre sans être touché profondément. Le titre original porte : « *Alla madamigella comtessa Giulietta Guicciardi*, » c'est le nom de cette aimable jeune fille qui sut inspirer une page admirable à Beethoven. Cependant, on ne doit pas s'attendre à trouver ici quelque chose de plus circonstancié, que ce qui a été dit d'abord sur cet événement.

Il y a des circonstances délicates auxquelles on ne peut toucher par égard aux vivants. On ne sait donc pas si ce fut par le manque de fidélité, ou par suite des intrigues du parti intéressé, que la jeune personne, oubliant son amant, épousa tout d'un coup le comte de Gallenberg, compositeur de ballets. On verra quelles furent les suites de cette rupture sur l'âme ardente du maître; réduit au désespoir, il chercha des consolations dans l'amitié éprouvée et estimable, sous tous les rapports, de la comtesse Marie Erdœdy, dont on voit le nom sur les deux trios (œuvre 70), et sur les sonates pour piano et violoncelle (œuvre 102), qui lui sont dédiées. Il alla passer quelque temps dans une de ses terres, à Jedlersée, dans la Marchfelde. Étant là, il disparut un jour. La comtesse le croyait parti pour Vienne, lorsqu'au bout de trois jours, le professeur de musique Brauchle, l'aperçut dans une partie éloignée du jardin du château. On garda longtemps le secret sur cet incident, et ce n'est que quelques années après que les deux personnes intéressées le confièrent aux amis de Beethoven, lorsque les circonstances de cet amour furent oubliées. On supposait que le malheureux avait voulu se laisser mourir de faim ; les amis de Beethoven remarquèrent que le compositeur témoigna, depuis, beaucoup d'attentions au professeur de musique.

L'événement de Jedlersée servit de sujet à M. Scudo pour un article remarquable, publié en 1850, dans la *Revue des Deux-Mondes*, sous le titre : « *Une Sonate* » (1). A la demande de M. Scudo, de lui envoyer quelques détails inconnus, relativement à la sonate en *ut # mineur*, sur laquelle il travaillait, je lui fis connaître cet incident qu'il présenta autrement, ne le trouvant pas peut-être assez romanesque pour son histoire.

Tout résigné que fut Beethoven, il ne renonçait pas cependant tout-à-fait au bonheur conjugal, ainsi qu'on le verra par la lettre suivante que nous donnons en facsimile à la fin du volume. Datée de 1817 ou de 1818, elle est ainsi conçue : « L'amour » seulement — oui l'amour seul peut nous donner une vie heu- » reuse ! — O Dieu, accordez-le moi, laissez moi enfin trouver » celle qui doit me raffermir dans la vertu et qui soit à moi. » Baaden, le 27 juillet : lorsque M. passait en voiture, elle semblait » me regarder. »

L'objet de cet amour tardif de Beethoven, était parfaitement connu à l'auteur de ce livre. Il existe encore en ma possession deux lettres de Marie L. P...r, mariée plus tard à Gratz ; elles furent adressées à Beethoven, en 1825 et 1826. Cette dame était aussi jolie que bien élevée.

Beethoven sentit pour elle, pendant plusieurs années, une grande inclination qu'elle n'ignorait pas. L'aveu qu'il en fit à Gianastasio del Rio, directeur d'un institut des jeunes garçons, ne pouvait concerner que cette personne. Cela se passait en Septembre 1816, et tous ces faits sont confirmés dans une publication récente (1857), qui renferme 28 lettres adressées par Beethoven à Gianastasio, accompagnées d'une notice de sa fille sur notre compositeur, dans laquelle on lit cette confession : « Qu'il était malheureux en amour ; que, depuis cinq ans, il aimait une personne, dont l'union aurait fait le plus grand bonheur de sa vie ; mais qu'il y avait une impossibilité ; que c'était presque une chimère que d'y songer. Cependant cela durait encore comme au premier jour ; il n'avait encore trouvé nulle part tant *d'harmonie*. Malgré cela, il ne fit aucune déclaration, car elle ne pouvait sortir de son âme. »

(1) Cette charmante nouvelle fait partie maintenant du livre intitulé : LE CHEVALIER SARTI, par M. Scudo. *(Note du traducteur.)*

Nous reviendrons, dans la troisième période, sur ces communications de Mlle Gianastasio. Sa famille m'était bien connue.

J'ai appris, par hasard, de la bouche même du maître, d'autres détails sur ses amours de l'époque antérieure, détails qui méritent d'autant plus de croyance, qu'ils sont confirmés par ses écrits. Le comte de Gallenberg passa plusieurs années en Italie, avec sa femme et sa famille. Il y écrivit la musique de quelques ballets pour les différents théâtres. Mais, lorsque le fameux Barbaia fit venir l'opéra italien à Vienne, au théâtre de la Porte de Carinthie, Gallenberg revint avec lui et fut chargé de la bibliothèque du théâtre. En 1823, Beethoven ayant besoin de la partition de *Fidelio*, je fus chargé de la demander au comte. Celui-ci se permit, à cette occasion, sur le compte de Beethoven, des propos injurieux que je crus de mon devoir de faire connaître à ce dernier. Beethoven s'expliqua avec franchise sur ses amours de 1803, non-seulement verbalement, mais aussi par écrit. Nous étant trouvés dans un endroit public, où il ne voulait pas parler, il écrivit en français, et voici en quels termes. « J'ai été son bienfaiteur invisible, j'agissais par d'autres... *J'étais bien aimé d'elle et plus que jamais son époux. Il était pourtant plutôt son amant que moi, mais par elle, j'apprenais de son misère, et je trouvais un homme de bien, qui me donnait la somme de 500 florins pour le soulager. Il était toujours mon ennemi, c'était justement la raison, que je fasse tout le bien possible... Elle est née Guicciardi. Elle était l'épouse de lui avant son voyage en Italie... Arrivée à Vienne elle cherchait moi pleurant, mais je la méprisais... Et si j'avais voulu donner ma vie avec toutes mes forces, elle serait devenue plus noble et meilleure.* »

Beethoven ne connaissait pas suffisamment la langue française ; ce passage est mal écrit, et manque de clarté. Mais tout ceci doit suffire pour bien apprécier ces événements, et montre sous un jour favorable les sentiments de cœur de Beethoven. Aussi les assertions rendues publiques, de Seyfried et de Ries, sur son cœur vide d'amour, ne prouvent rien, en présence de cette tendre et profonde sensibilité dont il a fait preuve. Trois autres lettres adressées à sa chère Giulietta, des eaux de Hongrie, et dont je possède les autographes, démontrent jusqu'à l'évidence que Beethoven était capable d'aimer véritablement.

A quelle époque appartiennent ces lettres ? on l'ignore. Etienne de Breuning les trouva après la mort de Beethoven, dans le tiroir secret d'une cassette. Avaient-elles été renvoyées après la rupture de 1803, ou avant? il n'est pas facile de le prouver, puisqu'on ne se doutait même pas de leur existence.

I

« Le 6 Juillet au matin.

» Mon ange, mon tout, mon moi ! — Quelques mots seulement
» aujourd'hui, et avec ton crayon !... Mon logement n'est assuré
» que jusqu'à demain. Quelle indigne perte de temps!.. Mais pour-
» quoi ce profond chagrin, là où la nécessité parle? Notre amour
» peut-il exister autrement que par les sacrifices et sans rien exiger?
» Peux-tu changer cela, que tu ne sois tout-à-fait à moi, et moi
» à toi! Oh Dieu! regarde la belle nature et calme ton âme (*über*
» *das müssende*), *parce qui doit être*. L'amour demande tout et
» avec raison ; je fais ainsi avec toi, et tu peux le faire avec moi.
» Seulement, tu oublies facilement que je dois vivre pour moi et
» pour toi. Si nous étions unis pour toujours, nous ne souffririons
» plus autant. Mon voyage a été terrible. Je ne suis arrivé ici
» qu'hier, à quatre heures du matin ; les chevaux manquaient.
» A la dernière station, il fallut voyager la nuit ; la peur m'a pris
» en traversant une forêt, mais cela n'a fait que m'irriter, et j'étais
» dans mon tort. La voiture ayant cassé dans un chemin imprati-
» cable, on fut obligé de la tirer avec quatre chevaux. Le prince
» Esterhazy eut le même sort sur une autre route ; il a fallu mettre
» huit chevaux à sa voiture. Me voilà plus content ; c'est ce qui
» arrive toujours quand je puis surmonter heureusement un
» obstacle. Maintenant, passons vite au plus intime (*zum innern*).
» Nous nous reverrons bientôt. Aujourd'hui je ne puis te commu-
» niquer les remarques que j'ai faites depuis quelques jours sur
» ma vie.... Si nos cœurs étaient toujours l'un près de l'autre, je
» n'aurais rien à désirer ; le mien a mille choses à te dire. Ah! il
» y a des moments où la langue ne suffit pas. Amuse-toi, mais
» sois fidèle, cher trésor, mon tout!... Le reste nous sera envoyé
» par le ciel ; Dieu nous donnera ce qui doit être, et cela sera.

» Ton fidèle,

» LUDWIG. »

II

» Lundi soir, 6 Juillet.

» Tu souffres, chère amie! J'apprends seulement à présent que
» les lettres doivent être mises de grand matin à la poste. Tu
» souffres, être chéri, mais tu es partout où je suis, et, à nous
» deux, nous arriverons à vivre toujours ensemble. Quelle vie ce
» serait sans toi! Poursuivi par la bonté des hommes que je crois
» mériter si peu, et que je voudrais mériter en effet! L'abaissement
» des hommes par les hommes me fait souffrir, et, lorsque je me
» considère dans mes rapports avec l'univers, je me demande :
» que suis-je? qu'est-il celui qu'on appelle le *plus grand*? Il y a
» cependant quelque chose de divin chez les hommes.... Quelque
» ardemment que tu m'aimes, je t'aime encore davantage. Pour-
» tant, ne me cache rien! Bonne nuit! Je vais me coucher, en ma
» qualité de baigneur. O Dieu, si près et si loin de toi! N'est-ce pas
» un édifice céleste que notre amour, aussi solide que le firma-
» ment! »

III

« Mardi matin, 7 Juillet.

» Déjà, de mon lit, mes pensées s'élancent vers toi, mon im-
» mortelle bien aimée, tantôt gaiement, tantôt tristement, en
» attendant que le sort veuille nous exaucer. Je ne veux vivre
» désormais qu'avec toi, et pas autrement. Je suis décidé à mener
» une vie errante, jusqu'au moment où je pourrai voler dans tes
» bras, m'asseoir à ton foyer, et laisser envoler ensuite nos deux
» âmes dans l'empire des esprits. Cela doit être ainsi; il faut te
» préparer; tu connais ma fidélité; jamais une autre ne possèdera
» mon cœur, jamais, jamais. O Dieu, pourquoi doit-on s'éloigner
» quand on aime tant. Pourtant, ma vie, telle qu'elle est à présent,
» est bien misérable. Ton amour me rend le plus heureux et le
» plus malheureux en même temps. A mon âge, j'aurais besoin
» d'une vie plus uniforme et plus égale. Mais peut-elle exister dans
» nos rapports? Sois tranquille : en examinant avec calme notre
» existence, nous arriverons à ce but, de vivre ensemble. Je te

» désire avec larmes, ma vie, mon tout! Sois heureuse! Aime-
» moi toujours, et n'oublie jamais le cœur le plus fidèle de (1).

» Ton bien aimé,

» LUDWIG. »

1804. — Cette année vit paraître la seconde symphonie en *ré majeur*, et, en même temps, le concerto de piano en *ut mineur* (dans les concerts d'Augarten, du mois de Juillet). Il s'écoula au moins un espace de quatre années entre la première exécution de la symphonie en *ut majeur* et la nouvelle, assez longtemps pour que la puissance créatrice de Beethoven prît une route à part en s'émancipant du style de Mozart. C'est ce dont on s'aperçoit dans la symphonie en *ré*, ainsi que dans beaucoup d'ouvrages de musique de chambre de cette époque, où l'on voit poindre cette émancipation. On remarque aussi des qualités distinctives dans la mélodie et dans la période musicale, dans la sonate (œuvre 2), en *fa mineur*, dans l'adagio, en *mi majeur*, de la troisième sonate du même ouvrage; plus loin, dans la sonate en *mi^b majeur* (op. 7). Mais cette manière est plus décidée dans les sonates en *ut mineur*, et en *ré majeur* (op. 10), par l'unité et la liaison des idées caractéristiques; elle l'est, surtout, dans la sonate pathétique. Il ne faut pas oublier les six quatuors (œuvre 18), qui sont libres de reminiscences de son premier style, et qui portent déjà le cachet du génie, comme s'ils appartenaient aux productions des années suivantes.

Parmi les appréciations de cette époque, il faut citer particulièrement l'article critique de la *Gazette musicale universelle*, dont l'auteur était fortement prévenu contre la manière de Mozart. Il s'exprime ainsi sur la symphonie en *ré* : C'est une œuvre pleine d'idées neuves et originales, d'une grande puissance, d'une instrumentation pleine d'âme, et d'une savante exécution, qui gagnerait, sans doute, par d'heureuses coupures, et par le sacrifice de quelques modulations bizarres. Par contre, le nouveau concerto de piano, est compté parmi les plus belles compositions de Beethoven, rehaussé encore par le jeu lié et expressif de Ferd. Ries. Dans un autre article du même journal (7me année), on donne une analyse

---

(1) Vers de l'Odyssée, soulignés :
« Il n'est pas de plus grand bonheur sur la terre, que celui de deux époux qui gouvernent
» leur maison, unis par un tendre amour. Ils sont le désespoir de leurs envieux, la joie de
» leurs amis; mais, eux seuls connaissent toute leur félicité. »

complète de ce concerto, recommandé comme une étude profonde aux artistes qui aspirent à la perfection. Cet article est plutôt un traité savant qu'une critique.

En ouvrages publiés, c'est une année des plus pauvres. La musique du ballet de *Promethée*, arrangée pour le quatuor d'instruments à cordes, parut chez Artaria. Il est à remarquer que le numéro d'ordre de cette composition indique l'œuvre 43, tandis que l'arrangement de piano, publié par Cappi, était marqué œuvre 24. Ce dernier numéro paraît être le vrai, d'après l'époque de la composition de l'ouvrage. Ainsi le numéro d'ordre 43, indiqué plus tard dans les catalogues, n'est point exact.

II

En suivant l'ordre chronologique des événements, et en étudiant leurs causes, nous rencontrons, pour la première fois, une circonstance particulière d'un genre abstrait, car elle appartient moins au domaine musical qu'aux événements politiques. Il faut pourtant nous habituer, peu à peu, à voir notre compositeur sur ce terrain tout-à-fait étranger à sa sphère d'activité, mais vers lequel il se sentait attiré malgré lui. L'ambassade de France à la cour de Vienne était alors occupée par le général Bernadotte, plus tard roi de Suède. Dans ses salons, ouverts aux notabilités de tous les États, parut aussi Beethoven, comme grand admirateur du premier consul de la République Française. Le général Bernadotte eût le premier l'idée d'une œuvre musicale pour célébrer la gloire du héros du siècle ! Il engagea Beethoven à écrire une symphonie, et bientôt après, cette pensée devenait une réalité ; car le grand maître, cédant à ses convictions politiques, enrichit le monde musical de sa « *sinfonia eroica* » (1).

L'admiration de Beethoven pour le général Bonaparte tenait non-seulement aux nombreuses victoires remportées à la tête de grandes armées, mais encore à l'homme extraordinaire qui avait su, de sa

---

(1) La première pensée de cette composition appartient effectivement au général Bernadotte ; l'auteur de cet écrit s'en est assuré de la bouche de Beethoven, à l'occasion d'une lettre adressée par lui au roi de Suède en 1823, et dont il sera question à sa place.

main puissante, rétablir l'ordre en peu d'années, après le chaos révolutionnaire. Mais, ce qui augmentait encore les sympathies de Beethoven pour le premier consul, c'est que le nouvel ordre de choses reposait sur les principes républicains, vers lesquels il se sentait entraîné, étant grand partisan de la liberté illimitée et de l'indépendance nationale. Ce penchant pour les Etats libres, nourri par les lectures des auteurs grecs, comme Plutarque et Platon, trouvait un aliment dans la nouvelle République française, qui ne l'était pourtant que de nom.

Goëthe dit : « Toutes les têtes pratiques cherchent à donner de la force au monde. Tous les penseurs veulent que la majorité gouverne. » Beethoven le voulait aussi ; il voulait la hiérarchie pour chaque Etat régulier sur une échelle proportionnée, applicable d'après la théorie de Platon, au gouvernement d'un Etat. Il voulait aussi pour la France le régime de la pluralité des voix, et il espérait que Napoléon Bonaparte l'établirait d'après les principes de Platon, avec quelques modifications, et jetterait, par là, les fondements du bonheur universel du genre humain. Mais ne peut-on pas admettre une raison plus solide aux vues politiques et aux efforts de Beethoven.

En sa qualité de *penseur* et d'ami de l'humanité, ne cherchait-il pas aussi à améliorer le monde politique et le monde moral dans l'intérêt de son état et de celui de ses confrères. La position sociale des artistes à cette époque rend cette déduction vraisemblable.

La critique a jugé sévèrement ce passage dans la première édition de mon livre, peut-être par la raison que je n'ai pas assez motivé cet incident ; ou parce que la mémoire du juge ne lui retraçait pas assez fidèlement les bases de la législation de Platon. Dernièrement, un des critiques de l'ouvrage de M. Ulibischeff, intitulé : « *Beethoven, ses Critiques et ses Glossateurs*, » émit l'opinion suivante dans la *Gazette d'Augsbourg* (Juin 1857) :

« Beethoven préférait la république de Platon à toutes les autres,
» parce qu'elle était basée sur la communauté des biens et des
» femmes, et que les artistes en étaient bannis. Cela se conçoit plus
» difficilement que le républicanisme honnête de Beethoven, qui
» lisait tous les bons poètes allemands et anglais, comme Goëthe,
» Schiller, Schakspeare, etc., indépendamment des auteurs grecs ;
» de plus, la *Gazette d'Augsbourg* était son occupation de tous les
» jours. — Comment cela s'accorde-t-il avec la République de
» Platon ? » (page 69).

L'auteur de cet article n'avait pas non plus dans la mémoire le vrai état des choses; il n'a fait que transcrire Platon, d'après le *Dictionnaire de la conversation*, de Brockhaus, où l'on trouve des passages ayant rapport avec la *Sinfonia eroica* et pouvant servir d'éclaircissement au sujet en question. L'objet, déjà intéressant par lui-même, gagne encore par ses rapports avec les croyances politiques de Beethoven. J'ai devant mes yeux la traduction allemande de la République, par F. Schleiermacher, qui servit pour les études de Beethoven. Il est à remarquer que toute cette théorie est en forme d'entretiens entre *Socrate, Glaukon et Thrasymachos*.

Platon n'avait point en vue le bannissement des arts de son État. Il voulait seulement les purifier en les soumettant à une inspection, espèce de *censure* instituée à cet effet. Platon s'exprime ainsi sur ce sujet, au commencement du troisième livre, en parlant des Dieux :

« ... Ce qu'ils entendaient dans leur enfance, et qu'ils ne devaient
» pas entendre ! » Puis il ajoute : « Nous devons aussi diriger ceux
» qui racontent des faits historiques d'après Homère et d'autres
» poètes. Ne soyons pas fâchés qu'on les retranche, comme trop
» poétiques. Il serait peu convenable de les faire entendre aux
» jeunes gens. Ceux-là doivent avoir des idées justes sur tout et
» craindre davantage la servitude que la mort.... »

En continuant l'examen des arts, Platon arrive à parler plus au long du chant et de l'accompagnement. C'est un chapitre savant et très-attrayant à lire pour les amis de la musique.

Après avoir cité, parmi les quinze modes de l'ancien système, le mode Ionien (1) et le mode Lydien (2) comme mineurs, puis encore le Dorien (3) et le mode Phrygien (4), Platon donne de ces derniers la description caractéristique suivante :

» Il faut conserver ces modes, dont les sons et les syllabes repré-
» sentent convenablement les opérations guerrières. Leur expres-
» sion mâle soutient la valeur de nos soldats, lorsqu'ils sont mal-
» heureux, blessés ou découragés. Le mode Dorien a été inventé
» pour stimuler le courage des guerriers. Mais il y a un autre ton,
» le mode Phrygien, d'un caractère paisible et religieux, qui peint
» admirablement la tranquillité de l'âme. Ce mode exprime non la

---
(1) Le ton d'UT.
(2) Le ton de FA sans SI ♭.
(3) Le ton de RE sans FA ni UT.
(4) Le ton de MI sans FA en montant, ni en descendant. Mais avec une petite sixte et une petite septième.

» violence, mais une commode activité, soit qu'il s'adresse à Dieu
» par les prières, soit qu'il cherche à persuader les hommes par
» l'exhortation et par l'instruction. »

Plus loin, Platon recherche quels seraient les instruments qui pourraient convenir à sa République. Il prohibe la harpe et les cimbales à cause de leurs cordes nombreuses. La flûte est bannie également; mais la lyre et la cithare sont maintenues ! pour la ville. Dans les campagnes, les bergers auront une espèce de pipeau.

Pour la mesure et son emploi, Platon montre de l'incertitude. Il dit, à la page 188 : « Qu'il y a trois sortes de mesures qui composent
» tous les mouvements, comme il y a quatre modes qui renferment
» tous les tons.

» Nous devons aussi, continue Platon, diriger les poètes et les
» obliger à exprimer de bons sentiments dans leurs poésies, dans
» lesquelles on ne doit pas tolérer tout ce qui est malfaisant, ignoble
» ou malséant...... (1) »

Après cet aperçu sur un des sages de la Grèce, reprenons le fil de notre narration et revenons aux événements relatifs à la symphonie héroïque.

Une copie nette de la partition, avec la dédicace au premier Consul de la République française, consistant en ces deux mots : *Napoléon Bonaparte*, devait être remise au général Bernadotte pour être envoyée à Paris, lorsque la nouvelle vint à Vienne que Napoléon Bonaparte s'était fait proclamer Empereur des Français ! Cette nouvelle fut apportée à Beethoven par le prince Lichnowski et Ferd. Ries. A peine l'a-t-il entendue, qu'il saisit la partition avec colère, arracha la feuille du titre et la jeta par terre au milieu d'imprécations contre le nouveau tyran : c'est ainsi qu'il appelait l'Empereur Napoléon.

En considérant qu'il existait alors un grand éloignement entre la capitale d'Autriche et celle de France, on concevra facilement que l'élévation au trône de Napoléon fit d'autant plus d'effet à Vienne, qu'on ne connaissait pas encore le plébiscite qui précéda cet acte solennel. Du reste, il s'effectua avec autant d'empressement que celui de 48 ans plus tard.

Ce ne fut que longtemps après que la colère sainte de notre compositeur-démocrate se calma, grâce à l'influence de ses amis, qui réussirent à le rendre aux contemplations tranquilles de son art. Il

---

(1) Le défaut d'espace nous oblige d'abréger les citations de la République de Platon. D'après Mme GIANATASIO, Beethoven n'avait pas des idées bien arrêtées sur le mariage. *(N. du trad.)*

fit une concession moyennant laquelle l'œuvre nouvelle porterait le nom de *Sinfonia eroica*, avec cette devise : *Per festegiare il sovenire d'un gran uomo*. C'est sous ce titre que cette magnifique composition reçut la publicité, deux ans après l'événement.

Mais son admiration pour Napoléon était finie ; elle se changea en haine ouverte : à peine la fin tragique de l'empereur à Sainte-Hélène put-elle réconcilier Beethoven avec lui. On croit reconnaître dans cet acharnement la haine héréditaire et caractéristique du peuple Néerlandais. — Car il n'hésita jamais à montrer du sarcasme dans ses manifestations à propos des circonstances politiques ; on alla même jusqu'à dire qu'il avait composé une musique burlesque sur la fatale catastrophe, notamment dans la marche funèbre de la symphonie héroïque. Il aurait poussé l'allusion même plus loin, lorsqu'il fit briller l'étoile de l'espérance dans le motif du milieu, en *ut majeur*, pour peindre le retour de Napoléon en 1815, ainsi que l'énergique résolution du héros pour résister à son sort fatal, jusqu'au moment où, plein de résignation, il disparaît de la scène du monde et descend dans la tombe pour revivre dans l'immortalité.

Si nous mentionnons ceci, ce n'est pas sans faire observer que nous ne parlons que de ce qu'on peut exprimer par voie d'interprétation générale et non par l'exposition même du sujet, comme l'entendent les commentateurs de Beethoven. Celui-ci s'était énergiquement prononcé contre un tel procédé dans sa musique comme dans celle des autres ; il en a été déjà question ailleurs et nous nous proposons de revenir sur ce sujet. Il n'a jamais oublié de se servir de l'interprétation, quelquefois jetée en courant, quelquefois pénétrant plus avant dans le sujet, quand l'occasion s'en présentait, comme, par exemple, en matière politique. C'est ainsi que dans la *Marche funèbre* on trouvait quelques indications en rapport avec la haute personnification de l'homme célèbre. Des esprits ingénieux et sarcastiques, comme notre compositeur, peuvent souvent laisser tomber des manifestations caractéristiques concernant l'objet, sans les indiquer ostensiblement au public, car cela pourrait amener de fâcheuses conséquences. C'est dans ce sens qu'il faut considérer les manifestations de Beethoven.

1805. — Cette année doit être regardée comme la plus féconde par rapport à l'activité créatrice de Beethoven, elle fut signalée aussi par des manifestations importantes.

Déjà, en janvier, la symphonie héroïque fut exécutée pour la première fois, précédée de celle en *ut majeur*. Cette admirable composition, dont on connaissait la destination primitive, éveilla l'attention du public. Voici en quels termes la *Gazette musicale universelle* en parle dans sa 7me année.

« Cette longue et difficile composition est proprement une fantaisie bien développée, pleine d'idées hardies et sauvages. Elle abonde en belles parties, dans lesquelles on reconnaît la hardiesse et le talent du génie créateur de Beethoven, génie qui semble se perdre parfois dans les irrégularités... comme critique, j'appartiens certainement aux admirateurs sincères du grand maître, mais je dois convenir que, dans ce travail, l'auteur abuse souvent des duretés et des bizarreries ; ces défauts en rendent l'étude difficile et font que l'unité est perdue. » Cet article est suivi d'un éloge pompeux d'une symphonie d'Antoine Eberl (1), que l'on oppose à l'*Eroïca*. Par là on donne à comprendre à notre maître, dans quel style il devrait composer.

Après une seconde exécution de la symphonie héroïque, sous la direction de l'auteur, le même critique s'exprime ainsi. « En effet, ce nouveau et hardi travail de Beethoven, renferme de grandes et belles idées, comme on devait en attendre du génie puissant du compositeur qui y déploie une grande force de conception. Mais, cette symphonie gagnerait beaucoup en lumière, clarté et unité, si l'auteur voulait se résoudre à y faire quelques coupures, attendu qu'elle dure une heure.

» Ainsi, il y a une marche funèbre au lieu d'andante. Cette marche, en *ut mineur*, est traitée en fugue ; chaque entrée, fuguée, prolongée indéfiniment, amène du trouble et échappe souvent à l'attention la mieux soutenue, même après de nombreuses auditions. Cela doit choquer les connaisseurs les moins prévenus, et il s'en faut de beaucoup que cette symphonie soit généralement goûtée. »

On voit, par ce compte-rendu, quels rudes combats la symphonie héroïque avait à soutenir à Vienne. Or, ces combats se renouvelaient partout où l'ouvrage apparaissait pour la première fois. Il s'attira aussi de fréquentes attaques de la part des vieux professeurs ; les preuves n'en manquent pas. Parmi ceux qui étaient les

---

(1) Antoine Eberl, né en 1766 à Vienne, y mourut en 1807. Il était un des plus célèbres pianistes et compositeurs. Il a passé beaucoup d'années à Saint-Pétersbourg ; il y fit exécuter LA CRÉATION de Haydn, pour la première fois. En 1800, il revint à Vienne et se montra comme un rival dangereux de Beethoven, dans les compositions pour piano et orchestre. De tout cela, rien n'a survécu à son auteur.

plus scandalisés, il faut compter Dionys Weber, directeur du Conservatoire de Prague. Aussi, plus tard, lorsque tous ces combats furent terminés et que l'avantage resta à l'ouvrage, Beethoven aimait à raconter, en plaisantant, comme quoi, du vivant de Dionys Weber, la symphonie héroïque avait été déclarée ouvrage contraire aux mœurs, au Conservatoire de Prague. Aussi, ce n'est qu'au commencement de la 40ᵐᵉ année de son existence, que cette symphonie fut exécutée pour la première fois à Prague. Le vieux directeur du Conservatoire n'était plus de ce monde. Énervé par les dissonances de Beethoven, il tomba en dissolution à l'âge de 70 ans. Tout cela montre les différentes phrases de la destinée de cette œuvre où le génie du grand maître apparaît dans toute son originalité.

« Aber noch mœge Erwähnenswerthes folgen. »

Mais, ce qui a soulevé le plus d'opposition, indépendamment du trop grand développement des morceaux, du travail fugué dans la marche et l'emploi des dissonances, c'est l'apparition dans le quatrième morceau de la mélodie suivante :

qu'on se rappelait bien avoir entendue dans le final du ballet de *Prométhée*. Les critiques demandèrent comment la même mélodie pouvait servir à faire danser et, en même temps, à célébrer la gloire d'un héros ! Quelque temps avant, cette mélodie avait été publiée dans un recueil de contredanses (1). Plus tard, elle servit de thème aux variations (œuvre 35). L'emploi d'une mélodie dans la même forme, mais dans une situation différente, se trouve rarement dans les œuvres de Beethoven. Un cas semblable se rencontre cependant encore pour le menuet du septuor (œuvre 20), bien que dans un autre ton ; le susdit menuet se retrouve dans la sonate (œuvre 49), en *sol*, tandis qu'il a été d'abord donné en *mi*♭ ; mais c'est toujours comme menuet, et il est plus travaillé dans la sonate, ce

---

(1) Le compositeur reconnut lui-même une longueur h..tée à sa symphonie. Aussi témoigne-t-il le désir, dans une observation, que cette composition soit exécutée au commencement d'un concert, afin que la fatigue des auditeurs ne nuise pas à l'effet de l'ouvrage. Dans le temps présent, cette observation n'a pas de raison d'être, attendu que la symphonie est admirée et comprise par tout.

qui ne permet aucune comparaison avec le cas précité. Cette sonate appartient à ses premières compositions, ayant été publiée en 1805. Il s'en suit que le menuet en faisait partie avant d'avoir été placé dans le septuor.

Parmi les excellents ouvrages qui virent le jour en cette année, il faut compter : la sonate avec violon, en *la mineur* (œuvre 47), et la grande sonate, en *ut majeur* (œuvre 53). La première est écrite pour un piano de cinq octaves, jusqu'au *sol*, sur la quatrième petite ligne, les autres jusqu'au *fa* seulement.

Cette célèbre sonate, en *la*, était d'abord destinée à un capitaine de la marine américaine, du nom de Bridgetower. Ce capitaine avait longtemps séjourné à Vienne, il s'était lié avec Beethoven et jouait bien du violon. Mais l'apparition à Vienne de Rodolphe Kreutzer, un des fondateurs de l'école de violon en France, décida Beethoven à lui dédier cette œuvre.

La critique de cette sonate, insérée dans la 7ᵐᵉ année de la *Gazette musicale universelle*, appartient, sans contredit, aux plus curieuses dont la musique de Beethoven ait été l'objet. On y lit entre autre choses : « Il m'est impossible de déduire la valeur intrinsèque de cette œuvre ; les paroles sont insuffisantes pour la caractériser « *erit mihi magnus Apollo*. » J'ai essayé avec les égards dus au compositeur et à la composition, de rendre la marche des idées compréhensible, de les présenter d'une manière claire. J'ai écrit une feuille sur le premier *Presto* seulement, mais je veux en priver les lecteurs de la *Gazette musicale*. » On comprend que de pareilles attaques devaient être bien pénibles pour Beethoven, à moins de supposer qu'il eut déjà le cœur d'acier ou de glace à cette époque, ce qui n'est pas admissible, car on sait qu'il ressentait vivement les critiques injustes, surtout en voyant que la légion d'antagonistes poussait des cris de joie à chaque nouvelle attaque contre lui.

Dans la seconde moitié de juillet 1805, Cherubini vint à Vienne avec sa femme pour écrire un nouvel opéra pour le théâtre *an der Wien* (*Faniska*), représenté le 25 février de l'année suivante. En même temps, le célèbre compositeur dirigea les représentations de son *Porteur d'eau*, qui fut reçu avec enthousiasme du public. Il y fit quelques corrections et rectifia les mouvements, notamment dans l'ouverture dont l'allegro, pris plus lentement, gagna en clarté.

Il a été déjà dit en passant, que l'auteur de ce livre avait eu l'avantage de cultiver la connaissance de M. et de Mme Chérubini, pendant son séjour à Paris, en 1841-42. Il va sans dire qu'il a été souvent question de Vienne et de Beethoven dans nos entretiens.

Mme Chérubini, qui avait tenu le journal de son voyage à Vienne, me fit connaître plusieurs circonstances intéressantes relatives au grand maître. Il paraît que cette dame s'était prononcée alors avec une vivacité juvénile contre les critiques un peu trop sévères de son mari sur le compte de Beethoven. Ce dernier ne se comportait pas toujours d'une manière irréprochable, mais Mme Chérubini le défendait avec une certaine sympathie. Son mari avait donné à Beethoven le surnom de *Brusque*; il entendait le caractériser par ce mot, en répétant souvent : « *Il était toujours brusque.* » C'est ainsi qu'il résumait son jugement sur Beethoven et motivait ses critiques sur sa manière d'écrire. Sa femme m'ayant demandé un jour l'autographe de Beethoven, Chérubini ne put retenir un sourire sardonique que la conformation de sa bouche rendait plein de fiel et peu bienveillant. On peut se faire une idée de la manière dont ce maître appréciait alors les compositeurs de l'Allemagne par son opinion sur « *Fidelio*. » Il témoignait peu d'intérêt à cette grande manifestation du génie allemand.

C'est dans l'automne de 1841, que le célèbre Cramer vint de Londres à Paris dans l'intention d'y faire un long séjour. J'ai fait sa connaissance par J. Rosenheim, dans l'espérance d'apprendre de lui des détails peu connus sur ses relations avec Beethoven, avec lequel il passa l'hiver de 1799 à 1800, à Vienne. Cramer était alors fort lié avec notre compositeur, et comme il venait sans cesse chez Chérubini en ami de la maison, j'eus l'occasion de l'y rencontrer plusieurs fois pendant cet hiver. Nous parlions naturellement beaucoup de Vienne et de Beethoven, passant en revue les souvenirs d'autrefois. C'était une bonne fortune pour moi, d'entendre ces deux grands artistes échanger leurs opinions et leurs jugements sur Beethoven. Ils différaient cependant essentiellement dans leurs appréciations. Chérubini, tout en rendant justice au génie transcendant de Beethoven, ne l'aimait pas; tandis que Cramer lui conserva un véritable culte. Malgré cela, l'ensemble de leurs observations avait pour moi une importance extrême, car il se rapportait à une époque déjà éloignée sur laquelle les données exactes manquaient ou étaient pleines de contradictions. C'est à Cramer et à son vif intérêt pour Beethoven que je dois les communications les plus importantes.

Mes observations portaient surtout sur deux points principaux : sur le talent de piano de Beethoven, et sur sa manière d'être dans le monde. J'ai laissé le reste au hasard qui, en effet, amena souvent ce que je désirais le plus (1).

Chérubini et Cramer, qui connurent Beethoven comme pianiste dans son bon temps, étaient parfaitement d'accord sur son immense talent sur le piano. Dans l'improvisation, il n'avait point d'égal, ainsi que cela a été déjà constaté. Nous reviendrons encore sur ce sujet dans la partie musicale de ce livre, où il sera question de Beethoven comme exécutant. Au point de vue social, Mme Chérubini et Cramer furent du même avis, ce qui donna un nouvel intérêt aux débats. Tous les deux affirmaient aussi que le grand compositeur était très-réservé dans un cercle mélangé ; souvent il montrait de la raideur et beaucoup d'orgueil avec les artistes. Dans un cercle intime, il était drôle, très en train, et parfois même bavard ; il aimait à se laisser aller aux bons mots sur tous les arts. Dans les questions politiques et les jugements sociaux, il manquait de sagacité. Tous les deux convenaient aussi qu'il était très-maladroit pour saisir les objets. Les tasses, les verres, etc., lui échappaient des mains, à quoi Chérubini répondait chaque fois par son refrain : « Il était toujours brusque ! »

Ainsi les données, communiquées par Mme Chérubini et Cramer, confirmèrent en général tout ce que j'avais entendu dire sur la tenue de Beethoven par ses anciens amis. Quant aux déclarations de Ferd. Ries, qui avaient excité quelque étonnement dans le monde musical, elles étaient déjà connues de J. B. Cramer à son arrivée à Paris, en 1841. Ce grand artiste les combattait avec énergie et me donna des renseignements exacts sur le caractère extraordinaire du jeune Ries, qui n'avait pas encore toute sa maturité, et dont on doit déplorer la publication pleine de colère et de mauvaise humeur. C'est à son espièglerie et à certaines paroles proférées avec malice qu'on peut attribuer le caractère irascible de son maître, que Ries a peint à son désavantage.

C'est en considération de ces dissensions fâcheuses entre le maître et l'élève, qu'on peut pardonner à F. Ries d'avoir représenté Beethoven avec toute sa rudesse. C'est autant de tache à sa

(1) Il est nécessaire de faire remarquer ici, que les résultats de ma conversation avec Chérubini et sa femme, ne pouvaient être publiés dans le supplément de la première édition de cet ouvrage, car c'est surtout à mon second voyage à Paris, en 1841, pendant la présence de J.-B. Cramer dans cette capitale, qu'ils acquièrent plus de valeur historique.

notice biographique, qu'on ne peut plus citer comme autorité, à moins qu'on n'en fasse disparaître les exagérations (1).

Une autre circonstance que j'appris lors de ma tournée à Paris, et qui mérite d'avoir sa place ici, concerne les relations sociales de Beethoven, sujet sur lequel le jugement des dames doit avoir la priorité. Cette circonstance se rattache à l'appréciation de la société de Vienne, dans les salons de la haute volée, par Mme Chérubini. En sa qualité de parisienne, femme d'esprit, elle considérait le grand monde de Vienne, principalement la société des dames, au point de vue de l'égalité républicaine qui se mourait alors en France. Il ne peut être question d'établir une comparaison entre cette dernière et les rapports de société, tels qu'ils existaient à cette époque en Allemagne, quand on pense combien il en coûtait, dans les siècles précédents, aux dames de l'aristocratie allemande, de renoncer à la plus minime partie de leurs préjugés traditionnels. La seule égalité possible avec d'autres classes, que l'on pût réaliser, c'était celle que l'on rencontre dans la maison de Dieu! Une autre pensée n'aurait pu entrer dans la tête et dans le cœur de nos princesses, et de nos comtesses, au commencement de ce siècle. Tout naturellement, la tenue de Beethoven envers cette partie de la société, n'échappa point à la clairvoyante parisienne. Elle caractérise son maintien extérieur par ces paroles : « Il se moquait des » préjugés de la classe élevée, et affectait les mêmes manières avec » une duchesse qu'avec une bourgeoise ! » Tout finissait chez lui par une phrase de politesse.

Après ces détails intéressants, recueillis à Paris, d'une source digne de foi, je vais tâcher de crayonner les événements relatifs à une œuvre de prédilection du grand maître. Il s'agit de son opéra de *Fidelio*, qui tient une place très-élevée parmi ses profondes conceptions. Ce n'est pas que Beethoven lui reconnût un grand mérite artistique; mais sa procréation lui occasionna plus de peine qu'une autre, et, après lui avoir procuré beaucoup de satisfaction, elle lui causa de véritables chagrins; en définitive, *Fidelio* fut mis pendant quelque temps de côté, et éprouva un sort immérité.

A cette affaire appartiennent plusieurs faits secondaires de grande valeur. Nous parlerons d'abord d'un homme qui vécut longtemps avec Beethoven dans des rapports intimes, qui contribua personnellement à l'élaboration de cette œuvre dramatique et musicale,

(1) La notice biographique de F. Ries, traduite par M. A.-F. Legentil, a été publiée à Paris, par Dentu, 2 vol. in-12, 1862.

décrivit aussi son origine et consacra des pages pleines d'admiration au grand compositeur. Cet homme fut Frédéric Treitschke, auteur du libretto allemand, d'abord régisseur et poète des théâtres impériaux, à Vienne, et plus tard économe de *Burgthéâtre*. Il traduisit du français l'*Amour conjugal*, et l'arrangea pour la scène allemande. Nous nous servirons ici de son texte, qui a été publié en 1841, dans un journal musical intitulé *Orphée*, par A. Schmidt, éditeur :

« C'était vers la fin de 1804. Le baron de Braun, nouveau propriétaire du théâtre impérial et royal *an der Wien*, chargea Ludwig van Beethoven, alors dans la force de l'âge, d'écrire un opéra pour son théâtre. On pensa que l'auteur de l'oratorio *le Christ au mont des Oliviers*, était en état de produire quelque chose de grand pour la musique dramatique, comme il l'a fait depuis pour les instruments. Indépendamment des honoraires, on lui offrit le logement au théâtre. J. Sonnleithner choisit le sujet de l'*Amour conjugal*, qui avait déjà été traité deux fois, en français, par Gaveaux, et en italien, par Paër. Beethoven, sans craindre ses devanciers, se mit à l'ouvrage avec plaisir. Vers le milieu de 1805, sa musique était prête, mais des difficultés considérables surgirent pour la représentation. Les rôles de femmes ne pouvaient être remplis convenablement que par deux cantatrices, Mmes Milder et Müller. Quant aux rôles d'hommes, ils laissaient ... à plus à désirer (1). Le texte offrait aussi plusieurs défauts, auxquels on ne pouvait pas remédier. Pendant ce temps, l'orage grondait au loin ; la guerre menaçait Vienne, et ôtait aux auditeurs la tranquillité nécessaire pour l'appréciation d'un ouvrage d'art. Aussi cherchait-on à offrir au public un spectacle de nature à piquer sa curiosité et d'attirer la foule au théâtre. On comptait beaucoup sur « *Fidelio*, » mais il fut représenté sous une mauvaise étoile (2), le 20 novembre, et nous sentîmes avec regret qu'il avait devancé son temps, n'étant compris ni de ses amis, ni de ses ennemis. On ne l'a donné que trois fois de suite, et il fut ajourné au 29 mars 1806 (3). »

(1) Le ténor Demmer n'avait pas de voix, et la basse-taille Meier en possédait une aussi dure que sa méthode était mauvaise.

(2) C'était au moment où toute la noblesse résidait encore à la campagne et la population eût peur des uniformes étrangers. Il faut dire aussi que le vrai public était peu nombreux aux représentations de FIDELIO. L'auditoire n'était composé en majeure partie que de militaires français.

(3) Cette fois FIDELIO changea de titre ; il fut représenté sous le nom de LÉONORE. C'est ce que M. Treitschke ne dit pas.

» Remis en scène avec quelques changements, c'est-à-dire, réduit
» en deux actes, au lieu de trois, *Fidelio* a pu vaincre l'opinion
» défavorable qu'on avait de la musique (1). Il fut joué encore une
» fois, le 10 avril de la même année, et rentra ensuite pour long-
» temps dans les cartons de la bibliothèque du théâtre. En même
» temps, des essais furent tentés sur les théâtres de province, mais
» n'eurent pas un meilleur succès. »

Ici un éclaircissement est nécessaire : la mémoire de M. Treitschke ne lui est pas restée fidèle quand il dit : « Quelques changements musicaux : etc. » Il regarde la réduction d'un opéra de trois, en deux actes, comme un fait sans importance. Cependant, il y eut encore d'autres changements à cette reprise, notamment la composition d'un air nouveau avec chœur, pour Pizarre, l'acteur ne voulant plus chanter l'air en *si* ♭ ; celle d'un duo en *ut maj.*, pour Léonore et Marceline, avec accompagnement obligé de violon et de violoncelle ; celle d'un trio comique en *mi* ♭ *maj.*, entre Rocco, Marceline, et Jacquino. M. Treitschke est dans l'erreur, lorsqu'il croit que ces deux numéros furent composés en 1814, lorsqu'il travaillait avec le compositeur au remaniement de l'opéra. Il paraît certain qu'ils existaient déjà avant. Quant à M. Treitschke, ses fonctions officielles n'avaient rien de commun avec le théâtre *an der Wien*. Il est donc resté étranger à tout ce qui est arrivé pour *Fidelio*, à ce théâtre.

Une circonstance très importante pour le sujet qui nous occupe, est que le chanteur Roeckel, chargé du rôle de Florestan, à la reprise de *Fidelio*, en 1806, existe encore. Cet artiste, qui se porte bien, séjourna, il n'y a pas encore longtemps, à Wiesbaden, et à Wurzbourg, et maintenant il est établi à Bath, en Angleterre. Comme exécutant, il se trouva chez le prince Lichnowski, à la délibération, ayant pour but de remanier *Fidelio*. Il conserva même la partie de chant qui lui fut donnée, écrite de la main de Beethoven. De mon côté, je connaissais tous les détails touchant cette affaire, par le prince Lichnowski, mais je ne suis pas fâché de les voir confirmés par Roeckel.

Tout ce que Ferd. Ries rapporte dans sa brochure, d'après les communications de Roeckel, sur la réunion chez le prince Lichnowski, complètera ce *point de la question*, et donnera plus de certitude à l'encontre des réclamations.

---

(1) La GAZETTE MUSICALE de Leipzig, en rendant compte de cette reprise, dit : La pièce a gagné et elle plaît davantage. (Pag. 460. — 1806.)

Ferd. Ries parle ainsi de cette réunion :

« Elle fut composée du prince Lichnowski, de la princesse, sa
» femme, qui tenait le piano, et qui était une pianiste très-distin-
» guée, du conseiller de la cour, de Collin, d'Etienne de Breuning.
» Ces deux derniers s'étaient déjà prononcés pour les coupures.
» De plus, de la basse-taille Meier, Roeckel, et Beethoven.
» Celui-ci défendit d'abord chaque mesure ; mais, tout le monde
» était d'accord sur ce point que plusieurs morceaux devaient être
» mis de côté ; lorsque la basse-taille Meier déclara qu'aucun
» chanteur ne pouvait chanter l'air de Pizarre avec effet (1).
» Beethoven s'emporta et fut grossier même. Mais enfin, il se rendit
» et promit de composer un air nouveau pour Pizarre ; c'est celui
» qui porte le n° 7, dans la partition. Le prince Lichnowski obtint
» ensuite qu'on laisserait de côté les morceaux condamnés à être
» supprimés, et qu'on exécuterait ainsi l'opéra à titre d'essai, mais
» que ces morceaux seraient rétablis dans le cas où l'effet ne répon-
» drait pas à l'attente générale. Beethoven consentit et les morceaux
» en question n'ont jamais été exécutés depuis. Cette séance dura
» depuis 7 heures du soir, jusqu'à 2 heures du matin, et se ter-
» mina par un joyeux souper. »

Fr. Treitschke continue ainsi :

» Huit ans plus tard (en 1814), MM. Saal, Vogel, et Weinmüller,
» inspecteurs de l'opéra de Vienne, obtinrent une représentation
» à leur bénéfice. On leur laissa le choix de la pièce, mais sans
» frais. Elle n'était pas facile à trouver. Les nouvelles compositions
» allemandes manquaient ; les anciennes ne promettaient pas grand
» profit. Quant aux opéras français, ils n'avaient plus la faveur du
» public. Aussi le courage manqua-t-il aux exécutants. Se montrer
» seulement comme chanteurs dans les pièces italiennes, c'était
» chercher leur mort, comme cela arrivait depuis quelques
» années. Au milieu de ces embarras, on pensa à *Fidelio*, et
» Beethoven, lui-même, s'y prêta avec beaucoup de désintéresse-
» ment, en promettant d'avance de faire plusieurs changements à
» la partition. Ayant, depuis quelque temps, des relations d'amitié
» avec Beethoven, je fus prié de m'en charger, et je m'empressai
» de satisfaire sa demande, en mettant d'accord mes fonctions de

---

(1) La véritable raison de la suppression de cet air prête un peu au scandale, et elle forme un épisode comique dans l'histoire de FIDELIO. Pendant les premières représentations, Beethoven en eût des désagréments. Ce que dit ensuite F. Ries, d'après Roeckel, que l'air de Florestan n'avait pas d'allegro dans l'origine, et se terminait par un ADAGIO 3/4 est sans fondement.

» poète de l'opéra et de régisseur, avec les devoirs de l'amitié.
» Pour donner une idée de ces changements aux lecteurs, je dirai
» qu'il s'agissait en grande partie d'une nouvelle mise en scène,
» des contre-marches des soldats à l'approche du ministre, de la
» révision des paroles, de la manière dont les prisonniers de don
» Fernando tombent à genoux, et d'autres remaniements qui sont
» sans intérêt pour le public. »

Frédéric Treitschke parle ainsi plus loin :

« Le second acte offrit d'abord une grande difficulté : Beethoven
» désirait faire chanter un air à Florestan ; je fis observer que, mou-
» rant de faim et de fatigue, il ne pouvait guère chanter un air de
» bravoure (1). Cependant, en cherchant d'après son idée, je tombai
» juste, et j'écrivis les paroles suivantes, qui peignent les dernières
» flammes de la vie à son extinction. »

> Qu'entends-je ! quel bruit a frappé mon oreille,
> Hélas, puis-je en croire mes yeux ?
> Que vois-je, ô délire ! est-ce un ange des cieux,
> Qui descend en ces lieux ?
> Mon âme oppressée à l'espoir se réveille :
> C'est toi, ma Lénore ;
> De l'époux qui t'adore,
> Dans ces cachots déserts,
> Viens-tu briser les fers ? (2)

« Ce que je vais raconter maintenant, vivra éternellement dans
» ma mémoire. Beethoven vint le soir, à sept heures, chez moi, et,
» après avoir causé de différentes choses, il demanda où j'en étais
» de mon air. Il venait justement d'être fini, et je le lui offris. Il le
» lut, courut dans la chambre, murmura, fredonna, comme il
» avait coutume de le faire, et se mit au piano. Ma femme le pria
» souvent de jouer, mais en vain ; ce jour là, il plaça le texte
» devant lui, et commença à improviser d'une manière admirable ;
» malheureusement, on n'en pouvait rien saisir, mais il en sortit
» bientôt le motif de l'air. Des heures entières s'écoulaient et

---

(1) Il est permis de croire que Beethoven eût en effet la pensée de composer un air à roulades pour Florestan, pour rendre la situation plus dramatique. Mais cette croyance ne s'accorde plus avec l'original de cet air qui nous est resté de 1805 à 1806. On le trouve, sous sa forme primitive, dans une ancienne partition de Breitkopf et Haertel. Il est composé d'un Récit, d'un Adagio à 8/4, et d'un Andante un poco agitato. Depuis, il a été publié dans la partition nouvelle de piano d'Otto Jahn, avec les changements introduits par Beethoven. Dans un opéra aussi considérable que Fidelio, retravaillé à deux époques différentes, il n'est pas facile de reconnaître ce qui a été fait d'origine et ce qui a été ajouté après. Fr. Treitschke n'avait pas d'ailleurs les connaissances musicales nécessaires pour apprécier ces changements.

(2) Partition publiée par Girod, éditeur.

» Beethoven ne tarissait pas en improvisations. On apporta le
» souper, qu'il voulut bien partager avec nous, mais il ne se
» dérangea pas. Enfin, il m'embrassa, prit quelque chose et sortit.
» Le lendemain, le fameux morceau était prêt. »

Aussitôt que mon travail fut fini, vers la fin de mars, je m'empressai de l'envoyer à Beethoven. Deux jours après, je reçus de lui le billet suivant, comme une preuve de sa satisfaction :

« Cher et digne T....., j'ai lu avec le plus grand plaisir vos amé-
» liorations au poème de mon opéra. Cela m'engage à relever les
» ruines d'un vieux château. »

» Votre ami,   BEETHOVEN. »

« En attendant, les bénéficiaires pressaient le compositeur, vou-
» lant profiter de la saison favorable; mais Beethoven n'avançait
» guère, et quand je l'en priais par écrit, il répondait à peu près
» ainsi : « J'ai bien du mal avec cet opéra, je suis peu content de
» l'ensemble, — et il n'y a pas un morceau dont je sois complè-
» tement satisfait. — La différence est grande de composer d'après
» les exigences du poème, ou de se laisser aller à son inspira-
» tion. » (1)

» Les répétitions commencèrent au mois d'avril, quoique bien
» de choses manquassent. On annonça enfin la première repré-
» sentation pour le 23 mai. La répétition générale eut lieu le jour
» d'avant; mais la nouvelle ouverture promise (celle en *mi majeur*),
» n'était pas encore sortie de la plume du sublime créateur. L'or-
» chestre fut convoqué le matin même de l'exécution, pour répé-
» ter la nouvelle ouverture. Beethoven ne vint point. Parti pour
» le chercher, après une longue attente, je le trouvai couché,
» dormant profondément; près de lui, on voyait une coupe de
» vin, un biscuit, et les feuilles de l'ouverture éparpillées sur le lit
» et par terre. Une bougie, entièrement brûlée, montrait qu'il
» avait travaillé fort tard dans la nuit. Cette circonstance décida la
» question, et l'on choisit l'ouverture de *Prométhée*, en annon-
» çant que, « par un empêchement imprévu, » la nouvelle ouver-
» ture ne pouvait être exécutée. Ce que le nombreux public comprit
» sans peine.

» Vous connaissez les suites de cette représentation ; l'opéra fut
» monté à merveille ; Beethoven le dirigea lui-même, mais avec

---

(1) Cette dernière phrase, qui paraît un peu obscure dans la lettre du grand maître, veut dire : Qu'il est plus facile de créer une œuvre nouvelle que de travailler à l'amélioration d'une ancienne composition.

» tant de feu, que la mesure en souffrit (1) ; heureusement que le
» maître de chapelle Umlauf, qui était derrière lui, maintenait
» tout des yeux et de la main. Le succès fut grand et augmenta
» à chaque représentation ; la septième fut réservée pour les
» honoraires de Beethoven ; à cette représentation, il donna deux
» morceaux nouveaux, une chanson pour *Rocco*, et un grand air
» pour *Léonore* ; mais ces morceaux ralentissant la marche de la
» pièce, on les laissa de côté. La recette monta très-haut. »

En ce qui regarde les deux morceaux nouveaux ajoutés à cette représentation à bénéfice, la *Gazette musicale* d'Augsbourg nous apprend qu'un d'eux était la chanson de Rocco « *l'or est une belle chose!* » et l'autre, le grand air de Léonore, avec deux cors obligés. La chanson était entièrement neuve ; car elle ne se trouvait point dans l'ancienne partition de piano. Depuis, elle fait partie de la nouvelle. Quant au grand air, il était déjà dans la première édition ; mais, en 1814, il parut sous une autre forme, ainsi qu'on le chante aujourd'hui. Comme le critique de la *Gazette musicale* connaissait mieux tous ces détails que M. Treitschke, nous donnons cette version d'après son article déjà cité.

M. Treitschke aurait dû parler aussi du talent des artistes, ainsi que l'a fait Beethoven, qui se plaisait à reconnaître qu'à eux seuls revenait toute la gloire d'avoir sauvé du naufrage son cher *Fidelio*. Jamais on n'a vu déployer autant de perfection classique dans l'exécution d'un chef-d'œuvre, sur aucun théâtre de Vienne. M*me* *Milder-Hauptmann* (Léonore), connue dans toute l'Allemagne par sa voix puissante, était alors à l'apogée de son talent. Les deux autres chanteurs, *Michel Vogel* (Pizarre), et *Weinmüller* (Rocco), très appréciés à Vienne, étaient des artistes accomplis. Même l'italien *Radichi*, chanteur de l'opéra allemand, contribua au succès de *Fidelio*, en chantant le rôle de Florestan avec beaucoup de méthode. Sa voix et son physique convenaient d'ailleurs à ce personnage. Ainsi, le succès de *Fidelio* ne provenait pas seulement du manque d'une pièce à succès dans le répertoire du théâtre Italien, de Vienne, ni des changements que Treitschke fit subir au poème ; mais il était dû au talent de quatre chanteurs, et au mérite intrinsèque de la musique. Cependant, sans l'impulsion donnée par les trois inspecteurs, *Fidelio* n'existerait point aujourd'hui.

(1) A cela on peut répondre par les faits suivants : Dès les années 1813 et 1814, on voyait Beethoven souvent à la tête de grands orchestres et de masses de chœurs, qu'il savait diriger avec fermeté, malgré la faiblesse de son ouïe. S'il en eût été autrement, il aurait mis une autre personne au pupitre.

Le grand compositeur ne devait pas, cependant, jouir longtemps de la reprise brillante de son œuvre immortelle. A peine commença-t-il à éprouver de la satisfaction en entendant mieux apprécier son travail, que Mme Milder-Hauptmann, ayant contracté un engagement pour toute la vie avec l'opéra de Berlin, fit ses adieux au public de Vienne. Il devenait presque impossible de la remplacer dans son rôle si difficile de *Léonore*. Cette question si importante fit ajourner encore une fois les représentations de *Fidelio*. Son repos forcé dura encore huit ans, jusqu'au moment où il fut possible de le remettre en scène. La suite de l'histoire de *Fidelio* aura sa place dans la troisième période. Ici, nous nous empressons de consigner une remarque de Beethoven, faite de sa propre main dans un journal où on lit ce qui suit : « L'opéra de *Fidelio*, en » 1814, depuis le mois de mars jusqu'au 15 mai, fut réécrit à neuf » et amélioré. » Ainsi le maître reconnaît lui-même son travail pour une amélioration — *quod bene notandum*.

Nous nous occuperons maintenant de l'historique des quatre ouvertures écrites pour *Fidelio*. Quatre ouvertures pour un même opéra ! C'est un fait unique dans l'histoire de la Littérature musicale.

« Quel était le vrai motif de cette profusion de la part du maître, » ordinairement très-occupé ? » Puisse la réponse satisfaire le public musical, préoccupé du mérite de ces ouvertures et l'éclairer assez, pour ne plus laisser place à l'erreur dans le discernement de cette *quadruple feuille de trèfle*, qui est toujours le sujet de nombreux commentaires.

La première ouverture, écrite pour *Fidelio*, commence ainsi :

Ce travail à peine fini, Beethoven changea d'idée, ayant peu de confiance dans son succès. C'était aussi l'opinion de ses amis. On convint d'en faire une répétition chez le prince Lichnowski, avec un petit orchestre. Le résultat ne fut pas favorable à l'œuvre. On trouva que l'ensemble ne faisait pas pressentir le drame de la pièce, et l'aréopage présent, déclara que le style, les idées et le caractère de cette ouverture, ne lui plaisaient pas ; elle fut donc mise de côté. Et ce n'est qu'en 1840 que la maison de Steiner et C.ie en fit l'acquisition et la publia. Cette ouverture figure donc dans le catalogue, parmi les dernières compositions du maître.

La seconde ouverture, également en *ut majeur*, exécutée avec l'opéra, en 1805, commence ainsi :

Celle-là eut le sort d'être souvent mal exécutée par les instruments à vent. La phrase dite par les violoncelles, répétée par les violons alternant avec celle-ci : est ensuite reproduite par les instruments à vent, alternativement avec la seconde phrase, pendant que le premier violon, doublé par l'*alto*, accuse ce motif :

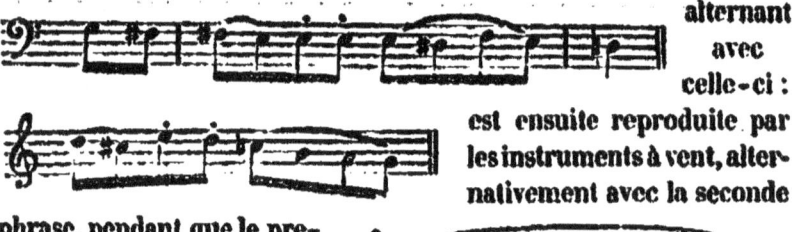

déjà annoncé dans l'entrée du premier morceau.

Voyez, pour l'intelligence de ce travail, la grande partition de l'ouverture (depuis la p. 52 jusqu'à 57.)

Au lieu de parer à cette difficulté pour une bonne exécution (environ 31 mesures), Beethoven jugea à propos de recommencer le *tout*. Il conserva les motifs de l'introduction et de l'allegro, fit commencer le premier motif, à cause de sa trop grande sonorité, seulement par le violoncelle et le premier violon, et continua ainsi le nouvel édifice sur le plan donné, avec l'adjonction de plusieurs nouvelles idées. Ainsi transformée, cette ouverture fut exécutée à la reprise de *Fidelio*, en mars 1806 (1).

Cette nouvelle ouverture reçut un si grand développement, que les connaisseurs la trouvèrent beaucoup trop longue pour servir d'introduction à un opéra. L'auteur lui-même indiqua plusieurs coupures. Il en résulta qu'on donna la préférence à la première, comme plus caractéristique, écrite dans une forme plus serrée, pouvant captiver davantage l'attention, au lieu que la seconde était

---

(1) Cherubini, présent à Vienne aux représentations de FIDELIO, en 1804 et en 1805, disait en parlant aux musiciens de Paris, que, dans cette ouverture, on ne pouvait pas reconnaître le ton fondamental ? L'entassement des modulations passait toutes les bornes. Ce jugement injuste ne lui a jamais été pardonné. D'après une nouvelle vérification des dates, Cherubini vint à Vienne en 1805, et ne quitta cette ville qu'en avril 1806. Donc il dut assister aux représentations de FIDELIO corrigé.

plutôt une ouverture de concert. L'auteur lui-même n'était pas satisfait de certains passages, marqués dans un mouvement très-vif, et qui devenaient difficiles d'exécution pour les flûtes, les hautbois, etc. C'est à raison de toutes ces considérations, que Beethoven se décida à écrire une quatrième ouverture pour les représentations, en 1814.

Elle débute ainsi :

et n'offre aucune difficulté d'exécution pour l'orchestre. Le reproche qu'on pourrait lui faire, c'est de n'avoir pas un caractère bien marqué, et d'être aussi une ouverture de concert. . . . .

Quant à l'ouverture en *ut majeur*, refaite, elle parut, vers 1810, chez Breitkopf et Haertel, et devint, depuis, l'enfant de prédilection de tous les orchestres, car elle donnait l'occasion aux symphonistes de faire briller leurs qualités, comme virtuoses.

La partition de l'ouverture, d'origine la *seconde*, m'a été remise par Beethoven lui-même, quelque temps avant sa mort, avec des parties supprimées et avec tout ce qui existait encore du *Fidelio* primitif.

Beethoven demandait, avant tout, que l'ensemble fut conservé dans un lieu sûr. C'est pour me conformer à sa volonté formellement exprimée que j'ai remis cette œuvre à la bibliothèque royale de Berlin, où elle se trouve depuis 1845.

Ce désir du grand maître n'était pas dans ses habitudes ordinaires ; il s'occupait en général fort peu de la conservation de ses autres manuscrits. Dans la partition dont il est question, l'auteur avait fait de notables changements et des coupures importantes. Ainsi, par exemple, l'introduction finit autrement, et la fanfare de trompettes dans l'allegro est supprimée, ainsi que les passages rapides dans le final. Evidemment, toutes ces coupures avaient été faites par le compositeur ; mais quelles étaient ses raisons ? On l'ignore. Toujours est-il, que c'est là une œuvre mutilée. Le sort favorisa le professeur *Otto Jahn* qui, dans ses recherches à Vienne en 1852, trouva une copie fort nette de l'entière partition de cette orverture chez Artaria. Aussitôt elle parut chez Breitkopf et Haertel, à Leipzig. Les connaisseurs, en comparant la partition originale avec celle qui avait été refaite, pouvaient aussi voir la différence entre l'otetto pour les instruments à vent, et le quintetto en *mi majeur* (Op. 4) pour les instruments à cordes, qui en est sorti. Ces deux compositions peuvent servir de morceaux d'étude.

L'auteur d'un ouvrage estimé sur Beethoven, A. B. Marx, se prononce, avec son goût délicat, pour la *première* ouverture. Quant à moi, je préfère la *seconde*. Mais, s'écrie Marx, dans « *Vie et travaux de Beethoven.* » page 356 : « Beethoven créa sa première » ouverture, lorsqu'il était encore sous l'inspiration du sujet de » Léonore. » — Ceci est incontestable et le travail ingénieux le prouve assez. Mais les signes caractéristiques sont faiblement exprimés, et la vraie inspiration, l'inspiration de Beethoven, y manque. Tandis que la seconde ouverture est d'une grande puissance d'effet ; elle présente un tableau d'un caractère élevé, sublime, tracé avec une fermeté rare qui transporte et impressionne vivement. Plus tard, nous verrons des beautés du même genre développées avec un grand bonheur dans les ouvertures d'*Egmont* et de *Coriolan*.

. . . .

Avant tout, l'auteur a le droit de juger et de présenter ses œuvres au public, comme il l'entend lui-même. On peut citer ici le passage d'une lettre de Beethoven à Matthison, relatif à la première ouverture. Il y est dit : « Plus on fait des progrès dans l'art, moins on » est satisfait de ses précédents ouvrages. » Il n'est que trop vrai que Beethoven devenait de plus en plus difficile pour ses compositions du jeune âge. Ainsi, son opinion sur le quintette d'instruments à vent (œuvre 10), lui a nui beaucoup. Cette dernière rigueur provenait de ce qu'il ne se rappela l'existence de la *première* ouverture de *Fidelio* qu'en 1823. Comment nous l'avons su, on le verra plus loin. Mais, qu'on n'oublie pas que la *seconde* ouverture m'a été confiée avec la volonté expresse de veiller à sa conservation, ainsi qu'il a été dit plus haut.

A. B. Marx croit que c'est grâce à l'influence des amis de Beethoven, que la première ouverture de *Fidelio* fut mise de côté. Ils lui auraient fait entendre « qu'il ne pouvait sortir de sa plume » que quelque chose de grand, d'extraordinaire et d'élevé. » Mais, lorsque plus loin il ajoute : « que la troisième et la quatrième » ouvertures ne sont que des poèmes symphoniques plus ou moins » rattachés à la pièce, » il se livre à des conjectures hasardées qui échappent souvent aux plus habiles observateurs. Peut-on admettre la concordance entre la manière de voir de Beethoven et celle de ses amis ? les faits disent le contraire ! Il était souvent d'un avis opposé, ainsi que cela est arrivé à propos de la première ouverture.

Il préférait se remettre à sa table de travail que de suivre les conseils de ses amis. Jamais, dans ces occasions, il n'a montré ni complaisance, ni condescendance, envers ceux qui le pressaient de prendre tel ou tel parti.

Si A. B. Marx avait passé huit jours seulement avec le grand maître, il aurait pu entendre ces choses de sa bouche.

Nous allons faire connaître, maintenant, les motifs qui déterminèrent Beethoven à changer l'air avec chœurs, écrit d'origine pour Pizarre. C'était le bassiste *Meier* (1) qui fut chargé de ce rôle, qui ne lui convenait pas. L'historique de cet événement, qui a son côté comique, tient une place sans analogie dans la vie de Beethoven ; nous ne pouvons pas nous dispenser de la donner ici, malgré la longueur du chapitre de *Fidelio*.

Déjà nous savons, par Treitschke, que la distribution des rôles d'hommes laissait beaucoup à désirer.

La basse-taille Meier était un de ceux qui avaient une très-bonne opinion de leurs talents, peut-être parce qu'il était un bon *Sarastro*, mais aussi parce qu'il était le beau-frère de Mozart. Aussi, il ne jurait que par ce grand génie, et avait une grande confiance dans sa capacité. C'est à cause de cette trop grande confiance en lui que Beethoven s'amusa de lui, pour le corriger. Nous allons voir de quelle manière il s'y prit, manière simple, rare, mais d'un effet piquant.

On trouve dans l'air de Pizarre le passage suivant :

On voit par cet exemple que, le chant étant accompagné par une

---

(1) Frédéric-Sébastien Meier, né en 1773, mort en 1835.

marche des basses par demi-tons, le chanteur ne devait pas être à son aise, entendant, à chaque note du chant, l'appogiature d'une petite seconde et jamais la note fondamentale. Mais notre Pizarre de 1805 tenait ferme, malgré que les instrumentistes, en accentuant la petite note, cherchassent à lui faire perdre le ton. Cette lutte fit beaucoup rire, et le chanteur scandalisé ne put s'empêcher de faire des reproches amers au compositeur, en s'écriant : « Mon » beau-frère n'aurait point écrit un pareil non-sens. » (1)

Bien des années après, cet épisode si comique de l'histoire du Fidelio de 1805 ne manquait jamais d'égayer le maître, surtout lorsqu'il avait l'occasion de rencontrer le furibond Pizarre dans les rues de Vienne. Cela ne ressemble-t-il pas au tour joué, dans sa jeunesse, au chanteur Heller, dans la ville de Bonn. (Voir la première période). Mais la plaisanterie avec Meier avait son bon côté, car nous lui devons l'air nouveau si remarquable, en place de celui en si ♭ de l'ancienne partition.

Après ces détails intéressants sur une œuvre si haut placée de nos jours, il nous reste à consigner ici quelques observations sur les compositions de chant de Beethoven, observations qui doivent avoir ici leur place.

On a pu voir, par l'introduction du mémoire de Treitschke, que c'est l'oratorio de *Christ au mont des Oliviers* qui avait donné l'idée à Beethoven de composer un opéra ; car il avait prouvé qu'il comprenait la musique dramatique et qu'il savait écrire pour les voix, et, ce qui lui manquait encore, il pouvait l'acquérir en travaillant à quelque composition importante. On sait que beaucoup de compositeurs qui écrivent pour les instruments à cordes, surtout les pianistes, ne passent pas pour très-experts dans l'art d'écrire pour les voix. A tort ou à raison, cette opinion est générale, et l'on a remarqué que cette classe de musiciens avait beaucoup de peine à se familiariser avec la physiologie de l'organe de la voix et l'art du chant. La faculté de bien écrire pour les voix vient de la nature et ne peut s'acquérir de force en se mettant à son pupitre. Notre époque nous offre de nombreux exemples de cette vérité. A commencer par C. M. de Weber, presque tous les compositeurs allemands, plus ou moins, ont traité la voix comme un instrument.

Pour revenir à Beethoven, nous dirons qu'il nous paraît hors de doute que la nature de son génie le poussait vers la musique instru-

---

(1) Meier avait épousé la sœur aînée de Mme Mozart. C'est pour elle que le rôle de la REINE DE NUIT fut écrit.

mentale. Il se sentait comme entraîné vers la fantaisie libre; aussi, la composition pour les voix devait lui paraître bien limitée, lui qui ne connaissait pas de bornes à sa verve quand il était au piano. Il improvisait habituellement en se laissant aller à son inspiration, sans autres entraves que les lois de l'harmonie, du rhythme et la connaissance des ressources de son instrument; or, ces entraves n'étaient rien en comparaison des difficultés que présente la partie *vocale* d'une partition d'opéra. On laisse donc à deviner quels combats Beethoven se livrait à lui-même pour contenir sa fougue et s'enfermer dans les limites étroites de la portée des voix.

L'illustre Cherubini, en entendant *Fidelio* à Vienne, trouva que son auteur ne s'était pas assez occupé de l'étude du chant. En cela, la faute n'était pas à Salieri, son ancien maître, qui raconta à Cherubini tout ce qu'il en savait. Ce maître, qui n'avait que dix ans de plus que Beethoven, lui recommanda beaucoup l'étude du chant, et, dans ce but, fit venir la méthode de chant du Conservatoire de Paris pour l'offrir à Beethoven. On sait que cette méthode (1) était l'ouvrage de Mehul, Adam, Jadin, Gossec, Catel, Gobert, Cler et de Cherubini lui-même.

Si l'on considère cependant les compositions vocales, antérieures à *Fidelio*, que Cherubini ne connaissait pas dans ce temps-là, comme *Adélaïde*, le *Christ au jardin des Oliviers* et les *six Lieder* sur les paroles de Gellert, on conviendra qu'elles sont écrites avec une connaissance parfaite des voix et de leurs qualités particulières. Ainsi, par exemple, la différence entre les voyelles *e* et *i* pour soprano et ténor est très-exactement observée. Plus tard, C. M. de Weber et d'autres compositeurs firent un grand usage de cette distinction. Il est vrai que, dans *Fidelio*, elle est moins strictement observée, mais cependant avec mesure. C'était là cependant, pour les chanteurs, un sujet de plaintes qui causa de fâcheux conflits. L'acharnement que mettait Beethoven à trouver bon et chantant, tout ce qu'il avait écrit, était une pierre d'achoppement aux observations amicales et aux négociations diplomatiques qui pouvaient intervenir à ce sujet (2).

Madame Milder-Hauptmann, qui faisait partie du personnel chantant de *Fidelio*, à Vienne, et que l'auteur de cet écrit rencontra

---

(1) Cet exemplaire était encore, à sa mort, dans la petite bibliothèque, à côté d'une édition allemande en six livraisons, B. et Haertel.

(2) Il est à remarquer qu'il s'agit ici de la première partition de FIDELIO et non de celle qui existe actuellement.

à Aix-la-Chapelle en 1836, disait qu'elle avait eu de rudes combats à soutenir avec Beethoven pour certains passages trop durs de l'adagio de l'air en *mi* ♮ *majeur* qui ne convenait pas à sa voix. Mais c'était inutilement. Aussi, prit-elle la résolution de ne pas le chanter en public dans sa forme première. Il en résulta une amélioration pour cet air, comme pour celui de la basse-taille Meier ; on doit donc des remerciements à Madame Milder-Hauptmann pour y avoir contribué. Ainsi le billet de Beethoven à Treitschke, dans lequel il lui écrivait : « Toute l'affaire de l'opéra est la plus » fatigante du monde. » n'a pas besoin de commentaires.

Mais l'expérience que le persévérant compositeur acquit malgré lui dans cette série de travaux, fut très-heureuse dans l'intérêt de l'art. Et, si l'occasion s'était présentée d'écrire un autre opéra, Beethoven en aurait sans nul doute beaucoup profité.

Ses intérêts furent-ils sauvegardés après tant de peines et de travaux ? la réponse est très-peu satisfaisante. Peut-être fut-ce la première circonstance, en Autriche, où le compositeur d'un opéra ne reçut, pour ses honoraires, de la direction du théâtre, que tant pour chaque représentation. Il faut dire aussi que, par suite de l'invasion française, la noblesse quitta la capitale et le théâtre fut très-peu suivi. Ajoutons à cela que *Fidelio* n'eut que trois représentations en novembre 1805, et autant à peu-près au mois de mars 1806. A une seule représentation, la salle fut entièrement pleine ; l'opéra eut peu de succès. On ne sera donc pas étonné d'apprendre que le grand maître ne toucha, pour sa part, que deux cents florins.

Ce laps de cinq années, pendant lequel Beethoven fut cruellement éprouvé comme homme et comme artiste, est fortement caractérisé par un passage du livre de Sturm « *Lehr-und Erbauungs buch* », copié de la main du maître, et que nous donnons ici comme peignant bien ses sentiments religieux :

« Je dois reconnaître, pour apprécier ta bonté, que tu essayas
» par tous les moyens de m'attirer à toi. Bientôt il t'a plu de faire
» peser sur moi la main de ta colère, et, par de nombreux châti-
» ments, humilier l'orgueil de mon cœur. Tu lâchas sur moi la
» maladie et d'autres malheurs pour me forcer à réfléchir sur mes
» irrégularités.... La seule chose que je te demande, ô mon Dieu,
» c'est de ne pas cesser de travailler à mon amélioration. Laisses-
» moi être utile aux bonnes œuvres par quelques moyens que ce
» soit. » I C 197.

III.

1806. — Nous avons donné de suite tous les détails qui se rapportent à l'opéra de *Fidelio*. L'ordre chronologique a dû être interrompu, car la première partie de ces événements date des années de 1805 et 1806, et c'est là qu'il faut reprendre le fil de la carrière du grand maître. Remis de ses fatigues, il montra bientôt une fécondité inépuisable, semblable à une source qui n'aurait pas perdu une goutte d'eau. Ce qui paraît plus étonnant encore, c'est qu'entre *Fidelio* et un grand nombre de nouvelles compositions, il ne s'écoula que quelques mois de temps.

Le premier ouvrage qui suivit l'enfantement de *Fidelio*, fut la sonate en *fa mineur* (œuvre 57), admirable poëme par son unité caractéristique, à côté duquel peu de sonates contemporaines peuvent être placées. Beethoven composa cette sonate chez son ami le comte de Brunswick, pendant un court repos; il l'écrivit d'un seul trait de plume (1) et la dédia à son ami. Dans cette sonate, on trouve des traits montant jusqu'à l'*ut*; cela prouve que les pianos avaient déjà à cette époque les notes additionnelles. Cependant cette extension du clavier resta stationnaire pendant une dizaine d'années encore. Quant au concerto en *sol majeur* (œuvre 58), il paraît, d'après la notice de F. Ries, qu'il fut composé en 1804. Il aurait précédé ainsi la composition de *Fidelio*. Il ne nous est pas possible de donner la date exacte de son origine.

Les effets de la première guerre contre la France pesaient lourdement sur la société de Vienne, et, par cela même, sur les relations artistiques. Même les matinées musicales dans l'Augarten, si aimées du public, ne purent se maintenir, car, après le départ de l'armée française, une grande partie de la société resta à la campagne. Les concerts particuliers avaient peu de chance de réussite, car les frais étaient considérables et l'on exigeait du bénéficiaire un orchestre complet. Il était dans l'esprit du temps de ne pas mêler

---

(1) F. Ries dit, dans sa notice page 99, qu'il avait entendu jouer à Beethoven le final de cette sonate, mais il ne désigne point l'époque. On peut supposer que cette œuvre était préparée d'avance dans la tête et que Beethoven profita de son séjour à la campagne du comte de Brunswick, en Hongrie, pour l'écrire. Toute l'année précédente il était occupé de son opéra.

les différents genres de musique dans le même concert ; on avait donc plus de peine à organiser des concerts que de nos jours. L'usage actuel de donner, après une symphonie, un morceau de chant, une fantaisie de piano, pendant lesquels l'orchestre se repose, n'était pas admis, et cela parle assez en faveur du goût du public, peu disposé à tolérer le mélange de styles et de genres.

A l'entrée de l'hiver, on commença à revenir en ville. Un grand concert fut organisé par Fr. Clément (1), chef-d'orchestre du théâtre an der Wien, un des plus habiles musiciens de ce temps-là. Beethoven lui offrit son concerto de violon en *re majeur*, qui venait d'être fini. Ecrit dans le style de l'ancienne école italienne de Tartini, Nardini, etc., rempli de passages dans le haut du violon, ce concerto ne fut pas d'abord compris ; mais, l'année suivante, il fut mieux reçu. — Malgré cela, Beethoven se hâta de le transcrire pour piano. Cet arrangement resta ignoré. Pendant ce temps-là, les antagonistes du maître décrièrent l'œuvre comme *ingrate* ; les violonistes la trouvèrent *injouable*, comme étant écrite dans les hautes cordes de l'instrument. Ce n'est que plus tard que ce magnifique concerto fut exécuté et apprécié à sa juste valeur.

Parmi les publications importantes de cette année, nous voyons la sonate en *fa majeur* (œuvre 54), qui paraissait, cependant, appartenir aux compositions antérieures, car elle ne dépasse pas le piano de cinq octaves. — On la croit écrite quelques années auparavant ; dans ce cas, son numéro d'ordre serait 47. — Combien le critique de la *Gazette musicale* serait fâché, s'il avait sous les yeux, aujourd'hui, son jugement *hasardeux* sur cette sonate. Il disait « que les
» deux morceaux dont elle se compose ressemblent au chant des
» grillons. » Et plus loin : « Qu'on avait déjà tant de fois loué et
» blâmé, dans cette feuille, les irrégularités de Beethoven, signalées
» même par ses plus zélés admirateurs, qu'en groupant toutes les
» observations, il ne resterait plus à dire, sur la nouvelle œuvre,
» rien qui n'ait été dit ailleurs sur ce sujet. »

---

(1) Fr. Clement ou Klement, né à Vienne, en 1784, mort en 1842, fut, après Mozart, la plus grande merveille musicale comme talent précoce. Il avait une mémoire étonnante, qui surpassait tout ce que l'histoire nous fournit d'exemples sous ce rapport. Le ch. de Seyfried parle ainsi de lui dans l'ENCYCLOPÉDIE de Schilling : « Sa mémoire était telle qu'il retenait une » partition entière, après quelques répétitions, avec les moindres détails de l'instrumenta- » tion etc... » Ce qui lui est arrivé avec Cherubini, en 1806, vient à l'appui de l'opinion de Seyfried. Ce maître voulant le vérifier par lui-même, pria Clement de lui jouer par cœur quelques morceaux de son opéra FANISKA, qui venait d'être répété trois fois ; non-seulement, il joua plusieurs numéros, mais il fit entendre la moitié de l'opéra au célèbre maestro, et, le lendemain il lui apporta un des morceaux les plus difficiles de FANISKA, transcrit en partition. Cherubini, en me racontant ce tour de force de Clement, avoua n'avoir jamais rien vu de pareil.

1807. — Nous arrivons maintenant à l'année la plus féconde, et nous nous y arrêterons plus longtemps.

Immédiatement après le concerto de violon, parut la quatrième symphonie en *si* ♭ *majeur* (1), suivie de trois quatuors pour les instruments à cordes, en *fa majeur*, en *mi mineur* et en *ut majeur* (œuvre 59) ; ils étaient commencés déjà le 26 mai 1806 (comme on le voit par la date inscrite sur la première feuille du manuscrit), mais ils avaient été abandonnés pendant quelque temps. Après ces quatuors, vint l'ouverture de *Coriolan*, qui date, comme les précédents ouvrages, de l'hiver de 1806 à 1807.

La nouvelle symphonie fut exécutée, dans le courant de mois de février, dans un concert organisé par souscription en faveur du compositeur, conjointement avec celles en *ut*, en *ré* et en *mi* ♭. Ce fut assurément une grande entreprise que de faire entendre quatre grands ouvrages dans le même concert. On n'oserait pas faire cela de nos jours. Il est vrai que ces symphonies jouissaient de la faveur publique. D'un autre côté, l'intérêt si vif qui s'attachait aux productions du maître, les discussions de la critique musicale, qui rehaussaient encore le mérite intrinsèque de ses compositions, tout cela était suffisant pour décider Beethoven à frapper un grand coup, afin d'éveiller la curiosité des masses et d'agir efficacement sur un public aussi musical que celui de Vienne. L'événement justifia les prévisions du compositeur. La nouvelle symphonie produisit une vive impression sur l'auditoire, et son effet fut plus décisif que celui de la symphonie en *ut*, huit ans auparavant. La presse musicale la salua à l'unanimité, sans *mais* ni *si*, ce qui était peu habituel dans la critique, toutes les fois qu'il s'agissait du nom de Beethoven. Une autre création importante de cette année, est la messe en *ut majeur* écrite pour le prince Esterhazy.

On verra bientôt combien les compositions de Beethoven avaient gagné, depuis la première période, en importance et en succès d'appréciation.

Nous avons sous les yeux le traité qu'il fit avec le célèbre *Muzio Clementi* (compositeur et fondateur d'une maison de commerce de musique, à Londres), daté de Vienne, le 20 avril 1807, et contresigné par un témoin, le baron de Gleichenstein. D'après ce traité, Beethoven reçut immédiatement la somme de deux cents livres sterling pour les œuvres suivantes : les trois quatuors (œuvre 59),

---

(1) C'est à tort qu'on a dit que cette symphonie suivit immédiatement Fidelio ; il faut placer sa naissance en 1806.

la quatrième symphonie, l'ouverture de *Coriolan*, le quatrième concerto de piano en *sol majeur*, le concerto de violon en *ré majeur*, arrangé pour piano en même temps. Une clause portait que Clementi devait se rendre également acquéreur de trois sonates que Beethoven était en train de composer, moyennant soixante livres sterling.

Beethoven reçut en même temps beaucoup de riches présents, qui disparurent bientôt. Aussi, les personnes de son intimité disaient que le démon envieux éloignait de lui non-seulement les amis, mais encore les beaux cadeaux ! — Et quand on lui demandait ce qu'étaient devenues *telle bague, telle montre*, il répondait, après un moment de réflexion : « Je n'en sais rien. » — Il savait cependant fort bien comment tous ces objets disparaissaient. Ses frères n'avaient pas à s'en plaindre.

Pendant l'automne de cette année, la société de Vienne, dispersée par les événements de la guerre, commença à revenir. On constitua une nouvelle société musicale pour donner de grands concerts. Elle était composée d'amateurs de la haute société ; son orchestre, dirigé par le banquier Hering, renfermait d'excellents éléments. Les séances se tinrent d'abord dans la salle de Mehlgrube (aujourd'hui hôtel Muntsch). Dans la suite, on fut obligé de prendre un local plus vaste et d'abandonner la première salle, assez avantageuse sous le rapport acoustique. On choisit l'*Aula* de l'Université, et les concerts se donnèrent dans cette salle, sous la direction de Fr. Clément, qui remplaça le banquier Hering, avec lequel on n'avait pu s'entendre.

Bientôt Beethoven entra en relations avec cette société, avec tout le zèle et l'amour qu'il portait à l'art. Il dirigea lui-même la symphonie héroïque dans une réunion du mois de décembre, et fit exécuter, en même temps, l'ouverture de *Coriolan* pour la première fois. Dans une autre séance, il dirigea la symphonie en *si* ♭, qui produisit cette fois encore plus d'effet que la première.

En 1807, les œuvres suivantes virent le jour : *La symphonie héroïque* (œuvre 56), la *sonate en fa mineur* (œuvre 57), et les *trente-cinq variations* pour piano en *ut mineur*. Cette dernière publication n'avait pas de numéro d'ordre ; elle a été désignée dans le catalogue général comme œuvre 36. On ne peut attribuer ce désordre qu'aux longs intervalles qui s'écoulaient entre la composition et la publication d'une œuvre. Les deux premières compositions furent l'objet d'articles critiques dans la *Gazette musicale*, de Leipzig : nous nous abstenons de les citer en entier, comme dépassant les limites d'une analyse raisonnée.

On reprochait à Beethoven « d'accumuler les difficultés d'exécu-
» tion, de rechercher les bizarreries de l'art musical, et de donner
» une trop libre carrière aux « mauvais esprits. » (1)

1808. — C'est une chose très-intéressante, pour un observateur attentif, que de suivre les progrès et le développement d'un génie puissant. On le voit grandir peu à peu, s'approcher de la perfection, et atteindre enfin un point si élevé, qu'il lui est impossible de le dépasser. Pareille chose arrive au voyageur dans les montagnes; à chaque instant, il est arrêté par des hauteurs qui lui paraissent inaccessibles; cependant, en continuant sa marche, il arrive tout à coup devant la montagne-géant, qu'il reconnaît comme le point culminant d'où son œil pourra embrasser l'immense étendue du pays. L'auteur de cet ouvrage croit être arrivé à ce point culminant du génie de Beethoven, qu'on nomme, dans le monde intellectuel, l'apogée d'un talent. — On le voit sans cesse créer d'admirables compositions, s'élever à une hauteur extraordinaire, épuisant, pour ainsi dire, toutes les ressources de l'harmonie et des sons. Arrêtons-nous d'abord aux quatre symphonies, pour limiter notre horizon par ces hautes collines, qui ne sont que les précurseurs de grandes montagnes.

Ainsi, c'est en 1808 que nous voyons Beethoven s'élever à l'apogée de son génie par une série d'œuvres d'une puissante conception. Ce n'est pas sans émotion qu'on lit ces lignes (2), transcrites dans le Journal du grand compositeur, d'après le livre de Chr. Sturm, si plein de pensées profondes et édifiantes :

« Bientôt viendra l'automne de ma vie, et je voudrais ressembler
» à cet arbre fécond dont l'ébranlement fait tomber de riches fruits
» à nos pieds. Quand je serai vieux, rassasié de la vie, je me sou-
» haite un repos aussi doux et aussi bienfaisant que le repos de la
» nature en hiver. »

Il semble résulter de ces lignes que Beethoven ne se croyait pas encore à l'apogée de son talent à cette époque, ayant transcrit et souligné ce passage, qui lui était tombé sous les yeux, dans son livre favori.

L'apogée du génie de Beethoven embrasse plusieurs années,

---

(1) Une critique d'un autre genre, sur la SYMPHONIE HÉROÏQUE et sur celle en si ♭ due à la plume de C.-M. de Weber, sera donnée dans les notes à la fin du volume.

(2) Tirées du passage intitulé : « REPOS DE LA NATURE EN HIVER. »

durant lesquelles le grand compositeur s'est maintenu à une égale hauteur ; mais cet apogée ne s'arrête pas à l'année 1808, quelle qu'ait été la richesse de ses fruits.

Son *Concertino* fut exécuté pour la première fois dans les concerts d'été, à *Augarten*. Écrite pour piano, violon et violoncelle, cette œuvre ne fut pas bien comprise d'abord, les exécutants ne l'ayant pas assez approfondie. Ce ne fut qu'en 1830, dans les concerts spirituels, qu'elle fut bien appréciée, grâce à l'exécution magistrale de *Boklet, Mayseder* et *Merk*. Beethoven l'avait composée pour l'archiduc Rodolphe, pianiste ; Seidler, violoniste, et Krafft, violoncelliste.

Mais c'est seulement le 22 décembre de cette année, que le grand maître donna au public de Vienne une preuve de son extraordinaire fécondité. Le concert qui eut lieu au théâtre *an der Wien*, avait pour attrait les œuvres suivantes :

PREMIÈRE PARTIE.

I Symphonie pastorale (n° 5). { Dans laquelle, selon la GAZETTE MUSICALE, il y a plus d'expression de sentiment que de peinture.

DEUXIÈME PARTIE.

I Symphonie en *ut mineur* (n° 6).
II *Heilig* (saint), texte latin, écrit dans le style d'église pour solos et chœur (1).
III Fantaisie pour piano seul.
IV Fantaisie pour piano avec chœur et orchestre.

(Le lecteur se rappelera que cette dernière fantaisie est l'œuvre 80).

La symphonie pastorale portait le n° 5 d'après le programme, et celle en *ut mineur*, le n° 6. Cet ordre a été interverti sur les titres imprimés de ces symphonies. Il faut attribuer la confusion, dans les numéros d'ordre, à l'habitude qu'avait Beethoven de travailler à plusieurs ouvrages à la fois. Cependant, il paraît certain que la symphonie en *ut mineur* fut achevée la première, mais la pastorale la précéda devant le public (2).

(1) C'était le SANCTUS et le BENEDICTUS de la messe en UT MAJEUR, écrite dans l'année précédente. Par une singulière exigence de la censure, la police ne permit point de mettre le texte latin sur l'affiche ; mais les deux morceaux furent chantés en cette langue au théâtre. La défense de chanter en latin au théâtre existait encore en 1824. Cela prouve que le peuple d'Autriche fit peu de progrès en dix-huit ans.

(2) Jusqu'en 1818, la symphonie en UT MINEUR portait le n° 6 et fut désignée, à Vienne, sous ce numéro d'ordre. Cependant, les deux symphonies étaient déjà gravées en 1809, La PASTORALE comme n° 6 et celle en UT MINEUR comme n° 5.

Tous ces ouvrages ne furent point reçus avec le même enthousiasme par le public ; l'auteur lui-même n'en espérait pas une meilleure réussite plus tard. L'exécution laissait beaucoup à désirer, et l'auditoire n'était peut-être pas assez préparé pour apprécier, à leur juste valeur, d'aussi vastes conceptions. La fantaisie avec chœur manqua aussi son effet. Des circonstances particulières (qui existent encore aujourd'hui) engagèrent Beethoven à offrir au public trop de belles choses à la fois. Il n'y a, à Vienne, que deux époques où le compositeur, ayant besoin des masses pour l'exécution de ses œuvres, puisse donner un concert ; ce sont la Semaine-Sainte et celle qui précède les fêtes de Noël. A ces époques seulement on pouvait organiser des exécutions importantes aux théâtres impériaux.

Aussi, les artistes comptent-ils sur ces moments-là pour donner leurs séances musicales. Comme les théâtres font relâche à ces deux époques il est plus facile de renforcer les chœurs et l'orchestre. Néanmoins, l'on rencontre bien des difficultés pour organiser un grand concert ; les frais sont énormes, ainsi qu'on le verra par les comptes d'un concert en 1814, que nous nous proposons de mettre sous les yeux du lecteur.

On voit, par ce qui précède, combien étaient grandes les difficultés, qu'il fallait vaincre pour monter d'importantes compositions. Beethoven en rencontrait d'autres qui le touchaient de trop près, et desquelles dépendait la vie ou la mort d'une œuvre. Nous voulons parler du peu de répétitions qu'on pouvait obtenir des musiciens de Vienne. A en juger par ce qui se passe de nos jours, il paraît que l'horreur des répétitions est un péché héréditaire chez les orchestres allemands.

Beethoven, qui ne voulait rien demander gratis aux exécutants, avait beau renoncer, dans l'intérêt de ses œuvres, aux avantages pécuniaires, afin de les consacrer à une meilleure exécution ; c'était, hélas, peine perdue, car il ne pouvait dominer l'esprit de métier de ses symphonistes. Lorsqu'après deux répétitions, on arrivait à l'exécution exacte des notes, c'est tout ce qu'on était en droit de leur demander. Quant aux intentions plus profondes, l'orchestre de Vienne manquait de capacité et de bonne volonté. Aussi, le grand maître était bien à plaindre sous ce rapport. Jusqu'à la fin de sa vie, il garda le souvenir des pénibles impressions que lui firent éprouver ses œuvres mal interprétées.

Voici en quels termes s'exprime le critique de la *Gazette musi-*

cale, de Leipzig, présent à l'exécution de la fantaisie avec chœurs:
« Les instruments à vent reproduisaient avec variations le thème
» accusé d'abord par Beethoven sur le piano. C'était ensuite le tour
» des hautbois. Tout à coup les clarinettes se trompent et occa-
» sionnent une grande confusion de sons. Beethoven s'agite et
» cherche à faire taire les clarinettes, mais en vain. Alors, il arrête
» l'orchestre en criant silence, silence, cela ne va pas! — Recom-
» mençons! Et l'orchestre désappointé dut recommencer la
» malheureuse fantaisie. » (1)

Après cette relation, nous devons encore mentionner celle que F. Ries donne dans sa notice, p. 83 :

« Beethoven donna une grande *académie* (concert) au théâtre
» *an der Wien*, dans laquelle furent exécutées, pour la première
» fois, la symphonie en *ut mineur*, la symphonie *Pastorale* et la
» fantaisie pour piano avec chœurs et orchestre, le clarinettiste fit
» une faute, au retour du joli thème, en rentrant huit mesures
» trop tôt avec sa reprise. Comme, dans ce moment, l'orchestre
» ne jouait pas, cette méprise fut remarquée par tout le monde.
» Beethoven sauta furieux, et, se tournant vers les membres de
» l'orchestre, les injuria grossièrement, à haute voix, de manière
» que l'auditoire entendit tout. Enfin, il leur cria: « recommen-
» cez! » On recommença le thème avec plus d'ensemble et le
» résultat a été très-brillant. »

Cette citation, de la relation de F. Ries, prouve que cet artiste dépeint quelquefois Beethoven sous des couleurs trop dures. Il en parle souvent d'après ouï-dire, et de mauvaise humeur ; c'est à ne pas y croire. Cependant, il devait se trouver parmi les auditeurs du concert du 22 décembre. Il aurait été convenable, pour un disciple et ami de Beethoven, de donner plus de détails sur ce concert et de s'étendre davantage sur l'effet produit, par les nouvelles compositions, sur des musiciens plus ou moins bien disposés pour le maître. Au lieu de cela, la notice parle aussi sèchement que si elle émanait de la plume d'un antagoniste ou d'un rival.

Jusqu'ici nous avons eu l'occasion d'étudier les côtés de son caractère, qui pouvaient influer plus ou moins sur son esprit et ses connaissances. Nous avons aussi observé le grand compositeur sur

---

(1) J.-Z. Reichardt s'exprime dans des termes identiques sur cet évènement, dans une lettre particulière, datée de Vienne, et ajoute que le programme du concert du 22 décembre portait un air « AH PERFIDO » chanté par D^{lle} Kilitschky, nièce de Szupanzigh. Cette cantatrice brilla plus tard sous le nom de Mme Schulz, à l'opéra de Berlin.

le terrain religieux et politique, et nous savons que ses sentiments reposaient sur une base solide ; nous connaissons, de même, ses habitudes sociales ; — quoique différentes de celles des autres artistes, elles méritent cependant l'attention, basées qu'elles étaient sur la morale et s'accordant, en somme, avec les qualités de son caractère. Il nous reste encore à étudier Beethoven, comme *ami de la nature*. Cette faculté nouvelle ne fut pas sans influence sur sa sensibilité et sur son existence d'artiste ; elle en était, au contraire, le rayonnement.

Nous trouverons, dans les souvenirs intimes, qu'il avait l'habitude de consigner, après ses lectures, les preuves certaines de son admiration pour les beautés de la nature. Le livre de M. Sturm, déjà cité, renferme un chapitre curieux intitulé : « *La nature considérée comme école du cœur*, » II, p. 493, d'où Beethoven avait transcrit le passage suivant :

« On peut nommer la nature, à juste titre, l'école du cœur. Elle
» nous apprend, avec évidence, les devoirs que nous sommes tenus
» de pratiquer envers Dieu et envers notre prochain. Or, je veux
» devenir disciple de cette école et lui offrir mon cœur ; désireux
» de m'instruire, j'y apprendrai la sagesse, qui ne connaît pas le
» dégoût ; j'y apprendrai à connaître Dieu, et, dans cette connais-
» sance, je trouverai un avant-goût de la félicité céleste. »

On se tromperait fort si l'on croyait que l'extrême envie qu'avait Beethoven de se mouvoir dans la libre nature provenait seulement de son amour pour les beaux sites, ou du besoin de l'exercice. N'aurions-nous pour preuve que les commentaires du livre de Sturm, ils seraient suffisants pour démontrer avec certitude que, dès l'âge le plus tendre, Beethoven s'était rendu familier l'art de lire dans le grand livre de la nature et d'expliquer ses phénomènes (1). Mais l'auteur de ce livre, qui eût, maintes fois, le bonheur d'accompagner le maître dans ses promenades à travers les montagnes, les vallées et les champs, n'hésite point à convenir que Beethoven lui enseigna la science de la nature et le soutint dans cette étude comme dans celle de l'art musical.

Pour être mieux compris, nous dirons que nous nous sommes figuré dans Beethoven l'homme dans lequel la nature extérieure s'était personnifiée. Ce n'étaient pas ses lois, mais sa puissance élémentaire qui l'enchantait ; car dans l'active jouissance de la

---

(1) Indépendamment de l'édition de Reuttinger, du LIVRE DE STURM (1811), B... en possédait une plus ancienne. L'exemplaire de cette édition était usé par un long service.

nature, il n'était occupé que de ses sensations. C'est en suivant cette voie que Beethoven se rendit maître de l'esprit de la nature pour le répandre ensuite dans la création de ses œuvres. On peut dire que, sous ce rapport, personne ne le surpasse et personne ne peut lui être égalé dans la reproduction des scènes de la nature par les sons. Nous n'avons qu'à citer la *symphonie pastorale* pour donner l'idée d'un admirable tableau de la campagne.

Je puis, sans trop m'égarer, parler de ce chef-d'œuvre de science musicale, m'étant trouvé sur les lieux où la première impulsion fut donnée, et tenant, de l'auteur même, des détails sur son origine et ses qualités. Il serait superflu de donner de longues explications sur une œuvre qui s'explique par elle-même et qui est du domaine de gens éclairés. Nous nous bornerons à faire connaître au lecteur les intentions du compositeur, intentions qu'on peut diviser en deux parts ; du reste, il n'en a jamais été parlé ailleurs.

Comme la symphonie en *ut mineur*, la symphonie *pastorale* fut écrite à Heiligenstadt, village avec lequel le lecteur a déjà fait connaissance en l'année 1802. Situé sur la rive droite du Danube, ce village avait été, plusieurs années, pendant les mois d'été, le séjour habituel de notre maître. Plus tard, il choisit, pour son Tusculum, les environs de la capitale, du côté du sud, comme : Hetzendorf, Mœdling, ou Baden, ces deux derniers endroits à cause des eaux thermales.

Dans la seconde moitié d'avril 1823, au milieu des soucis et des contrariétés, Beethoven me proposa une excursion vers le nord, comme délassement. Depuis une dizaine d'années, il n'avait pas mis le pied de ce côté là.

Nous devions visiter, par la même occasion, Heiligenstadt, et ses environs, où il avait étudié la nature et mis au jour tant d'ouvrages importants. Le soleil était chaud comme en été, et le paysage brillait de belles couleurs printanières. Après avoir visité l'établissement de Heiligenstadt et le jardin contigu, après avoir parcouru les lieux remplis du souvenir de ses inspirations, nous nous dirigeâmes vers Kahlenberg, dans la direction de Grinzing. Nous traversâmes la charmante vallée, entre Heiligenstadt et ce dernier village ; nous franchîmes un ruisseau limpide descendant d'une montagne voisine, et aux bords duquel un rideau d'ormes encadrait le paysage. Beethoven s'arrêta plusieurs fois, promena ses regards enchantés et respira l'air embaumé de cette délicieuse vallée. Puis, s'asseyant près d'un ormeau, il me demanda si, parmi les chants d'oiseaux, j'entendais celui de Loriot ! Comme le silence absolu régnait, dans ce moment, autour de nous, il dit : « Que la scène du torrent fut écrite dans cet endroit, et que les loriots, les cailles, les rossignols, ainsi que les coucous, étaient ses collaborateurs ! » Comme je lui demandais pourquoi il n'avait point introduit le chant du loriot dans cette scène champêtre, il prit son album et écrivit le passage suivant :

 (1)

« Voilà le compositeur de là-haut, ajouta-t-il, et n'a-t-il pas un rôle plus important à jouer que les autres, qui ne sont là que comme un badinage. En effet, avec l'entrée de ce motif, le tableau musical acquiert un nouveau charme, et Beethoven fit observer, en continuant la conversation sur ce sujet, que le dessin indiqué imitait le gazouillement des loriots, pris dans un mouvement lent ; à la question de savoir pourquoi il n'avait pas nommé ses chanteurs ailés, il répondit : que cette figure ajoutait encore aux difficultés de l'exécution ; elle n'était bien rendue, ni à Vienne, ni dans d'autres villes ; la symphonie, à cause de ce second morceau, avait été souvent considérée comme un badinage agréable. En plusieurs endroits, elle eut le sort de la symphonie héroïque. A Leipzig, on conseillait à Beethoven de lui donner le nom de : *Fantaisie d'un artiste*, afin que l'on put mieux la suivre.

La seconde relation se rapporte au troisième morceau de la symphonie : « Gaîté des gens de la campagne. »

Les amateurs de musique de cette époque, à Vienne, n'eurent point de peine à deviner les intentions de Beethoven, dans ce morceau. Ils reconnurent, dans la première partie de l'allegro 3/4, une imitation de la danse nationale du peuple autrichien, ou, du moins, une parodie, autant qu'un Beethoven pouvait en faire une. Il y avait encore, dans ce temps-là, en Autriche, des airs populaires d'un caractère particulier, dont le rhythme, l'harmonie et même l'exécution avaient un attrait irrésistible pour les musiciens instruits ; cela n'existe plus à présent, et, avec cette musique, la poésie rustique a disparu. Bien que l'on fasse encore des vers dans la langue du peuple, comme partout, l'orgue de barbarie a fait tort,

(1) Voyez dans la partition, page 75.

en Autriche, à l'originalité des airs populaires. Une musique méthodique a été substituée, par la civilisation industrielle, par les orphéons ; mais le cachet national s'est perdu. Il est à remarquer que les mélanges hétérogènes font perdre à ces airs l'empreinte locale qui ne peut prendre sa source que dans les pensées et les sentiments du peuple. Cette empreinte, une fois effacée, il est difficile de rendre, à la musique, son parfum primitif.

Que Beethoven s'intéressât de préférence à la musique de danse autrichienne, on ne saurait en douter en présence des faits. Jusqu'à son arrivée à Vienne, en 1792, il ne connaissait d'autre musique populaire, avec ses rhythmes particuliers, que les airs de montagnes de Berg, et de Cleves ; (1) on voit, par le catalogue de ses compositions, qu'il s'en est occupé beaucoup. Il s'est essayé, surtout, dans la musique de danse autrichienne, comme pour faire reconnaître, par ses essais, son droit de citoyen. Le dernier essai de ce genre là date de 1819, au moment de la composition de sa « *Missa solennis* ». Quelques détails sur ce point ne seront pas sans intérêt pour les lecteurs, à propos de la symphonie pastorale.

Il y avait, à l'auberge des *Trois-Corbeaux*, à Brühl, près Mœdling, un orchestre de sept musiciens venus des bords du Rhin, qui jouait des valses (lændler), d'une manière particulière, avec les *fions* du pays natal. Dès qu'on eut fait connaissance de part et d'autre, des valses et d'autres danses furent composées pour cette société. Dans l'année ci-dessus, Beethoven consentit à composer des valses à la demande du chef d'orchestre. J'étais présent à la remise de cette nouvelle œuvre aux musiciens, à Mœdling. Leur maître nous raconta gaiement « qu'il avait arrangé ces danses de manière à ce » que les musiciens pussent changer d'instruments, se reposer, et » dormir même. » Quand le chef d'orchestre, enchanté du beau cadeau, partit, Beethoven me demanda alors, si je n'avais pas remarqué que les musiciens du village jouaient souvent en dormant; quelquefois ils laissaient tomber leur instrument, se taisaient tout-à-fait, puis, se réveillant tout-à-coup, ils donnaient bravement quelques coups d'archet, dans le ton du morceau, et se rendormaient de nouveau. C'est le jeu de ces pauvres musiciens, que le grand maître aura voulu copier dans la symphonie pastorale.

Que le lecteur prenne maintenant la partition en main, et considère la disposition des instruments aux pages 106, 107, 108, et

---

(1) Le grand duché de Berg et de Clèves, sur le Bas-Rhin, disparut depuis ; ses airs populaires ne se retrouvent plus que dans les collections. C'est un vrai trésor.

109 ; il verra la figure d'accompagnement de deux violons stéréotypée, qui dure *ff* depuis la page 105, puis les deux notes du second basson endormi, (1) pendant que les contre-basses, violoncelles, et altos comptent. A la page 108, nous voyons enfin l'alto se réveiller, cherchant à réveiller son voisin le violoncelle. De même aussi, le second cor fait trois sauts, puis, se repose de nouveau. A la fin, la contre-basse et les deux bassons se remettent en activité, mais la clarinette garde assez longtemps le silence.

Mais, tout-à-coup, débute vivement, à la page 108, le motif si caractéristique de la danse du peuple autrichien. Ce changement brusque de la mesure à trois temps $3/4$ en celle à deux temps $2/4$ était en usage autrefois dans le peuple. J'en ai vu même un exemple vers 1830, dans un village à quelques heures de Vienne, du nom de Laab, où l'on exécutait des danses de cette nature.

Dans le premier morceau de la symphonie pastorale, la formule suivante appartient également à la musique nationale du peuple autrichien :

Comme un peintre met en relief toutes les parties de son tableau, et répand l'harmonie dans l'ensemble, ainsi procède Beethoven dans son admirable symphonie pastorale, chef-d'œuvre de couleur champêtre, d'expression et de fraîcheur.

L'exposition est calme et sereine. Les parties diverses s'enchaînent d'une manière douce ; elles présentent les tableaux de la nature sous les couleurs les plus variées ; puis elles font pressentir l'orage qui éclate, et fait naître l'émotion et les angoisses de la crainte. Après la tempête, on entend, au fond, le son du cor, qui rappelle l'homme aux sentiments doux ; le calme se rétablit et l'on croit avoir assisté à un immense concert de la nature. Gloire à toi, ô sublime maître !

Dans la couronne des poèmes symphoniques de Beethoven, à côté de la symphonie pastorale, il faut placer tout près, celle en *ut mineur*, poème libre, ne peignant rien d'extérieur, mais surpassant la première en concision et en énergie. C'est le triomphe de

---

(1) Tout le monde admire le dessein si poétique du basson, qui accompagne pianissimo ce joli chant de hautbois dans ce morceau. Il est fâcheux que, dans l'arrangement de la symphonie pour piano à deux mains, F. Kalkbrenner ait supprimé cette intéressante partie du basson.
(*Note du traducteur.*)

la musique instrumentale. Si, parmi les cent chef-d'œuvres créés par le maître, nul ne peut, à l'égal de cette composition, résister victorieusement aux épreuves; si chaque véritable œuvre d'art doit être la représentation de quelque chose de divin, dont le but serait : « Le bonheur réel des hommes, aussi bien par la transformation » des choses terrestres que par la spiritualisation des sentiments » et la réalisation de l'immatériel, » tel est, à coup sûr, le pouvoir de la symphonie en *ut mineur !* Quelle merveilleuse réunion du pathétique, de la dignité, du mysticisme, et de l'exaltation dans les quatre morceaux. Quelle vie pleine de poésie se développe dans nos sens et permet de pénétrer dans les profondeurs de cette œuvre admirable. L'auteur lui-même me donna la clef de ses idées, en traitant un jour à fond cette question. « *C'est le destin qui frappe à la porte !* » dit-il, en faisant allusion aux premières notes de l'allegro :

Les critiques se sont, pendant longtemps, occupés de l'analyse et de l'interprétation du sujet poétique si émouvant de cette œuvre sublime, et principalement, de l'essence du poème. Mais, est-il possible de rendre, par les paroles, les beautés esthétiques d'une pareille conception.

Il nous reste à nommer les ouvrages qui parurent dans le courant de cette année là :

(A) Quatrième concerto en *sol majeur*, pour piano et orchestre (œuvre 58).
(B) Quatrième symphonie en *si* ♭ (œuvre 60).
(C) Concerto de violon en *ré majeur*, avec orchestre (œuvre 61).
Le même concerto arrangé pour piano.

C'est en 1808 que tombe un événement qui forme un épisode caractéristique dans la vie de Beethoven. Il mérite d'être mentionné ici, d'autant plus que nous lui devons, pour piano, une composition importante, qui parut quelques années plus tard.

L'intérêt qui s'attache aux œuvres du maître nous touche spécialement. Nous trouvons dans la *Gazette musicale*, de Leipzig, XIme année, n° 3, d'amples renseignements sur l'événement en question. Qu'il nous soit permis d'en donner un extrait, surtout en ce qui regarde les appréciations critiques du journal :

« Une dame, des premières familles de Vienne, eut la pensée
» de faire mettre en musique les paroles italiennes d'une chanson
» d'amour, paroles assez poétiques et bien tournées pour une
» musique expressive. Elle mit ces paroles au concours, et s'adressa,
» à cet effet, aux premiers amateurs, hommes et femmes, de
» Vienne, ainsi qu'aux meilleurs compositeurs allemands et italiens
» aimés du public. Ces compositions une fois terminées, la dame
» les réunit dans un recueil et les fit graver à ses frais pour en offrir
» des exemplaires aux collaborateurs et aux amis. Ce recueil n'était
» pas destiné au public et resta une propriété particulière. »

Voici le texte italien qui servit pour les différentes compositions :

> In questa tomba oscura
> Lasciami riposar
> Quando vivo era, ingrata
> Dovevi a me pensar.
> Lascia que l'ombre ignude
> Godansi pace almen.
> E non bagnar mi ceneri
> D'inutile velen.

Ces paroles furent traitées, par les uns, avec une grande simplicité, dans un style élevé et bien déclamé (ancienne manière allemande); par d'autres, dans un style agréable, mélodieux (selon la vieille école italienne). Il y en eut qui mirent beaucoup d'art et surchargèrent leur musique de difficultés, en s'aventurant jusqu'au style guindé; d'autres enfin, et le plus grand nombre, traitèrent ces paroles dramatiquement, en forme d'un air d'opéra.

Au nombre des compositeurs des deux sexes, se trouvaient plusieurs personnes d'un haut rang, comtesses, princesses, baronnes et d'autres amateurs distingués. Différents compositeurs travaillèrent le texte plusieurs fois; Zingarelli, dix fois en forme d'air d'opéra, chansonnettes et ariettes; Salieri, deux fois; Sterkel, trois fois; Paër, deux fois; quelques amateurs écrivirent plusieurs fois la musique. Ajoutons à cet aréopage, les noms de : A. Eberl, E. Fœrster, V. Righini, C. Zelter, W. Tomascheck, Dionys Weber, C. Czerny, F. Weigl et enfin Beethoven, sous le numéro 63.

Jusqu'ici, tout allait bien : mais le dénoûment gâta tout. Une parodie de l'ouvrage parut bientôt, tournant en ridicule le sujet tragique du texte et les sentiments tendres qu'il faisait naître. Sur une grande planche de cuivre, était représenté, d'une manière roide et grotesque, au milieu d'un jardin dans le style franco-hollandais, un monument taillé en buis, avec un ange assez médiocre tenant une urne de deuil. Près du monument, une femme en deuil, affublée d'une large robe à panier, parée de plumes à la mode de l'ancienne cour, s'essuyait les larmes avec un mouchoir qui lui descendait jusqu'aux genoux, et découvrait le front, apparemment pour ne pas en effacer le fard. Cette parodie avait aussi sa musique; un assez lourd menuet l'accompagnait, composé par J. Heckel.

Cette parodie mit en colère tous les compositeurs de Vienne; ils y virent un persifflage méchant et d'un goût fort commun. On décida qu'on ferait une protestation publique, et que Salieri, Beethoven et Weigl en rédigeraient les termes; cependant, après une mûre délibération, on renonça à occuper le public de cette affaire, l'ouvrage n'étant pas public. Il était aussi à craindre que cette protestation ne donnât lieu à d'autres parodies, l'expérience ayant démontré qu'on pouvait parodier les choses les plus respectables. On jugea donc convenable d'adresser une lettre à la dame du Recueil, en désapprobation de tout ce qui était arrivé; mais les suites de cet événement eurent leur contre-coup sur Beethoven, comme on le verra dans la troisième période. (1823).

IV.

1809. — En continuant le récit des événements qui composent la vie de Beethoven, nous trouvons, au commencement de l'année 1809, une circonstance qui mérite une attention particulière.

On a vu, dans le cours de son existence, comment sa position sociale décida de sa vie privée. Ce n'est pas qu'avec son travail, il n'eût désiré une situation meilleure, qui, répondant à son activité, lui eût assuré une vie indépendante. Mais, par des raisons tant particulières qu'étrangères à sa volonté, il n'en voulut point d'autre. On a pu remarquer qu'il avait déjà cette position en vue, lors de son arrangement avec le prince Lichnowski, en 1800, arrangement moyennant lequel le prince lui assurait une pension de 600 florins, dont Beethoven pouvait jouir aussi longtemps qu'il serait dépourvu d'une place convenable « passende anstellung. » Par conséquent, il n'eut, jusqu'en 1809, époque de sa trente-neuvième année, que la pension du prince Lichnowski et le produit de ses compositions, pour satisfaire à tous les besoins de la vie.

Dans cet état de choses, on se demande qu'elle était la place qui eût le mieux convenu à Beethoven. — Assurément, c'était la direction d'une grande chapelle. Mais aurait-il pu remplir cette place, avec les inconvénients de sa surdité ? Sa grande réputation de compositeur lui en donnait le droit partout, même dans les premières grandes cours ; mais ses opinions politiques, son caractère indépendant, son amour d'une liberté illimitée, ne permettaient guère d'espérer qu'il put se plaire à une cour impériale ou royale, et remplir ses devoirs avec une exactitude et une abnégation complètes, lui qui n'aimait pas la vie de cour et détestait les courtisans. A l'époque dont nous parlons, son ouïe n'était pas encore en mauvais état; le mal n'augmenta que périodiquement. Quant à la possibilité, pour lui, de pouvoir remplir les fonctions de maître de chapelle, Beethoven n'en doutait pas; il espérait toujours en trouver une, susceptible d'assurer son existence.

Nous venons de dire tout-à-l'heure que la position de Beethoven, à l'époque dont nous parlons, tenait à des raisons qui ne dépendaient pas de lui. Ceci demande un examen plus approfondi. On pourrait justement s'étonner de ce que le nombre considérable des compositions remarquables, dont le génie de Beethoven venait d'enrichir le monde musical, n'ait pu désarmer ses adversaires publics ou cachés (parmi ces derniers, il y avait beaucoup de musiciens de profession). Leurs attaques redoublèrent à l'occasion de la symphonie en *ut mineur*. Partisans déclarés de Haydn et de Mozart, ils se mirent à guetter les *hérésies* musicales de Beethoven, qui, dans cette œuvre d'inspirations, laissait bien loin de lui ses prédécesseurs. Il est triste à dire qu'ils ne se bornèrent pas à blâmer ; mais ils se moquèrent de certains morceaux, notamment du Trio du Scherzo (1), de la symphonie en *ut mineur*.

Mais, si nous considérons l'état de l'éducation musicale à Vienne, à cette époque, état dont il a déjà été question dans cet écrit, il nous semble évident, en pénétrant davantage dans la question,

---

(1) Dans le compte-rendu de la GAZETTE MUSICALE, de Leipzig, sur la première exécution de la symphonie en UT MINEUR, le 22 décembre 1808, on dit qu'à Vienne, comme dans les autres villes, on peut appliquer à B... le passage de l'Écriture : « Que nul n'est prophète dans son pays. »

que le manque d'une juste appréciation en matière d'art y était pour beaucoup. La musique de Beethoven, qui peint l'infini, qui exprime avec tant de vérité les douleurs de la vie humaine et son côté moral, était au-dessus des idées de convention de cette époque. Celui qui ne cherche dans la musique que la gaîté ou l'excitation, obtenues par les moyens en usage, appellera assurément, sur les compositions de Beethoven, les rigueurs d'une critique formaliste. De plus, s'il trouve, dans la construction harmonique et rhythmique d'une œuvre d'art, quelques déviations ou bévues contre les lois anciennement établies, ou des longueurs en opposition avec les règles tracées par Haydn et Mozart ; absorbé qu'il sera par les formes extérieures, il ne pourra guère juger, d'une manière indépendante, une œuvre dont la valeur intrinsèque exigerait un certain degré de culture artistique. Par ces raisons, on conviendra qu'un génie aussi puissant que celui de Beethoven pouvait, à juste titre, donner la mesure d'après laquelle ses productions auraient dû être jugées. Mais ces idées n'entraient pas dans la tête des artistes de ce temps-là, dont certains préjugés sont arrivés même jusqu'à nos jours. Il existe, dans la *Gazette musicale*, des preuves écrites de cette manière de juger les œuvres de Beethoven ; cela fut de tout temps, et l'on peut être convaincu que les auteurs de toutes ces critiques n'ont même pas dit tout ce qu'ils avaient sur le cœur. Nous aurons encore l'occasion d'offrir un spécimen de ces préventions et de cette inintelligence, dont les traditions pétrifiées nous font perdre patience, en envisageant le goût du temps.

Lorsqu'on considère la capitale d'Autriche en elle-même, on reconnaît que l'empirisme musical l'avait choisie pour sa demeure. De là, il rayonnait tout autour, et opposait à la science véritable des idées creuses et fragiles. Les empiriques de ce temps-là ne voyaient, en Beethoven, qu'un révolutionnaire en musique, aveuglé par sa vanité, poussé par une passion indomptable, ne cherchant qu'à faire parler de lui. On laisse à deviner l'influence qu'exercèrent ces *envieux* sur le génie de Beethoven.

Lorsque celui-ci manifesta l'idée d'avoir une place à la chapelle de la cour, leurs efforts redoublèrent pour lui nuire. Déjà, le choix qu'avait fait l'archiduc Rodolphe (1), en prenant Beethoven, l'année d'avance, pour son professeur, les avait confondus. — « Un novateur,
» — un républicain, disaient-ils, ne devrait pas venir à la cour de
» l'Empereur. »

(1) L'archiduc Rodolphe, né en 1788, mort en 1834, fut archevêque et cardinal d'Olmütz.

Beethoven connaissait bien le dilemme dans lequel sa vie extérieure et intérieure se trouvait impliquée. La solution n'en était pas facile; aussi, il résolut d'entreprendre un grand voyage en Italie, afin de donner à ses antagonistes le temps de se calmer. Il avait besoin de se remettre de tant d'efforts pour déjouer les intrigues de ses ennemis, intrigues qui étaient préjudiciables à sa santé. A son retour d'Italie, il devait quitter Vienne et s'établir dans une autre ville d'Allemagne.

Au milieu de ces tiraillements et de ces hésitations, parut tout d'un coup un « *Deus ex machina.* »

Beethoven reçut, par l'entremise du comte Truch-Selz Waldbourg, chambellan du roi de Westphalie, la proposition de venir remplir la place de maître de chapelle à Cassel !...

Etonnante ironie du sort ! s'écriera le lecteur, quand il se représentera les événements de 1804, au sujet de la *symphonie héroïque*, et la sainte colère du compositeur, qui allait bientôt devenir maître de chapelle du frère de l'empereur des Français. Chose plus étrange encore, lorsqu'on voudra apparier cet appel, si honorable pour Beethoven, avec les événements précités. Cependant l'appel, en lui même, ne manqua pas de produire une grande sensation dans les cercles de la capitale. Et, comme cela arrive toujours en pareille circonstance, le public commença à estimer l'artiste, d'autant plus qu'il était sur le point de le perdre. Mais ses protecteurs, surtout, furent confus; car, ils sentaient que Beethoven, dont l'Allemagne devait être fière, ne pouvait guère quitter la capitale des arts, où il s'était frayé la route de l'immortalité et où il devait jouir de sa gloire sans rien devoir à l'étranger.

En considération de cet incident, il y eut une réunion de trois personnages marquants, l'archiduc Rodolphe, le prince J. de Lobkowitz et le prince F. Kinsky, pour arriver aux moyens de conserver à la capitale de l'empire le grand compositeur. En conséquence, ils signèrent en sa faveur l'acte suivant :

« Les preuves journalières que donne M. Louis de Beethoven de
» son talent extraordinaire et de son génie comme compositeur de
» musique, font naître le désir de le voir surpasser encore l'attente
» générale, comme l'expérience, jusqu'à ce jour, donne lieu de
» l'espérer.

» Mais, comme il est reconnu que, pour pouvoir se consacrer
» entièrement à son éclat, l'artiste d'un grand talent doit être libre
» de tout souci pour son existence, et affranchi de toute occupation

» assujettissante, afin de donner un libre cours à son inspiration,
» les soussignés ont résolu de faire en sorte que les besoins les plus
» urgents de la vie ne mettent point Beethoven dans l'embarras,
» et ils s'engagent, par le présent acte, à lui assurer une pension
» de 4,000 florins par an, savoir :

> » S. A. I. l'archiduc Rodolphe......   1,500 fl.
> » S. A. le prince Lobkowitz.......   700
> » S. A. le prince F. Kinsky.......   1,800
>   Total.... 4,000 fl.

» Cette somme sera payée à M. L. de Beethoven, par semestre,
» moyennant sa quittance.

» Les soussignés déclarent être prêts à continuer cette somme
» chaque année, jusqu'à ce que Beethoven trouve un emploi qui
» lui rapporte la même somme. Dans le cas où M. L. de Beethoven,
» ne trouvant pas une place convenable, serait empêché, par
» quelque accident malheureux, d'exercer son art, les intéressés
» consentent à lui faire servir cette pension sa vie durant, à con-
» dition que M. L. de Beethoven établira sa résidence à Vienne, où
» se trouvent les signataires de cet acte, ou bien dans une autre
» ville des États héréditaires de S. M. l'empereur d'Autriche ; —
» bien entendu que M. L. de Beethoven aura la faculté de voyager
» et de s'absenter pour ses affaires ou d'autres raisons qui exigeraient
» son éloignement momentané, mais en s'entendant d'avance avec
» les hautes parties contractantes. »

Beethoven se trouva ainsi placé dans une honorable position, à Vienne, par suite de cet arrangement, mais attaché à ses protecteurs par des liens de reconnaissance, basés sur l'estime et les attentions réciproques. — Quelle rude leçon pour les adversaires de Beethoven, que cet hommage public rendu à son grand talent ! Aussi, bon nombre de ses antagonistes, moins méchants mais aveuglés par d'anciens préjugés, se soumirent aux faits accomplis. Sous ce rapport, le maître n'eut plus à craindre de persécutions de la part des musiciens de Vienne, qui, par suite de la tournure des choses, trouvèrent plus rationnel de se tenir dans une indifférence complète, voyant, surtout, qu'ils ne pouvaient lui nuire matériellement. Peut-être, de guerre lasse, se seraient-ils montrés moins récalcitrants à reconnaître le génie de Beethoven, si celui-ci avait pu obtenir, à la cour, une place de quelque importance. Il pouvait y prétendre ; mais nous dirons bientôt, dans la troisième période, quels étaient les obstacles infranchissables qui s'amoncelaient toujours, pour Beethoven, devant les portes du Burg-Impérial (1).

Du reste, il est démontré, quant à présent, que Beethoven jouit, pendant très-peu de temps, de sa pension annuelle. Les événements arrivés en Autriche, en 1811, ayant profondément ébranlé les principes économiques de cet empire, menacèrent aussi l'existence de notre grand artiste.

Par ces raisons et par d'autres, liées ensemble, les stipulations ci-dessus, ayant pour but d'assurer l'avenir de Beethoven, essuyèrent le sort que nous verrons plus loin. On apprendra avec peine comment une association de personnages distingués, basée sur l'estime et l'admiration du génie de Beethoven, dégénéra en malentendus, et fit naître des difficultés qui ne furent pas sans influence sur les productions du maître.

Néanmoins, cet aiguillon, donné à son génie pour l'inciter à produire, fut décisif pour sa fécondité dans les années suivantes, comme le lecteur le verra bientôt, non sans étonnement ! Le souhait ardent de Beethoven, déjà réalisé en grande partie, était de ressembler, dans l'automne de sa vie, « à un arbre fécond dont on » ferait tomber de riches fruits dans le cellier. » En effet, lorsqu'on considère le nombre de compositions achevées, depuis cette année jusqu'en 1815, et que l'on examine leur qualité, on conviendra que la comparaison est juste et l'on serait tenté de croire que l'arbre en question n'avait point encore donné ses meilleurs fruits jusqu'en 1809.

Aussi, il est à remarquer que, jusqu'à la fin de la deuxième période, il y aura plus de faits positifs à consigner. Il faut nous habituer à voir le maître cloué devant sa table de travail, manquant du repos nécessaire, souffrant d'une santé délabrée. Le biographe deviendra simple chroniqueur.

A cette année, appartient un épisode que M. Ries a jugé digne d'être mentionné dans sa notice, page 121. Il raconte que, pendant le siège de Vienne, par les Français, en 1809, « Beethoven fut » très-inquiet et passa une grande partie de son temps dans une » cave, chez son frère Gaspard, enveloppant sa tête de coussins pour » ne point entendre le canon. »

Cette allégation de l'élève qui, avant l'approche des Français, avait quitté Vienne pour Londres, allégation qui fait du maître un peureux et un lâche, n'est pas heureuse. Avant de formuler une

---

(1) Le château impérial à Vienne porte le nom de Burg.

pareille accusation, Ries aurait dû examiner, d'un œil plus sévère, les matériaux qu'il avait tirés de *sources certaines* pour une biographie complète de Beethoven. Il aurait dû, malgré sa jeunesse, apprendre à mieux connaître le courage personnel de son professeur, auprès duquel il passa une partie de sa vie. De cette manière, son ouvrage aurait conservé un plus grand cachet d'impartialité. Si Beethoven avait réellement craint les dangers d'une ville assiégée, il se serait arrangé pour en sortir, comme le fit Ries, afin d'éviter ces mêmes dangers. Cependant, nous le retrouvons à Vienne, aussi ferme que pendant la première occupation des Français, en 1805, durant laquelle il travailla à la mise en scène de *Fidelio*. Dans tous les cas, en supposant même que Beethoven se soit mis à l'abri des boulets dans une cave, il n'aurait fait que ce que fait tout le monde pendant le bombardement d'une ville.

Même le docteur Wegeler qui bat monnaie avec tout ce que dit F. Ries dans sa notice, s'écrie à propos de ce passage : « Le bruit du canon ne pouvait-il pas agir douloureusement sur les organes de l'ouïe chez Beethoven ? » Il est certain que, pour donner une caractéristique exacte d'un grand homme, on n'a jamais dit sur personne autant de sottises et de futilités que Ries en a avancées dans le jugement qu'il a porté sur son maître. L'auteur s'en réfère à la préface de cette édition.

Bellone une fois apaisée, et la paix rétablie, un ciel serein s'ouvrit sur la belle Autriche et sur l'Allemagne. La société, dispersée par la guerre, revint peu à peu à la ville et reprit la culture des beaux arts.

Sur ces entrefaites, la maison de Breitkopf et Haertel, à Leipzig, s'occupa de préparer, pour les œuvres du grand maître, une édition que les amateurs et les connaisseurs de musique, en Allemagne, attendaient avec impatience. Peu de temps après le départ des troupes françaises, de Vienne, la symphonie pastorale et celle en *ut mineur* furent envoyées aux éditeurs. On laisse à penser avec quelle avidité les orchestres s'emparèrent de ces merveilleuses productions, avec lesquelles fut publiée, aussi, la sonate en *la majeur*, avec violoncelle. Les articles de la *Gazette musicale*, de cette année et de l'année suivante, parlent de nombreuses exécutions qui eurent lieu dans les différentes villes, et de l'effet immense qu'elles produisirent partout. Voici en quels termes *Amédée Wendt*, juge instruit en matière d'art, parle de la symphonie pastorale et de celle en *ut mineur*.

« L'ouvrage renferme, sous la forme d'une symphonie, un tableau de la vie de campagne. » Un tableau ! » La musique peut-elle peindre ? Et, ne sommes-nous pas déjà loin de ces temps où l'on faisait de la peinture musicale ? En effet, nous en sommes si bien dégagés, que la représentation d'objets extérieurs, par la musique, paraît insipide au suprême degré, et que les moyens esthétiques qui servent à produire ces effets, ne méritent pas qu'on s'y arrête. Mais, cette sentence ne s'applique pas à l'œuvre dont nous nous occupons; cette œuvre ne cherche pas à représenter les objets palpables de la campagne, mais bien à peindre les sentiments que leur vue éveille en nous. Un tel tableau n'est pas sans mérite, et chacun verra qu'il n'est point opposé au but de la musique, qui, par la peinture qui lui est propre, met nos sensations en relation intellectuelle avec la nature. »

Dans un exorde de vingt colonnes, le critique s'exprime ainsi sur la symphonie en *ut mineur*, numéro 5 :

« La musique de Beethoven est comme un levier puissant qui excite les angoisses de la crainte, de la douleur, et ce désir ardent de l'infini, qui est l'âme du romantisme en musique. Beethoven le fait pénétrer plus profondément; il lui donne plus d'expression dans ses ouvrages par son génie élevé et par la réflexion. Jamais le critique n'a ressenti plus vivement, que dans cette symphonie, la gradation de ce romantisme qui, sans nuire à la concision des idées, transporte l'auditeur, d'une manière irrésistible, dans le monde de l'infini » (1).

1810. — Cette année, l'arbre fécond de Beethoven, donna les fruits suivants :

(A) Deux grands trios en *ré majeur* et en *mi♭ majeur*, pour piano, violon et basse (œuvre 70).

(B) Sextuor en *mi♭* pour deux clarinettes, deux cors et deux bassons (œuvre 71). — La naissance de cet ouvrage remonte à plusieurs années plutôt. Il fut exécuté, pour la première fois, dans une séance au bénéfice de Schupanzigh, en 1805. Son numéro d'ordre n'est pas exact.

(C) Quatuor en *mi♭* pour deux violons, alto et violoncelle (n° 10, op. 74). — Il reçut le nom de « *Quatuor des Harpes*, » on n'en connaît pas la raison.

---

(1) Une critique savante et profonde, de la symphonie en UT MINEUR, se trouve dans le numéro 9 de la GAZETTE MUSICALE, de Leipzig, XV.

(D) Six chants, paroles de Gœthe, pour voix seule (op. 75).

(E) Variations pour piano en *ré majeur* (œuvre 76).

(F) Fantaisie en *sol mineur* pour piano (œuvre 77).

(G) Sonate en *fa ♯ majeur* pour piano (œuvre 78).

(H) Sonatine en *sol majeur* pour piano (œuvre 79)

(I) (Fidelio) Léonore, 2me et 3me édition (Bearbeitung) des années 1805 et 1806 ; arrangement complet pour piano (op. 72).

(K) Ouverture de *Fidelio* (deuxième travail) de l'année 1805, pour orchestre.

(L) Sextuor en *mi♭ majeur* pour deux violons, alto, violoncelle et deux cors obligés (œuvre 81).

(M) Concertino en *ut majeur* pour piano, violon et violoncelle (œuvre 56).

L'existence tranquille du grand maître, éloigné du bruit extérieur, fut interrompue, cette année là, par un événement dont on s'était vivement préoccupé dans le monde littéraire. Déjà, il en a été question, dans les premières éditions de ce livre, en tant qu'il touchait à la caractéristique de la vie de Beethoven. Il s'agit de ses relations avec *Bettina Brentano* (Mme d'Arnim), et des conséquences qui en résultèrent. Quel intérêt particulier, les gens de lettres prirent à ces dernières, combien de fois elles furent discutées et disséquées dans « *la correspondance de Gœthe avec un enfant,* » comment, plus tard, la connaissance de ces trois lettres de Beethoven à Bettina (au commencement de 1840), fut cause d'allusions malignes, et le sujet de mésintelligences, tout cela a besoin d'une explication. Pendant que, dans le monde lettré, on mettait en doute l'authenticité des lettres de Beethoven, je m'étais borné, de mon côté, à douter de certaines choses, qu'on faisait dire à Beethoven dans cette correspondance. Tout cela n'eut d'autres résultats que ceux que la critique de nos jours obtient quand elle s'occupe de virtuoses, chanteurs, ou tragédiens, atteints de surdité. Je ne dois pas, cependant, m'en tenir là ; il faut, au contraire, que ce sujet soit éclairci ; car, dans ma position personnelle, la question de l'authenticité si nettement posée, « *aecht oder nicht aecht,* » implique pour moi le devoir de recueillir des données sur cet objet avec plus de précision que je ne l'avais fait la première fois.

Comme un fils peut reconnaître avec certitude le langage de son père, connaissant intimement ses sentiments et sa manière de s'exprimer, et qu'il peut certifier l'authenticité d'un factum, ou protester contre lui, lorsque celui-ci est livré à la publicité, de même, un ami de Beethoven, ayant vécu comme moi dans son intimité, et connaissant parfaitement sa manière de s'exprimer par écrit, ou en paroles, peut émettre son opinion sur les lettres en question, avec plus ou moins de certitude. Or, l'opinion du fils et de l'ami étant en parfaite concordance sur certaines expressions de ces lettres, je pouvais donc les considérer, dans ma première édition, sinon comme tout-à-fait fausses, au moins comme douteuses.

Quand on lit, dans la « *correspondance de Gœthe*, » II, 190, ce que Bettina, dans son apparente exaltation, fait dire à Beethoven dans la lettre du 28 mai 1810, on ne peut s'empêcher de le prendre pour un bel esprit, ou pour un héros en paroles, et on a tort; car, la manière de s'exprimer de Beethoven fut, pendant toute sa vie, la plus simple du monde, la plus brève, et la plus concluante, tant en paroles que par écrit; toutes ses lettres le prouvent. Lire ou entendre parler un langage orné, était désagréable à Beethoven, qui n'aimait que ce qui était simple, uni, sans aucun vestige d'ostentation. Tout ce que Bettina écrit, néanmoins, sur la manière dont Beethoven parlait de son art, est exact. Il représentait pour lui la plus haute philosophie; il le reconnaissait publiquement, et aimait à en parler souvent (1). Mais, Beethoven serait bien étonné des beautés qu'elle lui met dans la bouche; il lui aurait dit, sans nul doute : « Ma chère Bettina, vous avez eu un *raptus*, lorsque vous avez écrit cela à Gœthe. » Bettina raconta aussi au maître juré de Weimar, dans sa lettre de 1800, qu'elle venait de mettre par écrit, tous les propos sur la musique qu'elle avait entendus tenir la veille à Beethoven, dans une promenade, et, lorsque ce dernier les lut, il s'écria : « est-ce moi qui ai dit tout cela ? » mais, je dois, aussi, avoir eu un *raptus*. Ces paroles font une critique juste des épanchements de Bettina; il serait superflu de faire d'autres observations; quant aux lettres, leur forme est loin de prouver leur authenticité.

Pendant mon assez long séjour à Berlin, en 1843, j'ai eu l'honneur de faire la connaissance de Mme d'Arnim. Je lui dois plusieurs communications intéressantes sur ses aspirations littéraires, sur des choses accomplies et non accomplies. Quant à sa position vis-à-vis Beethoven, je n'ai pu tirer un seul mot de sa bouche. Cependant, elle connaissait mon livre et, par suite, tout ce qui se

(1) Bettina met dans la bouche de Beethoven sa propre louange, ce dont on n'a jamais pu découvrir chez lui la moindre habitude.

rapportait personnellement à l'illustre compositeur. Sans déclarer ostensiblement le vif désir que j'avais de voir les lettres, je ne dissimulai point l'extrême importance que j'attachais à l'inspection des originaux. Mais la digne dame resta toujours enveloppée dans un profond silence, et n'entendit rien.

Avant tout, le contenu de la troisième lettre, « Tœplitz, août 1812, » est-il vrai ? Elle a toujours excité en moi de profondes réflexions, et elle m'en suscitera d'autres, tant que je ne l'aurai pas vue au moins en fac-simile, en entier. La cause de ces réflexions est dans la conduite tenue par Beethoven, à côté de Gœthe, en présence de la famille impériale.

On se demande, en effet, comment Beethoven pourrait être excusable d'avoir, dans cette circonstance exceptionnelle, manqué aux égards qu'il devait à son illustre compagnon de promenade, et à la famille impériale tout entière, en tenan: la conduite racontée par Bettina. Est-il croyable qu'il ait manqué ainsi à l'archiduc Rodolphe, son élève et protecteur, dans la société duquel le maître vivait fréquemment à cette époque, qu'il estimait beaucoup, et qui lui donna, l'année d'avant, comme nous le verrons bientôt, une éclatante preuve d'intérêt. Si, réellement, Beethoven s'était rendu coupable d'une si grande faute contre l'urbanité, Gœthe n'aurait pas été tout-à-fait injuste d'avoir effacé son souvenir de sa mémoire, et, la famille impériale aurait eu raison d'opposer, à une pareille démonstration de la part d'un artiste, une indifférence complète. Si cette version subsiste à l'avenir, c'est que les causes et les raisons sont d'une autre nature, et doivent être considérées sous un rapport autre que celui que le sens de cette lettre permet de déduire. Mme d'Arnim ne devrait plus tarder à faire connaître la lettre, datée de Tœplitz, en produisant un *fac-simile*, tant dans l'intérêt de Beethoven, que dans l'intérêt de la vérité, et à arrêter, par là, toute interprétation (1). Mais si cette communication n'a point lieu, nous serions tenté de ne voir, dans les trois lettres de Beethoven, que le jet d'une imagination illimitée, dont l'effet serait paralysé pour longtemps. Et, dans ce cas, la caractéristique de Beethoven ne devrait s'appuyer que sur les sources émanées de son propre fond.

Voici ces lettres :

---

(1) Pendant que ceci s'imprimait, l'estimable auteur prenait congé de ce monde. Espérons que les héritiers de sa succession littéraire voudront communiquer l'original de la lettre en question, dans un fac-simile.

I

LETTRES DE BEETHOVEN A BETTINA.

« Vienne, 11 Août 1810.

» Point de plus beau printemps que celui d'aujourd'hui ; je le
» sens et je le dis aussi, parce que j'y ai fait votre connaissance.
» Vous avez bien vu vous même que, lorsque je suis en société,
» je ressemble à une grenouille qui se roule sur du sable. Cela
» dure jusqu'à ce qu'une bienveillante Galathée la fasse rentrer
» dans la mer impétueuse. Je desséchais, chère Bettina, lorsque
» vous m'avez pris dans un moment où le chagrin était mon seul
» maître ; mais, en vérité, il a disparu par votre seule présence.
» Aussitôt qu'il fut parti, j'ai vu que vous étiez dans un tout autre
» monde que celui-ci, qui est absurde, et auquel, malgré la meil-
» leure volonté, on ne peut ouvrir ses oreilles. Je suis un malheu-
» reux et je me plains des autres. Pardonnez-moi cela avec votre
» bon cœur, qui se reflète dans vos yeux et dans votre esprit. Cela
» tient à vos oreilles qui peuvent entendre ; les miennes ont mal-
» heureusement un mur de séparation, qui me prive de toute
» communication amicale avec les hommes. Peut-être que, sans
» cela, j'aurais eu plus de confiance en vous. C'est ainsi que j'ai pu
» comprendre le regard intelligent de vos yeux, dont je n'oublierai
» jamais l'impression. Chère Bettina, chère fillette ! L'art ! — qui
» le comprend, avec qui peut-on conférer sur sa nature divine !
» — Combien m'est cher le peu de jours pendant lesquels nous
» avons pu babiller ou correspondre ensemble. J'ai gardé tous vos
» petits billets, vos charmantes et spirituelles réponses ; je dois à
» ma triste infirmité que la meilleure partie de nos fugitives con-
» versations ait pu être transcrite. Depuis votre départ, j'ai eu des
» moments bien pénibles, durant lesquels je n'ai pu rien faire : J'ai
» couru pendant trois heures dans les allées de Schœnbrun et sur
» les glacis ; mais, je n'y ai rencontré aucun ange qui m'ait anathé-
» matisé comme vous, cher ange. Pardonnez-moi, chère Bettina,
» cet éloignement du *ton ;* il me faut de tels *intervalles* pour don-
» ner de l'air à mon cœur. Avez-vous écrit à Gœthe ? lui avez-
» vous dit que je voudrais mettre ma tête dans un sac, pour ne

» rien voir, ni rien entendre de ce qui se passe dans le monde ?
» Mais tu n'aurais pu m'y rencontrer, cher ange. Quand recevrai-
» je une lettre de toi ? Que l'espérance me soutienne, comme elle
» soutient la moitié du monde ! Je l'ai eue pour compagne de ma
» vie. Sans cela que serais-je devenu ? Je joins ici, écrit de ma
» main, « *Kenst, du das Land*, » (connais-tu le pays), comme un
» souvenir de l'heure où j'ai eu le bonheur de vous connaître.
» J'envoie, aussi, une autre romance que j'ai composée depuis que
» vous êtes partie d'ici, chère adorée !

> Herz, mein herz, was soll das geben,
> Was bedraenget dich so sehr ?
> Welch'ein fremdes, neues leben !
> Ich erkenne dich nicht mehr.

» Mon cœur, mon cœur, qu'est-ce que cela peut donner, qu'est-
» ce qui te presse si fort ? Quelle vie étrange, vie nouvelle ! Je ne
» te reconnais plus.

» Oui, chère Bettine, répondez-moi là-dessus, écrivez-moi ce
» que je dois devenir, depuis que mon cœur s'est révolté contre
» moi. Ecrivez à votre plus fidèle ami.

» Beethoven. »

II.

« Vienne, le 11 février 1811.

» Chère et bien-aimée Bettine,

» J'ai déjà deux lettres de vous, dans lesquelles vous me traitez
» comme un frère, et je vois que vous avez un souvenir trop
» avantageux de moi. — J'ai porté sur moi votre première lettre
» pendant tout l'été, et elle m'a rendu heureux bien souvent. Si je
» ne vous écris pas assez souvent et que vous ne voyez rien de moi,
» c'est que je vous écris mille lettres en pensée. — Comment vous
» trouvez-vous à Berlin, en présence de tout ce monde ; je n'aurais
» pu me le figurer, si vous ne me l'aviez écrit; parlez beaucoup
» sur l'art sans rien faire !!! La meilleure peinture de cela se trouve
» être le poème de Schiller, intitulé : « *Les Rivières* », où la Sprée
« *parle*.

» Vous vous mariez, chère Bettine ; ou c'est déjà fait peut-être,
» et je n'ai pas pu vous voir, avant, une seule fois ! Que le bonheur

» complet coule pour vous et pour votre époux, et que le mariage
» bénisse les mariés. Qu'est-ce que je puis vous dire de moi ! —
« Plaignez mon sort, » je m'écrie avec Jeanne : si je pouvais sauver
» seulement quelques années de la vie, je remercierais pour cela,
» comme pour le reste du *bien* et du *mal*, celui qui a fait tout, le
» très-haut. — Si vous écrivez à Gœthe, dites-lui, de ma part, les
» mots qui peuvent exprimer le mieux toute ma vénération et mon
» admiration pour lui. J'ai l'idée de lui écrire moi-même, relati-
» vement à Egmont, que j'ai mis en musique par amour pour ses
» poèmes, qui me rendent heureux ; — mais, qui peut assez remer-
» cier un grand poète, précieux diamant d'une nation ? — Main-
» tenant, rien de plus, chère et bonne Bettine. Je suis rentré chez
» moi à quatre heures du matin, après une bacchanale où j'ai
» beaucoup ri, et, aujourd'hui, je pleure. Une gaîté bruyante me
» fait rentrer bien vite en moi-même. — Bien des remerciments
» à Clément de venir au-devant de moi. — En ce qui regarde la
» cantate, l'objet n'est pas très-important pour ici ; c'est autre chose
» pour Berlin ; quant à l'inclination, la sœur l'a si bien prise, qu'il
» ne reste plus rien à faire au frère que de s'en servir ?

» Maintenant, porte-toi bien, chère et bien-aimée Bettine ; je
» t'embrasse sur le front et j'imprime, avec mon baiser, comme
» avec un cachet, toutes mes pensées sur toi ! Ecrivez bientôt,
» bientôt à votre ami.

BEETHOVEN.

Beethoven demeure sur le Glacis de Moelker, dans la maison du baron Pasqualati.

III.

« Chère et bonne Bettine,

» Les rois et les princes peuvent bien faire des professeurs et des
» conseillers intimes ; ils peuvent leur donner des titres et les
» décorer ; mais ils ne peuvent créer de grands hommes de génies,
» qui s'élèvent au-dessus de la v.... de ce monde. Il faut qu'ils
» attendent quelque temps pour cela ; et, s'il en vient deux en
» même temps, comme Gœthe et moi, il faut qu'ils les respectent
» et il faut que les grands seigneurs sachent ce que vaut un grand
» homme. Nous avons rencontré hier, en rentrant au logis, toute

» la famille impériale. Nous la voyions venir de loin, et Gœthe se
» sépara de moi pour se ranger de côté ; et, j'avais beau dire, il ne
» voulut plus faire un pas en avant. Alors, j'enfonçai mon chapeau
» sur ma tête, je boutonnai ma redingote et je *traversai cette foule*
» *épaisse, les bras croisés.* — Les princes et les courtisans m'ou-
» vrirent le passage ; l'archiduc Rodolphe ôta son chapeau ; l'Impé-
» ratrice me salua la première. — Les grands seigneurs me con-
» naissaient, et j'ai beaucoup ri en voyant toute cette procession
» défiler devant Gœthe. *Il resta sur le côté, chapeau bas, profon-*
» *dément incliné.* Je lui lavai bien la tête, après ; je ne voulais pas
» lui pardonner ses péchés, envers vous surtout, chère Bettine !
» Nous parlions justement de vous en ce moment-là. Dieu ! si
» j'avais pu passer autant de temps avec vous que lui, croyez-moi,
» j'aurais fait beaucoup plus et quelque chose de plus grand ! Un
» musicien est aussi un poète ; il peut se transporter soudain, par
» le pouvoir de deux beaux yeux, dans un monde immatériel, où
» les grands génies jouent avec lui et lui donnent d'intéressants
» problèmes à résoudre. Quoi, tout cela ne me vint pas à l'esprit
» quand je le connus, sur le petit observatoire, pendant une pluie
» du mois de mai qui fut très-féconde pour moi. Les plus belles
» mélodies se glissaient, dans ce temps-là, de tes regards dans
» mon cœur, mélodies qui, un jour, devront émotionner le monde,
» quand Beethoven n'y sera plus. Que Dieu me donne encore deux
» ans, et je veux absolument vous voir, adorable Bettine : ainsi
» veut la voix qui parle toujours en moi. Les génies peuvent s'aimer
» aussi ; je vais toujours implorer auprès du vôtre. L'éloge qui me
» vient de vous, est le plus cher à mon cœur. J'ai dit mon opinion
» à Gœthe, que le succès, qui produit son effet sur nous, fait
» qu'on veut appartenir, par l'esprit, à son égal ; l'émotion est
» l'affaire des femmes (pardonnez-moi l'expression) ; l'homme doit
» puiser le feu de la musique dans son génie. Ah, chère enfant, il
» y a déjà longtemps que nous pensons de même sur tout !!! —
» Rien ne vaut une belle âme, que l'on reconnaît partout où
» l'homme peut se montrer tel qu'il est. *On doit être ce qu'on veut*
» *paraître* : le monde finit par donner raison à chacun ; il ne peut
» pas être toujours injuste. Là-dessus, je ne pose rien, parce que
» j'ai un but plus élevé. — J'espère recevoir, de vous, une lettre à
» Vienne ; écrivez bientôt, bientôt et longuement ; j'y vais dans
» huit jours. La cour part demain. Aujourd'hui, on joue encore.
» Gœthe a fait étudier son rôle à l'Impératrice. Son duc et lui

» voulaient que je fisse exécuter quelque chose de ma musique;
» j'ai refusé tous les deux. Ils sont grands amateurs de porcelaine
» de Chine. Là, on a besoin d'indulgence, car l'esprit a perdu sa
» supériorité. Mais je ne veux pas plaisanter sur leur perversité, ni
» faire un absurde galimatias aux dépens de princes qui ne seront
» jamais coupables de cette manière. Adieu, adieu, ma meilleure
» amie; ta dernière lettre resta toute la nuit sur mon cœur et me
» fortifia. Les musiciens se permettent tout.

» Dieu sait combien je vous aime !

» Ton plus fidèle ami et sourd frère,

» BEETHOVEN »

» Toeplitz, août 1812. »

1811. — Année néfaste pour les finances de l'Autriche, pendant laquelle on décréta le cours de florins en papier-monnaie, ce qui fit perdre, à l'argent, le cinquième de sa valeur ! On verra, dans la suite, combien cette mesure fut onéreuse pour les petits rentiers. Beethoven fut la première victime de cette opération. Sa pension de 4,000 florins, en banknotes, ne valait plus que 800 florins en papier de nouvelle création.

Il est vrai de dire que, pour parer à cette calamité, l'archiduc Rodolphe se hâta de compléter la somme de 1,500 florins qu'il faisait à son maître, par un supplément de pension, selon la nouvelle valeur. Ce cadeau, vraiment impérial, ne manqua pas de donner une nouvelle force au génie découragé. Quelques années après, Beethoven obtint, de la munificence du prince, une pension à vie de 600 florins en argent, de convention, avec liberté de la dépenser partout où il voudrait. A la prière de Beethoven, le prince Lobkowitz s'engagea à lui servir les 700 florins au cours nouveau. Mais les 1,800 florins du prince Kinsky restèrent quelque temps *in statu quo*.

Si les lettres patentes firent perdre à l'État de sa richesse terrestre, Beethoven enrichit le monde des œuvres suivantes :

(A) Concerto en *mi* ♭ *majeur*, pour piano, n° 5, avec accompagnement d'orchestre (œuvre 73).

(B) Fantaisie en *ut mineur*, pour piano, chœur et orchestre (œuvre 73).

(C) Sonate en *mi* ♭ *majeur*, pour piano; « *Les adieux, l'absence et le retour.* » (œuvre 81).

(D) Quatre ariettes et un duo (en italien et en allemand), avec accompagnement de piano (œuvre 82).
(E) Trois chants de Gœthe pour voix seule, avec accompagnement de piano (œuvre 83).
(F) Ouverture d'Egmont, en partition (œuvre *84*).
(G) *Christ au mont des Oliviers*, oratorio, partition et arrangement de piano (œuvre 85).

En ce qui touche le concerto de piano en *mi* ♭, on peut dire que c'est un chef-d'œuvre de musique pour cet instrument, et, en même temps, une œuvre symphonique de la plus haute portée. Il est à remarquer que ce concerto, riche d'harmonie, où les masses instrumentales ne nuisent pas au piano, n'a point été publié avant d'avoir été exécuté en public. C'est en 1812, dans un concert donné le jour de la fête de l'Empereur, au théâtre de l'Opéra (devant le portait de Sa Majesté), qu'il a été exécuté pour la première fois par Ch. Czerny, sous la direction de Beethoven. L'affiche portait la dédicace à S. A. I. l'archiduc Rodolphe, et on peut voir dans cette annonce, qui n'était pas dans les usages, l'hommage public de la gratitude de Beethoven pour les bienfaits de son protecteur. Depuis cette époque, bon nombre de compositions du maître furent dédiées à l'archiduc qui, de son côté, chercha à lui être agréable en persévérant dans ses études de composition, et en entrant en lice, lui-même, comme compositeur de plusieurs ouvrages de mérite. L'auteur de cet écrit se plaît à constater, ici, que l'accord le plus parfait s'est toujours maintenu entre le maître et l'élève. De la part de ce dernier, il n'y a jamais eu le moindre changement. Quant au maître, on sait que, dans les dernières années, sa mauvaise humeur n'avait pas plus de ménagements pour son impérial élève que pour ses dignes protecteurs, ainsi qu'on le verra, en son lieu.

Quant à l'appréciation publique du concerto en *mi* ♭, à sa première apparition, le critique de la *Gazette musicale*, de Leipzig, nous donne, en peu de mots, un renseignement suffisant. Il dit, ni plus, ni moins : « La longueur excessive de la composition diminua » l'effet total produit par cette admirable création du génie. » — Qui trouverait, de nos jours, ce concerto ou trop ou pas assez long ? L'observation du critique nous montre de nouveau que, de tout temps, les principales attaques contre les compositions de Beethoven portaient sur la forme.

Il se trouve encore, de nos jours, des gens instruits, occupés à compter les mesures de chaque morceau. Ils prétendent appliquer l'aunage aux compositions de Beethoven, comme ils calculent en pieds cubes, l'étendue de celles de Mozart. Il est vrai de dire qu'à cette époque, aucun des compositeurs classiques ne s'était servi d'autres formes que de celles qu'Haydn et Mozart avaient adoptées. Cela explique la résistance opiniâtre des musiciens aux innovations de Beethoven. La connaissance de la musique de F. Bach aurait pu les familiariser avec celle de notre maître, et ils auraient appris par l'expérience qu'en dehors de Haydn et de Mozart, il y avait encore quelque chose à faire ; c'est ce qui eut lieu en effet.

Le concerto en *mi* ♭, *opus summum* de musique de piano, n'a été exécuté, en public, qu'une fois, durant la vie de Beethoven. Mais, Charles Czerny l'a fait entendre une autre fois, dans un concert particulier donné par le corniste Hradetzky, le 12 avril 1818. Il est à remarquer que les virtuoses de cette époque n'approchaient de la musique de Beethoven qu'avec beaucoup de timidité ; quelquefois aussi, le public montrait peu de sympathie pour des œuvres nouvelles. Le concerto en *ut mineur*, et la fantaisie avec chœur, n'ont été entendus, dans l'espace de quinze années, que deux fois. Le concerto de violon (œuvre 61), avait été déjà exécuté, en 1806, par Franz Clément, mais sans grand succès. Un autre essai, dans l'année suivante, eut un meilleur résultat. Nous regrettons de ne pouvoir en citer le compte-rendu, parce que l'époque est déjà loin de nous. En 1806, le 3 mars, un troisième essai fut tenté dans la grande salle de la redoute, cette fois par un amateur ; mais il échoua complètement, ce qui fit croire que ce beau concerto était inexécutable, et, il resta comme déchu de ses droits, depuis 1807 jusqu'à nos jours. La même chose est arrivée pour le concerto en *sol majeur ;* il resta vingt années oublié après son apparition. Le triple concerto le fut encore plus longtemps.

La cause principale de ce *délaissement* tient à ce que le jeu du piano prit une autre direction, du temps de Hummel, Moschelès, et Ch. Czerny. Cette direction était en opposition avec les formes poétiques des compositions de Beethoven, et avec leur esprit. Les qualités brillantes de l'exécution de ces grands artistes qui se distinguaient par la bravoure, l'élégance, et un style éclectique, ne ressortaient pas assez dans les concertos de Beethoven. Ceux-là n'étaient pas disposés pour faire briller le pianiste ; mais, considérés comme œuvres symphoniques, ils offraient une riche arène au musicien. La nouvelle génération, mieux avisée, fit sortir des bibliothèques les œuvres du maître, et, retrempant dans leur esprit ses moyens techniques, elle leur rendit le premier rang qu'elles devraient toujours occuper.

Parmi les critiques les plus surprenantes d'œuvres de Beethoven, émanées de l'aréopage de Leipzig, où se tenait le camp *anti-Beethovenien*, il faut citer celle qui concerne la sonate intitulée : *les Adieux*, l'*Absence*, et le *Retour*. « Le style de cette critique qui est une curiosité de l'époque, nous démontre avec quelle légèreté on traitait certaines compositions que nous ne pouvons pas nous lasser d'admirer. Elle parle ainsi : « Une pièce d'occasion (*sic*), comme un maître ingénieux peut faire ! L'*Adieu* commence par un adagio, dont le motif principal, très-simple, exprime « portez-vous bien. » Un allegro de force suit et doit peindre sans doute la douleur de la séparation ; vient ensuite un *andante expressivo*, lourd dans sa marche, mais indiquant, par le mouvement agité des accompagnements, les angoisses de l'*Absence*. Il s'annonce d'abord comme devant être long, mais il s'arrête tout court, et amène un allegro surprenant de vivacité, et de gaieté, lequel signifie le *Revoir*. » Voilà tout ce qu'on savait dire alors sur les beautés de cette œuvre.

On se demande aussi d'où vient que, dans les catalogues de Breitkopf, et Haertel, cette sonate est désignée par l'épithète de *caractéristique*. « Est-ce que les autres sonates de Beethoven sont moins caractéristiques, parce qu'elles ne portent pas d'intitulé qui précise les sentiments qui y sont exprimés ? Un jour, j'ai entendu Beethoven se plaindre d'avoir donné l'épithète de *pathétique*, » à la sonate (œuvre 13.) « Tout le monde, disait-il, veut de cette sonate, parce qu'elle a un titre qui la distingue des autres, et que les pianistes savent la reconnaître. » Mais il faut convenir aussi, avec les éditeurs, qu'à cause de cette dénomination, la *pathétique* se vend beaucoup plus, en comparaison des autres sonates. On cite même un éditeur de musique, qui offrait au sublime maître, la somme de 10,000 fr. pour une *nouvelle sonate pathétique?* Ce grand succès était dû à l'emploi heureux d'un mot étranger, qui n'était même pas compris par beaucoup de pianistes. Que de fois Beethoven aurait dû mettre en tête de ses compositions, le mot *pathétique*, au risque de se répéter souvent. Si nous voulions expliquer la véritable acceptation de l'épithète en question, qui veut dire : « Expression noble et grave des mouvements de l'âme, » nous pourrions l'appliquer, comme caractéristique, à un grand nombre des compositions de Beethoven, sauf à ajouter, aux œuvres de piano, l'épithète « *éloquente* » (Rhetorisch).

1812. — Cette année eut cela de particulier que le catalogue de Beethoven ne s'augmenta d'aucune œuvre nouvelle. Ce point d'arrêt si extraordinaire, dans la deuxième période de la vie du grand maître, se renouvellera encore une fois dans la troisième période de sa carrière musicale. En revanche, plusieurs compositions importantes surgiront bientôt après, et augmenteront encore la réputation de leur créateur, comme : Les symphonies en *fa majeur* et en *la majeur*, la musique pour les *Ruines d'Athènes*, et l'ouverture du roi *Estienne*. Le poème des *Ruines d'Athènes* eût pour auteur Aug. Kotzebue, qui écrivit la pièce pour l'ouverture du théâtre national de Pesth, qui eût lieu, en effet, au commencement de l'automne de 1812.

Quant à l'époque de la composition des *Ruines d'Athènes* et des deux symphonies, l'auteur de cet écrit commit une erreur dans les premières éditions. Il a pu la rectifier, grâce au comte de Brunswick, qui voyait beaucoup Beethoven dans cette année-là. D'après les renseignements fournis par ce personnage, en 1843, la composition des *Ruines d'Athènes*, remonte aux premiers mois de 1812. Les projets des deux symphonies datent de la même époque. Celle en *fa*, numéro 8, fut achevée au printemps, pendant le séjour qui fit Beethoven, chez son frère Jean, à Linz. S'étant rendu ensuite aux eaux de Tœplitz, il écrivit là l'ouverture du roi *Estienne*. Se sentant fortifié, au retour des eaux, il se mit à travailler à la symphonie en *la majeur*, numéro 7. Ici se présente, dans les numéros, la même confusion que nous avons déjà remarquée à l'époque de la symphonie pastorale et de celle en *ut mineur*. Quelle était la cause de ce changement? le comte de Brunswick n'a pu en donner aucun éclaircissement. Pour ma part, je vois uniquement la raison de cette interversion de numéros d'ordre, en ce que la symphonie pastorale étant en *fa majeur*, l'auteur n'aura pas voulu publier, de suite, deux symphonies dans le même ton.

Nous connaissons déjà le voyage de Beethoven aux eaux de Tœplitz, par sa correspondance avec Bettina Brentano. A son départ de Linz, se lie le fait suivant.

Afin de régulariser ses revenus, Beethoven, à son passage par Prague, fit personnellement la demande au prince de Kinsky, résidant dans cette capitale, de vouloir bien convertir la rente instituée par l'acte du 1ᵉʳ mars 1809, en papier monnaie de nouvelle création, ainsi que l'avaient déjà fait les deux intéressés. Le prince, adhérant à la prière du compositeur, lui remit 60 ducats en or, à-compte de cette rente, en promettant de prévenir son homme d'affaires, à Vienne, afin que celui servît la pension à Beethoven de la même manière. Malheureusement, pendant que Beethoven était encore à Tœplitz, le prince de Kinsky fit une chûte de cheval, et mourut bientôt après, avant d'avoir prévenu son intendant du nouvel arrangement fait avec Beethoven. Aussi, le conseil de famille, et la tutelle d'héritiers du prince de Kinsky, ne respectèrent pas sa promesse, et la rente de Beethoven se trouva réduite d'un cinquième par la nouvelle loi de finance. Beethoven en appela à la cour de justice de Bohême qui, par son arrêt du 18 janvier 1815, ordonna à la succession de servir la pension du compositeur au taux de 1200 fl., en papier nouveau, au lieu de 1800 fl., en anciens billets de banque, et à partir du 3 novembre 1812. Quelques années après, cette somme fut transformée en une rente annuelle de 300 fl., en argent.

1813. — De si longues années d'efforts et de travail finirent par exercer une influence pernicieuse sur la santé de Beethoven. Absorbé par ses grandes compositions, il se ressentait, depuis quelque temps, d'un mal dans le bas-ventre. Les bons effets des eaux de Tœplitz étaient déjà perdus dans les mois suivants. Aussi, l'année 1813 vit augmenter ses souffrances d'une manière fâcheuse. Les renseignements que l'auteur de ce livre tient d'*André Streicher*, et de son épouse, qui, tous les deux, étaient liés d'amitié avec Beethoven, démontrent qu'il ne s'était pas trouvé dans une pareille situation d'esprit, depuis 1803, l'année d'épreuves.

Les médecins lui conseillèrent d'essayer, dans le courant de cette année, des eaux de Baden, près de Vienne. D'une lettre de l'archiduc Rodolphe, adressée à Beethoven, il appert que c'était sa première cure. Voici cette lettre : (1)

« Cher Beethoven,

» J'ai appris, avec beaucoup de plaisir, par votre lettre reçue
» avant-hier soir, votre arrivée dans ma chère ville de Baden, et
» j'espère vous voir demain avant midi, si votre temps vous le

---

(1) L'original de cette lettre faisait partie de la collection d'autographes de Fran. Grüffer, à Vienne.

» permet. Comme, depuis quelques jours que je suis ici, ma santé
» s'en trouve bien, et que je puis entendre de la musique et en exé-
» cuter moi-même, je fais des vœux pour que le séjour dans cette
» jolie et saine contrée vous soit favorable. Ma sollicitude pour
» vous trouver un logement ici serait ainsi récompensée.

» Baden, ce 7 Juin 1813.
   » Votre ami,   Rodolphe. »

Ces lignes mettent au grand jour les relations amicales qui existaient alors entre l'élève et le maître. Son Altesse Impériale s'était occupée fort gracieusement de trouver un logement passable pour son professeur souffrant, dans sa *chère Baden*. Cette circonstance rappelle trop bien une *nouvelle* (de Léop. Schefer), intitulée : « *Le Maître et l'Élève*, » pour que je me refuse le plaisir d'en citer un endroit très-remarquable...

« On entre, comme jeune artiste, dans un rapport indéfinissable
» avec son maître. Celui-ci nous conduit dans un empire grand,
» infini, qui est placé au-dessus de tous les mondes. Il nous fait
» faire connaissance avec des hommes qui y sont déjà depuis
» longtemps, et qui marchent devant nous, brillant et régnant dans
» leurs ouvrages. Il nous initie au génie de l'art, par son propre
» génie, son savoir, et ses connaissances. Nous lisons dans son
» âme qui nous est ouverte, et, par lui, nous comprenons la gran-
» deur, la beauté, et la douceur du monde entier... ou, si l'on peut
» s'exprimer ainsi, par lui, nous arriverons à nous posséder nous-
» mêmes en élevant notre cœur et notre esprit. L'union entre le
» maître et l'élève dure toute la vie, et ce dernier respecte toujours
» son maître quand même il le surpasserait dix fois. »

. . . .

D'après les communications de Mme Streicher, qui passa l'été de 1813, à Baden, avec notre compositeur, ses affaires n'étaient pas dans un état prospère ; il manquait d'habits et de linge. A quoi attribuer une telle négligence ? est-ce à Beethoven, entièrement absorbé par ses travaux, ou à son frère Charles ? C'est peut-être à tous les deux. (1)

Cette digne amie s'occupa, avec son mari, aussitôt leur retour à Vienne, des moyens de procurer à Beethoven les choses nécessaires. Après le séjour de Baden, il rentra à Vienne et reprit son appartement dans le palais du baron Pasqualati, situé sur le glacis de Mœlker (Mœlker-Bastei). C'est là que l'auteur de cette biogra-

---

(1) Beethoven consignait souvent des plaintes, dans son journal, sur sa triste destinée.

phie vit le grand maître pour la première fois. Cela eût lieu vers la fin de mars 1814. Beethoven prit bientôt un domestique qui était tailleur de son état ; il travaillait dans l'antichambre du maître. Cet homme était marié, mais sa femme ne demeurait pas dans la maison. Tous deux soignèrent leur maître avec une grande assiduité jusqu'en 1816. Beethoven se trouva très-bien de cette vie régulière, qui cependant ne dura que peu d'années.

Dans cette situation, Beethoven reçut, du prince Lichnowski, des preuves nombreuses d'attachement et d'estime qui méritent une mention spéciale. Le prince avait l'habitude de visiter Beethoven dans son cabinet de travail, et, pour ne pas déranger le maître au moment de ses inspirations, il fut convenu, de part et d'autre, que Beethoven continuerait son travail sans faire attention au noble visiteur ; celui-ci, après avoir feuilleté quelques partitions et regardé Beethoven travailler, s'en allait en lui souhaitant le bonjour. Néanmoins, Beethoven fermait quelquefois sa porte pour ne pas être interrompu, et l'infatigable prince Lichnowski redescendait les trois étages sans se plaindre. Mais, quand le domestique-tailleur restait dans l'antichambre, Son Altesse profitait de la circonstance, et insistait jusqu'à ce que la porte s'ouvrît, afin de saluer le prince de l'art, et de satisfaire ainsi le désir qu'il éprouvait. Ceci est un bon souvenir à ajouter à ce que nous avons relaté des sentiments de l'archiduc Rodolphe pour Beethoven. Malheureusement, le prince Mécène ne jouit pas longtemps de son admiration pour les chef-d'œuvres de son auteur favori, car il quitta ce monde, le 15 avril, de l'année suivante.

Nous n'aurons qu'une œuvre à citer parmi les publications de 1813. Cette œuvre est la première messe en *ut majeur* (œuvre 86). L'origine de cette composition religieuse remonte cependant à l'année 1807, ainsi que cela a été dit plus haut. Elle fut écrite pour le prince Esterhazy, et exécutée dans le courant de l'été 1808, à Eisenstadt, sous la direction de l'auteur. On voit, dans la vie de J. Haydn, combien le prince Esterhazy aimait la musique religieuse, à laquelle il demandait plutôt l'amusement que l'élévation. Ceci n'infirme pas le caractère religieux des messes de Haydn, dans lesquelles ce maître, contre son gré, cherchait à plaire au prince. Celui-ci, gâté par ces messes, n'admettait aucune comparaison avec les compositions de ce genre d'autres auteurs. A cette époque, Haydn s'était retiré, et avait été remplacé par J. N. Hummel, dans sa place de maître de chapelle, à Eisenstadt.

A l'exécution de la messe en *ut*, dans cette résidence, se rattache l'événement suivant. Il était d'usage qu'après l'office divin terminé, toutes les notabilités musicales de la ville et de l'étranger se rassemblassent dans le palais du prince pour s'entretenir des ouvrages exécutés. A l'entrée de Beethoven dans la salle de réception, le prince Esterhazy lui adressa cette question singulière : Qu'avez-vous donc fait-là ? Cette apostrophe du prince, qui fut probablement suivie d'autres remarques critiques, fut d'autant plus pénible à Beethoven, qu'il crut voir un sourire sur les lèvres de Hummel, qui se tenait debout, à côté du prince Esterhazy, dans ce moment. Cette circonstance, peu importante en elle-même, montre cependant que la messe ne fut pas appréciée selon son mérite dans un lieu où Beethoven croyait avoir à se plaindre d'un confrère ; aussi quitta-t-il Eisenstadt le même jour.

De cette époque date sa brouille avec Hummel, avec lequel cependant il ne fut jamais intimement lié. Il est regrettable qu'une explication franche n'ait pu avoir lieu afin de rétablir l'harmonie entre les deux champions. Du reste, le rire de Hummel serait aussi extraordinaire en pareil cas, que la critique du prince Esterhazy.

. . . .

Mais d'autres causes contribuaient encore à alimenter la haine de Beethoven. Tous deux avaient de l'inclination pour une même jeune fille ; puis, les compositions de piano de Hummel, et son jeu déplaisaient à Beethoven, comme il a été dit plus haut. C'est seulement aux derniers moments de Beethoven, « *Post tot discrimina rerum*, » que les nuages amoncelés furent dissipés par l'apparition soudaine de Hummel, au lit de mort du grand compositeur. (Voir sa caractéristique plus loin).

Quant à la messe en question, elle ne fut publiée que plus tard, étant la propriété particulière du prince Esterhazy. C'est en 1816, que *Gebauer* la fit exécuter, pour la première fois, dans l'église des Augustins, à Vienne.

V.

Nous voilà enfin au moment le plus important de la vie de Beethoven, moment décisif pour sa gloire, celui où la couronne de lauriers, longtemps disputée, lui fut décernée par tous ses antagonistes, à l'exception de quelques confrères jaloux. Nous voulons parler de deux grandes solennités musicales, qui eurent lieu le 8 et le 12 décembre 1813, dans l'*Aula* de l'Université, au profit des guerriers autrichiens et bavarois blessés à la bataille de Hanau. Dans ces fêtes, organisées par Maelzel, mécanicien de la cour, on exécuta, pour la première fois, la symphonie en *la majeur* et la bataille de Vittoria.

Sur cet événement mémorable, il existe une lettre fort intéressante, adressée par Beethoven à tous les artistes pour les remercier du concours prêté par eux à l'exécution de ses œuvres. Qu'il nous nous soit permis, avant de communiquer cette lettre aux lecteurs, de donner ici un extrait de la *Gazette musicale*, de Leipzig, (n° 4, XVI) qui peut être regardé comme l'expression de l'opinion du public de Vienne.

Il y est dit : « L. V. Beethoven, qui, depuis longtemps, était estimé
» comme un des plus grands compositeurs de musique instru-
» mentale, vient d'obtenir un éclatant triomphe, par l'exécution de
» ses deux importantes compositions. Un nombreux orchestre,
» composé des premiers et meilleurs instrumentistes de Vienne,
» se réunit avec un zèle tout patriotique. Chacun voulait manifester
» ses sentiments de gratitude pour les résultats obtenus par les
» efforts de l'Allemagne entière, dans la guerre actuelle. Tous les
» musiciens s'empressaient d'offrir leur concours à une œuvre qui
» faisait battre tous les cœurs. Aussi, grâce à cette unanimité,
» l'orchestre, dirigé par Beethoven, excita un véritable enthou-
» siasme par sa précision et l'ensemble de son exécution. Mais c'est
» surtout la nouvelle symphonie qui obtint un succès extraordi-
» naire. Il faut entendre cette nouvelle création du génie de
» Beethoven, aussi bien exécutée qu'elle l'a été ici, pour comprendre
» ses beautés et en jouir complètement. L'andante fut bissé chaque
» fois (1) et causa une émotion profonde aux connaisseurs comme
» à la masse du public. En ce qui regarde la bataille de Vittoria,
» on conviendra que, pour exprimer, avec des sons, les péripéties
» du combat, rien n'est mieux approprié que les moyens que
» l'auteur vient d'employer dans cette circonstance. Une fois entré
» dans ces idées, on est étonné et ravi, en même temps, de voir
» les éléments de l'art appliqués avec tant de génie pour arriver au

(1) Le second morceau de la symphonie s'appelait d'abord ANDANTE ; mais dans les parties imprimées, on en a fait un ALLEGRETTO.

» but. L'effet et l'illusion ont été complets, et on peut affirmer,
» sans réserve, qu'il n'existe pas, dans le domaine de la musique
» imitative, une œuvre semblable à celle-ci. »

Il fallait donc une composition comme la *Bataille de Vittoria* pour réunir tous les suffrages et fermer la bouche tout d'un coup à tous les adversaires. Ce résultat fut obtenu, mais ce fut-il pour toujours? c'est ce qu'on verra dans la troisième période.

Voici maintenant le texte de la lettre de Beethoven :

« Il est de mon devoir d'exprimer ici mes remerciements à tous
» les artistes estimables qui ont bien voulu prêter leur concours
» aux concerts donnés, les 8 et 12 décembre, en faveur des guerriers
» Autrichiens et Bavarois blessés à la bataille de Hanau.

» C'était une réunion de rares talents, animée d'un zèle ardent
» pour un but si élevé. Chaque membre de l'orchestre, quelle que
» fut sa place, cherchait à contribuer, par une excellente exécution,
» à l'ensemble de l'œuvre, et s'inspirait de la pensée qu'il pouvait
» être utile à sa patrie, par son art.

» Lorsque M. *Schuppanzigh*, à la tête des premiers violons, en-
» levait tout l'orchestre par son jeu expressif et plein de feu,
» M. *Salieri*, premier maître de chapelle, ne dédaignait pas d'in-
» diquer la mesure aux tambours et aux grosses caisses. MM. *Spohr*
» et *Mayseder*, talents hors lignes, ne refusaient pas de jouer au
» second rang, ainsi que MM. *Siboni* et *Giuliani*, deux autres nota-
» bilités musicales.

» La direction de l'ensemble m'était dévolue, en ma qualité de
» compositeur; autrement, je me serais mis à battre la grosse
» caisse, comme M. *Hummel*, car l'amour de la patrie et le désir
» de venir en aide aux victimes avec toutes mes forces, rem-
» plissaient seuls nos cœurs.

» Mais c'est *Maelzel*, principalement, qui mérite tous nos remer-
» ciements. A lui incombe la première idée de cette académie
» (concert), et c'est lui qui s'est occupé très activement de l'orga-
» nisation de l'ensemble, dans tous les détails. Je lui dois parti-
» culièrement des remerciements pour m'avoir procuré l'occasion
» d'offrir mes compositions pour un but d'utilité publique, et de
» remplir ainsi le vœu ardent, que j'ai fait depuis longtemps, de
» déposer, sur l'autel de la patrie, les fruits de mon travail.

» Ludwig van Beethoven. »

1814. — Nous arrivons à l'année qui termine la deuxième

période de la vie du grand compositeur. Cette année est, sans nul doute, la plus brillante de la carrière de Beethoven, car nous le voyons placé au plus haut point de sa gloire. Sous le rapport pécuniaire, cette année doit être regardée aussi comme la plus lucrative. Nous avons vu, plus haut, qu'il s'était passé plusieurs années, sans que le compositeur ait pu convier les amateurs à une fête musicale. Dans le cours de celle-ci, il put réunir, quatre fois, la masse du public et obtenir un succès immense avec la symphonie en *la majeur* et la *Bataille de Vittoria*. De plus, les représentations de *Fidelio* transformé, furent un événement non moins important.

Dès le mois de janvier, l'épreuve tentée avec la symphonie en *la* et la *Bataille de Vittoria*, avait été renouvelée dans la grande salle de Redoute, avec le plus grand succès. Les intentions furent mieux rendues, cette fois, dans la *Bataille de Vittoria*.

Pour que l'illusion fût plus complète, on avait fait défiler les troupes ennemies des deux côtés de la salle par de longs corridors ; l'effet fut saisissant ! et, nous avons pu juger, de notre place, combien l'enthousiasme des auditeurs répondait à leur patriotisme ce jour-là. D'autres morceaux furent ajoutés au programme : *La Marche solennelle*, avec chœurs, et l'air de basse-taille du grand prêtre « Mit reger freude, » des *Ruines d'Athènes*.

Le 27 février, Beethoven parut encore, dans la même salle, avec ces deux grandes compositions, auxquelles il ajouta la nouvelle symphonie en *fa*. Voici quel était l'ordre du programme : (A) Symphonie en *la majeur* ; (B) Nouveau trio, pour soprano, ténor et basse « *Empi tremate*, » exécuté par M. Milder Hauptman et MM. Siboni et Weinmüller ; (C) Nouvelle symphonie en *fa majeur* ; (D) *La bataille de Vittoria*. Ce programme montre comment Beethoven aimait à servir son public.

Ceux qui peuvent se figurer une réunion de 5,000 personnes, électrisées par le souvenir de ces batailles de Leipzig et de Hanau qui ébranlèrent le monde, aptes à sentir la valeur des jouissances musicales, ceux-là pourront se faire une idée de l'enthousiasme de cette grande masse du public. L'explosion de joie et d'admiration, pendant l'exécution de la symphonie en *la*, et de la *Bataille*, surpassa tout ce qu'on pouvait attendre, dans une salle de concert.

Avant de continuer l'histoire de cette mémorable année (1814), si féconde et si riche en gloire pour Beethoven, nous voulons raconter l'origine de l'*allegretto*, si humoristique, de la *symphonie en fa*.

Au printemps de 1812, un dîner d'adieu eut lieu, auquel prirent part Beethoven, le mécanicien Maelzel, le comte de Brunswick, Etienne de Breuning, et d'autres personnes. Le premier devait partir pour Linz, voir son frère Jean, travailler à sa symphonie en *fa*, et visiter les bains de Bohême. Maelzel était sur le point de faire un voyage en Angleterre, pour y produire son célèbre Trompette-Automate; mais, ce projet de voyage fut ajourné à cause de son Métronome, nouvellement inventé, qui attira l'attention des maîtres de l'art, et qui valut, au célèbre mécanicien, une attestation publique de Salieri, Beethoven, et Weigl, sur son utilité. (1)

De ce canon est résulté l'*allegretto*, dont le motif est tiré de la première partie du chant. En tête, se trouve le mouvement du métronome, qui est le même que celui de l'allegretto. Les paroles comiques sont destinées à imiter les battements du balancier (Ta ta ta ta). Ce canon est en ma possession depuis 1818; c'est Beethoven, lui-même, qui m'a autorisé à en prendre une copie.

Suivons, maintenant, les événements accomplis dans le cours de cette année.

Déjà, le 14 avril, nous retrouvons le maître contribuant person-

---

(1) La GAZETTE MUSICALE, de Leipzig, XVᵉ vol., page 785, parle aussi du projet de Maelzel, d'entreprendre un voyage à Londres.

nellement à un concert de charité, organisé par Schuppanzigh, dans la salle *sous l'empereur romain*. Il exécuta, à cette occasion, son grand trio en si ♭, dédié à l'archiduc Rodolphe (œuvre 97). Ainsi, cette magnifique composition fut entendue pour la première fois, interprétée par Beethoven, avec ses dignes accolites, Schuppanzigh, pour le violon, et Linke, pour le violoncelle. Elle fut répétée, le mois suivant, dans une matinée de quatuors, donnée au Prater, par Schuppanzigh. Ces deux concerts, auxquels j'ai eu le bonheur d'assister, furent les derniers dans lesquels Beethoven parut comme pianiste-exécutant. Depuis cette époque, il n'a jamais joué en public. A la séance du Prater, on exécuta aussi un nouveau quatuor en *fa mineur* (œuvre 95), qui était déjà écrit en 1811.

Le 23 mai suivant, commencèrent les représentations de l'opéra *Fidelio*, complètement refondu. Sur cette reprise, ainsi que sur celle du 18 juillet, au bénéfice de l'auteur, il a été longuement parlé au cours des événements de 1805 et 1806 ; nous y renvoyons le lecteur.

On peut dire que tous les honneurs rendus à Beethoven dans l'espace d'un an, et même pendant toute sa carrière d'artiste, furent surpassés par ceux qui lui furent rendus, le 29 novembre. Les grands événements politiques qui amenèrent tous les souverains de l'Europe au congrès de Vienne, contribuèrent puissamment à donner, à ce jour, tout l'éclat et toute la gloire auxquels un artiste du nom de Beethoven pouvait seul prétendre.

Par suite de l'invitation faite à Beethoven par les amis de l'art musical, de faire entendre, pendant le congrès, de nouvelles compostions, il résolut d'écrire une cantate pour célébrer ce moment unique dans l'histoire. Dans ce but, il choisit les paroles du docteur Aloys Weissenbach « *der glorreiche augenblick.* » (Le moment glorieux), et en composa la musique pour en être exécutée dans un même concert, avec la symphonie en *la mineur*, et la *Bataille de Vittoria*. Le sujet de la cantate était : Hommage de la ville de Vienne aux Monarques présents. » Les deux salles de la redoute furent mises à la disposition de Beethoven pour deux soirées. L'autorisation en fut donnée, avec un louable empressement, par le chambellan de l'empereur, et l'on considéra, en haut lieu, ces deux solennités musicales comme fêtes de la cour. Beethoven fit personnellement ses invitations aux Souverains, qui, tous parurent à la fête. On évalua le nombre des personnes présentes à six mille, sans compter les exécutants de l'orchestre et les choristes. L'auteur de cette biographie se rappelle avec plaisir avoir fait partie de l'orchestre, comme second violon. La présence de tant de têtes couronnées à cette solennité, retenait les applaudissements; on écoutait en silence, et l'ensemble avait plutôt la gravité de la musique religieuse. Chacun sentait cependant qu'un pareil moment ne se rencontre qu'une fois dans la vie. Le seul Wellington manquait à la fête; il n'arriva qu'après et ne put entendre la *Bataille de Vittoria* (1). Le 2 décembre suivant, on répéta les mêmes compositions; la salle fut moins remplie, mais les applaudissements furent plus chaleureux.

Les soli de la cantate furent chantés par Mme Milder-Hauptmann, et Mlle Bondra, et par MM. Wild et Forti.

Mais, ce qu'il faut connaître principalement, c'est que Beethoven eut beaucoup de peine à mettre cette cantate en musique; il paraît que les paroles ne prêtaient pas énormément au compositeur, surtout à la fin. Beethoven disait, à cette occasion, qu'il venait faire une action *héroïque*. Il travailla avec le poète pour améliorer le sujet et rendre les situations plus favorables à la musique; mais, en définitive, on fut obligé de donner la cantate a refaire à Karl Bernard, ce qui occasionna une grande perte de temps. Tout cela explique pourquoi le génie de Beethoven n'a pu s'élever à sa hauteur accoutumée dans cette œuvre; il faut dire aussi qu'il avait peu de temps pour la composition; qu'il fallait éviter les difficultés d'intonation, les chœurs devant être chantés par amateurs; enfin, qu'on avait très-peu de temps pour les répétitions. Le morceau le plus remarquable de la partition est l'air de soprano, avec chœur et accompagnement obligé de violon. La cantate a été ensuite publiée par Haslinger, éditeur de musique, à Vienne, mais avec d'autres paroles, sous prétexte que celles de Weissenbach et Bernard étaient faites pour la circonstance. On a donc ajouté à la musique le poème de F. Rœchlitz, intitulé : « *Eloge de la musique.* » (Preis der Kunst) que son auteur avait offert à Beethoven pendant sa présence à Vienne, en 1822.

Ici on se demande comment Beethoven avait pu diriger lui-même de si grandes masses de chœurs et d'orchestre, étant déjà atteint de surdité depuis huit ans. Cette question mérite d'autant plus d'être éclaircie, que nous lisons, dans la relation de Treitschke, à propos de la reprise de *Fidelio*, en 1814, cette phrase : « Beethoven

---

(1) L'affiche portait : « Grande et complète composition instrumentale écrite sur la Victoire de Wellington a Vittoria (Wellingtons sieg in der Schlacht bei Vittoria).

» dirigea lui-même ; mais son feu l'emportait et la mesure en
» souffrit. » — Qu'est-ce donc qu'un directeur d'orchestre, qui se
laisse assez emporter par son ardeur pour qu'il soit nécessaire
que quelqu'un reste auprès de lui, afin de rétablir l'ordre dans
l'orchestre ! Les exécutions des 8 et 12 décembre 1813, et celles
des mois de janvier, février, novembre et décembre prouvent le
contraire ; car, à toutes ces fêtes musicales, le pupitre de Beethoven
fut placé très-haut, dans la grande salle de la Redoute, et l'on ne
voyait personne près de lui ; — il s'en suit donc qu'il entendait parfaitement les masses. Celui qui connaît les difficultés que présente
la *Bataille de Vittoria*, pour les répétitions et l'exécution, ne devrait
pas s'étonner, dans le cas où il surviendrait un peu de trouble dans
l'enchevêtrement de parties tellement serrées, même sous une
excellente direction. Ayant fait ma partie dans l'exécution de cette
symphonie, je puis assurer que les difficultés n'y manquent pas et
qu'elles ont été enlevées avec précision. Or, *Fidelio* est bien plus
facile à conduire que la *Bataille de Vittoria*. D'un autre côté,
Beethoven prouva aussi qu'il entendait très-bien, les deux fois qu'il
parut en public cette année là, pour l'exécution de son trio en si^b.
C'étaient plutôt les doigts qui manquaient un peu d'élasticité.

Mais les suites de si grands efforts, renouvelés dans un espace de
temps très-court, ne pouvaient qu'être désavantageuses à son état
maladif. De cette époque date malheureusement la faiblesse de
l'ouïe de l'oreille droite. Beethoven pouvait-il être un bon chef-
d'orchestre ? A cette demande, tous ceux qui savent la musique
répondront que non. — Un si grand génie ne pouvait guère bien
diriger un orchestre, au point de vue absolu. Pour devenir un bon
chef d'orchestre, il faut un long usage et il faut être attaché à un
théâtre ; si, avec cela, on apporte une bonne organisation naturelle, on réussit, à force d'exercice et de pratique. Nous voyons,
d'après ce qui précède, que le grand compositeur avait rarement
l'occasion de conduire l'orchestre et les chœurs ; or, la première
condition, pour devenir un bon directeur de musique, c'est de
pouvoir pratiquer sans relâche.

Nous aurons encore souvent l'occasion de parler de la triste infirmité de notre incomparable artiste ; bornons-nous, pour le moment,
à dire ce qu'il y a de plus pressant.

Lorsqu'il a été question, plus haut, de l'exécution de la symphonie
pastorale et de celle en *ut mineur*, nous avons dit « que, parmi les
» empêchements que Beethoven rencontrait pour monter ses con-

» certs, étaient *les frais énormes* qui absorbaient tout. » Voici, de la main du maître, un aperçu noté de ces frais, qui date de 1814 :

« Les compositions à grand orchestre, exécutées au concert du
» 27 février, furent les suivantes : Symphonie en *la majeur* ; celle
» en *fa majeur*; la *Bataille de Vittoria* et le trio *Empi tremate*. Les
» parties copiées des deux premières symphonies et de la *Bataille*
» avaient déjà servi aux concerts du 8 et du 12 décembre 1813 ;
» nous ne compterons ici que les frais de copie de la huitième
» symphonie en *fa* et du trio, dont voici le total : 452 feuilles
» copiées, à 12 kreutzers, font 90 florins 24 kreutzers ; les frais
» d'orchestres 344 florins ; les premiers pupitres reçurent davan-
» tage ; mais il y eut aussi beaucoup d'amateurs qui ne se firent
» pas payer.

» Le fameux concert donné le 22 décembre 1808, au théâtre
» an der Wien, dans lequel on a exécuté la symphonie pastorale,
» la symphonie en *ut mineur*, la fantaisie avec chœurs et une partie
» de la messe en *ut*, a coûté, en frais, la somme de 1300 florins (1).

En examinant ces chiffres, on verra sans peine que, pour rendre un concert fructueux au bénéficiaire, il fallait que la recette brute s'élevât bien haut; en général, le produit net se bornait à quelques centaines de florins. Les copies absorbaient une grande partie de la recette; mais, combien les choses ont changé depuis l'invention de la lithographie, qui a modifié les prix de parties d'orchestre et de chant. Les concerts qui pouvaient rapporter quelque chose étaient ceux où l'on n'employait pas les chœurs. C'est toujours dans la grande salle de Redoute que Beethoven faisait entendre ses grandes compositions; mais, depuis 1814, il n'y reparut plus ; s'il avait été assez heureux pour faire quelques épargnes cette année-là, il le dut aux circonstances politiques, qui avaient attiré à Vienne tous les Souverains de l'Europe, et à l'effet extraordinaire que la *Bataille de Vittoria* exerçait sur les masses. Les cadeaux des monarques étrangers, joints aux produits des concerts, mirent notre artiste en état de se créer un petit capital, qu'il plaça en actions de la Banque d'Autriche.

(1) Les frais des concerts avec chœurs et orchestre, de nos jours, sont bien plus considérables. Pour monter un ouvrage nouveau à Paris, il faut pouvoir disposer de 8 à 10,000 francs et l'on n'a pas toujours les premiers solistes, car les directeurs des théâtres ne permettent plus aux chanteurs de se faire entendre dans les concerts à bénéfice.

(*Note du traducteur.*)

DEUXIÈME PÉRIODE. — 1801-1814.

I

SUPPLÉMENT AU CATALOGUE.

Avant l'élaboration de la liste d'ouvrages, qui appartiennent à la première période, il a été parlé du désordre qui régnait dans les numéros d'œuvres de Beethoven, on peut ajouter aussi que pareille chose ne se trouve dans aucun auteur.

Au moment de dresser la liste d'ouvrages de la deuxième période, il serait temps d'examiner cette matière de plus près, de rechercher la cause de ce désordre qui est ici au plus haut degré. Une lettre de Dominique Artaria, que nous donnons plus bas, constate ce regrettable état de choses.

Vienne, ce 24 Juillet 1819.

Euer Hochwohlgeboren,

J'ai l'honneur de vous adresser les épreuves (1) que je crois correctes. Dans le catalogue des ouvrages manquent les numéros suivants, que, malgré toutes les peines, je ne puis trouver nulle part ; ce sont les œuvres : 46, 48, 54, 65, 66, 71, 72, 87, 88, 89, 183. D'un autre côté, les œuvres suivantes ne portent aucun numéro d'ordre :

Fidelio.
Ouverture de Léonore. (Artaria croit que le n° 3 fut publié en 1810.)
Chant final du Drame : « *Die Ehrenpforte.* »
Polonaise pour piano. — Chez Mechetti.
Chant final du Drame : Bonne nouvelle (*Gute Nachricht.*)
Rondo en *ut.* }
Rondo en *g.* } Chez Artaria.
Six lieder de Gellert, id.
Adélaïde de Mattison. id.
Variations à quatre mains, en *ut.*
Grand trio pour deux hautbois et cor anglais, Artaria.

---

(1) C'étaient des épreuves de la grande sonate en si ♭ 106.

Grand quintetto pour deux violons, deux altos et violoncelle, en *mi* [b]. — Chez Artaria.

Prélude pour piano en, *fa mineur*. — Chez Riedel.

Douze Redoute valses. } Chez Artaria.
Douze Redoute menuets.

Quintetto en *ut* pour deux violons, deux altos et violoncelle. — Chez Mollo.

Scena ed Aria (*Ah perfido*). — Chez Peters.

Variations sur une marche de Dressler. — Chez Steiner.

Variations pour piano, sur l'air « *La vie est un voyage* ». — Paris, chez Janet.

Sestetto pour deux clarinettes, deux cors et deux bassons. — Chez Breitkopf.

Lieder von Goethe und Mattison. — Chez Riedel.

Chants Allemands et Italiens, quatre livraisons. — Chez Peters.

Encore d'autres ouvrages marqués derrière le catalogue.

« Qu'il plaise à votre grâce, de nous dire quels sont les épreuves qu'on peut désigner par les numéros manquants. Nous vous prions de vouloir bien nous renvoyer le plutôt possible les épreuves. En attendant votre aimable et prompte réponse, nous avons l'honneur d'être, etc. »

Beethoven, occupé de la messe en *ré*, à Mœdling, répondit aussitôt : qu'il ne pouvait guère, pour le moment, s'occuper de cette confusion, et qu'il était hors d'état d'y remédier. Les éditeurs seuls ont causé ce trouble ; c'est à eux à voir comment on pourrait en sortir. Il finit en engageant Artaria à s'entendre à ce sujet avec Steiner et Comp., pour débrouiller, en tout cas, cette affaire. Mais la maison de Steiner refusa d'y prendre part, n'étant pas très-bien avec Beethoven. Elle venait de publier une pièce détachée en y rangeant deux chansonnettes de Beethoven, sans son autorisation, « l'Homme de parole », comme œuvre 99, et « Merkenstein », œuvre 100, deux bagatelles, n'ayant chacune que deux pages. Beethoven protesta contre cet acte arbitraire ; mais on n'y fit pas attention. Dans la seconde période de cet écrit, nous avons déjà parlé de la persistance des éditeurs dans leur manque d'égards pour les intérêts des auteurs et pour leurs réclamations. L'absence de lois, réglant la propriété des compositeurs, donnait lieu à beaucoup d'abus de la part des éditeurs de musique.

L'observation de Charles Czerny, dans le second chapitre de sa méthode de piano, sur les erreurs du catalogue de Beethoven, mérite d'être cité ici : « Du reste, il règne, dans les numéros d'or- » dre de ses ouvrages, un grand désordre ? d'où vient que l'exis- » tence de tant d'œuvres intéressantes resta inconnue ? » Cela se comprend quand on voit le même numéro d'ordre sur plusieurs œuvres différentes.

Dans l'arrangement du catalogue de la deuxième comme de la troisième période, si difficile à faire, on sera obligé, pour classer certaines œuvres, de renvoyer à la lettre de D. Artaria. Peut-être plus tard, sera-t-il possible d'établir plus d'ordre dans le catalogue définitif, ce qui serait très-désirable pour l'ordre chronologique. Quant aux ouvrages arrangés, ils ne doivent pas porter d'autres numéros que les originaux ; mais, ils formeront une catégorie à part. Les lacunes causées par cette abstraction seront moins choquantes que le pêle-mêle existant. Le changement des numéros dans les œuvres originales ne serait pas praticable à présent, le public étant déjà familiarisé avec les numéros existants.

II

CATALOGUE.

Les ouvrages appartenant à la deuxième période, ne seront pas classés dans l'ordre chronologique, comme cela était praticable dans la première période. Au contraire, ils seront divisés par groupes pour rendre l'inspection plus facile. Ceux qui font partie de la première période à cause de leur première exécution, mais qui ont été publiés plus tard, auront leur place dans la deuxième période pour compléter l'ensemble, ainsi qu'il est fait pour les symphonies.

Symphonies.

N° 1. — Symphonie en *ut majeur* (œuvre 21). Première exécution en 1800, publiée en 1801, premier éditeur, Peters, à Leipzig.

N° 2. — Symphonie en *ré majeur* (œuvre 36). Première exécution en 1804, publiée en 1804, par le *Comptoir d'Industrie*.

N° 3. — Symphonie héroïque (*eroica*) en *mi* ♭ (œuvre 55). Première exécution en 1805, publiée en 1808, par le *Comptoir d'Industrie*.

N° 4. — Symphonie en *si* ♭ (œuvre 60). Première exécution en 1807, publiée en 1808, par le *Comptoir d'Industrie*.

N° 5. — Symphonie en *ut mineur* (œuvre 67). Première exécution en 1807, publiée en 1809. — Chez Breitkopf et Haertel, à Leipzig.

N° 6. — Symphonie pastorale en *fa majeur* (œuvre 68). Première exécution en 1808, publiée en 1809. — Chez les mêmes.

N° 7. — Symphonie en *la majeure* (œuvre 92). Première exécution en 1813, publiée en 1816. — Chez Steiner et C.ie, à Vienne.

N° 8. — Symphonie en *fa majeur* (œuvre 93). Première exécution en 1814, publiée en 1816. — Chez les mêmes.

N° 9. — *Victoire de Wellington* ou *Bataille de Vittoria*, op. 91. Première exécution en 1813, publiée en 1816. — Chez Steiner et C.ie, à Vienne.

Concertos pour piano avec orchestre et fantaisie avec chœurs.

N° 2. — Concerto en *si* ♭ *majeur* (œuvre 19). Première exécution en 1800, publié en 1801. — Chez Hofmeister et Kühnel, à Leipzig.

N° 3. — Concerto en *ut mineur* (œuvre 37). Première exécution en 1804, publié en 1805, par le *Comptoir d'Industrie*.

N° 4. — Concerto en *sol majeur* (œuvre 58). Première exécution? publié en 1808, par le *Comptoir d'Industrie*.

N° 5. — Concerto en *mi* ♭ (œuvre 73). Première exécution en 1812, publié en 1811. — Chez Breitkopf et Haertel.

Fantaisie avec chœurs en *ut mineur* (op. 80). Première exécution en 1808, publiée en 1811. — Chez Breitkopf.

Concerto en *ré majeur* pour violon (œuvre 61). Première exécution en 1806, publié en 1808 avec l'arrangement pour piano, par le *Comptoir d'Industrie*.

Concertino en *ut majeur* pour piano, violon et violoncelle (œuvre 56). — Première exécution en 1808, publié par le *Comptoir d'Industrie*.

Œuvres pour chant et orchestre.

A. — *Christ au Mont des Oliviers*, cantate (œuvre 85). Première exécution en 1803, publié en 1811. — Chez Breitkopf et Haertel.

B. — *Fidelio*, opéra (œuvre 72). Première exécution en 1805, publié par partie à différentes époques. — Chez Breitkopf et Haertel, à Leipzig; Artaria, à Vienne, et Simrock à Bonn.

C. — Messe en *ut majeur* (œuvre 86). Exécutée pour la première fois en 1808, publiée en 1813. — Chez Breitkopf et Haertel.

D. — Les *Ruines d'Athènes* (œuvres 113 et 114). Exécutées, pour la première fois, pour l'ouverture du théâtre de Pesth en 1812, publiées par partie en plusieurs années. — Premier éditeur, Artaria.

E. — *Le moment glorieux*, cantate de circonstance (œuvre 136). Exécutée au congrès de Vienne, en 1814, publié par Haslinger, en 1826.

Ouvertures pour orchestre.

A. — Ouverture pour le ballet de *Prométhée* (œuvre 43), exécutée pour la première fois en 1801 ; toute la musique de *Prométhée* parut en divers arrangements, en 1802 et 1805. — Chez Hofmeister.

B. — Ouverture de *Coriolan* en *ut mineur* (œuvre 62), exécutée pour la première fois en 1807, publiée par le *Comptoir d'Industrie*.

C. — Ouverture d'*Egmont* en *fa mineur* (œuvre 84). Première exécution en 1808, publiée en 1811. — Chez Breitkopf et Haertel.

D. — Ouverture de *Fidelio* (œuvre 72), n° 1, en *ut majeur*, publiée en 1836, par Haslinger ; n° 2, en *ut majeur*, exécutée en même temps que l'opéra en 1805, publiée en 1842, par Breitkopf et Haertel ; n° 3, en *ut majeur* ; première exécution en 1806, à la reprise de *Fidelio*, publiée par Breitkopf et Haertel, en 1810 ; n° 4, en *mi majeur*, exécutée pour la première fois, en 1814, à la reprise de l'opéra, publiée par Breitkopf et Haertel.

E. — Ouverture du *Roi Étienne*, en *mi^b majeur* (œuvre 117) Première exécution en 1812, publiée en 1828. — Chez Haslinger.

Septuor en *mi* ♭ (œuvre 20). Exécuté pour la première fois en 1800, publié, en 1801, par Kühnel et Hofmester.

Sextuor en *mi* ♭ *majeur* (œuvre 81). Publié, en 1810, par Simrock, à Bonn.

Quintettes.

Œuvre 16 en *mi* ♭ *majeur*, pour piano, hautbois, clarinette, cors et basson; publié, en 1801, par Mollo.

— 29 en *ut majeur*, pour deux violons, deux altos et violoncelle; publié, en 1803, par Breitkopf et Haertel.

Quatuors.

Œuvre 18 en *fa majeur*, en *sol majeur*, en *ré majeur*, en *ut mineur*, en *la majeur*, en *si* ♭ *majeur* (1), publié, en 1802, par Mollo.

— 59 en *fa majeur*, en *ut mineur*, en *ut majeur*, publié, en 1807, par le *Comptoir d'Industrie*.

— 74 en *mi* ♭, publié par Breitkopf et Haertel.

Trios pour piano, violon et violoncelle.

Œuvre 70 en *ré majeur* et en *mi* ♭, publié, en 1810, par Breitkopf et Haertel.

— 97 en *si* ♭, exécuté pour la première fois en 1814, publié en 1816, Steiner et C.ie

Sonates pour piano et violon.

Œuvre 23 en *la mineur*, publiée par Mollo, en 1801.

— 24 en *fa majeur*, publiée par Mollo, en 1801.

— 30 en *la majeur*, *ut mineur* et *sol majeur*, publié en 1803, par le *Comptoir d'Industrie*.

— 47 en *la majeur*, publiée, en 1805, par Simrock.

— 96 en *sol majeur*, publiée en 1814, par Steiner et C.ie

---

(1) Les trois premiers quatuors ont été publiés par Mollo, en 1801. Leur composition date cependant des dernières années de la première période. Dans une lettre de Beethoven, datée de 1801, adressée à son ami KARL AMENDA, en Courlande, nous trouvons un passage qui se rapporte aux trois quatuors suivants : UT MINEUR, LA MAJEUR et SI ♭ MAJEUR (voyez le commencement de cette période); Beethoven s'exprime ainsi dans cette lettre : « Ton quatuor ne » marche pas, car j'y ai fait beaucoup de changements; cependant, ce n'est qu'à présent que » je sais bien écrire un quatuor comme tu le verras lorsque tu l'auras reçu. » — Pour quelle raison ces six quatuors ne forment-ils qu'une œuvre; Beethoven n'était-il pas déjà maître de sa volonté ! Que l'on compare cette œuvre avec les nos 99 et 100, qui se composent de deux petits morceaux de chant, ainsi que nous l'avons vu. Mais cela n'a pas dépendu de lui. Aussi l'œuvre 18 fait un contraste frappant avec les deux autres par son superflu.

Sonates pour violoncelle.

Œuvre 69 en *la majeur*, publiée en 1809, par Breitkopf et Haertel.

Sonate pour piano et cor.

Œuvre 17 en *fa majeur*, publiée en 1801, par Hofmeister et Kühnel.

Sonates pour piano seul.

Œuvre 22 en *si* ♭, publiée en 1801, par Kühnel.
— 26 en *la majeur*, avec la Marche funèbre, publiée en 1802, par J. Cappi, à Vienne.
— 27 en *mi* ♭ *majeur* et en *ut* ♯ *mineur*, publiée en 1802, par le même.
— 28 en *ré majeur*, publiée en 1802, par le *Comptoir d'Industrie*.
— 31 en *sol majeur*, *ré mineur*, *mi* ♭ *majeur*, publiée en 1803, par Naegeli et Simrock.
— 49 en *sol mineur* et *sol majeur*, publiée en 1805, par le *Comptoir d'Industrie*.
— 53 en *ut majeur*, publiée en 1805, par le *Comptoir d'Industrie*.
— 54 en *fa majeur*, publiée en 1806, par le *Comptoir d'Industrie*.
— 57 en *fa mineur*, publiée en 1807, par le *Comptoir d'Industrie*.
— 77 fantaisie en *sol mineur*, publiée en 1810, par Breitkopf et Haertel.
— 78 en *fa* ♯ *majeur*, publiée en 1810, par Breitkopf et Haertel.
— 79 (Sonatine) en *sol majeur*, publiée en 1810, par Breitkopf et Haertel.
— 81 (A) (Les adieux) en *mi* ♭, publiée en 1811, par Breitkopf et Haertel.

Variations pour piano seul et avec accompagnement.

Œuvre 34. Six variations, sur un thème original, en *fa majeur*, publiées en 1803, par Breitkopf et Haertel.

— 35. Quinze variations et une fugue en mi ♭ majeur, publiées en 1803, par Breitkopf et Haertel.
— 76. Variations en ré majeur, publiées en 1810, par Breitkopf et Haertel.
— 44. Quatorze variations en mi ♭ majeur, pour piano, violon et violoncelle, publiées en 1804, par Peters.
— 66. Douze variations en fa majeur, pour piano, violon et violoncelle, publiées en 1799, par Artaria.

Nous renvoyons à la lettre de D. Artaria, citée plus haut ; les deux dernières œuvres, particulièrement l'œuvre 66, qui appartient évidemment aux compositions antérieures de l'auteur, et sur laquelle la *Gazette musicale* publia un article dans sa première année, le trio pour deux hautbois, et le cor anglais, désigné comme œuvre 87, doivent être placés dans la première période, sans nul doute.

Romances pour violon avec accompagnement d'un petit orchestre.

Œuvre 40 en *sol mineur*, publiée en 1803, par Kühnel et Hofm.
— 50 en *fa majeur*, publiée en 1805, par les mêmes.
— 25 (Sérénade) en *ré majeur* pour flûte, violon et alto, publiée en 1802, par Simrock.

Les morceaux de chant et les lieder de cette période ont été déjà cités dans le texte.

III

CARACTÈRE DE LA MUSIQUE DE BEETHOVEN.

Qui ne serait étonné, en considérant ce catalogue, de la fécondité sans exemple du génie de Beethoven, de cette activité dévorante, qui, dans l'espace de quatorze ans seulement, lui fit produire tant de chefs-d'œuvres dans tous les genres. Quand même Beethoven ne se serait pas maintenu à la même hauteur jusqu'à la fin de sa carrière, les compositions qu'il avait produites déjà, lui assureraient la première place parmi les grands compositeurs de l'époque, car tous les peuples de l'Europe le reconnaissaient comme représentant les idées les plus élevées dans la culture de l'art musical. Cependant la critique musicale fit peu pour lui. Un seul écrivain, « Amédée Wendt », pénétra plus avant dans l'esprit des créations poétiques de Beethoven. Il mérita, sous ce rapport, les plus grands éloges, car il fut le premier qui se sépara des jugements routiniers, et secoua les vieux préjugés en portant la lumière dans la connaissance des beautés du grand maître. Nous avons déjà nommé Amédée Wendt, à l'occasion de son travail sur la symphonie en *ut mineur*. Il publia, dans la *Gazette musicale*, de Leipzig (17° année, 1815), l'écrit suivant : *Gedanken ueber die neurere tonkunst und. v. Beethoven's musik, namentlich dessen Fidelio. Von professor A. Wendt.*

Le défaut d'espace ne nous permet pas de donner ce traité ici ; nous renvoyons donc nos lecteurs à la *Gazette musicale*, de Leipzig. Un mot seulement sur *les difficultés et l'obscurité dans la musique de Beethoven*, d'après le même auteur.

« En ce regarde les difficultés d'exécution, elles existent encore aujourd'hui, avec la différence que les artistes de nos jours exécutent leur partie à première vue, tandis qu'autrefois, ils étaient obligés de les étudier d'avance ; de plus, les clarinettes manquaient souvent dans les orchestres, et les trombonnes étaient rares ; même la musique de Mozart, avait la réputation d'être injouable ; on lui préférait les opéras italiens. En entendant « *Cosi fan tutte* », le célèbre Hiller s'écria : On pourrait faire quelque chose de cet homme, s'il avait un style moins guindé. »

« N'oublions pas qu'il y a des génies en musique, qui devancent leur temps ! Pour ceux-là, la postérité seule décide en dernier lieu. Kant, Klopstock et Schiller n'ont pas été compris ; Gœthe, lui-même, ne fut pas heureux dans ses débuts. Quant à Mozart, son *Don Juan*, qui procure à présent d'ineffables jouissances aux connaisseurs, déplut d'abord au public, peut-être à cause de son sujet satanique. »

« Beethoven, par son opéra de *Fidelio*, et par sa symphonie en *ut mineur*, appartient au petit nombre des compositeurs qui ne seront dignement appréciés que plus tard. Cela dépendra de l'exécution plus ou moins parfaite, car c'est là un signe certain de l'excellence d'une œuvre. Elle gagne à être entendue plusieurs fois, et ses véritables beautés produisent plus d'effet. C'est ainsi qu'un

œil exercé découvre de nouveaux mondes dans un ciel sans nuages. »
. . . .

Quelque temps après la publication de l'écrit d'Amédée Wendt, Beethoven questionné sur son mérite, répondit : « Il y a beaucoup de science, mais il y a aussi beaucoup d'esprit de l'école. » Le sens de cette réponse prouve que le maître comptait déjà sur le temps pour modifier l'opinion de certaines critiques, ainsi que les jugements du public sur son œuvre. Herder dit : Dans la peinture et la sculpture la forme est immuable; aussi, les jugements sur ces deux arts se règlent sur elle. Il n'en est pas de même avec la musique qui se transforme avec le temps et change de mode. De tous temps, les nations, les hommes et les choses varient à l'infini, pareils à une mer débordée, dont les flots disparaissent en un clin d'œil. La poésie et la musique changent donc, comme le sentiment humain, tandis que les lois de l'harmonie sont les mêmes pour tous les peuples, sauf le degré de culture de l'organe de l'ouïe. »

TROISIÈME PÉRIODE.

Depuis 1815 jusqu'à la fin.

> « Le sort pesait sur lui de plus en plus lourdement. »

Dans sa préface au livre « *Dichtung und Wahrheit* » (*Fiction et Vérité*), Gœthe donne le conseil suivant aux biographes :
« La tâche principale des biographes est de peindre l'homme
» selon son temps, de faire voir si les circonstances lui sont
» favorables ou opposées, comment il considère le monde et les
» hommes, et, s'il est artiste, poète ou écrivain, comment *il se
» présente du dehors* (les influences extérieures). »

Nous croyons avoir bien compris cette vérité et nous lui sommes restés fidèles. La plupart des situations dans lesquelles nous avons vu notre héros comme peines de cœur, difficultés avec les éditeurs, démêlés avec ses amis, ses frères, et avec les gens du monde en général, tout cela n'avait rien d'anormal, et pouvait arriver à tout le monde. Sauf le cas où sous l'artiste on trouvait l'homme politique, dont les principes, si l'on veut les juger, méritent une attention particulière.

Le catalogue des compositions de la seconde période prouve suffisamment avec quelle énergie le maître poursuivait sa route, sans se préoccuper du peu de succès de ses compositions auprès de ses contemporains. Jusque-là, les contradictions qu'on avait remarquées dans ses actions et ses paroles, n'avaient rien d'extraordinaire, mais : « *Tempora mutantur, et nos mutamur in illis.* » Nous reviendrons sur ce sujet, ainsi que sur la citation de Gœthe, dans le courant de cette période.

Bientôt on verra Beethoven dans des situations difficiles. D'un côté, c'est un procès malheureux, suivi de démêlés avec la justice. D'un autre, attentat d'une main amie contre ses propriétés intellectuelles, malheur de famille; de plus, une basse ingratitude exerçant une influence fâcheuse sur son âme, tout cela ajouté aux pénibles épreuves que la providence lui envoyait, et qui entretenaient son esprit dans des dispositions irritantes.

De là, pour les biographes, un double devoir : déduire les faits des causes, dans le récit des événements, et présenter ces derniers dans l'ordre chronologique.

Par cette exposition, on voit que la tâche ne sera ni facile, ni agréable à accomplir. Sans les relations amicales de l'auteur de ce livre avec le compositeur et sa coopération active dans maintes circonstances, il lui serait impossible d'expliquer immédiatement plusieurs faits, qui ne pouvaient être connus que d'une personne fréquentant le maître et jouissant de sa confiance entière.

Comment nos relations commencèrent et comment elles purent se maintenir pendant tant d'années, il est nécessaire de le dire pour l'intelligence de cette histoire.

Mais, avant de reprendre le fil du récit, il serait utile de jeter un coup-d'œil sur le cercle d'amis intimes de Beethoven, afin de voir quels étaient ceux qui l'entouraient encore au commencement de la deuxième période, quels étaient ceux qui l'avait quitté, quels étaient ceux, enfin, qui avaient comblé les vides. En général, il importe de savoir de quels hommes se composait son entourage dans le cours de cette période.

Les adversaires de Beethoven appuient singulièrement sur ce point. M. Alexandre Ulibischeff en parle ainsi dans son ouvrage, » *Beethoven, ses critiques, et ses glossateurs* » : M. Schindler s'est
» donné à Beethoven corps et âme, comme on se donne au diable!
» Il lui resta fidèle, lorsque tous les autres amis, moins endurants,
» l'avaient quitté. Insensiblement, le grand artiste se trouva dans
» la solitude, et vit ainsi s'éloigner de lui ses plus intimes et ses
» plus anciens amis, dont il n'a revu qu'un petit nombre à son lit
» de mort. »

La vérité de ces assertions sera vérifiée par ce qui va suivre...

En traçant le tableau des événements de 1813, nous avons eu l'occasion de parler des sentiments affectueux du prince Lichnowski pour Beethoven. D'autres amis, non moins estimables, comme le comte Maurice Lichnowski, le baron Pasqualati, Etienne de Breuning, de Zmeskall, Streicher, Schuppanzigh, Kanné, lui témoignaient un vif intérêt. A ces personnages, il faut ajouter les noms de Maelzel, d'Oliva, et de Karl Bernard. Les deux seuls amis qu'il faille retrancher de ce nombre, au commencement de cette période, sont le comte de Brunswick et le baron de Gleichenstein, le premier, parti pour habiter Pesth, le second, pour retourner dans sa ville de Baden. Beethoven vit souvent encore le premier à Vienne, tandis qu'il ne rencontra le second qu'en 1824, dans un voyage que le comte de Gleichenstein fit à Vienne. Quant à Ferd. Ries, celui-ci avait déjà quitté Vienne en 1805. A son retour de Russie, en 1808, il n'y resta qu'un hiver.

Tout ici bas est sujet au changement! Comment un entourage d'amis aussi distingués aurait-il échappé à la loi commune! Déjà, en 1814, nous vîmes le prince Lichnowski prendre congé de ce monde, après avoir eu la joie de voir placé, au plus haut point de la gloire, son auteur favori. En 1816, Schuppanzigh appelé à prendre la direction de la musique d'un seigneur russe, quitta Vienne, et ne rentra dans sa patrie qu'en 1823. Oliva partit également pour Saint-Pétersbourg, en 1817, et y resta comme professeur de littérature allemande. C'est en 1817 que survint la brouille de Beethoven avec son fidèle ami Breuning; aussi, cette perte et l'éloignement de Schuppanzig, furent de véritables calamités pour Beethoven.

Schuppanzigh, surtout, était le grand instigateur du maître pour l'exécution de ses œuvres (quelquefois trop pressant dans son propre intérêt). Quant à l'autre, il était toujours un bon guide, prêt à être utile dans les moments opportuns. Le raccommodement avec ce vieil ami ne se fit qu'en 1826; mais le temps avait marché; on était plus vieux de neuf ans de chaque côté. Des circonstances personnelles amenèrent peu à peu du changement dans les relations réciproques, par le manque d'occasions de se voir. Aussi, Zmeskall, retenu dans son lit par la goutte, pendant plusieurs années, fut forcément privé de voir son ami Beethoven. Kanné, par des motifs particuliers, quitta les affaires quelques années plus tard, bien qu'il restât toujours critique *quand même* et se fit engager à dîner quelquefois par Beethoven. Cet homme singulier, sans égal, donnait constamment et avec acharnement le signal de controverses savantes et intéressantes pour les assistants. Mais, les deux interlocuteurs, dont l'un contemplait les choses en avant, et l'autre en arrière (*a priori et a posteriori*), étaient rarement d'accord sur la théorie et l'esthétique de l'art.

Ces pertes furent bientôt réparées par J. B. Bach, avocat de la cour, par l'auteur de ce livre, et, enfin, par Charles Holz, vers 1825.

Qu'il me soit permis de parler ici de ma liaison avec Beethoven, et du hasard heureux qui me fit faire sa connaissance. On verra par l'historique fidèle de nos relations, comment j'ai mérité, peu à peu, sa confiance et son affection.

Un riche amateur de musique, du nom de Pettenkofer, réunissait chez lui, dans le courant de l'hiver de 1813 à 1814, une société de jeunes gens, tous les samedis, pour l'exécution de la musique instrumentale à grand orchestre. Comme plusieurs de mes amis de l'université faisaient partie de cette réunion, entre autres le docteur Sonnleithner (que le lecteur connaît déjà depuis le commencement de la deuxième période), je voulus aussi en être. A une des réunions, à la fin de mars 1814, mon voisin de pupitre me pria de vouloir bien me charger de porter un petit billet à Beethoven, le jour suivant, de la part de Schuppanzigh, son professeur. Il s'agissait d'une répétition, à laquelle Beethoven devait assister. Schuppanzigh ne pouvant pas le voir, demandait, par le billet, la réponse, qui devait être très laconique : *oui* ou *non*.

Je me chargeai avec joie de cette missive. Depuis longtemps, j'avais un vif désir de voir, au moins un instant, l'homme de génie dont les ouvrages m'inspiraient une si haute estime. J'avais alors dix-huit ans. Ce désir allait donc être exaucé d'une manière inattendue.

Le lendemain, je sentais mon cœur battre, au moment de me mettre en marche pour le palais Pasqualati. Je montai les quatre marches qui menaient à l'appartement du grand compositeur ; introduit par son domestique, je trouvai le maître assis devant son bureau. Après avoir regardé le billet, il se tourna vers moi et répondit : « oui. » Puis, après quelques questions, il me congédia. En sortant, je m'arrêtai un instant à la porte pour bien voir ce génie sublime, qui avait déjà repris son travail.

A cet événement, si important dans la vie d'un jeune homme,

succéda bientôt la connaissance de Schuppanzigh. Il m'avait offert un billet pour le concert du 11 avril, dans lequel Beethoven exécuta, pour la première fois, son grand trio en *si* ' (op. 97). Cette fois, je m'approchai avec plus d'assurance du maître, et, lorsque je le saluai respectueusement, il me regarda avec amitié, en disant qu'il avait reconnu *le porteur* du billet.

Bientôt, je reçus de Schuppanzigh une invitation pour concourir aux deux grands concerts qui devaient se donner le 20 novembre et le 2 décembre de la même année. A ces grandes solennités, j'eus le bonheur d'être placé tout près du créateur sublime de la symphonie en *la majeur*. C'était un heureux acheminement pour notre future intimité, intimité qui ne se serait pas nouée sitôt sans un événement fâcheux pour moi, à l'occasion duquel le grand artiste me témoigna beaucoup d'intérêt.

A l'époque dont nous parlons, le carbonarisme commençait à faire du bruit en Italie. En conséquence, tous ceux qui changeaient de résidence éveillaient la méfiance de la police. Cette méfiance augmenta encore, lorsqu'on vit que le peuple autrichien montrait ostensiblement de la sympathie pour Napoléon, au moment de son évasion de l'Ile d'Elbe. Toute la jeunesse faisait chorus avec le peuple, en faveur de l'homme extraordinaire. L'auteur de cet écrit ne voulut pas faire exception. Il en résulta qu'après un tumulte insignifiant, que fit une petite fraction d'étudiants de Vienne, et qui provoqua l'intervention des autorités, un professeur très-estimé fut destitué.

Vers la fin de février 1815, je quittai Vienne pour aller remplir une place d'éducation à Brünn. A peine arrivé, je reçus l'invitation de me présenter à la police. On me demanda si j'avais des relations avec les étudiants de l'Université de Vienne, accusés de faire du tapage; puis, on me demanda des renseignements sur quelques-uns des italiens avec lesquels on me voyait souvent à Vienne. Et, ne trouvant pas mes papiers en règle, surtout ceux qui justifiaient de la fréquentation des collèges (cela était vrai pour ces derniers, mais non pas de ma faute), je fus arrêté, malgré le cautionnement d'un fonctionnaire d'un grade élevé. Et ce ne fut qu'au bout de quelques semaines, que je pus être élargi, après avoir écrit bien des lettres. On reconnut que je ne faisais pas de la propagande; néanmoins, on me fit perdre une année dans ma carrière académique.

De retour à Vienne, je reçus bientôt l'invitation, de la part de Beethoven, de me trouver à un endroit désigné; — le maître voulait savoir par moi-même les détails de mon aventure. Après ma communication, Beethoven me témoigna tant d'intérêt que je ne pus retenir mes larmes. Il me demanda de me trouver souvent à cette même place, à quatres heures après-midi, où il venait presque tous les jours pour lire les journaux. Un serrement de main attesta ses sentiments. Je fus fidèle au rendez-vous, qui avait lieu dans une hôtellerie, où l'on prenait de la bière. Je m'en trouvai bien, mais cela ne dura pas. Il y avait sur la cour, une chambre tranquille où nous nous réunissions; c'était comme une crypte isolée. On pouvait y rencontrer un petit nombre de *Josephiner* de la pure eau, avec lesquels Beethoven n'était pas en désaccord, car son républicanisme venait d'éprouver un rude coup, par la connaissance qu'il avait faite de M. Pinterics, capitaine dans les gardes du corps de l'Empereur, et par l'admiration que le maître affectait alors pour la Constitution anglaise. Ses discussions politiques avec le capitaine des gardes, connu dans le monde musical comme ami de Franz Schubert, n'étaient qu'un échange d'idées entre les deux interlocuteurs, qui se provoquaient mutuellement, tout en étant du même avis. C'est de cet endroit que j'accompagnai bientôt Beethoven dans ses promenades. Déjà, en 1816, il avait des affaires qui nécessitèrent beaucoup d'écritures. Le docteur Bach, avocat, chez lequel je travaillais quelques heures tous les jours, me recommanda à Beethoven comme digne de sa confiance; je devins donc son secrétaire particulier, mais sans émoluments. Cette confiance augmenta encore par mon dévoûment; je m'étais promis de lui être agréable jusqu'à sa mort, autant que mes forces me le permettraient. Ces rapports ne furent interrompus qu'une fois, vers la fin de sa carrière, ce dont il sera parlé plus loin. Qu'on juge donc par ces détails précis, si je m'étais donné corps et âme à Beethoven, ainsi que l'affirme M. Alexandre Ulibischeff.

I

Depuis **1815** jusqu'en **1820**. — A l'issue de la deuxième période, nous avons vu Beethoven placé à un degré de gloire qu'il eût été difficile à un musicien d'atteindre de son vivant. Mais n'oublions pas que c'était le fruit de vingt années de travail. L'apogée de son talent coïncidait donc avec la réunion du Congrès de Vienne ; cet événement historique ajoutait encore à l'éclat d'un génie extraordinaire, dont l'histoire offre peu d'exemple, et nous ne serons pas taxés d'exagération en disant que presque tous les souverains de l'Europe, rassemblés à Vienne, mirent le sceau à la gloire de Beethoven.

En ce moment là, l'ambassadeur russe, le comte Rasumoffsky, venait d'être élevé à la dignité de prince ; cela rendait les réunions de son palais très-brillantes, et bientôt, il y eut des fêtes splendides, auxquels Beethoven assista. Comme on le pense bien, il y fut l'objet de l'attention générale de la part des étrangers. Car c'est un attribut du génie créateur de produire une vive impression sur les âmes d'élite ; cela tient à son caractère héroïque ; héroïque en ce sens, qu'il y a de l'héroïsme à combattre la multitude d'obstacles qu'un artiste de valeur rencontre sur sa route ; il faut du courage pour lutter contre les jugements erronés, contre l'envie et la méchanceté des musiciens en masse. Ajoutons à cela que Beethoven avait contre lui la faiblesse d'un organe indispensable à la pratique de l'art musical, puis d'autres difficultés à vaincre, pour conquérir la place élevée qu'il occupait, et, l'on ne sera pas étonné de l'empressement d'un chacun à rendre hommage à une si grande individualité.

Présenté aux Souverains alliés par le prince Rasumoffsky, Beethoven reçut des compliments très-flatteurs des princes, et particulièrement de l'Impératrice de Russie, qui lui fit exprimer son admiration. A une présentation chez l'archiduc Rodolphe, Beethoven fut encore complimenté par d'autres personnages considérables. L'archiduc, lui-même, prenait une part dans la glorification de son maître, en procurant aux étrangers le plaisir de rencontrer, dans son palais, le plus grand génie de l'Allemagne musicale. Beethoven ne se rappelait pas, sans émotion, ces jours de réceptions au Burg-impérial et à l'ambassade russe, où les grands personnages lui faisaient la cour et le traitaient avec une grande distinction.

Nous voudrions nous arrêter, un instant, à ce moment si exceptionnel dans la vie d'un artiste, pour nous en réjouir ; mais, les événements marchent et nous poussent en avant, si bien que nous allons perdre de vue ce brillant état de choses, pour nous occuper tout d'un coup d'un changement radical dans la position du maître.

Oh! combien est courte la joie, causée par cette couronne si enivrante, si difficilement conquise! quel sort amer pour un artiste plein d'inspiration poétique que d'être obligé de descendre dans l'arène des intérêts matériels qui, en irritant son âme, devaient amener pour lui des suites si fâcheuses.

Pour commencer la narration de ce supplice de Tantale, enduré par Beethoven, il faut jeter un coup-d'œil rétrospectif sur les glorieuses journées du 8 et du 12 décembre 1813, où la symphonie en *la majeur* et la *Bataille de Vittoria* furent exécutées pour la première fois. Il est nécessaire aussi de nous rappeler la lettre de remerciement, adressée par Beethoven aux musiciens, dans laquelle il est dit, expressément, que ces concerts avaient été organisés par *Maelzel*, que la *Bataille de Vittoria*, *écrite pour cette circonstance*, fut remise *gratuitement* au susdit mécanicien. Il y est question aussi du voyage projeté par Maelzel, en Angleterre.

Pour apprécier plus en détail les difficultés survenues entre les deux amis, il faut dire que, déjà en 1812, Maelzel fit la promesse à Beethoven de lui fabriquer des mécaniques pour sa surdité; aussi ce dernier, pour encourager le célèbre mécanicien, composa une Bataille symphonie pour son nouvel instrument « La Panharmonica. » L'effet de cette pièce était si extraordinaire que Maelzel pria Beethoven de l'instrumenter pour orchestre. Notre compositeur ayant depuis longtemps le projet d'écrire une grande bataille pour orchestre, accepta la proposition et se mit à l'ouvrage. D'un autre côté, Maelzel acheva les quatre mécaniques, dont une seule pouvait servir; c'était la plus petite et la plus simple de toutes.

La première discussion entre les deux amis eut lieu en 1813. Maelzel, occupé de l'arrangement de l'Académie (concert), du 8 décembre, fit mettre sur l'affiche, que la bataille symphonie était sa propriété, comme lui étant offerte par Beethoven. Celui-ci ne tarda pas à protester contre cette insinuation; Maelzel répliqua publiquement qu'il avait accepté cette œuvre pour les quatre machines et une somme d'argent prêtée. Ainsi, cette interminable discussion servait de prélude aux solennités musicales. Mais on trouva que Maelzel ne se comportait nullement en homme bien élevé, et sa conduite dans cette affaire lui valut une désapprobation générale.

Déjà, après la première exécution, le 8 décembre, Beethoven remarqua que Maelzel cherchait à s'emparer de la partition; n'ayant pas réussi dans sa convoitise, il jeta son dévolu sur les parties d'orchestre, qu'on avait négligé de mettre à l'abri. Il en ramassa plusieurs et les mit en partition, le reste fut ajouté par une main étrangère.

Au mois d'avril 1814, Beethoven apprit que Maelzel avait fait exécuter la *Bataille de Vittoria*, à Munich, (1) et qu'il y disait, que cette œuvre devait le faire rentrer dans les déboursés de 400 ducats qu'il avait payés à Beethoven.

Il était temps de recourir aux tribunaux pour défendre sa propriété. Nous lisons dans le mémoire de l'avocat de Beethoven, dont l'original est entre nos mains, les détails complémentaires de l'assignation, fidèlement transcrits, dans laquelle Beethoven s'exprime ainsi :

« Nous convînmes de donner, au profit des militaires blessés, un
» concert dans lequel la *Bataille*, et plusieurs autres ouvrages,
» devaient être exécutés. Pendant que ceci se passait, j'avais grand
» besoin d'argent. (2) Dans l'attente d'une lettre de change, aban-
» donné par tout le monde à Vienne, j'acceptai les 50 ducats en
» or, que M. Maelzel m'offrit. En les prenant, je lui dis que je
» comptais les lui rendre, ou bien lui confier l'ouvrage en ques-
» tion, pour le placer à Londres, dans le cas où je ne pourrais faire
» le voyage moi-même. Toutefois, cette somme de 50 ducats devait
» être prélevée sur le produit de la vente de la partition à un édi-
» teur de Londres. »

Plus loin, on trouve un éclaircissement présenté par le baron Pasqualati et le Dr de Adlersburg, avocat de la cour, ainsi que l'appel de Beethoven aux artistes de Londres. Il résulte du premier acte, daté du 20 novembre 1814, que Beethoven n'avait point renoncé à ses droits d'auteur sur l'œuvre en question. Dans son appel aux artistes de Londres, le compositeur parle ainsi de l'exécution de la *Bataille*, à Munich :

« L'exécution de Munich, organisée par Maelzel, est une trom-
» perie envers le public et un préjudice à mes intérêts, M. Maelzel
» s'étant approprié ces partitions sans aucun droit. « Beethoven
» avertit ainsi le public de se tenir en garde contre ces » œuvres
» mutilées. » (3)

L'appel aux artistes anglais eût ce résultat que Maelzel n'osa

---

(1) La GAZETTE MUSICALE UNIVERSELLE de XVI, p. 291, parle de cette exécution, à Munich.
(2) Il a été déjà parlé de la position financière de Beethoven dans le chapitre qui se rapporte à l'année 1813.
(3) Cet acte paraîtra parmi les pièces justificatives.

point faire exécuter la *Bataille de Vittoria*, à Londres ; mais la procédure judiciaire, à Vienne, resta sans issue, attendu que l'accusé était absent, et que son fondé de pouvoir s'entendait à gagner du temps ; ainsi, le plaignant se voyait exposé à des désagréments nouveaux et à des frais considérables. Sur ces entrefaites, Beethoven suspendit les poursuites, voyant que ce qui avait été fait avait suffi pour empêcher l'ami infidèle de tenter de nouveaux essais. Les frais de procédure furent réglés en même temps, et Maelzel ne reparut plus à Vienne. En 1818, il s'adressa, par lettre, à son ancien ami, à la date du 19 avril (nous avons cette lettre devant nos yeux), pour avoir sa recommandation pour son métronome ; en même temps, il lui annonçait qu'il s'occupait d'un nouveau tube, très-utile pour diriger un orchestre ; enfin, il engageait Beethoven à venir le rejoindre pour faire le voyage de Londres ensemble. Notre grand artiste se contenta d'envoyer un certificat pour son métronome, quant à la mécanique pour la surdité, il n'en voulut plus entendre parler.

Cet événement était le précurseur des pénibles épreuves qui allaient bientôt assaillir Beethoven. Comme résultat immédiat de cette fâcheuse querelle, nous voyons se manifester, chez lui, une grande méfiance envers son entourage. Il prit bientôt le parti de faire copier, chez lui, sous ses yeux ; mais, comme cela n'était pas toujours praticable, il contrôlait lui-même les copistes, ou les faisait surveiller par d'autres, ce qui n'empêchait pas que, séduits par les éditeurs, les copistes vendaient parfois les manuscrits. Combien cette appréhension lui causait d'inquiétudes et combien il redoutait, pour ses manuscrits, le désordre des éditeurs ; on le voit par la lettre qu'il m'adressa de Hetzendorf, à la date du 1er juin 1823. Il s'exprime ainsi :

« Les variations sont-elles parties pour Londres (Op. 120) —
» Autant que je me rappelle, il n'en est pas question dans l'envoi
» du prince d'Esterhazy. La messe seule lui sera communiquée en
» manuscrit. Je me doute que M. *** avait ce projet d'offrir la
» messe pour rien au prince... Ainsi, il me vole cet ouvrage pour la
» troisième fois. M. Vocher (1) doit en être prévenu. »

Survint une autre circonstance, féconde en tristes expériences, et de nature à ébranler l'âme du compositeur.

Le prince de Lobkowitz, le Mécène des chanteurs, grand con-

---

(1) Secrétaire du prince Esterhazy.

naisseur en musique vocale, dépassa un peu la ligne de prudence qu'il ne faudrait jamais perdre de vue, quand on veut concilier l'*avoir* et le *devoir*. Il avait fait venir, pour les faire entendre aux amateurs dans son palais, tout ce que l'Italie possédait en fait de virtuoses chanteurs. C'est à lui qu'on doit d'avoir entendu, à Vienne, Crescentini, Brizzi, les deux Sessi, et beaucoup d'autres talents de premier ordre. Mais ces magnificences eurent un terme, en 1816, par la mort du prince. Pour notre compositeur, cette mort avait une autre signification! car le sequestre étant mis sur tous les biens du prince de Lobkowitz, la pension de 700 fl. qu'il avait reconnue à Beethoven, par l'acte du 1er mars 1809, cessa d'être payée. Le maître fit opposition au sequestre; mais, le résultat fut tout opposé à celui qu'il avait obtenu dans la liquidation de Kinsky, c'est-à-dire, que Beethoven succomba sans avoir rien sauvé. Pour la première fois dans sa vie, il avait l'occasion de voir qu'un acte rédigé très-clairement, pouvait être considéré par les juges tantôt blanc, tantôt noir; et que les causes les plus justes pouvaient être contestées et donner lieu à la violation de la loi.

Les procès soutenus par Beethoven contre les héritiers du prince de Kinsky, contre Maelzel, et contre le sequestre des biens du prince de Lobkowitz, l'avaient fait pénétrer assez dans les mystères de Thémis, pour qu'on put croire que, par égard pour son activité artistique, et pour son bien-être, il s'abstiendrait dorénavant de pousser plus loin cette triste connaissance, qu'il éviterait ainsi de compromettre ses intérêts présents. Mais, il n'en fut pas de même. Le sort lui réservait encore de bien pénibles épreuves, et cela malgré lui.

Avant d'aborder les nouvelles difficultés, et de suivre le maître dans les profondeurs de ses mystères, jetons un coup-d'œil sur les productions de sa muse dans ce dernier temps. Il ne sera pas sans intérêt d'apprendre ce qui a été mis au jour, après les triomphes de 1814.

D'abord, ce fut la sonate en deux morceaux (œuvre 90), (1) en *mi mineur*. Si nous prenons en considération les œuvres publiées précédemment, leur espèce et leur caractère (comme la 7me et la 8me symphonie, la *Bataille de Vittoria*, la cantate *O moment glorieux*), nous sommes saisis d'une grande admiration à l'aspect de compositions plus récentes dans lesquelles il y a plus de délica-

---

(1) A cette œuvre appartient, sans nul doute, le n° d'ordre 100.

tesse et de ferveur en opposition aux œuvres précitées, plus énergiques et plus vigoureuses.

Le second morceau de la sonate en question a quelque chose d'intime, qui ne se trouve pas dans les premières œuvres. Notre admiration augmentera encore en présence de l'harmonie soutenue dans la sonate en *la majeur* (œuvre 101), qui suivit également celle en *mi mineur*, et que M. Marx appelle la *sensitive*. Elle a cela de remarquable que, de toutes les sonates de Beethoven, c'est la seule qui fut exécutée en public du vivant du maître. Cette exécution eut lieu dans un concert organisé par Schuppanzigh, en présence du sublime auteur. Ce fut un amateur très-distingué, St***er v. Felsburg, qui la fit entendre, d'après les intentions de B...hoven, qui voulut bien le guider pour le style et la poésie à donner au premier et au troisième morceau, très-difficiles à rendre. Ces deux morceaux portent sur le titre « *Traümerische Empfindungen* » (sensations rêveuses.) Leur exécution exige un mouvement libre (*Freie Bewegung*).

Cette sonate est dédiée à Mme la *baronne Dorothée d'Ertmann*, un nom sur lequel nous voulons nous arrêter un instant, car cette dame occupait alors la première place parmi les pianistes de Vienne. Née à Francfort, sur le Mein, elle épousa un colonel d'infanterie au service de l'Autriche, qui avait alors la meilleure musique dans son régiment, à Vienne. Aussi bon soldat qu'excellent artiste, il forma un corps de musique des plus distingués, auquel les habitants de Vienne furent redevables de bien vives jouissances.

Mme d'Ertmann, en vraie artiste, excellait surtout dans les sentiments tendres ; elle avait de la grâce, de la sensibilité, et de la profondeur même. Son répertoire se composait des meilleures œuvres de Beethoven, et de celles du prince Ferdinand de Prusse. Dans l'exécution de ces dernières, elle était inimitable ; dans celles de Beethoven, elle apportait une telle sûreté dans la manière de rendre les intentions les plus obscures, qu'on les eût crues écrites sous ses yeux. Elle savait pénétrer les mouvements et les nuances qu'il est impossible de bien désigner avec les termes musicaux. Elle donnait à chaque phrase le degré de vitesse convenable qu'elle conciliait artistement avec le caractère du morceau, de manière que tout paraissait bien motivé. Aussi, elle réussit à mériter l'admiration du grand artiste, ayant le don de rendre à merveille la *mesure libre* qu'on laissait à la volonté de l'exécutant. Quand une œuvre exigeait une couleur plus prononcée, elle s'inspirait de ses propres sentiments ; elle avait un jugement sûr et beaucoup de poésie. Grâce à son exécution, plusieurs endroits inintelligibles furent compris et se projetèrent en tableau. On n'a point oublié l'effet du mystérieux largo du trio en *ré majeur* (œuvre 70.) Elle transportait aussi ses auditeurs dans le second morceau *Liebeswonne* (parfum d'amour), de la sonate en *mi* (œuvre 90 (1) et, chaque fois que le principal motif revenait, elle le nuançait différemment en lui donnant un caractère tantôt flatteur, tantôt mélancolique. De cette manière, le talent de cette dame impressionnait vivement son auditoire. Mais ces manifestations d'un talent rare, ne venaient point de son propre fond ; au contraire, elles étaient basées sur le mode d'expression de Beethoven, mode qui lui était particulier et dont cette dame s'était pénétrée avec un grand bonheur. L'année d'après, avant que le colonel Ertmann fut nommé général à Milan, sa femme réunissait, tantôt chez elle, tantôt chez Charles Czerny, un cercle d'amateurs, pour cultiver et répandre le goût de la bonne musique dans l'élite de la société. Elle rendit autant de services qu'un conservatoire de musique. Sans Mme Ertmann, remarquable par sa beauté et son éducation, possédant au plus haut point le sentiment du beau, la musique de piano de Beethoven aurait disparu plus tôt du répertoire des pianistes de Vienne. Elle s'opposa à l'envahissement de la nouvelle école de Hummel et ses imitateurs. Beethoven admirait donc, dans Mme Ertmann, une véritable prêtresse de la musique, et il l'appelait sa chère « Dorothea-Cœcilia. »

Indépendamment de la faculté innée de s'élever bien haut dans l'exécution d'œuvres de grands maîtres, Mme Ertmann, par une singularité caractéristique, ne pouvait avoir sur son pupitre aucune œuvre qui ne répondît à son individualité. Aussi, elle ne jouait jamais devant les connaisseurs, dans un grand local, la *sonate en la mineur* (œuvre 47), ni le *trio en si* ♭ (œuvre 97), pour lesquelles elle trouvait ses forces physiques insuffisantes. Dans l'intérêt de ces compositions, elle s'en tenait à l'axiome connu : Tout ne convient pas à tous. Les virtuoses des deux sexes de nos jours ne suivent pas ce précepte, ils pratiquent tous les genres et mêlent

---

(1) L'esprit fin du comte Lichnowski, auquel cette sonate est dédiée, y découvrit plusieurs intentions bien marquées. Beethoven, questionné là-dessus, répondit qu'il voulait peindre en musique l'histoire de ses amours, ainsi on pourrait intituler le premier morceau : « COMBAT ENTRE LA TÊTE ET LE CŒUR. » Le second : CONVERSATION AVEC LA BIEN AIMÉE. Le comte Lichnowski, après la mort de sa femme, était devenu amoureux d'une cantatrice de l'Opéra, mais ses héritiers protestaient contre son mariage. Ce n'est qu'après bien des combats que le prince est parvenu à ses fins, vers 1816.

toutes les époques. Nous aurons encore l'occasion de parler de Mme Ertmann, sous le rapport de son exécution, à propos d'une autre grande prêtresse musicale de la même époque.

La valeur que Beethoven attachait au talent artistique de Mme Ertmann, est attestée par la sonate composée pour elle en vue des qualités particulières de son exécution. En lui adressant son œuvre, il écrivit la lettre suivante, en date du 23 février 1816, lettre dont l'original se trouve dans la collection d'autographes de M. Ritter-Frank, son neveu, à Vienne.

Elle est ainsi conçue :

« Ma chère et digne Dorothea-Cœcilia

» Vous m'avez souvent méconnu, tandis que je revenais toujours
» à vous ; cela tenait aux circonstances, surtout dans les premiers
» temps, où ma manière était moins comprise qu'à présent. Vous
» connaissez les interprétations des *Apôtres non appelés* : ils se
» servent d'autres moyens que ceux qui sont dans l'Evangile. Je
» n'en ai jamais voulu de ceux-là. Recevez maintenant une œuvre
» qui vous était souvent destinée comme preuve de mon attache-
» ment à votre personne et à votre talent. Mes souffrances m'em-
» pêchèrent de vous entendre dernièrement chez Czerny, mais
» elles semblent vouloir s'enfuir devant ma forte constitution.

» J'espère bientôt entendre cela exécuté par vous à Saint-Polten,
» si vous tenez un peu à votre admirateur et ami.

» L. VAN BEETHOVEN. »

Bien des choses à votre digne
mari de ma part. (1)

La première partie de cette lettre qui se rapporte à quelques phases de la carrière musicale de Beethoven est d'un vif intérêt ; elle renferme son propre aveu sur l'état de son âme, source de chagrins continuels, jadis comme à présent ; cependant on peut tirer de ce passage : « *où ma musique était moins comprise* » la conclusion qu'il n'était pas mécontent du présent. — Quant aux « *interprétations d'Apôtres non appelés* », le maître désigne les agissements des coryphés de la nouvelle école de piano, école autour de laquelle se groupaient un grand nombre de jeunes artistes et amateurs vides de pensées qui, plus tard, donnèrent tous

---

(1) M. et Mme Ertmann se trouvaient à cette époque à Saint-Polten, à 6 ou 7 lieues de Vienne. Une partie du régiment de M. Ertmann y tenait garnison.

dans la musique italienne. Ecoutons Homère dans le premier chant de son *Odyssée* :

> Les chants les plus récents sont toujours applaudis
> Par un peuple attentif, du neuf toujours épris. (1)

Ces paroles n'ont pas échappé au sens profond de notre maître, aussi il les avait soulignées et les avait transcrites à part. Quelles remarques n'aurait-il pas fait sur l'Evangile de la « *musique de l'avenir*, » dont les Apôtres se donnent tant de peine pour la propager.

A côté de la sonate en *la majeur*, il faut placer immédiatement les deux sonates en *ut* et en *ré majeur* (œuvre 102.) Cette composition, qui est un véritable poème, est dédiée à Marie Erdoedy, née comtesse Niszky, connue déjà par la dédicace de deux grands trios (œuvre 70.) Ce qu'elle fut à Beethoven, pendant de longues années, est indiqué par les mots suivants : Il l'appelait son « *confesseur*. » Noble de naissance, Marie Erdoedy avait de la noblesse dans ses sentiments, qualité rare que peu de personnes de la même classe réunissent au même degré. La comtesse Erdoedy n'a jamais varié dans ses sentiments d'amitié, ni dans son pieux attachement pour le maître, lorsque tant d'autres de ses égaux l'ont abandonnée pour une nouvelle étoile qui se leva sur le ciel d'Italie. Depuis 1820, elle habite Munich, et nous n'avons pu établir l'année de sa mort.

A cette œuvre de sonates, se liaient les événements peu ordinaires qui y touchent de près. Nous remarquerons aussi que c'est l'éditeur Simrock de Bonn qui eut le manuscrit des mains de l'auteur, pendant le voyage qu'il fit à Vienne en 1816. Ces détails sont consignés dans le journal de Beethoven, où il est dit que l'œuvre fut écrite en 1815 et publiée par Simrock en 1817.

Jusqu'à l'époque où ces indications arrivent, il était reçu et accrédité par les écrivains scholastiques et les grammairiens, que Beethoven « ne savait pas écrire une fugue. » Cette opinion fut consacrée comme un dogme. En effet, il n'existait alors aucune preuve pour l'annuler ou la rendre douteuse. Dans le *Christ au mont des Oliviers*, ainsi que dans la messe en *ut majeur*, il n'y a point de fugues : elles seraient là cependant à leur place. C'est surtout dans la messe au prince Esterhazy qu'une bonne fugue aurait fait merveille, car on sait que ce Mécène avait pour ce genre de musique une grande admiration. La fugue du quatuor en *ut*

(1) Traduction de M. Berger.

majeur (œuvre 59) ne peut être présentée ici comme une preuve du contraire. Quant aux endroits fugués, dans la marche funèbre de l'*Eroïca*, dans l'andante de la symphonie en *la majeur* et dans d'autres ouvrages, ils donnaient raison encore à l'opinion des adversaires de Beethoven. — Lorsqu'apparut l'œuvre 102, avec le final d'un grand éclat « allegro fugato » en *ré*, ce fut comme de l'huile versée sur du feu ; il souleva une armée entière de Philistins prête à déchirer cette pièce à coups de poings, malgré l'adagio, qui appartient aux compositions les plus grandioses et les plus sombres de la muse du grand maître. L'animosité fut telle, qu'un défenseur de cette œuvre risquait d'être lapidé par de trop irritables antagonistes. Il devenait notoire que la haine contre le compositeur et ses créations n'était effacée que momentanément, et qu'elle n'attendait, pour faire explosion, qu'un motif de le déchirer à belle dent. Jamais persécution plus injuste ne vint attrister les vrais amis de l'art. Le reproche de manque de clarté qu'on faisait à ce *Fugato* (que les adversaires appelaient « *confusion* ») ne s'applique qu'à une vingtaine de mesures, écrites dans un style aride que rien ne motivait, mais qui finissent avec l'accord en *fa* ♯. Cette pièce aurait gagné en clarté à la suppression de modulations un peu dures. Le thème reparaît de temps en temps sous différentes formes, parfois étranges. La difficulté de résoudre le problème servit de prétexte pour rejeter l'ensemble et le déclarer mauvais. Ce jugement passionné s'est maintenu, jusqu'à nos jours, sur une œuvre des plus importantes du maître ; les deux numéros eurent le même sort. Il serait grandement temps de leur rendre justice, et, au moyen d'une exécution bien accentuée, ce but serait atteint.

Nous allons faire voir la part que prit l'aréopage critique de la *Gazette musicale*, de Leipzig, dans cette lutte où il soutenait les adversaires de Beethoven. Il y est dit : « Ces deux sonates appar-
» tiennent aux moins vulgaires et aux plus singulières qu'on ait
» écrites depuis longtemps pour le piano. Tout est ici différent,
» tout est autrement disposé et tout semble provenir de la main
» du maître lui-même. Le mérite n'en est pas moindre au fond
» qu'à vue d'œil, et la manière dont les parties sont disposées,
» ordonnées, rend l'ensemble des plus extraordinaires. » Les opposants, voulant renchérir encore sur les expressions de ce jugement, répandirent le bruit que l'éditeur avait intenté une action au compositeur, lequel, pour l'apaiser, lui offrit *les dix Thèmes variés* (œuvre 107) sans honoraires. Une édition de cette sonate,

publiée par Artaria en 1818, sans s'être entendu avec la maison de Bonn, fut considérée comme confirmation de ce bruit, propagé par les ennemis de Beethoven dans le but de lui nuire. On en accusait plusieurs éditeurs de Vienne, dont Beethoven avait refusé les offres.

L'effet immédiat de ces machinations sur notre maître, ne fut pas perdu pour le monde musical, car elles firent renaître une forme, la fugue, qui était abandonnée jusqu'ici. *Ab hoste dicimus.* Il était dans le caractère de l'époque de la relever selon ses mérites et de la cultiver avec application. La masse des musiciens ne considérait d'ailleurs l'artiste qu'en proportion de l'habileté déployée par lui dans ce travail aride.

Aussi voyons-nous, depuis, plusieurs œuvres de Beethoven nanties de bonnes fugues travaillées avec soin. La grande sonate en si♭ (œuvre 106), se distingue par une fugue en trois parties; on y lit cette remarque de l'auteur : « Avec quelques libertés, » ce qui prouve que les règles, pour écrire une vraie fugue, ne lui étaient point inconnues. Mais ce terrain, qui est souvent exploité par les courtiers de l'école, espèce de champ clos pour les adeptes, est aussi une grosse affaire pour les médiocrités qui, faute d'inspiration, mettent beaucoup d'orgueil à étaler leur savoir aux yeux des ignorants. Quant à Beethoven, il prouva qu'il avait assez de savoir et de connaissance pour pouvoir écrire une *fugue régulière.* Mais là n'était pas son génie ni le secret de sa grande puissance créatrice.

Nous trouvons encore, dans la sonate en *la*♭ *majeur* (œuvre 110), une fugue en trois parties, qui, sans avoir rien de chevelu, ni réclamer des *libertés,* « est pleine de grandes beautés. Nous avons » ensuite des fugues dans le *Gloria* et le *Credo* de la *Missa solennis.*» Puis l'ouverture fuguée (œuvre 124), avec laquelle Beethoven ferma pour toujours la bouche à tous les partisans de Bach et de Mozart.

De l'année 1815 datent les ouvrages suivants : *La mer calme,* et *Heureuse navigation* (par Gœthe), pour chœur et orchestre (œuvre 112); l'ouverture en *ut majeur* (œuvre 115). Ces deux ouvrages, avec le *Christ au mont des Oliviers,* furent exécutés le 25 décembre de la même année, dans un concert donné dans la grande salle de la Redoute, au profit d'un hôpital, sous la direction du compositeur. L'affiche du concert ne donnait aucun titre à l'ouverture, mais les catalogues la désignaient tantôt comme l'*Ouverture de la chasse,* tantôt comme l'*Ouverture pour Namensfeier.* Le 10 mai

1818, cette ouverture fut publiée par Steiner et exécutée au concert de Mayseder, Moscheles et Giuliani, avec ces mots : *A la chasse*. Beethoven voulut savoir la raison de ce titre et le nom de la personne qui l'avait donné, mais il ne put rien obtenir, la faute en étant à beaucoup d'autres. La maison de Breitkopf et Haertel lui conserva son titre primitif : *Namensfeier*, peut-être parce qu'elle fut exécutée, pour la première fois, le jour de la nativité de Notre Seigneur.

C'est à la suite de ce concert que les magistrats de la ville de Vienne offrirent à Beethoven les honneurs de la bourgeoisie. L'avis officiel de cet événement fut publié dans les journaux, dans les termes suivants :

» Le conseil de la ville de Vienne, capitale des Etats de S. M. I.
» et Royale et Apostolique, considérant avec quel louable empres-
» sement L. v. Beethoven offrait ses compositions pour les œuvres
» de charité, décide qu'il lui sera concédé le titre de bourgeois-
» honoraire de la ville de Vienne, et lui en envoie le diplôme. »

Voilà pour les services rendus dans un but de bienfaisance ! mais rien pour sa grande personnalité comme artiste, qui méritait cependant l'admiration et la reconnaissance. — On serait heureux d'y trouver consignée une expression comme celle-ci : « Nous » sommes fiers de vous avoir pour notre concitoyen et de pouvoir » vous rendre hommage au nom de toutes les autorités de cette » antique cité, amie des arts et des artistes. » Au lieu de cela, un document très-laconique, qui peint bien le siècle. La question de savoir si Beethoven attachait beaucoup de prix à ce titre honorifique, se résoudra par elle-même dans la suite de cette histoire.

Vers ce temps (1815 ou 1816), Beethoven commença à s'occuper de l'arrangement des *Ballades écossaises*. Il les mettait à une ou plusieurs voix, avec accompagnement de piano. D'après la correspondance avec G. Thompson, d'Edimbourg, le nombre de ces airs ainsi arrangés, monte au-delà d'une centaine. On peut conjecturer qu'un bon nombre de ces ballades, dont plusieurs à trois voix, mais sans texte, se trouve en manuscrit à la Bibliothèque royale de Berlin, bien que le catalogue thématique gravé à Londres n'infirme pas l'opinion accréditée, que la collection de Berlin avait déjà été publiée en partie. En 1841, j'ai eu l'occasion de m'en informer directement auprès de M. G. Thompson, d'Edimbourg. Mais, au lieu de me faire une réponse satisfaisante, M. Thompson m'annonça que son grand âge ne lui permettait plus de s'occuper de cela, et qu'il était disposé à vendre la collection entière. Celle publiée par Schlessinger, de Berlin, sous le numéro d'œuvre 108, est un extrait de la grande édition anglaise. Elle est composée de vingt-cinq ballades pour une voix, avec accompagnement de violon et de violoncelle. En général, Beethoven aimait assez à s'occuper de ce travail, qui n'était pas fatigant et qui l'intéressait beaucoup. Le catalogue de 1816, 1817 et de 1818 le prouve (1).

Nous allons entretenir nos lecteurs d'un épisode, lequel, sans toucher personnellement le maître, a une grande importance historique. Il s'agit de la dispersion du fameux quatuor du prince Rasumoffsky. Deux causes graves y contribuèrent : d'abord, le grand âge du prince, puis un incendie considérable qui dévora beaucoup d'objets d'art accumulés dans son palais, à Vienne. Ainsi, tous les éléments qui contribuaient à l'agrément de la vie de l'ambassadeur, y compris les meilleures compositions de Beethoven, disparurent en peu de temps. Les pensions garanties aux artistes démissionnaires furent maintenues, contrairement à ce qui arriva à Beethoven en pareil cas. Par suite donc de la cessation du quatuor, Schuppanzigh partit pour la Russie afin de diriger la chapelle particulière d'un seigneur russe ; Sina vint habiter Paris, et les deux autres membres restèrent à Vienne.

Depuis cette époque, il y eut un point d'arrêt dans les compositions, car les moyens d'exécution et les véritables appréciateurs devenaient de plus en plus rares. La physionomie de la capitale avait complètement changé depuis le Congrès, et l'aspect de la société faisait contraste avec celui d'une autre époque. Le public des concerts et du théâtre n'avait plus la même tenue et perdit ce calme nécessaire à la jouissance des arts. L'expression si caractéristique : « Das gemüthliche Wien » (Vienne la sensible), ne pouvait plus s'appliquer à cette société distraite, diversement agitée par les événements extérieurs. Le vice et la grossièreté prirent place de ces qualités, longtemps restées pures, et que l'irruption d'étrangers, en 1814, ne put effacer ; nous aurons l'occasion de parler encore de cette physionomie de la ville de Vienne, qui subit un changement radical.

(Voir la *Gazette musicale universelle*, de Leipzig, année XIX, page 427).

---

(1) L'auteur de ce livre fit don à M. le professeur Otto Jahn, d'une forte livraison, contenant quarante ballades écrites très-nettement et avec des corrections de la main de Beethoven. Sur la première page, on lit le millésime 1810.

Maintenant nous voilà à l'entrée d'un chemin creux, long et tortueux, qu'il nous est impossible d'éviter. Nous adjurons le lecteur de nous y suivre par égard pour le maître. Il s'agit d'exposer les causes d'un procès opiniâtre qui dura quatre ans et dans lequel Beethoven se trouva mêlé, au grand préjudice de son existence artistique. Une nombreuse correspondance, concernant cette affaire, ayant été rendue publique, notre tâche sera bien plus aisée pour donner présentement un tableau exact de cet événement. — Il existe en outre vingt-huit lettres adressées par Beethoven à *Gianastasio del Rio*, accompagnées de notes dont il a été question dans la deuxième période.

Au mois de novembre 1815, mourut Charles Beethoven, frère aîné du compositeur; il avait été employé à la caisse de la Banque nationale d'Autriche; avec la mort de cet homme, une nouvelle ère commença dans la vie de Beethoven. Quoique pauvre en travaux artistiques, mais riche en moments élevés, cette époque de sa vie eût une importance réelle, car elle nous montre le compositeur comme un homme d'énergie, rempli de dignité dans ses rapports sociaux. D'un autre côté, ce nouveau conflit avec d'autres personnages mit Beethoven à même d'apprécier mieux la vie bourgeoise de ses concitoyens. Comment l'épreuve lui réussit, la suite le fera voir.

Charles Beethoven, en mourant, donna à son frère la tutelle de son petit garçon âgé de huit à neuf ans. Voici le texte de ce codicille : « Je nomme mon frère, L. v. Beethoven, tuteur de mon
» enfant. Après avoir reçu de ce frère chéri de nombreuses preuves
» de l'amour fraternel le plus noble et le plus généreux, j'espère
» en toute confiance, et j'ai la certitude qu'il continuera à mon fils
» Charles, l'amour et l'amitié qu'il m'a toujours témoignés, et qu'il
» voudra bien diriger son éducation et assurer son avenir. Je sais
» d'avance qu'il exaucera ma prière. »

Plus loin, le docteur Schœnaur, avocat, est nommé *curateur*.
« Il aurait soin des affaires et d'autres détails. Il doit être aussi
» consulté en tout ce qui regarde la fortune de mon fils. » (Voir l'acte de testament.)

Nous lisons dans une lettre adressée par Beethoven à F. Ries, à la date du 22 novembre de la même année, le passage suivant :
« Pour contribuer à son établissement et lui venir en aide (son
» frère Charles), je puis dire que j'ai dépensé 10,000 fl. » Beethoven ajoute plus loin : « Mon pauvre frère Charles avait une méchante
» femme. »

Pour se conformer à la prière de son frère, Beethoven jugea nécessaire de soustraire son neveu à la mauvaise influence de sa mère. Sous ce rapport, il outrepassa peut-être les instructions de son frère; mais il prit la résolution d'adopter le jeune homme, résolution qui ne s'accordait ni avec sa position d'artiste, ni avec les circonstances présentes. Aux observations de ses amis, il répondait qu'il avait pris l'engagement de faire de son neveu un homme et un citoyen.

Afin de mettre ce dessein à exécution sans retard et de réussir auprès de la tutelle, il fallait faire un premier pas. Au lieu d'un appartement de garçon, il devenait nécessaire d'avoir une maison bien montée. Mais c'était renoncer à sa liberté individuelle et à son indépendance artistique, détruire ainsi son chez-soi, où son génie s'était déjà manifesté par tant de sublimes créations.

Pour avoir une idée juste de l'arrangement et de la tenue d'une maison, Beethoven demanda à une personne expérimentée quelques renseignements. Il voulait savoir combien coûterait la nourriture de deux domestiques, la quantité de viande qu'il faudrait pour faire trois rations, etc. Comme on pense bien, notre compositeur habitué à vivre dans une sphère à part, enfermé dans le monde idéal de ses pensées, n'aimant pas à être contrarié, était fort peu enclin à s'occuper de tous ces détails qui regardaient plutôt une bonne ménagère.

Déjà, en 1816, Beethoven retira le petit Charles de chez sa mère, pour le placer dans une maison d'éducation dirigée par Gianastasio del Rio. Sa mère se plaignit de cet acte répréhensible et intenta un procès à Beethoven devant la cour de la Basse-Autriche (*Niederoesterichische Landrecht*), dont relevaient les affaires du clergé et de la noblesse. L'illustre compositeur dût paraître devant cette cour à cause de son origine noble. On le somma de prouver l'inconduite de sa belle-sœur; cette circonstance fut bien pénible à son cœur, car il cherchait toujours à pallier le désordre dans sa famille.

Comme il arrive souvent dans les procès, que la partie adverse est excitée par le défenseur, la même chose arriva à Beethoven avec son avocat, D* de Adlersburg, homme d'une nature rude, qui, au lieu d'apporter la conciliation, chercha à exciter les passions et oublia les égards qu'il devait au maître illustre qu'il s'était chargé de défendre. Quant à Schœnauer, avocat de la partie adverse, il avait la réputation d'un intrigant et sut conduire ses investigations aux frais des parties, comme cela se pratiquait dans ce temps-là

« *Stilus curiæ.* » On ne voyait que railleries et injures de tout genre, aussi bien dans les actes que devant les juges. Toutefois ils firent du mauvais sang en pure perte ; Beethoven ayant obtenu que son neveu resterait dans un endroit neutre jusqu'au jugement définitif. C'était lui donner gain de cause de son prétendu acte de violence.

Nous lisons à ce sujet, dans les notices de la dame *Gianastasio del Rio* (Grenzboten, 2ᵐᵉ trimestre 1857, page 29) : « La belle-sœur
» de Beethoven, appelée par lui *Reine de la nuit*, parvint à lui faire
» contester sa noblesse. Cette affaire fut plaidée devant la cour, et
» Beethoven dépossédé de sa tutelle, fut obligé de rendre son
» neveu à la mère. Quelle douleur pour lui. »

Un plus ample examen de cet aveu digne de foi, si important pour la chose, doit nous occuper avant tout, car il vient d'une personne étrangère et réunit toutes les conditions de l'impartialité. Ce procès d'ailleurs, renvoyé de la cour supérieure au tribunal de première instance, fut entaché de chicanes et d'inconvenances.

Après une année passée en négociations, la cour, influencée par les dénonciations d'avocats, contesta les titres de noblesse à Beethoven, en déclarant que la particule *van* ne constituait pas la noblesse dans le Pays-Bas. Cette énormité mettait en suspicion la magistrature de Vienne, et ne lui faisait pas beaucoup d'honneur, attendu que cela n'était pas de sa compétence et que le principal titre à la noblesse de l'illustre compositeur était son génie extraordinaire qui le mettait au-dessus de tous ceux qui devaient leur noblesse au hasard de la naissance. Toujours est-il que la cour décréta que ce grand homme était tenu à prouver sa noblesse. Au jour indiqué, il parut devant les juges et montrant sa tête et son cœur, il leur dit : *Ma noblesse est là, et là* (1). Comme pour une pareille noblesse il n'existait pas d'autorités compétentes, ni en Autriche, ni en aucun pays de l'Europe, la cour renvoya le grand artiste à se pourvoir devant la commission héraldique. L'histoire jugera sévèrement ces juges pusillanimes, qui, à propos d'un procès de famille, n'hésitèrent pas à abreuver d'humiliations l'homme de génie qui éleva à un si haut degré la gloire de l'Allemagne musicale. Blessé vivement, Beethoven ne se découragea pas ; il changea son défenseur, et confia ses intérêts au Dʳ J.-B. Bach, avocat distingué, très-redouté des avocats du parti opposé. Homme intègre, esprit cultivé, le Dʳ J.-B. Bach jouissait d'une

---

(1) D'autres disent que Beethoven répondit comme Napoléon Iᵉʳ : « Je veux que ma noblesse commence par moi. »

considération universelle. Pour donner l'idée de l'estime qu'on avait pour lui, il suffit de dire qu'il fut élu trois fois doyen de la faculté de droit à l'université de Vienne. Il fut aussi très-bon musicien, jouait à merveille le quatuor, et avait beaucoup d'exécution sur le violoncelle.

Par suite du renvoi du procès devant les magistrats, Beethoven ressentit un véritable chagrin. Tenait-il réellement à appartenir à la noblesse de naissance, il serait difficile de l'affirmer. Cependant, d'après l'opinion généralement répandue dans le peuple, sa famille avait une bonne position dans la bourgeoisie de Vienne, et, malgré la particule *van*, elle appartenait à la classe moyenne. En attendant, il est certain que l'illustre maître travaillait à établir ses droits devant les autorités exceptionnelles, par la raison que la position qu'il occupait avant, lui était plus avantageuse sous plusieurs rapports, tandis que la procédure du tribunal inférieur lui laissait peu d'espoir d'obtenir un jugement équitable. On peut dire avec certitude, que ce n'est ni son génie, ni ses chef-d'œuvres qui l'ont fait entrer dans le cercle de la noblesse sur le pied d'égalité. Il y était par son origine et sans présomption de sa part. Cela fut démontré par plusieurs circonstances arrivées aussitôt que l'incident de la cour supérieure fut connu du public. La particule *van* n'avait pas dans la classe moyenne le charme qu'elle pouvait avoir dans la société noble.

Depuis ce moment, il faut en convenir, la grande ville de Vienne se trouva trop étroite pour abriter l'illustre compositeur dont la santé chancelait. Nonobstant ses devoirs envers son frère Charles, il n'eut qu'une idée, ce fut de quitter l'Autriche pour aller s'établir à Londres. Il désirait faire un long séjour chez un peuple pour lequel il avait de la sympathie à cause de ses institutions politiques.

L'influence qu'exerça cet événement sur Beethoven est confirmée par une conversation qu'il eût avec Péters, son ami; transcrite dans un journal, (1) cette conversation eût lieu dans un endroit public, et par écrit, à cause de la surdité de Beethoven. On voit par les premières paroles du maître quelle position il s'était ménagée dans la société. Il n'y avait que ses adversaires décidés qui ne la comprenaient pas.

Péters. — Êtes-vous aujourd'... aussi mécontent que moi.

---

(1) L'original de cette conversation se trouve avec d'autres papiers à la bibliothèque royale, de Berlin.

Beethoven. — Un bourgeois doit être retranché de la classe élevée, dans laquelle je suis né pourtant. (1)

Péters. — Dans trois semaines, vous n'aurez plus rien à faire avec les magistrats et la bourgeoisie, on vous demandera, au contraire, votre appui, et la remise de l'appel.

Beethoven. — Quand même cela devrait arriver, je ne voudrais plus rester dans un pareil pays. Je n'aurais plus ni tuteur, ni oncle à donner à mes semblables. — Denkschrift.

Au temps où le Dr Bach prit la direction du procès, les choses étaient en mauvais état. La cour venait d'ôter la tutelle à Beethoven, sous prétexte qu'il était sourd, et elle nomma d'office un fonctionnaire pour s'occuper des affaires du jeune Charles, mineur. Ce nouveau tuteur par intérim s'appelait Nuszbœck ; il était fiscal de la ville. Au surplus, on autorisa la mère à élever son fils comme elle le jugerait à propos, et l'on décréta qu'il lui serait rendu. Cet état déplorable durait déjà depuis deux ans, depuis février 1816, jusqu'en février 1818 ; pendant ce temps-là, le jeune homme recevait une bonne instruction dans l'institut de Gianastasio, aux frais de l'oncle, puis il fut placé à l'institut de Blœchlinger, disposé pour les classes gymnasiales. Mais cet institut, très bien dirigé, fut trop cher pour le neveu de Beethoven, qui réclama devant les magistrats, en faveur de ses droits de tuteur unique, qui lui donnaient le pouvoir de diriger l'éducation du jeune Charles comme il entendrait. Ces réclamations n'eurent aucun succès, malgré l'assistance du Dr Bach, qui présenta, le 30 octobre 1819, plusieurs documents à l'appui de la demande de son client...............

Enfin, pour abréger les différentes phases de ce long procès, nous dirons seulement que ce ne fut que le 7 janvier 1820 que Beethoven interjeta appel du jugement de la cour supérieure. On remarqua que, dans toutes les pièces relatives à son neveu, il montra un bon cœur et des sentiments élevés. Voici comment s'exprime le Dr Bach, son avocat, à ce sujet, dans une lettre qui m'était adressée à la date du 9 juin 1839 : « Aucun trait de cette grande » âme ne doit être perdu, car il prouve que son inépuisable génie » est lié aux plus nobles sentiments. » ....

Enfin, la cour d'appel fut plus favorable à Beethoven, elle lui rendit, selon ses désirs, plein pouvoir de faire diriger l'éducation de son neveu, et débouta la mère de sa demande.

---

(1) Le sens de cette réponse pourrait faire suspecter les sentiments nationaux de Beethoven. Mais il se rapporte spécialement à la bourgeoisie de Vienne, et à l'état de culture intellectuelle de cette classe.

Ainsi finit ce procès, qui tint longtemps en éveil l'attention du monde musical de la ville de Vienne. Mais malgré tous ces changements dans la direction de l'éducation du jeune Charles, celui-ci fit des progrès remarquables dans les sciences, ainsi que dans la musique. Il semblait donc que le digne maître serait récompensé de tant de peines et de tant de sacrifices. Mais la suite fera voir, qu'en retour de son affection pour le neveu, il n'eût que de nouveaux sujets de chagrins.

Nous terminerons ce long épisode juridique, par une anecdote qui caractérise bien la justice de Vienne, à cette époque.

Beethoven n'ayant plus ses titres, figure tout simplement dans les actes judiciaires comme compositeur de musique. Ce que voyant le Dʳ Bach, il conseilla à Beethoven de prendre le titre de maître de chapelle (*Capellmeister*), attendu que les magistrats qui étaient pour la plupart des *Béotiens*, n'attachaient aucune importance au titre de compositeur de musique. En Autriche, chacun doit avoir un titre quelconque, et un garde de nuit est plus estimé qu'un compositeur ou poète. Il est reçu que, dans la vie habituelle, on se gratifie réciproquement de titres de noblesse, ou de particule *van*. Il est donc nécessaire d'avoir un titre pour paraître convenablement devant les juges ! C'est en vain que Beethoven s'opposait à prendre le titre de *Capellmeister*, disant qu'il serait tenu de le justifier comme la noblesse par un diplôme, mais le Dʳ Bach, connaissant bien son monde et le pays, leva son scrupule et fit prendre à Beethoven le titre de Maître de Chapelle, « *in partibus infidelium* » que le maître adopta en riant. Aussi, sur tous les actes de ce procès, Beethoven signait « *Maître de Chapelle et Compositeur de Musique.* » Après l'heureux résultat du procès, le Dʳ Bach disait à l'illustre maître que c'était l'effet du titre !

Comment ses finances marchaient dans la seconde année du procès, Beethoven nous l'apprend lui-même. Il écrit, à la date du 12 novembre 1817, à Gianastasio : « Les circonstances peuvent bien
» me forcer à ne laisser mon neveu Charles chez vous que jusqu'à
» la fin de ce trimestre. Il m'est bien dur d'être obligé de vous
» donner congé pour le prochain trimestre ; mais l'état borné de
» mes moyens ne me permet pas de vous payer un léger tribut de
» ma reconnaissance. Si ma santé se maintient et que je puisse
» gagner quelque chose, je serais très-heureux de vous prouver
» toute ma gratitude. Mais je dois convenir de mon impuissance
» en ce moment. »

Mais l'état de ses affaires devint moins brillant vers la fin de 1817, et s'aggrava successivement jusqu'à 1820. On comprendra cela quand on verra que, dans un si long espace de temps, la puissance créatrice de son génie n'a pu produire que les œuvres 102, 106, les dix thèmes variés (œuvre 107), de plus, les *ballades écossaises*, pour lesquelles il n'eût aucun bénéfice. Quels étaient alors les ressources du maître pour subvenir à ses nombreux besoins et couvrir les dépenses de son neveu, c'est ce que nous allons bientôt apprendre. Mais on se demande si Beethoven était à plaindre, ou s'il y avait de sa faute dans ce désordre. On savait qu'il avait placé une petite somme d'argent sur les actions de la Banque, à la suite de son concert, en 1814.

Malheureusement, au lieu d'écrire beaucoup de musique comme il en avait l'habitude, musique qui lui rapportait de l'argent, Beethoven écrivait depuis un certain temps un grand nombre de lettres, relatives à l'arrangement de sa maison, à son procès, et à l'éducation de son neveu. C'était-là la source de tous ses malheurs; excité par l'injustice de ses concitoyens, il se passionna pour des objets qui n'en valaient pas la peine et perdit la tranquillité d'esprit, si nécessaire pour ses sublimes inspirations. (1) Ceux de ses amis et connaissances qui lui promirent de l'aider dans ses affaires, furent tellement accablés d'écrits et de commissions qu'ils bénirent l'heure où finit le malencontreux procès. Quant aux lettres en question, elles n'avaient pas un grand intérêt, c'étaient tout simplement des autographes d'un grand homme; plusieurs le peignaient sous des couleurs favorables; d'autres montraient à nu ses mouvements brusques et ses impatiences. Au demeurant, elles ne lui faisaient pas grand tort; car il est reconnu qu'on peut parler des défauts d'un homme supérieur sans lui nuire. Pour parer à une interprétation désavantageuse de ces lettres, qui, selon moi, sont pitoyables, il vaut mieux en faire connaître une, celle que Beethoven adressa à F. Ries, à la date du 5 mars 1818 :

« J'espère et désire pour vous que vos affaires s'améliorent tous
» les jours. Malheureusement je ne puis pas dire cela de moi; par
» ma liaison avec cet archiduc, je suis presque réduit à la men-
» dicité. Cependant je ne veux pas avoir l'air de manquer du
» nécessaire. Je dois payer, et vous pensez bien combien cette

(1) M. Schindler fait ressortir ici une ressemblance entre Rubens et Beethoven, en ce sens que dans beaucoup de lettres écrites par le grand peintre, il n'y est pas question de son art. Ce qui est assurément très-regrettable. Dans la plupart des lettres de Beethoven, la musique tient aussi une place bien minime.

» position me fait souffrir... Aussitôt que je le pourrai, je m'en
» irai d'ici pour éviter ma ruine complète. Mon projet est de partir
» cet hiver pour Londres. Je sais que vous y viendrez au secours
» d'un malheureux ami. » (1)

Sans nul doute, l'archiduc Rodolphe, si généreux, se sera mis au-dessus de cet injuste reproche envers sa personne; il aura attribué cela aux projets de voyage de son maître, par suite des offres brillantes de la Société philharmonique de Londres, qui devaient améliorer sa position. L'archiduc Rodolphe n'avait nulle envie de s'opposer au départ de Beethoven; il venait d'être nommé archevêque d'Olmütz, et son départ pour cette résidence était déjà connu vers le milieu de 1818. Beethoven n'a donc renoncé à son projet de voyage que par son amour démesuré pour son neveu. En général, ses doléances sur ses affaires d'intérêt et ses sorties contre ses amis n'avaient pas grand fondement. Les premières étaient toujours son cheval de bataille, et les seconds lui servaient de boucs émissaires.

Veut-on être franc, on trouvera dans les faits et gestes un grand désaccord; les exemples ne manquent pas.

En même temps qu'il jugeait son voyage nécessaire pour tirer parti de ses œuvres, et pour améliorer sa position, il consignait ses réflexions et les considérations qu'il devait peser dans ce qu'on peut appeler un journal (*Mahnworte an sich selbst gerichtet.*) A la date de 1814, on y trouve le passage suivant :

« Quelque chose qui arrive ! — il faut entreprendre le voyage et
» écrire les ouvrages nécessaires pour cet objet, ou composer un
» opéra. — Si tu dois rester ici l'été prochain, il serait préférable
» de donner suite à l'opéra. — Quant au séjour en été ici, il faut
» que cela soit décidé ; — où et comment ? — Dieu, aide-moi ! tu
» me vois abandonné par l'humanité entière. Je ne puis supporter
» l'injustice; écoute mes supplications, laisse-moi vivre avec mon
» Charles dans l'avenir, bien que cela ne paraisse pas possible à
» présent. Oh ! sort inexorable, cruelle destinée ! Non, non, mon
» malheureux état ne finira jamais. »

« Pour te sauver, il n'y a d'autre moyen que de t'en aller d'ici.
» Par là, tu peux t'élever à la hauteur de ton art; ici, tu te perds;
» une seule symphonie ! — Puis, hors d'ici. » (2)

---

(1) Cette lettre se trouve en possession de Auguste Buhl, à Francfort-sur-le-Mein. Il la tient de la veuve de F. Ries.

(2) Beethoven parle aussi dans son journal d'un CHANT, à la gloire du Tout-Puissant, éternel, infini ! qu'il aurait voulu composer.

C'est ici le moment de jeter un coup-d'œil sur l'arrangement de sa maison, pour déduire de là s'il était en état de s'occuper de la tenue de son ménage. Habitué, comme il était, à manger chez les restaurateurs, il n'avait pas les connaissances nécessaires pour tenir une maison. Il appréciait cependant l'avantage de vivre chez soi ; cette manière convenait mieux aussi à ses travaux artistiques. Par ces dernières raisons, Beethoven prit le parti de monter son ménage, et, comme il aimait à consigner ses impressions, il tenait une espèce de journal sur les feuilles blanches de son calendrier. Il existe un pareil journal des années 1819, 1820 et 1823. Nous y trouvons de menus détails, qui seraient trop longs pour les lecteurs français. A la date du 12 mai 1819, on lit ces mots, à l'arrivée du maître à Mœdling : *Miser et pauper sum*. Beethoven changeait souvent de domestiques et se mettait en colère à la moindre infraction de leur part.

. . . .

Ainsi qu'il a été dit, la nomination de l'archiduc Rodolphe comme archevêque d'Olmütz fut connue au milieu de 1818. Mais son installation ne fut définitive que deux années plus tard, le 9 mars 1820, jour de la fête de Saint-Cyrille et Methodius, patrons de la Moravie.

L'illustre compositeur prit le parti d'écrire une messe pour cette solennité, de sa propre inspiration. Il voulait ainsi, après bien des années, reprendre cette branche de son art, et traiter un genre pour lequel, après la symphonie, il se sentait le plus de prédilection. Cette résolution prouvait aussi que sa *sortie* contre l'archiduc n'était qu'un nuage passager. D'ailleurs, depuis longtemps, le maître montrait un attachement inaltérable à son illustre élève. J'ai vu commencer la partition de cette Messe, en automne 1818, après que la sonate en *si* ♭ fut terminée, ainsi que l'œuvre 106. Beethoven passa l'été de 1819 à Mœdling, où j'allais souvent le voir. Je voyais la Messe avancer, mais le maître doutait qu'elle pût être terminée pour le sacre, attendu que chaque morceau avait acquis un grand développement, et plus que le plan primitif ne le comportait. Ce qui retardait le progrès de la Messe, c'était le restant des difficultés à régler pour le procès. Cependant, à la fin d'octobre 1819, le maître arriva à Vienne avec le *Credo* terminé. Au départ de l'archiduc pour son installation, la partition fut poussée jusqu'à l'*Agnus-Dei*. Mais, en réfléchissant que Beethoven avait pour coutume de donner une dernière retouche à chacune de ses œuvres, il parut évident que ce travail retarderait encore longtemps l'achèvement de la messe. Ce qui eut lieu, en effet, l'auteur n'ayant pu retoucher la partition avant la fête de l'installation. Ce n'est qu'en 1822 que l'illustre compositeur put mettre la dernière main à cette magnifique messe.

Lorsque je repasse dans ma mémoire les événements de 1819, je ne puis penser sans émotion à ce moment, où j'ai vu le grand Beethoven occupé de l'élaboration du *Credo*, dans sa messe en *ré*. Il était alors logé dans la maison de Hafner, à Mœdling, séjour délicieux, à quelques lieues de Vienne. Témoin de sa divine inspiration, je dois convenir que jamais, ni avant, ni après, je n'ai vu un pareil rayonnement s'élever de dessus la terre et planer dans l'immensité. Vers la fin d'août, J. Horzalka, un des meilleurs musiciens de l'Allemagne, me proposa d'aller rendre visite à l'illustre maître, à Mœdling. Il était près de quatre heures après-midi, lorsque nous y arrivâmes. — En entrant, nous apprîmes que les deux servantes étaient parties le matin et que Beethoven n'avait pu dîner. Qu'on se figure l'ennui d'un homme du caractère de Beethoven, dépendant du caprice de sa cuisinière, et l'on conviendra que les soins du ménage ne lui allaient pas. L'escapade des deux femmes rendit son dîner, préparé d'avance, immangeable. Pendant ce temps-là, le compositeur était aux prises avec la fugue du *Credo*. Nous l'entendîmes, à travers la porte fermée, hurler, trépigner, en chantant la stretta. Cette scène terrible dura assez longtemps, lorsque la porte s'ouvrit tout d'un coup, et Beethoven parut devant nous avec le visage consterné, pouvant inspirer de l'inquiétude. Il avait l'air d'avoir soutenu un combat à mort contre toute la légion des contre-pointistes. Ses premiers propos furent embarrassants, comme s'il eût été surpris désagréablement par notre visite. Mais bientôt il parla de l'événement du jour et manifesta son dépit avec une sensible évidence : « Joli ménage, dit-il, » tous sont partis et je n'ai rien mangé depuis hier. » Je cherchai à l'apaiser en l'aidant à faire sa toilette, pendant que mon compagnon allait s'enquérir, chez le restaurateur de l'établissement de Bains, s'il n'y avait pas quelque chose de prêt à manger. Beethoven se plaignit beaucoup des inconvénients de son ménage, mais il n'y avait plus de remède possible à cet état de choses. Jamais une œuvre aussi importante que cette « *Missa solemnis* » n'a vu le jour au milieu de circonstances plus défavorables.

CONCLUSION.

C'est en 1820 que Beethoven, après avoir longtemps combattu, arriva enfin au comble de ses souhaits. Il vit couronner d'un succès complet son vif désir d'être avec son cher neveu Charles. C'était son rêve favori qu'il voyait s'accomplir, et l'issue favorable du procès lui causa une impression profonde.

Aussi, la satisfaction d'avoir obtenu gain de cause, et le bonheur de jouir de la présence de son neveu, furent cause que tout l'été se passa sans rien faire, excepté cependant quelques esquisses de peu de valeur. Mais il fallait, avant tout, guérir les blessures ouvertes depuis quatre ans et oublier les souffrances des mauvais jours. La confiance qu'il avait en Dieu, et son génie inépuisable, lui faisaient espérer que bientôt il serait à l'abri des besoins et des tristes déceptions de cette vie.

Ce fut aussi un moment de vive satisfaction pour son biographe, qui assistait de près à un état de choses si navrant, qui partageait les peines et les joies de son maître et ami, que de voir enfin s'éloigner ce temps d'orages. Le fleuve de la vie de l'homme extraordinaire allait enfin rentrer dans son lit. La narration des événements qui se succèderont aura désormais plus de suite, sauf quelques exceptions. Mais le talent sublime de notre compositeur, libre de toute entrave, reprendra son libre essor.

II

Nouvelle impulsion, force rajeunie.

1821. — Il est dans l'habitude des hommes d'observer de près la cime des montagnes, et, d'après leur aspect, clair ou sombre, de conclure au changement prochain du temps. Ils jugent de même les sommités dans les arts et dans les sciences. Les uns font cela par pure curiosité, d'autres par un intérêt véritable pour la chose, et pour enrichir l'art et la science d'une nouvelle production.

La même chose est arrivée à Beethoven. Dans les premières années, il a affriandé son public, alors que sa muse enfantait œuvre sur œuvre et occupait sans relâche la curiosité des amateurs. Mais cette grande fécondité finit par ne plus surprendre personne, même ceux qui se plaisaient à la reconnaître.... Nous avons déjà expliqué les causes de ce point d'arrêt dans les travaux de Beethoven (1), lequel n'avait rien fait paraître de remarquable dans les cinq dernières années, excepté les œuvres 101, 102 et 106, pour piano. En ouvrages pour orchestre, il y avait calme plat, et le public musical de Vienne ne pouvait s'entretenir d'autres compositions que de celles qu'il connaissait par l'entremise de Charles Czerny. Les incidents du procès de la tutelle et leurs fâcheux effets furent bientôt oubliés du public, et, comme on ne pouvait savoir si le maître s'occupait de quelque ouvrage important, on ne manqua pas de trouver à ce silence une raison décisive, en disant : « *Beethoven hat sich ganz ausgeschrieben er vermag nichts mehr.*» (« Beethoven s'est épuisé complètement, il ne peut plus rien »). Cependant, on n'ignorait pas que l'illustre compositeur avait pour principe de ne point publier une œuvre quelconque sans la polir et la châtier. Par suite du procès, on le regardait comme ennemi *des femmes*; celles-ci prirent le parti de sa belle-sœur. Ceux qui s'imaginaient qu'il était épuisé, s'appuyaient sur diverses causes imaginaires et sur les événements du 17 janvier 1819. Ce jour-là, Beethoven conduisit lui-même sa symphonie en *la majeur*, au concert donné en faveur des veuves et orphelins de la faculté de droit. L'exécution eut lieu dans la salle de l'Université, salle d'une mauvaise acoustique et tellement sourde, qu'on entendait à peine les chœurs et l'orchestre. On pense bien que l'effet ne pouvait être meilleur pour l'auteur, affecté déjà d'une grande faiblesse dans l'organe de l'ouïe. Aussi, il devint notoire qu'il n'était plus en état de diriger ses propres compositions (2).

La *Gazette musicale universelle* ne manqua pas d'annoncer, d'après les correspondances des feuilles de Vienne, que Beethoven, à l'instar du père Haydn, s'occupait de l'arrangement des ballades écossaises et qu'il « *semblait avoir renoncé à ses grands travaux.* »

---

(1) Causes du moins apparentes pour la masse du public.
(2) Un meilleur résultat de sa direction aurons-nous à faire connaître de l'année 1822.

Ainsi, on cherche à propager la nouvelle que Beethoven était épuisé (*Hat sich ausgeschrieben*). — Voilà la justice.

Des assertions si positives sur son épuisement, semblaient au maître une plaisanterie, car, au fond, on ne pouvait méconnaître qu'une grande impulsion n'ait été donnée à sa vie intellectuelle. Les propos ne manquaient pas. On disait, entre autres choses : « Attendez donc, vous apprendrez bientôt quelque chose de nou- » veau. » En effet, au retour de Mœdling, où il était allé chercher, selon son habitude, de nouvelles inspirations dans le calme de la campagne, Beethoven écrivit, d'un seul trait, les trois sonates pour piano (œuvres 109, 110 et 111). Ce fait est confirmé par une lettre de Beethoven au comte de Brunswick, dans laquelle l'illustre compositeur rassure son ami sur ses dispositions intellectuelles. Ceux qui connaissent ses œuvres, sauront apprécier cette expression d'*un seul jet* (*in einem züge*). Dans la première de ces sonates, nous apercevons déjà un indice de l'hiver. Elle fut publiée par Schlessinger, en 1822, tandis que les deux autres parurent seulement l'année suivante. La cause de ce retard était la difficulté de faire les corrections en temps voulu, de manière à ce que ces compositions puissent paraître en même temps à Paris, à Berlin et à Vienne. Comme Beethoven faisait lui-même ses corrections, l'affaire traînait en longueur, attendu que les épreuves devaient faire deux fois le voyage de Paris à Vienne. La grande quantité de fautes, dans l'œuvre 111, obligeait l'auteur de demander d'autres épreuves, à quoi la maison de Paris ne voulait consentir. C'était comme si le ciel croulait sur le pauvre auteur.

Le soin de renvoyer à Paris une copie nette de l'exemplaire corrigé m'ayant été confié, je m'étais permis, dans mon innocence, de faire à l'auteur, assis en face de moi et occupé des corrections de son œuvre 111, quelques questions relatives au caractère du premier et du troisième morceau. « C'est la fatigue qui en est » cause, répondit Beethoven ; le temps m'a manqué pour le » troisième morceau. » Voilà pourquoi le second a reçu un si grand développement.

Comme je n'avais entendu cette œuvre, pendant son élaboration, que par fragments, je n'ai pu m'en rendre compte. Plus tard, lorsque Beethoven s'ouvrit à moi, ses raisons m'ont paru satisfaisantes ; mais je conviens que je regrette le troisième morceau.

1822. — Après la nouvelle impulsion donnée aux travaux

intellectuels de Beethoven, une seconde occasion lui fut bientôt offerte de se manifester devant le public après un silence de quelques années.

Charles-Frédéric Hensler, auteur favori, et très-aimé du public allemand pour ses productions dramatiques, voyait souvent le grand compositeur pendant son voyage à Baden, près Vienne. Il dirigeait le théâtre de cette ville et celui de Presbourg. Ses pièces à succès étaient : « *Un Vieux partout et nulle part. — La Fille du Danube. — Rinaldo Rinaldini. — Le Moulin du Diable* » etc. Le grand compositeur comme le poète populaire ne manquèrent pas de se témoigner une attention réciproque. Déjà, en 1821, Hensler était devenu propriétaire du théâtre de *Josephstadt*, à Vienne. Ce théâtre avait cela de particulier qu'on y jouait toute espèce de pièces et qu'il marchait de pair avec les autres théâtres impériaux et royaux. Ce théâtre devant ouvrir le 3 octobre suivant, la veille de la fête de l'Empereur, Hensler fit la proposition à Beethoven de faire représenter les *Ruines d'Athènes* pour cette circonstance-là. Cette composition avait été écrite pour l'inauguration du théâtre de Pesth, en 1812. Mais le texte de Kotzebue ne pouvait plus servir pour le théâtre de *Josephstadt*. On la fit donc remanier par Carl Meisl, un des arrangeurs-poètes. Il s'agissait d'une Minerve qui, après un sommeil de deux mille ans, aurait été rendue à la vie par l'ordre de Zeus, et transportée par Mercure dans une ville hongroise, nouvellement fondée au bord du Danube, pour y établir le séjour des muses, dont l'ancien séjour se trouvait entre les mains des barbares. Ces mêmes muses se seraient établies ensuite dans la capitale de l'Empire pour y faire fleurir les arts.

La représentation des *Ruines d'Athènes* étant décidée, Beethoven fut prié de faire quelques changements dans la pièce et d'ajouter de nouveaux morceaux dans l'intérêt du spectacle. L'été de 1822 se passa à Baden, où l'auteur de ce livre se trouvait. Beethoven, après avoir mis la dernière main à sa *Missa solemnis*, commença à s'occuper du remaniement des *Ruines d'Athènes* ; mais ce travail n'avançait pas à cause des grandes chaleurs. Le nouveau directeur pressait l'affaire, il voulait avoir un chœur et un groupe. Son intention était de produire, au théâtre de *Josephstadt*, un ballet complet avec solos de danses. L'importance du nouveau morceau était réelle, mais, le compositeur n'étant pas d'accord avec l'auteur des paroles, ce chœur n'avançait guère. D'un autre côté, le maître de ballet pressait aussi la composition, afin de pouvoir monter ses groupes dansants, qui étaient nouvellement recrutés. Au milieu de ces embarras, une nouvelle difficulté surgit. Le maître, fidèle à son système de ne jamais livrer les morceaux séparément, refusa de donner le chœur déjà composé, avant d'avoir fini et revu l'ensemble. Pendant que cela se passait en 1822, peu différemment de ce qui s'était passé pour *Fidelio*, en 1814, les malédictions du directeur, du maître de ballet, du chef d'orchestre, étaient à l'ordre du jour et donnaient lieu à une épigramme que le compositeur consigna dans son journal, mais qui ne peut pas être traduite.

Sur ces entrefaites, le mois de septembre vint; il était temps de s'occuper d'une nouvelle ouverture, celle qui avait servi pour la fête de l'inauguration du théâtre ne plaisait pas au maître à beaucoup près. Un jour que nous nous promenions dans la jolie vallée d'Hélène, près Baden, Beethoven, son neveu et moi, il nous pria de marcher devant et de l'attendre à un endroit désigné. Il ne tarda pas à nous y rejoindre, en disant qu'il venait de noter deux motifs pour l'ouverture. Puis, il parla de son plan de travail. Un de ces motifs était dans un style libre, un autre dans un style sévère, dans le genre de Hændel. Quoiqu'il eût peu de voix, il nous chanta ces deux motifs et demanda lequel des deux nous préférions. On peut dire qu'il était dans ce moment en bonne disposition, puisqu'il trouva deux pierres précieuses, qu'il cherchait peut-être depuis longtemps. Le neveu opina pour les deux motifs. Quant à moi, je donnai la préférence au motif fugué, et si Beethoven le travailla pour l'ouverture (*Zur Weihe des hauses*), ce n'est pas parce que je le désirai, mais parce que cela s'accordait avec son ancien projet, d'écrire une ouverture dans le style sévère, à la manière de Hændel. A quel point il y réussit, ce n'est pas le moment de le discuter; beaucoup d'opinions négatives se sont prononcées sur cet objet. Mais certains critiques ont été trop loin, lorsqu'ils ont reproché un manque d'individualité à la nouvelle conception. Evidemment, il n'était pas dans l'intention de Beethoven de faire une copie dans le genre de Hændel, mais il tenait à rendre hommage à ce vaste génie en adoptant plus ou moins son style. Nous reparlerons plus loin de la destination des autres motifs.

Quant à la nouvelle ouverture, elle ne fût pas prête en temps voulu; grâce à l'hésitation de l'auteur, on vit presque se renouveler la même scène qu'en 1814, pour la quatrième ouverture de *Fidelio*, en *mi majeur*, qui n'a pu être terminée pour la représentation et dut être remplacée par celle de Prométhée. Ce ne fut que dans l'après-midi, quelques heures avant l'ouverture des portes, que l'orchestre nouvellement composé du théâtre de *Josephstadt*, reçut l'ouverture, mais avec des fautes nombreuses dans les parties. Il était donc de toute impossibilité de la répéter en présence du parterre presque plein : le temps qui restait était à peine suffisant pour corriger les fautes les plus criardes des copistes.

Beethoven s'étant réservé la haute direction de son œuvre, se mit au piano, ayant l'orchestre en face de lui et le théâtre du côté de son oreille gauche, qui lui rendait encore des services. Le maître de chapelle, François Gläser, se plaça à droite de l'auteur, surveillant l'ensemble, et moi je conduisais les premiers violons, ayant à peine quitté ma cellule de jurisconsulte. Beethoven avait fait admettre, dans l'intérêt de l'exécution, quelques bons amateurs dans l'orchestre.

En ce qui concerne le résultat musical de cette fête, il aurait pu être meilleur en raison de la présence de l'auteur, et de ses paroles encourageantes ; mais il est triste de convenir que l'ensemble laissait beaucoup à désirer. L'incertitude régnait sur la scène et sur le théâtre ; les deux sous-chefs n'étaient pas d'accord avec la direction générale, attendu que celle-ci pressait ou retardait le mouvement sans cesse. Les exhortations de l'illustre auteur (Zu vielen eilens), n'y pouvaient rien, car là n'était pas la faute. Enfin la représentation se termina heureusement sans accident, et le sublime compositeur fut rappelé à la fin par le public enthousiasmé, il parut donnant le bras au digne directeur C. F. Hensler.

Pendant la répétition générale, il arriva un événement qui fit plaisir aux assistants. Dans un duo entre soprano et ténor, une jeune cantatrice, chargée de la partie haute, s'était intimidée et traînait le mouvement. Beethoven s'en aperçut de suite, fit venir à lui la cantatrice et l'engagea à mettre un peu plus de légèreté dans le débit de sa partie. Il lui conseilla de se fier davantage à l'habile ténor qui chantait avec elle, et finit par donner des encouragements à la jeune cantatrice. Ayant fait recommencer ensuite ce duo, il manifesta à la fin sa satisfaction, en disant: « Mlle Heckermann, c'est très-bien. » Le ténor qui chantait le duo en question était Michel Greiner, actuellement directeur du théâtre d'Aix-la-Chapelle, qui avait connu Beethoven au théâtre de Baden. (1)

---

(1) Nous pouvons citer, d'après le témoignage de M. Greiner, un autre fait qui prouve combien l'oreille gauche rendait de hauts services au grand artiste. Dans une Restauration, près du Josepstadt, se trouvait une pendule qui jouait des ouvertures et des airs de bons opéras.

Cette circonstance faisait voir que Beethoven pouvait entendre deux voix, mais qu'il ne pouvait se rendre compte des grands ensembles. En somme, on voyait bien pendant les répétitions et les exécutions, que l'éminent artiste n'était pas en état de diriger un orchestre.

Le résultat favorable de la représentation au théâtre de *Josephstadt*, offrit une occasion à la direction du grand opéra, d'inviter l'illustre compositeur à vouloir bien diriger quelques-unes de ces solennités musicales, qui le mettraient en évidence devant le public de Vienne. Après une interruption de huit ans, on résolut de remonter *Fidelio* avec Mme Wilhelmine Schrœder, comme *Eléonore*, et de réunir toutes les forces de la troupe afin de rendre l'exécution de ce chef-d'œuvre aussi parfaite que possible. La représentation était fixée au mois de novembre, au bénéfice de Mme Schrœder. Beethoven manifesta d'abord, dans le cercle d'amis intimes, son intention de conduire l'opéra, mais avec l'adjonction du maître de chapelle Umlauf. Tous étaient d'avis, qu'après ce qui était arrivé en 1819, dans la grande salle de l'Université, et tout récemment au théâtre de *Josephstadt*, il devrait s'abstenir de prendre part à la direction de son *Fidelio*. Après avoir hésité quelques jours dans le parti à prendre, il déclara être prêt à conduire son ouvrage, résolution bien malheureuse comme on va voir par la suite. Beethoven me demanda de l'accompagner à la répétition générale. L'ouverture en *mi* ♭ *majeur* marcha admirablement, car la valeureuse phalange se comporta vaillamment, malgré quelque incertitude du directeur dans les mouvements. Malheureusement, on s'aperçut de suite, dans le premier duo entre Marceline et Jacquino, que Beethoven n'entendait rien de ce qui se passait sur la scène. Il retenait le mouvement, l'orchestre le suivait, mais les chanteurs pressaient, et au moment où l'on entend frapper à la porte de la prison, tout s'engloutit ! — Umlauf offrit d'interrompre sans donner la raison au maître : après quelques pourparlers on cria *Da Capo !* — Le duo recommença, mais comme la première fois il manqua d'ensemble justement au même endroit. On arrêta de nouveau la pièce ; l'impossibilité de marcher avec l'auteur fut évidente. Mais comment lui faire entendre la vérité. Ni l'administrateur Duport, ni Umlauf, ne voulurent s'en charger. Chacun sem-

---

Beethoven avait coutume de se mettre tout près pour entendre son morceau favori : l'ouverture de MÉDÉA, de Chérubini. La pendule jouait aussi son trio de FIDELIO, mais trop lentement selon lui. Quant à l'oreille droite, elle était en moins bon état ; la triste infirmité faisait des progrès de ce côté. Il n'entendait que du bruit.

blait dire : cela ne va pas, éloigne-toi, malheureux homme ! — Beethoven, inquiet à sa place, se tournait tantôt à gauche, tantôt à droite, épiant les visages pour savoir quel était l'obstacle à la marche de la pièce. Mais partout le silence profond. Il m'appelle alors et me passa son agenda pour que j'y écrivisse la cause de tout cela : J'écrivis à la hâte ces mots à peu près :

« Je vous prie de ne pas continuer, je vous expliquerai cela à la maison. » Là dessus il saute vite dans le parterre et dit hautement : « allons, vite dehors. » Il courut sans s'arrêter à sa demeure, Pfargasse, faubourg Leimgrube ; rentré chez lui, il se jeta sur son sopha, mit les deux mains sur son visage, et resta dans cette position jusqu'à ce que nous nous mîmes à table. Pendant le dîner, on ne pouvait pas tirer un mot de lui, plongé qu'il était dans l'abattement et la plus profonde mélancolie. Lorsque je voulus m'éloigner après le repas, il me pria de ne pas le quitter jusqu'à l'heure du spectacle. Au moment de la séparation, il me demanda encore de l'accompagner le jour suivant chez le docteur Smetana, son médecin d'autrefois, qui s'était acquis une certaine célébrité dans les maladies de surdité.

Cette journée de novembre me laissa une impression qui n'eut pas sa pareille dans ma vie. Mes rapports amicaux avec l'homme blessé et violent avaient été mis à l'épreuve. Jusque là, il oubliait facilement les contrariétés, les choses désagréables, et jamais il ne se laissait abattre par les particularités qui troublaient son âme et son esprit. On le voyait bientôt relever fièrement la tête, garder son attitude habituelle, et, rentré dans le sanctuaire de son génie, considérer les choses comme si rien n'était arrivé. Mais, cette fois-ci, frappé dans son amour propre, il ne put jamais se relever. Les vers de l'*Odyssée*, transcrits par lui, s'appliquaient malheureusement à sa situation bien à plaindre :

« Mein herz im Busen ist längst zum leiden gehärtat
Denn ich habe schon vieles erlebt, schon vieles erduldet. »

(Mon cœur depuis longtemps est rompu aux souffrances, car j'ai beaucoup éprouvé et beaucoup souffert.)

Heilig sind ja, auch eelbst unster blichen Gœttern, die Menschen Welche von leiden gedrängt und hülfe flechen.

(VIII.)

Le docteur ordonna des médicaments à l'illustre maître, cherchant plutôt à l'occuper, sans avoir le moindre espoir de le guérir.

Il savait d'avance combien son patient était peu enclin à suivre les prescriptions de la faculté. Dans sa consultation écrite, il y avait ces mots : « Chaque heure prendre une cuillerée de thé. » Quel effet pouvait produire une cuillerée de thé ! Aussi, Beethoven corrigea la recette comme si c'était une faute dans sa partition, il mit une grande cuillerée et continua ainsi jusqu'à ce que la théière fut vide, puis il la faisait remplir de nouveau. Cela dura plusieurs jours sans qu'il en donnât connaissance au docteur. Celui-ci fit demander des nouvelles de son illustre patient. Ce dernier n'était pas très-exact à remplir les ordonnances du médecin ; aussi les effets des médicaments ne répondirent pas à l'attente de son docteur. Au commencement de sa surdité, Beethoven fut soigné par son compatriote des bords du Rhin, le docteur Vehring. Celui-ci, habitué à une stricte observation des ordonnances, ayant une certaine autorité sur le grand artiste, exigeait de lui la plus grande exactitude ; mais il avait beau l'exiger, Beethoven ne faisait que ce qui lui semblait bon ; par conséquent, sa cure ne faisait aucun progrès. Mais on avait affaire à un caractère exceptionnel.

A peine le traitement du docteur Smetana était-il commencé, que le maître se ressouvint du père Weisz, de Saint-Étienne, que le lecteur connaît déjà comme un habile praticien pour les maladies d'oreilles. Beethoven voulait le consulter. Nous nous rendîmes, en conséquence, chez le vénérable ecclésiastique. La rencontre fut touchante, mais ne donna pas grand espoir de guérison. Cependant le père Weisz sut lui inspirer du courage ; le malheureux patient promit de se soumettre aux ordonnances et de les exécuter ponctuellement. Le père Weisz recommanda les injections d'huile que le maître accepta. Mais comme d'après les règlements ecclésiastiques, il n'était pas permis à un prêtre d'aller en ville, le père Weisz ne pouvait donner ses consultations que dans sa demeure, Beethoven fut donc prié de visiter son docteur tous les jours. Au bout de quelque temps il en avait assez, et le père Weisz fut obligé de l'engager par écrit à ne pas interrompre son traitement, lui promettant un bon résultat pour son oreille gauche. Par malheur, Beethoven, comme autrefois à Bonn, trouva le chemin trop difficile pour aller à St-Étienne ! — Il faut dire aussi qu'un travail pressant tenait le sublime compositeur attaché à son bureau ; il négligea donc son traitement qu'il lui aurait été facile de concilier avec la composition d'une œuvre, dont il sera bientôt parlé. Le manque de persévérance empêcha le bon effet des médicaments ; Beethoven était si impatient, qu'il aurait voulu obtenir un résultat en vingt-quatre heures.

On peut juger, par ce qui précède, de l'état de la triste et douloureuse infirmité qui affectait ce génie extraordinaire, nous pouvons ajouter que cette surdité faisait le malheur de sa vie. Nous finirons ce chapitre en constatant que l'accident arrivé à la représentation de *Fidelio*, accident qui lui causa un si vif chagrin, fut le dernier de ce genre. Depuis ce moment, il ne fit plus aucune tentative pour reparaître en public ; il se soumit à son sort avec résignation, sans proférer une plainte.

III

1823. — Nous connaissons déjà l'état précaire de la fortune de Beethoven. Le malheureux procès, qui a duré quatre ans, lui coûta beaucoup d'argent ; puis l'adoption de son neveu augmenta ses charges. D'un autre côté, le produit de ses compositions fut nul depuis 1815 jusqu'à 1822, période qu'on peut appeler les sept années de disette. Sa pension annuelle de neuf cents florins, en monnaie de convention, pouvait à peine suffire aux besoins, et la vente de manuscrits de piano rapportait très-peu. Les ouvrages pour le piano étaient très-mal payés à cette époque. Quand on pense que l'illustre compositeur pouvait à peine tirer trente à quarante ducats de ces admirables sonates, dont chacune lui coûtait trois mois de travail. Les trois dernières sonates seules furent mieux rétribuées, ayant été éditées en même temps en France, en Angleterre et en Allemagne. A part cela, les compositions de piano trouvaient peu d'acquéreurs en France. En Angleterre, quelques-unes furent bien payées (1).

Mais le revenu de Beethoven étant diminué depuis quelque temps, il fallait avoir recours à d'autres expédients pour se procurer de l'argent. Il fit une démarche à peine excusable, et préféra emprunter plutôt que d'aliéner ses actions de banque, dont le cours

---

(1) L'auteur de ce livre eût l'occasion d'entretenir à ce sujet le pianiste Thalberg, qui lui assura qu'il faisait payer ses fantaisies pour le piano, cinq mille francs, tandis que Beethoven, dont les œuvres enrichirent ses éditeurs, manquait souvent du nécessaire.

était assez élevé. Ce qui était fâcheux dans cette affaire, c'est que deux de ses éditeurs, un de Vienne et un autre de Leipzig, se trouvaient parmi ceux qui lui avaient avancé de l'argent comptant par anticipation. On connaît les prétentions et le manque d'égards de ces Messieurs lorsqu'ils vous viennent en aide. Beethoven en fit l'expérience, car depuis que sa réputation augmentait et que ses compositions commençaient à se vendre, quelques-unes de ces personnes en usèrent fort mal, le maître n'ayant pas su garder son indépendance.

Les suites de cette délivrance (*überantwortung*) se firent sentir dès l'année 1822, lorsque Beethoven prit le parti de céder à d'autres éditeurs, savoir à Schlessinger, à Paris, et à Diabelli, à Vienne, ses trois dernières sonates sur lesquelles les créanciers de Vienne croyaient seuls avoir des droits. Avant d'examiner cette question, voyons d'abord comment s'y prit Beethoven pour se procurer des fonds et devenir maître de la situation.

Beethoven mit enfin à exécution le plan médité depuis longtemps, de faire souscrire les grandes et les petites cours à sa messe en *ré* moyennant cinquante ducats par exemplaire en manuscrit. Il me confia le soin de cette affaire, qui exigeait de grandes formalités et beaucoup de réserve. Dans les prospectus allemands, il appelait cette messe son ouvrage le mieux réussi (*Gelungenstes*). Dans la demande adressée à la cour de France, il la traitait de « *l'œuvre la plus accomplie* » (*Das vollendeste Werk*). Dans toutes les circulaires, il faisait remarquer que cette messe pouvait être exécutée comme un *oratorio* dans une salle de concert.

La souscription donna pour résultat sept exemplaires à cinquante ducats. Recette brute : trois cent cinquante ducats, sur laquelle il fallait déduire soixante florins de frais de copie par exemplaire. Il restait donc un bénéfice insignifiant pouvant à peine indemniser de la perte du temps consacré aux corrections. L'auteur de ce livre s'en était occupé pendant neuf mois. Parmi les souscripteurs, on remarquait les cours de France, de Saxe, de Hesse-Darmstad, de Russie et de Prusse ; plus, le prince Antoine Radziwill, vice-roi de Posen, auteur de la partition de *Faust* (1) et très-habile violoncelliste, M. Schelble, directeur de la société de Sainte-Cécile

---

(1) Indépendamment de la partition de FAUST, le prince Radziwill est auteur d'un grand nombre de pièces fugitives. Il fit la musique à la jolie romance à EMMA, par Schiller. Marié à une princesse de Prusse, le prince A. Radziwill mourut à Posen, en 1833. La partition de FAUST a été publiée à Berlin, par T. Trautwein.
(*Dictionnaire des Musiciens Polonais et Slaves*, par A. Sowinski. — Paris, chez Leclerc, un vol. in-8°, 1857.)

de Francfort-sur-le-Mein. Le huitième exemplaire fut envoyé par l'auteur au prince Nicolas-Boris Galitzin, à Saint-Pétersbourg, en 1823. Il en sera question plus tard. Ainsi la somme totale de souscriptions pour la susdite messe monta à quatre cents ducats, moins les frais.

Aucune proposition ne fut faite à la cour d'Autriche, mais Beethoven écrivit au prince Paul d'Esterhazy (d'après l'extrême désir de l'éditeur, D. Artaria). Le prince renvoya la lettre. Quelque temps après l'envoi de la circulaire, Beethoven s'exprimait ainsi à ce sujet, dans une lettre qu'il m'adressa de Hetzendorf : « Vous
» pouvez dès à présent vous informer du résultat de ma demande.
» Je doute qu'il soit bon ; car je ne m'abuse nullement sur la façon
» de penser du prince envers moi, du moins à en juger par ce qui
» est déjà arrivé. Je crois qu'en pareil cas, on ne réussit auprès de
» lui que par les formes. » Beethoven ne pouvait-il pas se rappeler, à cette occasion, la critique du prince, à propos de sa première messe, en 1808.

La première réponse, à la demande de souscription, vint de la Prusse, par l'intermédiaire de l'envoyé royal à Vienne, prince de Hatzfeld. A cette souscription, se lie un fait caractéristique. La résolution du roi fut apportée à l'illustre compositeur par le chancelier d'ambassade, M. le conseiller Wernhard. Celui-ci demanda au maître s'il ne préférerait pas un ordre à l'argent, sans dire si cette proposition venait de la cour ou de l'ambassade. Beethoven répondit de suite « qu'il préférait cinquante ducats. » Pauvre homme, pouvait-il se contenter d'un ruban, lorsqu'il était toujours à court d'argent ! — Témoin de ce fait, j'ai vu le sublime maître se livrer, aussitôt le départ du chancelier, à des observations ironiques, pleines des sarcasmes, sur la chasse aux ordres, que faisaient plusieurs de ses contemporains ; ces ordres, selon lui, ne s'obtenaient qu'aux dépens de l'art. Cette manière de voir de Beethoven était cependant sujette à changement, car, trois années plus tard, nous lisons, dans une lettre au docteur Wegeler, datée du 7 octobre 1826, ces paroles : « On m'a fait entrevoir que je serai décoré de
» l'Aigle rouge de seconde classe ; j'ignore ce qu'il en sera ; jamais
» je n'ai ambitionné de telles distinctions d'honneur ; cependant,
» je n'en serai pas fâché pour le moment, à cause de plusieurs
» autres personnes. » On peut attribuer ce changement d'opinion à l'instigation de Charles Holz et du docteur Spicker, de Berlin, qui l'entendaient ainsi, et qui, d'après le témoignage du *Dictionnaire*

de la conversation, réussirent à faire changer d'avis Beethoven lui-même.

Avec l'invitation à la cour du Grand-Duché de Saxe-Weimar, Beethoven adressa une lettre à l'illustre Gœthe, pour le prier de vouloir bien s'occuper de sa souscription. Mais, ni cette cour, ni son ministre, ne daignèrent répondre à l'attente de l'éminent compositeur. Celui-ci écrivit également à Cherubini pour l'intéresser à sa souscription et pour l'appuyer auprès de la cour de France. Il ne reçut de ce côté là aucune réponse non plus. Toutefois, à mon voyage à Paris, en 1841, Cherubini me témoigna beaucoup de regret de ce que la lettre de Beethoven ne lui soit jamais parvenue (1). Quant à la lettre au roi de Suède, Jean XIV, Bernadotte, que Beethoven soigna beaucoup, elle ne lui rapporta rien. Il y a cependant, dans les relations personnelles de Beethoven avec le souverain du Nord, un rapprochement piquant à faire. Ce fut le général Bernadotte, alors ambassadeur de la République française à Vienne, qui donna au maître illustre la première idée de célébrer le premier consul par une grande composition ; c'est donc à l'impulsion de Bernadotte que le monde musical doit la *Sinfonia eroica*.

Plein de sollicitude pour sa messe, Beethoven écrivit même à Zelter, directeur de l'académie du chant à Berlin, avec lequel il devenait nécessaire d'avoir des rapports, quoique Zelter appartînt à l'ancienne école allemande, que Beethoven ne voulait pas flatter. En réponse à sa proposition du 22 février 1822, Zelter fit observer que, dans son Académie, on n'exécutait que les ouvrages sans accompagnement, « *à la Capella* », et qu'il serait bien aise d'avoir un exemplaire arrangé pour voix seules, sans orchestre, sachant par l'auteur lui-même que cette messe pouvait se chanter sans accompagnement. Dans une lettre à Zelter, à la date du 25 mars, Beethoven s'exprime ainsi sur ce sujet : « Je viens de réfléchir
» encore sur votre proposition de disposer la messe pour voix
» seules. Si cette messe est gravée, je vous en offrirai un exemplaire
» pour votre Institut. Il est certain qu'elle peut être exécutée *à la*
» *Capella*. Cependant, il faut que l'ensemble soit arrangé pour cela ;
» peut-être auriez-vous la patience de le faire. — Du reste, il y a
» dans la messe un morceau écrit dans le véritable style *à la*
« *Capella*. » C'est probablement le *Kyrie*, que l'auteur aura voulu

---

(1) L'original de la lettre de Beethoven à Chérubini, se trouve dans la bibliothèque royale de Berlin.

désigner ; mais il a fait sa critique lui-même, en voulant transformer son œuvre pour voix seules, lorsqu'elle a été combinée avec l'accompagnement d'orchestre. Toutefois, la publication de cette correspondance a de l'intérêt.

Au milieu des préoccupations que la nouvelle entreprise causait à Beethoven, parut le *Messager ailé de la cour de France*. Il apportait la réponse de Sa Majesté Louis XVIII à la demande du maître soucieux. Son Excellence le duc d'A***, premier chambellan du roi, annonçait à l'illustre compositeur, dans les termes les plus flatteurs, que Sa Majesté daignait lui accorder une médaille d'or à son effigie pour prix de sa souscription à la messe. Cette médaille était d'une grande valeur et portait pour inscription : «*Donnée par le Roi à M. Beethoven.*» Ce beau présent avait le prestige d'une distinction unique dans la vie de Beethoven. D'un côté, il honorait son talent, de l'autre, il rehaussait la délicatesse de l'auguste donateur.

On devine aisément qu'une telle distinction ne pouvait manquer de relever dans l'âme du grand artiste le sentiment de sa dignité et de sa grandeur. Elle donna lieu aussi à faire, entre l'Autriche et la France, une comparaison qui ne pouvait être à l'avantage de la première. Le peu d'encouragement que le gouvernement Autrichien accordait aux arts et aux sciences méritait une critique sévère. Car, à cette époque, et il en fut ainsi longtemps après, l'Empire d'Autriche n'était qu'un établissement de justice, une grande caserne. Ceux qui dirigeaient l'Etat manquaient de notions justes. Ils oubliaient que la tâche de bons ministres était de favoriser les idées morales et intellectuelles et de les pousser vers un but noble. Encore moins savaient-ils donner une bonne direction à l'esprit national, dans ses affinités avec les arts et les sciences, qu'il fallait avant tout sauvegarder et faire fleurir.

Nous touchons enfin au chapitre important de la politique ; elle doit nous occuper de plus près pour amener une bonne conclusion. Les vues politiques de Beethoven furent, pendant sa vie comme après sa mort, bien différemment jugées par un grand nombre d'écrivains. Aussi, on voudrait qu'une déclaration de principes fut publiée avant d'aborder la question, sans qu'il soit nécessaire de prendre pour base les manifestations à venir. Une telle déclaration fut préparée pour ma première édition, mais, d'après les conseils du docteur Bach, elle n'y fut point insérée. C'est une lacune dans l'ensemble du tableau. Elle aurait pu au moins profiter au compositeur, car *de mortuis nil nisi vere*. L'Autriche d'aujourd'hui est tout autre, grâce à Dieu, que du temps de Beethoven. Ainsi, il ne sera pas défendu de dire franchement la vérité, d'après l'histoire, surtout en ce qui regarde la vie du maître sublime.

Si le docteur Bach avait pu pressentir que le temps de la transformation politique de l'Autriche était proche, et que son neveu, placé dans une haute position, serait appelé bientôt à y prendre une part active, il n'aurait pas supprimé mon travail, et sa pénétration n'aurait pas été mise en défaut. Mais il doutait, ainsi que beaucoup de ses concitoyens, de la possibilité d'une amélioration politique dans ce pays. L'insatiable Parque coupa le fil de sa vie en 1847, au moment où le soleil de la liberté se levait sur les peuples dépendants de l'Empire d'Autriche.

La thèse qui renferme ces vérités pratiques : « que chaque per- » sonnage historique doit être compris et représenté d'après son » temps ; — qu'aucun jugement ne saurait être porté sans injustice, » sur un fait accompli dans d'autres circonstances, sans égard à la » position que ce personnage aurait prise devant telle ou telle au- » torité supérieure » cette thèse est applicable à Beethoven, par rapport à ses sentiments sur la politique autrichienne.

D'après les opinions de divers organes publics, l'illustre compositeur pourrait être classé dans le nombre de ces politiques sans-soucis, qui n'ont besoin que d'un mot piquant pour donner un libre cours à leur envie de politiquer. Ceux qui s'y livraient étaient pour la plupart des étrangers, connaissant fort peu l'état de civilisation et de culture du peuple autrichien, surtout dans les grandes villes. Ils connaissaient aussi peu Beethoven sous ce rapport, et le jugeaient d'après ce qu'ils lui entendaient dire en matière de conversation. Mais le maître avait trop de prudence pour ne pas dissimuler ses intimes pensées devant les étrangers. D'ailleurs, elles étaient peu saisissables pour ceux qui ne possédaient pas des connaissances spéciales pour les entendre, et qui n'étaient pas au courant de sa manière de raisonner. Beethoven avait beaucoup de réserve dans son langage ; il connaissait parfaitement l'histoire de tous les peuples, principalement de ceux de l'antiquité. Au nombre des bons jugements sur Beethoven, trois nous semblent mériter l'attention générale, comme venant d'auteurs connus. Et d'abord, celui du docteur *W.-C. Muller*, fondateur de la société des concerts, à Brême, inventeur d'un harmonium, auteur d'un écrit intéressant intitulé : « *Introduction esthético-historique à la science de*

la composition » et d'autres ouvrages. Müller visita Beethoven à Mœdling, au moment de son voyage d'Italie, en 1820, et publia, dans la *Gazette musicale*, de Leipzig, de 1827, sous ce titre : « *Quelques mots sur L. van Beethoven* » un mémoire dans lequel se trouve le passage suivant : « Ce sentiment des libertés civiques
» et le ménagement d'autres, par rapport à ses intérêts, furent la
» cause que Beethoven s'est toujours librement exprimé sur le
» Gouvernement, sur la police, sur les mœurs des grands, même
» dans les établissements publics. La police connaissait ses obser-
» vations critiques et satiriques, mais elle les tolérait comme des
» fantaisies et laissait en repos l'homme dont le génie avait un
» rayonnement extraordinaire. Aussi, il ne cachait pas son opinion,
» que nulle part on ne parlait si librement qu'à Vienne. Mais
» l'idéal d'un bon gouvernement était pour lui l'Angleterre. »

Le second écrivain qui vit Beethoven, en 1822, trois fois, était *Frédéric Rochlitz*. Je fus présent à la seconde réunion : ce savant eut des rapports avec l'illustre compositeur ; il en parla dans quelques-unes de ses lettres, puis dans la préface de la *Gazette musicale* de 1828, et enfin dans un livre intitulé : « *Aux amis de l'art musical.* »
« Tout son parler et faire, était une chaîne de singularités, en partie
» merveilleuses ; dans chacune brillait une bonhomie enfantine,
» une insouciance et une grande confiance envers ceux qu'il voyait
» familièrement. Même ses brusques sorties, comme celles qu'il
» lançait contre les Viennois de nos jours, ne sont que l'explosion
» d'une exaspération momentanée. Une bonhomie enfantine brille
» dans toutes ses sorties ; elles sont sans hauteur, sans amertume,
» ni disposition haineuse ; elles se font jour avec insouciance et de
» bon cœur, et tout finit par un bon mot ! » — Juger ainsi, c'est
» méconnaître, à la fois, le terrain et la personne ! Cependant l'auteur de ce portrait s'appelle le célèbre Rochlitz.

A côté de ces jugements, formulés par des étrangers, voyons-en maintenant un autre, porté par un Viennois, le chevalier de Seyfried, qui s'exprime ainsi dans *les Etudes de Beethoven* (Beethoven's Studien) :

« Il se prononçait volontiers dans un cercle intime sur les
» événements politiques qu'il jugeait avec une rare intelligence,
» un coup-d'œil lucide, et avec une manière de voir claire et nette.
» On n'en attendrait pas moins d'un diplomate consommé, vivant
» dans le monde politique officiel. »

Il est à remarquer que ce témoignage date de plus loin, attendu que les relations entre Beethoven et Seyfried cessèrent dès l'année 1806 (voir le supplément).

Il est superflu de nous étendre davantage sur cet objet. La connaissance exacte de faits certains et du caractère de Beethoven, nous mettra à même de le juger sans le secours de la dialectique.

Les motifs qui rendaient le grand compositeur adversaire de la politique autrichienne et de la cour impériale, peuvent se résumer dans les points suivants :

(A) L'administration de la justice, remarquable par sa procédure, l'arbitraire et la comptabilité.

(B) La police, à cause de nombreuses transgressions de son autorité fort étendue.

(C) Les employés publics, formant une bureaucratie aux formes très-peu aimables, mais qui savaient obéir passionnément.

(D) L'aristocratie et sa décadence, elle remplissait les plus hautes charges à la cour et dans l'état ; comme elle pouvait répandre beaucoup d'or, cela lui donnait un ascendant caractéristique. On peut dire aussi que ses mœurs avaient, depuis le Congrès de Vienne, changé à son désavantage.

(E) Audiences publiques de l'Empereur (tous les mercredis), ne pouvaient pas être utiles à cause d'un trop grand nombre de pétitionnaires.

(F) L'avarice de la cour impériale, et le peu d'encouragement donné aux arts et aux sciences. (1)

Depuis la mort de l'impératrice, seconde femme de François Ier, qui était une véritable artiste, les choses avaient bien changé. On faisait peu de cas de musiciens qui n'appartenaient pas au *Burg impérial*. Les *Donneurs des Concerts*, race incorrigible, avaient beau s'adresser à la cour avec leurs *Eintrits carten* (billets de concert), excepté l'archiduc Rodolphe, qui en prenait, les autres princes de la famille impériale les renvoyaient presque tous. Quelques-uns allaient cependant aux concerts, l'empereur aimait la musique religieuse et faisait sa partie dans un quatuor. Il ne s'intéressait guère à un autre genre de musique. Comme professeur de princes, on doit citer d'abord Antoine Tayber, plus tard, Joseph Eybler. Le premier avait le titre de Hof-Compositeur ; le second fut nommé Hof-Capellmeister, après la mort de Salieri. Ces deux maestri gar-

(1) M. Schindler développe longuement toutes ces questions, il parle de la démocratie, du droit divin et de la légalité devant la loi ; comme ces questions ne sont pas d'un intérêt immédiat pour le public français, nous avons jugé nécessaire de les abréger.
(Notes du traducteur.)

daient avec les yeux d'Argus les portes du palais impérial, afin que le malencontreux musicien ne s'approchât pas de trop près de leurs élèves du château, et ne réussît à les préserver d'une nuisible influence. Ces deux musiciens de la cour faisaient partie de l'avant-garde des adversaires de Beethoven. Le premier ne manquait jamais d'attaquer le grand maître devant les princes. Un musicien de la chambre de l'empereur se croyait au-dessus d'un Beethoven, et osait impudemment le rendre ridicule à la cour, ou le noircir dans un accès de bonne humeur. Si la cour n'avait pas été si mal prévenue contre ce grand homme, le rapprochement aurait été possible par l'entremise de l'archiduc Rodolphe. Ces amis désiraient pour lui la place de *virtuose de la chambre* de l'empereur; comme elle était purement honorifique, Beethoven ne s'en soucia point.

Sous ce rapport, la position un peu louche de l'illustre compositeur vis-à-vis les hauts personnages n'étant pas éclaircie, il nous reste à parler d'un point important, qui touche l'*éducation religieuse* du peuple.

Et ici le caractère de Beethoven se peint par son beau côté, car il est rare et même surprenant de voir un artiste s'occuper des choses utiles, indépendamment de travaux de son art. Or, un si noble but ne pouvait être compris que par une âme d'élite, d'autant plus, que les occupations d'un grand nombre des musiciens les rendent souvent peu disposés à se vouer aux questions humanitaires. Cependant, la musique rend l'homme généreux et le prédispose aux bonnes actions. Beethoven comprit que travailler à l'amélioration de l'espèce humaine, c'est entrer dans les vues du créateur.

Par cette grande pensée, le maître ouvrait un vaste horizon, à son esprit vif et à son savoir pour défendre les intérêts sacrés de l'humanité. C'était aussi dans son caractère de mettre au creuset de l'intelligence tout sujet sérieux. Ses fréquentes relations avec les gens des campagnes, au temps où il était à peine possible d'échanger quelques mots avec eux, divers incidents survenus avec ses domestiques et les gens de service de ses amis, lui donnèrent l'occasion d'observer cette classe sous les rapports religieux.

Mais ce qui est incroyable, c'est qu'un musicien, absorbé par ses conceptions artistiques, ait pu trouver assez de temps pour travailler à propager l'instruction dans le peuple, et l'initier à une connaissance plus parfaite de Dieu et de la création. Que Beethoven ait réellement agi dans ce sens, nous en trouvons la confirmation dans l'ouvrage de Ch. Christian Sturms : « *Considérations sur les œuvres de Dieu dans le règne de la Nature et de la Providence de tous les jours de l'année.* » (1) Le contenu de ce livre, clair de rédaction, offrait à Beethoven l'abrégé des connaissances les plus nécessaires au peuple. Il le recommanda à l'attention du clergé pendant ses longs séjours à la campagne, et il en fit un rapport à la chancellerie du gouvernement ; mais il trouva des oreilles sourdes et se rappela la réponse du curé de Mœdling à propos de l'instruction du peuple. « Nos populations n'ont que faire des phénomènes du Firmament, pourvu qu'elles sachent que le soleil, la lune et les étoiles se lèvent et se couchent. » Cette manière d'entendre l'instruction dans les classes laborieuses, ralentit un peu le zèle du célèbre propagateur, à ce point qu'à part quelques épigrammes, il n'ouvrit jamais la bouche sur ce sujet.

Sur d'autres questions, il n'agissait pas ainsi. Lecteur assidu de la *Gazette d'Augsbourg*, il réglait tous les jours, sur cette feuille, ses idées politiques, en les agrandissant et en les fortifiant par des lectures instructives. Selon le docteur W. Ch. Müller, la constitution anglaise était celle qu'il préférait, et pour lire toutes les discussions du Parlement, il faisait venir chez lui la fameuse *Gazette*. Plus d'une fois les discours de lord Brougham réussirent à dissiper les nuages noirs amoncelés sur son front soucieux.

En signalant ces circonstances, j'ai eu la satisfaction de voir parmi les vivants au moins un homme auquel Beethoven se soit complètement ouvert sur tous ces points, en ma présence. Cet homme plein de sensibilité est le poète Fr. Grillparzer, qui montra une amère expérience en mettant au jour son ouvrage : *Oestereich, du Capua der Geister.*

Un tableau fidèle de cette situation oppressive nous a été présenté par le comte Auersperg, sous le titre : « *Promenades d'un poète Viennois*, Hambourg 1831. » Il est regrettable que le grand maître n'ait pas survécu à cette publique accusation.

Parmi les amis de Beethoven, ce fut le comte Maurice Lichnowski qui forma le projet de rapprocher en quelque sorte le maître de la cour impériale et royale, dans l'espérance que le premier pas fait, la suite ferait le reste, et qu'une pleine réconciliation s'en suivrait.

A cet effet, le comte Maurice s'adressa à son ami le prince

---

(1) Ch. Christian Sturms Betrachtungen uber die Werke Gottes im Reiche der natur und der Vorsehung auf alle tage des Jahres.

Dietrichstein, gouverneur du duc de Reichstadt et intendant de la chapelle impériale, pour lui communiquer son plan de démarches à faire auprès de l'Empereur. Ce plan n'était ni facile, ni susceptible d'être mis en exécution immédiatement. Cependant A. Teyber, compositeur de la cour, étant mort en novembre 1822, le comte Lichnowski pressa Beethoven pour qu'il fît des démarches auprès du prince Dietrichstein, qui pouvait seul demander à l'empereur la place en question. Que Beethoven fît ces démarches, nous en avons la certitude. En attendant, les deux protecteurs convinrent d'engager le grand maître à écrire une messe pour l'empereur. L'auguste personnage aimait la musique d'Eglise, et le prince Dietrichstein, grand connaisseur, et désirant surtout réussir auprès du souverain, s'occupa d'avance du style dans lequel la messe devrait être écrite. Dans ce but, il adressa au comte Lichnowski la lettre suivante, à la date du 23 février 1823 :

« Cher ami,

» Depuis longtemps, je dois une réponse au bon Beethoven, qui
» s'est adressé à moi en toute confiance. Après notre conversation,
» j'avais résolu de la reprendre le premier aussitôt que j'aurais
» appris quelque chose de certain à cet égard. Maintenant je puis
» te dire que la place du défunt Teyber, qui n'était pas musicien
» de la chambre mais de la cour, ne sera pas donnée, attendu qu'il
» est question de la supprimer. (1)

» Je n'ose pas l'écrire à Beethoven, que j'estime beaucoup, de
» peur de l'influencer d'une manière fâcheuse. Je te prie donc de
» lui expliquer tout cela, et de me faire dire où je pourrai le ren-
» contrer, car j'ai oublié sa demeure.

» Je t'envoie en même temps la partition de la messe de Reut-
» ter (2), que Beethoven désirait voir. Il est vrai que S. M. aime ce
» style-là ; cependant si Beethoven écrit une messe, il doit se laisser
» aller à son grand génie et à son inspiration ; seulement, il ne
» faut pas qu'elle soit trop longue, ni trop difficile d'exécution. On
» voudrait une messe pour les voix d'enfants, avec très peu de
» solos. Tout au plus deux, pour soprano et alto. Point de solo de
» basse ni d'orgue ; un pour le ténor, que Barth chanterait. En

---

(1) Fr. Krommer était aussi compositeur de la chambre. Après sa mort la place ne fut plus occupée. Ces deux circonstances prouvent que la Cour impériale s'intéressait peu à la musique.

(2) G. de Reutter, né en 1705, mort en 1772, fut maître de chapelle de la Cour. Mais ce n'est qu'après la mort de Gaszmann.

» solos d'instruments, l'auteur serait libre d'écrire un solo de
» violon, ou de hautbois, ou de clarinette.

» S. M. aime beaucoup les fugues, mais sans trop de dévelop-
» pement. Le *Sanctus* et l'*Hosanna* très-courts, pour ne pas pro-
» longer l'élévation; et, si je puis ajouter quelque chose pour moi,
» c'est que « l'*Agnus-Dei*, » et « *Dona nobis pacem*, » ne fassent
» qu'un morceau. Cela fait un bon effet, dans deux messes de
» Haendel, de Naumann, et de l'abbé Stadler.

» C'est d'après ma propre expérience que je me permets de te
» faire ce peu d'observations, et je suis convaincu que si notre
» grand Beethoven met la main à cet ouvrage, j'aurai bientôt à
» féliciter la Cour et les amis de l'art d'un chef-d'œuvre de plus.

» Ton ami,
» Moritz Dietrichstein. »

Dans une autre lettre, à la date du 10 mars 1823, le comte Dietrichstein lui envoya trois textes de graduale et trois offertoires à l'usage de la chapelle impériale. Il y dit expressément : « Je
» regrette beaucoup de vous avoir manqué, lorsque vous vous êtes
» donné la peine de venir me voir avec le comte Lichnowski. Je
» veux faire mon possible pour aller vous trouver.

» Recevez l'assurance de ma considération la plus distinguée. »

Ces relations bienveillantes avec une personne si haut placée et si influente à la cour impériale, étaient d'autant plus agréables à Beethoven, qu'il s'y attendait moins. Comme on pense bien, il s'agissait de circonstances ayant trait à la composition d'une messe projetée pour la chapelle impériale, et tout cela entrait dans les attributions de l'intendant général de la musique de l'empereur. On pouvait donc espérer que la cour accorderait aide et protection à son œuvre, et que l'illustre maître, renonçant à tout autre plan, se conformerait au goût de l'empereur et se mettrait immédiatement au travail. Malheureusement il n'en fut pas ainsi; car, selon son habitude, Beethoven, après avoir longtemps discuté et examiné la chose sous différents points de vue, déclara que la composition pour l'empereur devait être ajournée à plus tard. Ainsi il ajoutait par là une nouvelle inconséquence à l'embarras dans lequel ses idées démocratiques l'avaient impliqué. Il resta ce qu'il avait été jusqu'alors, libre et indépendant. Ses principes, un moment ébranlés, reprirent leur empire, mais le résultat fut négatif et l'affaire ébruitée ne fut pas à l'avantage du maître.

Beethoven écrivit au prince Dietrichstein et au comte Maurice Lichtenstein, pour les remercier de leur intervention. Il prétexta l'impossibilité où il était d'écrire la messe en question, par les raisons suivantes : (A) l'obligation de corriger les exemplaires souscrits de la messe en *ré*; (B) promesse d'écrire un oratorio pour la société des Amis de la musique de l'Empire d'Autriche ; (C) l'engagement de composer un morceau de piano, à jour fixe, pour l'éditeur Diabelli. Quelque plausibles que parussent les raisons alléguées par le grand maître, elles n'étaient pas de nature à convaincre les deux protecteurs. L'un d'eux, le comte Lichnowski, peu satisfait du compositeur, le traita de *vieux têtu néerlandais*. Par ses accusations, Beethoven essuya également des reproches de la part de l'archiduc Rodolphe et dût donner des explications. Ces détails me sont connus par le secrétaire du cardinal, M. Baumeister, qui était très au fait des relations du maître et de l'élève. On sait que la correspondance de l'archiduc avec Beethoven se trouve dans les archives de la société des Amis de la musique.

Indépendamment de ces trois empêchements, il en survint bientôt un quatrième ! C'était une invitation du prince N.-B. Galitzin, de composer pour lui un quatuor d'instruments à cordes. Mais l'unique raison de l'ajournement provisoire de la messe de l'Empereur (pas aux Calendes grecques), fut le besoin momentané d'argent, pour se débarrasser d'un créancier pressant et éteindre de vieilles dettes. Une fois le créancier désintéressé, Beethoven avait encore à vaincre son éloignement, depuis trop longtemps enraciné, pour la cour et l'Empereur. Bien entendu que le rapprochement actuel ne pouvait nuire en rien à son indépendance. Le plan de la messe, longtemps débattu, fut librement consenti, et l'on trouva dans ses notes ces mots, lisiblement écrits : « Pour une messe en *ut ♯ mineur.* » — Qui sait si la postérité n'a pas à regretter un chef-d'œuvre de plus. Toujours est-il qu'il n'en a plus été question. Mais nous continuerons l'examen de toutes les raisons données par Beethoven, à l'exception de la première, sous la lettre (A). Nous remarquerons, en passant, qu'elles se rattachent à des questions compliquées, qui sont loin d'être éclaircies, et qu'elles forment, pour ainsi dire, le nœud du drame de la vie.

La raison plausible, d'après le *Dictionnaire de la conversation* (1823), où elle est consignée de la main du maître, est celle-ci : « Beethoven aurait reçu en même temps l'invitation, de la société » Philharmonique de Boston (Amérique du Nord), d'écrire un

» *oratorio* « pour n'importe quel prix. » — Aussi, il disait à un de
ses amis, M. Bihler : « Je n'écris pas toujours ce que je veux, je
» travaille pour avoir de l'argent ! Mais quand les mauvais temps
» seront passés, j'écrirai ce qui me plaira, pour l'art seul; ce sera
» probablement Faust. » (1)

Pendant l'hiver de 1822 à 1824, la maison de Diabelli et Comp.
proposa à un grand nombre de compositeurs de publier une œuvre
collective. Le plan était : de demander à chaque compositeur une
variation sur le même thème. C'est Diabelli qui fournit le thème,
une espèce de valse, et Beethoven lui-même reçut l'invitation
d'écrire une variation pour cet objet. Celui-ci se rappela tout d'un
coup les circonstances du fameux album de chant : « *In questa*
» *tomba oscura*, » publié en 1808, dont nous avons parlé dans la
deuxième période. Il pensa aux inconvénients de ces publications,
aux jalousies qu'elles excitaient, et déclara à Diabelli qu'ayant pris
la résolution de ne pas travailler à des œuvres collectives, il lui était
impossible de prendre part à cette publication. Beethoven mettait
d'autant plus de circonspection dans cette affaire, que, dans ce
moment, on était très-porté, dans le monde musical de Vienne, à
se moquer de ces sortes d'ouvrages. D'ailleurs, le thème ne lui
plaisait pas, c'était une vraie *Rosalie* (2).

Cependant, quelque temps après ce refus catégorique, Beethoven
me chargea de sonder l'éditeur pour savoir s'il serait disposé à lui
confier son thème, pour le varier à lui tout seul, et quels seraient
les honoraires qu'il en offrirait. Diabelli, agréablement surpris par
l'offre du grand maître, proposa la somme de quatre-vingts ducats
pour sept ou huit variations, et écrivit sur-le-champ quelques lignes
dans ce sens à l'illustre compositeur, lequel, enchanté également
d'une réponse si favorable, s'engagea par écrit vis-à-vis de Diabelli,
et me dit : « Eh bien, il va avoir des variations sur sa Rosalie. »

Au commencement de mai, Beethoven s'établit à Hetzendorf,
dans une magnifique villa appartenant au baron de Pronay. Il avait
la jouissance d'un beau parc et d'une vue ravissante. Aussi, le

---

(1) Ce fut F. Rochlitz qui donna l'idée à Beethoven de composer de la musique pour
FAUST, de Goëthe ; nous verrons plus loin, ce qu'en dit Rochlitz lui-même.

(2) On appelle ROSALIE une mélodie composée de petites phrases, se répétant progressive-
ment à intervalles égaux, ce qui est une pauvreté. Voici un exemple :

premier ouvrage qui l'occupa, dans ce délicieux séjour, fut la valse de Diabelli ; il y travaillait avec plaisir ; il fit bientôt dix variations, puis, après, dix autres. C'était un divertissement pour son génie et en même temps un repos, le travail n'étant pas fatigant. Il s'en amusait. Et, lorsque Diabelli réclama le final, craignant que le morceau ne fût trop long, Beethoven le fit prier d'avoir un peu de patience. Et, pour lui prouver ce qu'on peut faire, même avec une valse ordinaire, lorsqu'on est en train et qu'on a du plaisir à composer, il lui envoya enfin *les trente-trois variations*, qui font aujourd'hui l'œuvre 120, écrite dans un moment d'inspiration et de bonne humeur. Si les antagonistes du maître n'avaient pas toujours ignoré dans quelle disposition d'esprit jaillit cette œuvre, ils auraient su qu'il n'était pas toujours sombre et morose, même dans ses derniers jours, comme ils le représentaient. La variété extraordinaire de ces variations le prouve, et la manière savante dont le thème est traité démontre les ressources de son génie. En effet, nous le voyons tantôt fugué, tantôt transformé dans le rhytme de l'air de Leporello. « *Note il giorno in giro sta*, » travaillé avec goût et contentement, comme il arrive aux virtuoses de premier rang. Si le souvenir du persifflage de l'album de 1808 devait amener ce résultat, nous lui devrions des remercîments, attendu qu'il a donné naissance à une œuvre qui présente un intéressant épisode dans la vie du grand maître.

Jetons maintenant un coup-d'œil sur les dettes de Beethoven, qui l'avaient alarmé beaucoup vers l'année 1823.

C'est une lacune qui se trouve souvent dans les biographies des grands hommes, et qui fait que l'histoire n'est jamais complète. Pourquoi les biographes ne parlent-ils pas des dettes des hommes comme Démosthènes, Cicéron, Dante, Shakespeare et tant d'autres illustrations de l'antiquité. Ils devraient en être informés. La connaissance de certaines circonstances particulières permettrait d'entrer plus au fond dans quelques-uns de leurs ouvrages. On diminuerait par là le nombre des critiques et des commentateurs. Autrement dit, on jugerait mieux son héros, ayant une donnée exacte de l'état de ses affaires. Mais c'est un travail pénible. Ainsi, dans la biographie de Shakespeare, il n'y aurait pas un mot de douteux, depuis un siècle, si ses glossateurs eussent mieux connu les rapports de ses créanciers.

Mais, dans ce temps-là, on avait pour principe que la statue d'un homme marquant ne devait être livrée à la postérité que d'un seul bloc ! Autant que possible sans accessoires, à moins que ce ne fussent des traits caractéristiques ne pouvant en rien influer sur l'individu. Sans cette condition, les observations sur les œuvres existantes de tout genre n'auraient aucun intérêt pour l'avenir.

C'est pour n'avoir pas suivi ce principe dans nos premières éditions, que je n'ai pu traiter le chapitre des dettes avec toute l'exactitude et la solidité allemandes que cet objet exige. Combien un tableau séparé, étendu de ces circonstances, pourrait aider essentiellement à démêler la trace poétique de la neuvième symphonie, qui fut composée, comme on le sait, au milieu des tracas du ménage et de toutes sortes d'embarras pécuniaires. Que serait encore, à l'heure qu'il est, la seconde partie de *Faust ?* — un inextricable chaos d'obscurités mystiques, si on n'en avait pas eu la clé par les circonstances particulières relatives à quelques futilités de poètes. De si brillants résultats devraient exciter mon émulation ! Peut-être arriverai-je, même ouvertement, à une exposition concluante de cette question essentielle, touchant les découvertes des philosophes de l'art, relatives aux *second et troisième styles* de Beethoven.

Remarquons, en passant, que Beethoven a donné lui-même le fin mot de ces changements de style dans sa réponse à Bihler. Je m'estimerais heureux si l'analyse de cet incident pouvait satisfaire cet admirateur du grand maître, qui m'apostropha un jour dans un ton bien dur : « *Gib von Allem Alles, nicht aber Alles nur halb !* » — *Wohlan !*

Déjà, en 1816, époque de funeste mémoire, d'où datent toutes sortes de calamités qui assaillirent pendant longtemps le génie de Beethoven, la maison de Hoffmeister, de Leipzig, lui proposa le plan d'une édition complète de ses œuvres de piano, mais dont les conditions ne répondaient pas aux demandes de l'illustre compositeur. Il consulta à ce sujet A. Diabelli, qui n'était pas encore éditeur de musique. Celui-ci fit un travail sur le plan de Hoffmeister, qu'il communiqua à Beethoven, en date du 22 août 1816. Le lecteur nous permettra d'en citer ici quelque fragment :

« Je pensais que vous vous en tiendriez à vos demandes, savoir :
» 3,000 fl. en monnaie de convention pour l'autorisation de publier
» vos œuvres de piano et leur rédaction. Pour les nouvelles sonates,
» une par chaque livraison, 40 ducats pièce. »

La pierre d'achoppement de ce plan, fut le *paiement par feuille*. Diabelli objecte et conclut ainsi :

« Le paiement par feuille n'est rien, et je vous conseille de ne
» pas y tenir, l'éditeur restera sans doute à découvert de 4000
» d'après son compte, mais seulement pendant plusieurs années...
» Je suis sûr que vos conditions seront acceptées, quand l'éditeur
» verra que vous êtes décidé à vous en tenir là. »

Malheureusement, cette négociation avec Hoffmeister, n'étant pas conduite avec toute la discrétion diplomatique, arriva aux oreilles de ses amis de la rue *Pater noster* (Steiner et Comp.), toujours prêts à défendre les intérêts du maître avec amour et dévouement. Mais la maison avait plutôt en vue ses propres intérêts, car le plan de Hoffmeister, s'il réussissait, était préjudiciable aux œuvres de la propriété de Steiner et Haslinger. D'un autre côté, Beethoven s'engageait à ne plus composer pour d'autres marchands de musique! En conséquence, pour combattre cela, Steiner et Comp. proposèrent un autre plan, moyennant que Beethoven leur accorderait deux ou trois ans pour mettre leur affaire en train. Ils lui promettaient de grands avantages, assuraient ses honoraires avec une exactitude mathématique, à condition que l'édition se ferait sous ses yeux, ce qui était d'une grande importance par rapport aux corrections et au travail nouveau. Ces promesses illusoires firent tomber le plan de la maison de Hoffmeister.

Quelque temps après, on offrit au grand compositeur un catalogue de prix pour tous les genres de musique, depuis la symphonie jusqu'au lieder. Ce tarif est de la main de T. Haslinger : une symphonie est cotée de 60 à 80 ducats; un grand oratorio 300 ducats; un plus petit 200 ducats; un requiem 120 ducats; un *opera seria* 300 ducats; une sonate pour piano seul 30 ducats; une grande sonate 40 ducats. L'ensemble fut assez séduisant pour que le maître y prêtât l'oreille. Les observations qu'il fit de sa main sur le catalogue en question le prouvent :

« Il importe de se réserver la faculté de changer quelquefois le
» prix ou d'en désigner un autre, quand on considère que le même
» prix doit servir pour l'Autriche et la France, et qu'il me reste
» encore l'Angleterre. Il pourrait être stipulé qu'on marquerait le
» prix soi-même. En ce qui concerne l'édition complète, on dédui-
» rait la France et l'Angleterre pour le compte de l'auteur. La
» somme à payer par les éditeurs serait de 10,000 fl. de monnaie
» de convention. Un tel arrangement me conviendrait. Ou bien il
» faut s'entendre avec Londres et Paris et écrire à Schlesinger. »

A ce plan élaboré avec tant de sagesse, il y avait une clause; elle portait que Beethoven ne pourrait écrire à l'avenir que pour la maison de commerce de musique de Vienne. Le maître n'ayant pas voulu s'y engager, le projet eut le sort de celui de Hoffmeister, il fut éventé et n'aboutit point. Aussitôt, d'autres éditeurs poussèrent les hauts cris... Les oreilles du maître étaient remplies des réclamations d'*Artaria*, de *Mollo*, et de *Cappi*, contre le monopole de *Steiner*, comme les oreilles du Sultan, des clameurs des Pachas contre ses mesures arbitraires... Aussi le Sultan musical de Vienne se laissa peu à peu persuader que le plan de Steiner était à son désavantage ! Mis de côté, comme celui de Leipzig, foulé aux pieds comme un chiffon, il fut inscrit *pro memoria* dans son Agenda de 1816. Mais le compositeur resta à sec, comme un pilote échoué sur un banc de sable, flairant à tous les vents, mais il conserva sa liberté et son indépendance, cette dernière, fort précaire... Pourtant, grâce à elle, D. Artaria eût bientôt la sonate en *si* ♭ (œuvre 106.)

Après l'historique de ces faits, nous voilà assez préparés pour revenir à l'année 1823, et reprendre le fil d'événements interrompus.

On se rappelle que Beethoven, pour subvenir à ses dépenses, prit le regrettable parti d'emprunter de l'argent comptant à deux de ses éditeurs, un de Vienne, et un autre de Leipzig. On n'a point oublié que c'était pour se débarrasser d'un créancier pressant. Ce créancier était la maison Steiner et Comp., à laquelle Beethoven devait 800 fl. en papier. (1) C'était donc ces hommes, dont nous avons appris à connaître l'ingérence dans les affaires du maître par les faits précédents. Depuis longues années en relations d'affaires avec lui, ils surent le flatter mieux que tant d'autres et en profiter dans leurs intérêts. Beethoven tout en se méfiant de ces amis officieux, ne put rompre avec eux. Il ne s'en émancipa complètement qu'en 1823, et d'une manière violente. Une œuvre nouvelle, cédée à d'autres éditeurs par préférence, en fut la cause. Cette dépendance, qui liait le maître à la maison Steiner, était ancienne, car elle date de la triste année de 1813. Quant à la rupture, on en devine les motifs, mais il serait périlleux de leur donner trop de publicité, lorsque la personne qui connaît bien l'état des choses est encore en vie ; j'invoque, du reste ici, son témoignage. Cette personne est l'éditeur de musique de Bonn, M. Simrock.

(1) C'est par erreur qu'on a imprimé dans la première édition : 800 florins, monnaie de convention. Le docteur Bach, qui n'avait pas aperçu cette faute, la rectifia ensuite.

Présent à Vienne, en 1816, il vint voir l'illustre compositeur. Il connaissait fort bien ses relations avec la maison de Steiner et Comp., dont le maître ne faisait point mystère. M. Simrock ayant bientôt acheté les deux sonates (œuvre 102), fut prié par l'auteur de ne point en parler à MM. Steiner et Comp. Cette circonstance parut fort simple à M. Simrock, qui savait que l'illustre compositeur était dans l'habitude de faire publier ses œuvres par ces messieurs, sans qu'il y eut de sa part aucune promesse verbale, ni par écrit, de consacrer uniquement son art au service de la maison Steiner et Comp.

Vers la fin de 1823, l'affaire s'envenima tellement que les éditeurs de la rue de (Pater noster gäschen), menacèrent le compositeur d'une poursuite judiciaire. Beethoven confia au Dr Bach la défense de ses intérêts, voyant que son frère Jean ne voulait répondre d'une si petite somme, en attendant que l'argent des souscriptions pour la messe fût rentré. Il décida avec son avocat qu'on formerait une contre-demande pour que les manuscrits, qui étaient depuis longtemps en possession de ses importuns créanciers, fussent publiés immédiatement, savoir : l'*Ouverture* en *ut majeur*, pour Léonore, qui ne fut répétée qu'une fois et abandonnée depuis 1805 ; *O moment glorieux*, cantate exécutée en 1814 ; une *Fugue* à cinq parties, pour deux violons, deux altos et violoncelle, composée en 1816 ; le trio avec paroles italiennes « *Empi tremate* » du roi Étienne ; enfin, l'*Ouverture* en *ut majeur* (œuvre 115.) Le maître demandait une prompte publication de toutes ces compositions, alléguant pour cause, le préjudice qu'un si long retard faisait à ses intérêts matériels et intellectuels. La réponse à ces plaintes du parti adverse fut courte et concluante :

« Nous avons acheté et payé ces compositions ; elles sont notre » propriété ; nous pouvons en faire ce que nous voulons. »

Tout cela peut faire juger dans quel état les droits d'auteurs et les productions du génie étaient alors en Allemagne ; les premiers n'existaient pas, et les secondes étaient assimilées aux marchandises. Le Dr Bach voyant que d'autres poursuites n'amèneraient qu'une grande perte de temps et causerait à son client une agitation préjudiciable à son activité artistique, lui conseilla de désintéresser les créanciers moyennant une action de banque. C'est à quoi Beethoven consentit après quelques débats. La vérité de tous ces détails est confirmée par une lettre du grand compositeur à l'auteur de cet écrit. Cette lettre est en quelque sorte le *criterium* de la situation :

« Cher Schindler, n'oubliez point l'action de la banque; il est
» de toute nécessité qu'il n'y ait plus de plaintes devant la justice
» à mon sujet. La manière d'être de mon frère avec moi, est tout-
» à-fait digne de lui. Le tailleur est retenu pour aujourd'hui, mais
» j'espère pouvoir le renvoyer. »

Voilà où il en fallait venir, pour délivrer enfin le maître des filets de ces amis. Il faut dire aussi, que cette maison, depuis dix ans, n'avait rien eu en nouvelles compositions. Ainsi les numéros du catalogue de Steiner et Comp., ne sont pas exacts; ce sont d'anciens numéros.

Par spéculation, on comptait sur la mort du sublime compositeur pour publier les anciennes productions comme œuvres de fraîche date. Ainsi s'explique le dernier numéro d'ordre 138, sur la première ouverture de *Fidelio*; (1) quant au créancier de Leipzig, qui était C. F. Péters, sa manière d'être avec Beethoven faisait contraste avec celle de Steiner et Haslinger. Péters se montra délicat et ne réclama rien avant que l'affaire ne fût à même d'être réglée avec les éditeurs de Vienne. Le prêt d'argent anticipé de Péters devait être suivi, d'un commun accord, d'une nouvelle composition en faveur de cet éditeur. (Il en avait reçu une comme on verra plus bas), mais la quittance suivante prouve que cette affaire avait été réglée à l'amiable.

« Je prie M. L. v. Beethoven de vouloir bien remettre à MM.
» Steiner et Comp., la somme de 360 fl. en argent, avancée par
» moi en août 1822. Comme il n'est point survenu d'affaires entre
» nous depuis cette époque, la présente lettre servira de quittance.
» Leipzig, ce 30 novembre 1825.

» C. F. Péters,
Éditeur.

Le reçu de cette somme se trouve constaté sur la même feuille,

---

(1) On ne doit pas passer sous silence, qu'aussitôt après la vente des manuscrits de Beethoven (après sa mort, en novembre 1827), les journaux publièrent la note suivante : « T. Has-
» linger eût à vil prix un petit paquet de danses et de marches, dans lequel on trouva la
» partition et les parties détachées d'une grande ouverture caractéristique complètement in-
» connue, que Beethoven fit répéter, il y a quelques années, autant que Schuppanzigh croit se
» le rappeler, et sur laquelle on voit les corrections à l'encre rouge, faites de la main de
» l'auteur. » (Voyez la Gazette musicale, de Leipzig, xxx, page III.)

Pour détruire ce conte ridicule, il suffit de citer le journal de Beethoven sur lequel il a marqué de sa main, à la date de février 1823, cette notice. « Les compositions qui sont chez
» Steiner sont toutes de 1814 à 1816. »

à la date du 7 décembre 1825, sous la signature de Steiner et Comp.

Quant au petit ouvrage envoyé à l'éditeur de Leipzig, c'était une de ces *Bagatelles* qu'on désigne dans la Littérature musicale par (*Gedankenspœhne.*) On sait que Beethoven excellait dans ces esquisses ou pensées musicales, qui sont comme des fragments détachés de ses nombreux ouvrages pendant leur élaboration. Ces dernières dataient de l'époque de la *Missa solennis*, moment de sublime inspiration. Malgré cela, l'éditeur de Leipzig la trouva trop chère (10 ducats environ); il la renvoya à Beethoven en faisant remarquer qu'il n'était pas digne d'un grand compositeur de s'occuper de pareilles bagatelles, que chacun pouvait en composer. Il paraît que cette hardie observation arriva à l'illustre maître, un jour de bonne humeur; car, contre son habitude, il ne la reçut pas trop mal, à en juger par son journal que j'ai devant mes yeux (19 mars). Selon toute apparence, il se plaisait dans ce qui était un repos intellectuel pour lui, et s'amusait à faire tomber de pareilles bagatelles en secouant les plis de son riche manteau. Plus tard, la maison Schott, à Mayence, publia cet opuscule sous le numéro d'ordre 126, et s'en fit beaucoup d'honneur. (1)

Ce n'est pas sans répugnance que je touche une troisième affaire d'une nature délicate, ayant des conséquences plus graves que les deux premières. Son origine remonte à la calamiteuse année de 1813, dans laquelle le sort de notre héros s'était tellement compliqué de tant de difficultés de toutes sortes, qu'il ne lui fut jamais possible de les résoudre complètement. Bien que je fusse déjà au courant de certaines dettes du maître, ce n'est que pendant mon long séjour à Francfort-sur-le-Mein, que je pus m'assurer de leur origine et de certaines particularités de cette malheureuse année. Là se trouve encore une des plus anciennes amies de Beethoven. Elle voyait le maître dans la maison paternelle (Beethoven), en 1792, et elle s'est mariée à Francfort, en 1798. Les longues années n'ont point affaibli l'estime ni l'amitié que sa famille portait au grand compositeur, qu'elle appelait « son meilleur ami au monde » Je lis dans son journal de 1814, cette note écrite de sa main : « Je dois à F. A. B....t....o, d'une part, 1,100 fl., d'une autre, 60 ducats; total, 2,300, somme que ses excellents amis n'ont jamais réclamée; au contraire, ils cherchaient à lui faire oublier cette

---

(1) Les chercheurs d'anecdotes et d'historiettes peuvent voir qu'il n'était pas facile, à Beethoven, même dans sa brillante période, de se procurer de l'argent.

dette jusqu'à des jours plus favorables. Ne voulant pas mettre à l'épreuve plus longtemps la générosité de ses amis (ainsi s'exprimait Beethoven dans une lettre à moi adressée), il s'était décidé à vendre une deuxième action de la Banque, pour payer cette dette. En quoi il eût encore recours à moi, et je lui ai rendu ce service quelque temps après ses démêlés avec Steiner et Comp., en mars 1823.

Une quatrième dette, quoique insignifiante, concerne un cas spécial; elle est liée aux intérêts d'une autre personne. Il serait rationnel d'en remettre la communication à plus tard. Le censeur ami l'avait déjà mis de côté à Vienne; mais comme le protocole en fait mention, l'analyse en est irrémissible. C'est ce qui sera expliqué dans la suite.

Lorsque le chevalier Seyfried dit dans sa caractéristique de Beethoven : « Il ne connaissait pas la valeur de l'argent; il le considérait comme un moyen pour se procurer les objets nécessaires. » On peut se demander, après l'inspection des faits, de quelle époque parle le chevalier de Seyfried ! Car, sans nul doute, les circonstances pénibles dans lesquelles Beethoven s'était trouvé, pouvaient lui servir d'école pour apprendre la valeur de l'argent. Il en connaissait la théorie à merveille; pour la pratique, il lui arrivait ce qui arrive à tant d'autres, il lésinait souvent avec les premières nécessités, mais dans les choses qui touchaient à ses passions, à son individualité, il avait deux colonnes séparées, une pour la théorie et une autre pour la pratique; nous aurons l'occasion d'en parler.

Laissons maintenant pendant quelque temps ces demi-teintes de la vie de Beethoven, pour rentrer dans le domaine de son art et de son génie.

Dans les mois d'hiver 1823, un bruit se répandit tout d'un coup et remplit de joie tous les vrais amis de la musique. On affirmait que l'administration de l'Opéra impérial, frappée du succès extraordinaire de *Fidelio*, était décidée à confier à l'illustre compositeur le poème d'un grand opéra. En effet, la reprise de *Fidelio*, en 1822, surpassa en éclat toutes les autres; semblable à un astre lumineux, le chef-d'œuvre de Beethoven brilla dans toute sa splendeur à l'horizon musical. (1) Beethoven consentit à écrire un opéra et

---

(1) Il fut admirablement monté par Mme Wilhelmine Schroeder (FIDELIO), Haitzinger (FLORESTAN), Forti (PIZARRO), Zeltner (ROCCO), Nestroy (DON FERNANDO), Raucher-Jacquino et Th. Demmer (MARCELINE).

demanda à choisir un bon libretto. On lui en envoya plusieurs, mais qui lui déplurent. (1) Il se prononça cependant pour un sujet grec ou romain d'histoire ancienne ; mais ce genre était usé. Tout cela rendait le choix difficile, si bien que le maître ne savait plus lui-même dans quelle catégorie il devait prendre son poëme. Sur ces entrefaites, F. Grillparzer s'empressa de lui adresser sa *Melusina*, à peine terminée. Ce sujet, archi-romantique, offrait beaucoup de situations à effet, et un personnage comique (espèce de serviteur dans le caractère de Leporello), qui plut singulièrement à Beethoven. Il accepta donc ce sujet et eut plusieurs conférences avec son poëte. J'ai été présent à toutes les discussions, changements, coupures, dispositions scéniques, longtemps débattus et consentis par l'auteur de la pièce. Cette réunion de deux nobles champions leur donna une occasion de s'ouvrir leur cœur réciproquement sur les tristes circonstances politiques et sur l'état de la patrie commune.

Presqu'en même temps, arriva une autre proposition du même genre, de Berlin, de la part du comte Brühl, intendant du théâtre royal. Beethoven était prié d'écrire un opéra et de fixer lui-même ses honoraires. Sans rien dire à personne, le maître envoya au comte Brühl la pièce de Grillparzer, pour la faire examiner sans lui cacher son opinion avantageuse. Le comte Brühl répondit qu'il trouvait la pièce convenable, mais que l'on jouait, en ce moment-là, à Berlin, un ballet : *Ondine*, dont le sujet avait quelque ressemblance avec *Melusine* ; il n'y avait donc que cet inconvénient, mais c'en était assez pour décourager Beethoven, qui se rappelait encore les événements du même genre arrivés à propos de *Fidelio*. Il prit soudain la résolution de renoncer à écrire un opéra allemand, après s'être prononcé assez durement sur le compte des chanteurs de son pays. A vrai dire, c'était une résolution fatale au point de vue de l'art et de ses intérêts ; fallait-il l'attribuer à la mauvaise impression de 1805, et des chanteurs du théâtre *An der Wien*, ou à quelque influence fâcheuse sur le caractère susceptible du maître. On pouvait à juste titre opposer à la faiblesse des chanteurs de 1805, l'excellente exécution des chanteurs de la cour, en 1814, auxquels on devait, en grande partie, le succès de *Fidelio*. De plus,

(1) A.-B. Marx parle d'un opéra en trois actes, qui fut envoyé à Beethoven, par Biedenfeld, d'après la pièce de Schiller (*Bürgschaft*) que le maître ne refusa pas, mais il exigea que J. Weigl fît la musique pour la noce dans le deuxième acte, ne se sentant pas capable d'une gaieté aussi folle.

l'exécution de 1822 passait pour parfaite, de l'aveu de tout le monde ; malheureusement, tout cela ne fit pas changer l'opinion de Beethoven sur les chanteurs allemands. Aussi la fréquentation des chanteurs italiens pendant longues années par un compositeur allemand, l'avait rendu peu favorable aux chanteurs allemands ; il les trouvait privés de cette inspiration pour l'art musical qu'on remarque toujours chez les Italiens, tandis qu'il accusait les Allemands de trop de contentement d'eux-mêmes et d'un médiocre degré d'éducation musicale. Ce qui rendait alors la comparaison peu favorable, c'était la présence, à Vienne, de premiers chanteurs italiens comme : Lablache, Rubini, Donzelli, Ambrogi, David, etc.; Mmes Fodor-Mainville, Meric Lalande, Dardanelli, Eckerlin, qui excitaient un véritable enthousiasme dans le public à chaque représentation. Beethoven assista à celle du *Barbier*, de Rossini, très-bien monté par cette troupe admirable. Après avoir examiné la partition, il se prit d'une véritable admiration pour cet opéra, et promit, à l'instigation de Caroline Ungher, cantatrice de beaucoup de talent (aujourd'hui Mme Ungher Sabatier), d'écrire pour cette compagnie un opéra italien. Il s'engagea, sans autre invitation, à se mettre à l'ouvrage dès l'année suivante. Nous verrons cependant bientôt pourquoi ce beau projet ne put être exécuté.

Au printemps de cette année arriva un épisode d'un goût singulier, qui mérite une mention. Déjà, l'année précédente, Beethoven avait reçu sa nomination comme membre honoraire de l'Académie royale des sciences et des beaux-arts de Suède. En conséquence de la lettre d'envoi, les démarches furent faites auprès du gouvernement de la Basse-Autriche, pour obtenir l'autorisation d'accepter, autorisation qui, après une longue attente, arriva enfin. L'illustre compositeur était encore occupé des variations sur la valse de Diabelli. Il m'envoya deux lettres pour les journaux, pour y faire annoncer cette haute distinction du royaume du Nord. Une de ces lettres était pour Pilat, rédacteur de l'*Observateur Autrichien*, l'autre pour C. Bernard, rédacteur de la *Gazette de Vienne*. La rédaction de ces deux lettres était très-comique. Une troisième à mon adresse donnait une idée de leur contenu.

« Très cher L. K.

» Donnez cette lettre à l'*Observateur*.

» J'ai écrit « membre honoraire » mais je ne sais pas s'il ne fal-
» lait pas mettre « membre étranger, » ignorant et ne faisant

» aucun cas de pareils titres. Demandez aux deux philosophes
» écrivains si c'est un membre honoraire, ou membre honteux
» qu'il faut mettre. (1)

Ces lettres, et d'autres épanchements pareils, sont des preuves patentes que Beethoven passait son temps d'une manière assez récréative, pendant la composition des susdites variations. Mais les deux lettres en question renferment aussi des sarcasmes, dirigés contre les rédacteurs des journaux et contre le Gouvernement, tellement accablé d'affaires, qu'il fallut de sept à huit mois pour terminer l'incident de l'acceptation du diplôme.

Dans le courant de juin, les variations finies furent remises à l'éditeur Diabelli, sans que trop de temps ait été employé à les polir, et, bientôt, le maître navigua à pleines voiles vers la neuvième symphonie, dont on voyait les plans préparés par quelques notes. Mais, soudain, sa bonne humeur et sa gaîté, qui le rendaient si souple et si accessible à tous, disparurent ! Il ferma sa porte, ne voulut recevoir personne, pas même ses plus intimes amis ! Il m'écrivit à ce sujet le billet suivant : « Samothrazier (2), ne vous
» donnez pas la peine de venir ici, tant que vous ne verrez point
» un Hati-Scherif. Vous ne méritez pas encore le *cordon* ! — Ma
» rapide messagère, Madame Schnaps (3), ira savoir de vos nou-
» velles tous les deux ou trois jours. Portez-vous bien, n'amenez
» personne. Adieu. »

En attendant, le désordre de son ménage, qui avait disparu depuis quelque temps, recommençait de nouveau. Beethoven parcourait la campagne, son livre d'esquisses et la plume à la main, sans penser aux heures de repas, ce qui n'arrivait jamais autrefois, même au plus haut point de son exaltation intellectuelle. Depuis, il n'était pas rare de le voir rentrer sans chapeau, et cela se répéta souvent jusqu'à la mi-août. Beethoven rapportait des notes pour l'œuvre nouvelle. Tout à coup, il lui prit un *raptus*; il quitta sa jolie villa pour s'établir à Baden, et sans autre raison que l'ennui de voir « le baron lui faire de profondes révérences chaque fois

---

(1) Cette expression ne doit pas être critiquée très-sévèrement. L'académie royale de Stockolm n'avait pas jusqu'en 1823 donné signe de vie, surtout en musique. A l'heure où j'écris, cet état semble durer encore ! On pense bien que l'opéra n'a point été inventé dans ce triste pays.

(2) Jeu de mot employé souvent par Beethoven dans ses lettres à M. Schindler. (Il vient des Mystères de la Samothrace aux temps héroïques, 2,000 ans avant J.-Ch.) Ces Mystères avaient des cérémonies où la musique jouait un grand rôle. Il fallait y être initié pour participer aux mystères de la science de Beethoven !

(3) Sa cuisinière qu'il appelait sa rapide Frégate.

» qu'il le rencontrait. » Cela nous rappelle les mots contenus dans sa lettre à la chère Giulietta : « Demuth des menschen, gegen den » menschen (humilité des hommes envers les hommes), elle me » fait mal, etc. » Toutes mes observations sur les prétendus inconvénients de sa villa et sur son parti pris de quitter Hetzendorf, restèrent sans effet. Un matin, je reçus l'invitation de venir le voir pour la recherche d'un logement à Baden, attendu qu'il ne pouvait plus travailler à Hetzendorf. Sa lettre me fut apportée par la vieille femme de ménage. (Il faut dire que, depuis 1822, j'avais pris la moitié de son logement de Vienne, dans la Pfargasse faub. Leimgrube). Le rendez-vous était donné pour cinq heures du matin; les lignes suivantes accompagnaient le message : « Samothrazischer L... K... » le temps est propice, mais il vaut mieux plus tôt que plus tard. » *Presto, prestissimo.* Nous partons d'ici. »

Cette excursion de Hetzendorf à Baden, à la recherche d'un logement, fut une de celles qui m'ont le plus diverti, à cause du caractère singulier de Beethoven. D'abord, il commença à repasser dans sa tête les incommodités des appartements qu'il avait déjà occupés. Un seul réunissait toutes les conditions voulues, mais le propriétaire ne se souciait pas de le louer à Beethoven. Déjà, il avait reçu plusieurs semblables déclarations des habitants de Baden. Il me pria donc de lui servir d'intermédiaire, de me rendre à la maison désignée et de promettre, en son nom, plus d'ordre et plus de convenances vis-à-vis d'autres locataires (c'était là le principal reproche). Malgré cela, je fus refusé; on ne fit aucun cas de sa promesse, ce qui l'affligea profondément. Il fallut recommencer mes fonctions de parlementaire, en me rendant chez le propriétaire, maître serrurier, avec de nouvelles promesses de *bonne tenue !* Cette fois, je le trouvai de meilleure volonté; mais il exigeait expressément que Beethoven fit remettre, à la fenêtre donnant sur la rue, les contrevents qui y étaient l'année d'avant. Nous cherchions en vain la cause de cette exigence, et ce ne fut qu'après nos observations, que la pose de ces volets priverait le compositeur de la lumière du soleil, si nécessaire à sa faible vue, que le maître serrurier céda; l'emménagement se fit en peu de jours.

Mais quel était le fin mot de cette condition de volets imposée à Beethoven ! le voici : le maître, poussé par un certain démon familier dont nous ferons bientôt la connaissance, avait coutume, pendant les quatre années qu'il occupa cet appartement, de se placer à la fenêtre entr'ouverte pour faire ses réflexions et écrire ses petits calculs sur les volets, tellement que, sur chaque côté, on lisait force boutades musicales et bigarrures diverses marquées au crayon, au point que les deux carreaux de bois formaient une espèce de journal. Une famille du nord de l'Allemagne, qui habita en face de la maison de Beethoven en 1822, s'étant aperçue de cette habitude du grand compositeur, acheta, après son départ, un de ces volets, pour une pièce d'or, comme curiosité « *curiositatis causa.* » Le serrurier, affriandé par cette découverte, vendit, bientôt après, les autres carreaux aux baigneurs étrangers qui visitaient Baden. Il jugea que ce commerce pouvait devenir lucratif et exigea, avant tout, que les volets fussent remis en place, ce qui fit rire beaucoup Beethoven, lorsqu'il eût appris ces détails par M. T..., l'apothicaire de Baden.

Si l'auteur s'est cru obligé de rendre compte de ces événements si peu importants, et prêtant un peu à rire, c'est pour montrer à quel point les choses secondaires peuvent être cause de grandes actions et contribuer à la bonne réussite par un concours indirect. L'expérience nous l'apprend; sous prétexte que le baron de Pronay le fatiguait avec ses profondes révérences, Beethoven quitta Hetzendorf, car il sentait que l'inspiration n'y venait pas comme il aurait désiré. Il chercha donc à se rapprocher de ces sites, de Mœdling, de Heiligenstadt, où son génie s'était montré si fécond! Ce qui ne veut pas dire que nous devions peut-être la neuvième symphonie au concours des bourgeois de Baden, si intéressés. Mais, s'il n'avait pas retrouvé son appartement si commode, qui lui plaisait et où il aimait à travailler, qui pourrait dire si l'illustre compositeur n'aurait pas remis à plus tard cette grande composition, qui exigeait du calme et une condition indispensable entre toutes, celle de ne pas être dérangé par les curieux dans son travail. Il était donc à craindre que le déplacement ne nuisit au travail pressé du maître, surtout dans les dernières années de sa vie. Nous aurons bientôt à dire un mot là-dessus. Mais qu'il nous soit permis de donner, en passant, un extrait d'une lettre de F. Rochlitz, en date du 9 juillet 1822, relative à ce point. Ce savant littérateur fut chargé, par la maison Hærtel, de Leipzig, de proposer à Beethoven la composition de la musique pour *Faust*, de Gœthe, à l'instar de celle d'Egmont.

Rochlitz rapporte ainsi les propres paroles de Beethoven : « J'ai
» déjà trois autres grands ouvrages depuis quelque temps; ils sont
» en partie éclos dans ma tête, et je voudrais m'en débarrasser
» d'abord, savoir : deux grandes symphonies différentes des pre-

» mières et un oratorio. Cela sera long, car, voyez-vous, depuis
» un certain temps, je n'ai plus la même facilité pour vous écrire,
» je reste et pense longtemps et cela ne vient pas à point sur le
» papier. Je redoute de commencer de grands ouvrages, mais
» une fois parti, cela va. » (1)

Beethoven ne revint dans la capitale que vers la fin d'octobre avec les derniers oiseaux de l'hiver. Il occupa cette fois-ci un logement de l'Ungergasse, faubourg Landstrasze, près de la porte de la ville. La nouvelle symphonie était avancée jusqu'au quatrième morceau (dans la tête seulement); les principales idées étaient marquées dans le livre d'esquisse. Contre son habitude, il avait accumulé tant d'idées dans cette nouvelle création, qu'il était indécis sur le motif qu'il prendrait pour l'ode de Schiller : *A la joie*. Il y travailla avec un zèle extraordinaire, mais le premier jet ne lui plaisait pas ! Cependant la partition du quatrième morceau de la symphonie peut servir de modèle de clarté et de netteté. Elle se distingue non moins par le très-petit nombre des corrections. Mais, arrivé au quatrième morceau, la lutte commença. Il s'agissait de trouver un mode susceptible de rendre avec effet le commencement de l'Ode par lequel il voulait frapper un grand coup.

Un jour que j'entrai chez lui, il vint au-devant de moi en s'écriant : Je l'ai, je l'ai ! il me fit voir le livre d'esquisse, où je vis notée cette phrase : « *Laszt uns das Lied des unsterblichen Schiller singen*, » après laquelle une voix solo entonne l'hymne « *A la joie* » (voyez le facsimile à la fin du volume.) Cependant cette mélodie devait faire place bientôt à une autre plus en rapport avec le texte, c'est-à-dire : « *O freunde, nicht diese Tœne, sondern laszt uns angenehmere anstimmen und freuden vollere.* » (2)

Avec ce changement, l'entrée du final devint tout différente de celle du plan primitif. Les pages supprimées de la partition le prouvent. Elles ne furent pas conservées et elles auraient pu nous rendre le même service que les morceaux de *Fidelio* que Beethoven avait retouchés. Il se servait souvent du piano quand il composait pour cet instrument (mais seulement pour essayer certains passa-

---

(1) Voyez l'ouvrage intitulé : *Für freunde der Tonkunst* v. F. Rochlitz, IV.

(2) Parmi les nombreuses attaques de M. Ulibicheff, dirigées contre le QUATRIÈME MORCEAU et insérées dans sa biographie de Mozart, plusieurs méritent l'attention du lecteur. Après avoir dit que Beethoven travailla l'admirable ode de solo comme un libretto italien, il continue : « Ce thème est une cantilène languissante, qui se répète d'une manière interminable et
» où l'auditeur, profondément attristé, ne saurait reconnaître que l'image de l'épuisement et
» de la vieillesse. » (Page 248.)

ges.) On pouvait alors l'entendre sans qu'il le sût. C'est ainsi que j'ai pu faire connaissance avec les sonates (œuvre 106, 109 et 110), dans toutes leurs parties, mais moins complètement avec l'œuvre 111, n'ayant pu être présent lorsqu'il l'essayait. Pour le travail de ses partitions, il ne se servait pas de piano ; on ne pouvait donc rien entendre d'avance, et, comme il n'aimait pas qu'on touchât à ses feuilles, les amis intimes même, n'entendaient les nouvelles compositions qu'aux répétitions. On a vu, par les pages mises de côté, et par celles qui ont été cousues à la partition, que le récitatif des contre-basses a été ajouté après. La mélodie pour la première strophe, a été changée quatre fois dans son livre d'esquisses. Le mot « meilleur » est écrit au-dessus de la dernière, comme on le voit dans le *facsimile*.

Déjà, au mois de février de l'année suivante 1822, l'œuvre colossale fut prête et entièrement limée. Beethoven paraissait de meilleur humeur ; il commençait à s'accorder quelque récréation ; on le voyait flâner dans les rues, avec son poinçon suspendu à un ruban noir ; il saluait les amis en passant et regardait les devantures de belles boutiques à travers son lorgnon. Depuis la présence de C. M. Weber, son hôte, au mois de novembre précédent (à l'époque des représentations d'*Euryanthe*), nous n'avions pas eu le plaisir d'entendre le maître se répandre en saillies et sarcasmes, vrai feu d'artifice de bons mots et d'observations piquantes. Aussi, C. Bernard, le poète, s'en réjouissait infiniment, ainsi que la direction de la société des amis de la musique (Musikvereins); car on commençait à avoir réellement l'espérance que l'illustre compositeur se mettrait bientôt à la composition de l'*Oratorio* promis « *Der Sieg des Kreuzes* » (Victoire de la Croix.) Très-satisfait du poème, il se réjouissait lui-même de ce travail, et après maintes promesses, faites au poète et à la société, on ne pouvait plus douter de la mise en train très-prochaine. Mais en attendant : *Accidit in puncto, quod non speratur in annis*. Un événement inattendu fit encore changer les décisions de Beethoven et leur donna une autre direction. En sorte que tous les beaux projets et plans pour les nouvelles créations furent remis, *ad calendas græcas*, et d'autres travaux entrepris « en attendant. » Examinons les choses avec leurs causes et leurs effets, qui suivent de près.

L'opéra italien, sous la direction de Barbaïa et de son remplaçant Louis Duport, venait de commencer ses représentations, le 13 avril 1822, avec *Zelmire*, nouvellement écrit pour Vienne par Rossini.

La troupe était la même que l'année dernière, mais Rossini ayant épousé Mᶦˡᵉ Colbran, prima donna de Milan, la fit engager pour la saison de Vienne. Elle vint y débuter, et, quoique son talent ne répondit pas d'abord à l'attente du public, le succès de la troupe fut si extraordinaire, qu'un auditoire comme celui de Vienne, si facile à émouvoir, épris de tout ce qui est étranger, fut bien pardonnable de se laisser aller au charme d'exécution de si grands chanteurs. Un autre auditoire, moins facile à l'enthousiasme, serait revenu, sans nul doute, à une tenue plus convenable et aurait contribué, en conséquence, à étendre l'horizon de l'éducation musicale en vue de musique plus sévère. Il n'en fut pas ainsi à Vienne ; au contraire, l'enthousiasme non réprimé monta jusqu'au vertige de représentation en représentation, et servit d'aiguillon aux chanteurs sans que l'on songeât à considérer le mérite plus ou moins grand de l'œuvre exécutée. Enfin *Corradino* termina cette saison en juillet, et la dernière représentation, selon la *Gazette musicale*, de Leipzig, donna lieu au *fanatismo* le plus complet : c'était des trépignements de joie, des larmes, des viva, des fora ; on aurait cru le public piqué de la Tarentule ; il ne pouvait s'arrêter.

A la tête de la direction du théâtre impérial, était le conseiller de Fûljod, le secrétaire de la cour, J. v. Mosel, et le maître de chapelle J. Weigl, comme troisième dans le conseil. Ces messieurs ne prenaient en considération ni les exigences du temps, ni le vœu du public. Ce dernier avait déjà goûté, en 1816, la musique de Rossini. Quelques artistes italiens, parmi lesquels on distinguait la signora *Borgondio*, contralto, et il signor *Tachinardi*, célèbre ténor, avaient donné des représentations suivies, reprises deux années plus tard, avec grand succès. Les opéras de Rossini en avaient fait tous les frais. Dans la suite, le comte Ferdinand Palfi, directeur du théâtre *An der Wien*, fit représenter en allemand tous les opéras du maître italien avec un énorme succès ; ces opéras ramenèrent la foule à ce théâtre. En présence de tels résultats, c'était donc une folie de la part du Triumvirat, dirigeant le théâtre impérial de la porte de Carinthie, de s'opposer à l'admission des opéras de Rossini.

Parfois, il y avait une excellente troupe, supérieure à celle du théâtre du faubourg voisin. Mais la crainte de voir éclipser les opéras allemands et ceux du répertoire français, rendait la direction très-réservée dans l'admission des nouveautés. Aussi un déficit considérable résulta de ce système pendant plusieurs années, malgré les libéralités de l'empereur pour son opéra, lequel, disait-on, allait être affermé à un entrepreneur particulier.

De la part d'un public ami des arts, comme celui de Vienne, on pouvait s'attendre pour la musique allemande à plus de faveur que celle qu'il témoigna après le départ de la troupe italienne, en juillet 1822. Toute la ville semblait être en deuil, et les railleries des chanteurs allemands augmentèrent encore la douleur du public de ne pouvoir plus se procurer de si hautes jouissances en fait de chant. C'est en effet l'art de savoir chanter, qui donnait la supériorité aux Italiens, et, comme les chanteurs allemands leur étaient inférieurs, le public leur retira sa faveur. De tous les opéras allemands, le seul *Freyschütz* put se maintenir à cause de la scène de sorcellerie. Après bien des mois, on était un peu revenu de cet enthousiasme exclusif pour l'opéra italien (hors la noblesse); aussi, *Fidelio* obtint un grand succès au mois de novembre suivant, ainsi que nous l'avons constaté plus haut.

Mais, l'année 1823 vit reparaître le vertige pour l'opéra italien. C'était du *fanatisme*, à tel point que le peu d'estime qu'on avait encore pour l'opéra allemand disparut pour longtemps. De cette année date l'état pitoyable de la musique à Vienne et dans les principales villes de la monarchie. Deux ans plus tard, une correspondance de Vienne, insérée dans la *Gazette musicale*, de Leipzig, était ainsi conçue : « Depuis un an, pas un ouvrage remarquable n'a paru ici. Nous n'avons que les opéras de Rossini, arrangés pour piano. Tout reste en friche ! »

1824. — Cet aperçu caractéristique de l'époque était nécessaire pour donner une juste idée de l'état des choses, qui touchait de très près l'illustre maître. Sa *Messe solennelle* attendait depuis deux ans son tour, et la neuvième symphonie, terminée récemment, était une œuvre trop considérable pour rester inaperçue. Mais comment entreprendre l'exécution de ces deux colossales compositions, qui nécessitaient des frais énormes d'orchestre et de chœurs, dans l'état précaire de la musique à Vienne. Beethoven s'adressa au comte Brühl pour lui demander de faire exécuter ces deux ouvrages à Berlin. La réponse fut favorable; le comte Brühl encouragea le maître dans cette idée et promit une bonne réussite. A cette nouvelle, un certain nombre des membres de la noblesse et d'artistes distingués se réunirent en société musicale et rédigèrent une adresse à Beethoven; elle lui fut présentée par une

députation. « On le suppliait en termes chaleureux d'épargner cette
» honte à la capitale, et de ne pas permettre que les nouveaux
» chef-d'œuvres sortissent du lieu de leur naissance avant d'être
» appréciés par les admirateurs nombreux de l'art national. »

« Pour eux (disaient les signataires de l'adresse), la réalisation de
» l'idéal de l'art était plus qu'un simple passe-temps musical...
» l'admiration des habitants de Vienne pour les chef-d'œuvres de
» Mozart et de Haydn n'était pas encore éteinte, et c'était avec un
» juste orgueil qu'ils regardaient Beethoven comme faisant partie
» de cette trinité de talents, symbole de ce qu'il y avait de plus
» élevé et de plus ingénieux sur le sol de la patrie. »

Plus loin l'adresse parlait de la nouvelle manifestation musicale, sortie de la main puissante du maître, elle brillait comme une pierre précieuse dans sa couronne symphonique; « paraissez donc,
» lui disait-on, au milieu de vos amis, de vos appréciateurs, et de
» vos admirateurs ! C'est notre instante prière.

» Mais on réclame autre chose de votre génie. L'opéra national,
» et la société musicale de l'empire d'Autriche, ont les yeux tour-
» nés vers vous. La poésie a fait son possible pour trouver un sujet
» digne d'être traité par vous. Ne perdez pas une si belle occasion
» de reparaître sur l'horizon musical. Ne tardez pas à ramener ces
» jours perdus où le chant de Polhymnie ravissait les adeptes de
» l'art sacré et procurait aux esprit nobles des jouissances ineffa-
» bles.

» Devons-nous vous dire combien votre retraite affligeait profon-
» dément tous ceux qui avaient les yeux tournés vers vous. Tous
» voyaient avec tristesse que l'homme de génie placé si haut parmi
» les vivants, gardait le silence lorsqu'un genre de musique étran-
» ger cherchait à s'implanter sur la terre allemande, faisait
» négliger les productions de l'école allemande et annonçait une
» seconde enfance pour le goût, après l'âge d'or de l'art allemand.

» Vous seul pouvez assurer nos aspirations vers le bien, par une
» complète victoire. De vous, l'opéra allemand, ainsi que la société
» nationale, attendent une nouvelle vie, de nouveaux lauriers, et
» un nouveau règne du vrai et du beau sur la mode du jour, qui
» veut se mettre au-dessus des éternelles lois de l'art musical.
» Donnez-nous l'espoir de voir bientôt remplis les désirs que votre
» divine harmonie nous a révélés. Ceci est notre plus pressante
» prière. — Puisse l'année que nous venons de commencer ne pas
» finir, sans que nous ayons à nous réjouir d'un bon résultat dû à

» nos demandes. Puisse le printemps prochain refleurir double-
» ment de vos riches dons pour nous et pour le monde artis-
» tique. »

Vienne, en février 1824.

AVAIENT SIGNÉ :

Prince C. Lichnowski.
Artaria et Cⁱᵉ.
Hauszka (de).
M. J. Leidesdorf.
J. C. de Wayna.
André Streicher.
Antoine Halm.
Abbé Stadler.
Felsburg (de), secrétaire de la cour.
Stockhammer (comte de).
Antoine Diabelli.
Comte Ferd. de Palfy.
Baron Ed. de Schweiger.
Comte Czernin, chambellan.
Comte Maurice de Fries.
J. F. Castelli.

Deinhardtstein, professeur.
Ch. Kuffner.
N. F. Nehammer, secrétaire d'État.
Steiner de Felsburg, banquier.
Comte Maurice de Dietrichstein.
Ignace Edler de Mosel, conseiller de la cour impériale et royale.
Charles Czerny.
Comte Maurice de Lichnowski.
Zmeskall (de).
Kiesewetter, conseiller de la cour.
Le docteur Sonnleithner.
Steiner et Cⁱᵉ.
Lederer.
J. N. Bihler.

On s'attendait à ce que Beethoven, en recevant cette adresse des mains de deux députés, de *Felsburg* et *J. N. Bihler*, en prendrait connaissance en leur présence et profiterait de l'occasion pour toucher à d'autres questions non moins importantes. Mais, comme on avait choisi pour la remise de l'adresse l'heure de l'*après dîner*, l'attente fut trompée, car le maître n'était jamais bien disposé à cette heure là pour une longue conversation. Il voulut d'abord lire l'écrit tout seul, et l'on pense bien qu'il ne fut pas peu surpris de son contenu. Beethoven n'avait pas grande confiance dans les bonnes dispositions du public pour lui. Quant aux intentions des musiciens, il s'en était expliqué sans détour devant Rochlitz, comme on a pu le voir dans la lettre de Baden, déjà citée. On devine facilement combien j'étais moi-même impatient de connaître l'impression faite par cette adresse sur le maître. En entrant chez lui, je trouvai Beethoven tenant l'adresse dans ses mains. Il me la communiqua sans rien dire, mais, je voyais, à sa physionomie, qu'il était vivement ému. Pendant que je lisais ce qui m'était déjà connu, il se mit à la fenêtre et suivit le cours des nuages. Après avoir lu, je posai la pièce en silence, attendant qu'il m'adressât la parole.

Beethoven resta à la même place sans rien dire, puis, se tournant de mon côté, il dit d'une voix peu élevée : « *Es ist doch recht schœn.* » — « *Es freut mich !* » (Il fait pourtant bien beau, cela me réjouit.) C'était comme une excitation à ce que je lui fisse connaître mon contentement. — Hélas ! je le fis par écrit... Après avoir lu ma réponse, il dit brusquement : « Allons dehors. » Une fois sorti, il resta silencieux, ne parla que par monosyllabes, indice infaillible des agitations de son cœur.

Après avoir pris l'avis des différentes personnes sur le projet de Beethoven de donner un grand concert, on se décida pour le théâtre *An der Wien*, comme le plus vaste et le mieux approprié pour une grande solennité musicale. L'illustre maître me confia l'arrangement de cette entreprise. Le premier pas à faire était de s'entendre avec le comte de Palfy, directeur de ce théâtre, un des signataires de l'adresse. Le comte de Palfy se montra très-disposé à mettre le théâtre à la disposition de Beethoven, moyennant la somme de 1200 fl., le concours de l'orchestre et d'autres ressources scéniques y compris. Ces conditions n'étaient pas exhorbitantes ; le maître lui-même en était surpris, car il pouvait arranger son concert comme il voulait ; tout dépendait de sa volonté. Il pouvait augmenter les prix d'entrée, ce qui aurait fait monter la recette brute à 3500 fl., en papier. Tout faisait espérer que l'entreprise réussirait, la saison étant favorable, les frais supplémentaires d'orchestre et des chœurs étaient seuls à craindre, car il fallait s'attendre à de nombreuses répétitions ; mais Beethoven s'était réservé le droit de faire autant de répétitions qu'il lui serait nécessaire. Les choses marchaient pour le mieux, lorsqu'il surgit une difficulté à laquelle on n'avait pas pensé, bien qu'elle se fût déjà présentée autrefois. Au lieu de profiter de circonstances si favorables à ses intérêts, l'illustre compositeur lança inopinément sur le terrain une pièce de discorde, en soulevant la question de direction, qui allait exciter des jalousies de maîtres de chapelle et embrouiller tout.

On sut bientôt qu'il ne voulait employer, pour son concert, aucun des deux chefs d'orchestre en fonction à ce théâtre : *Ignace v. Seyfried* et *Franz Clément*. Il proposait, à leur place, le maître de chapelle *Umlauf*, du théâtre de la porte de Carinthie, et *Ignace Schuppanzigh*. Le comte Ferd. de Palfy n'était pas disposé à voir mettre de côté ses chefs d'orchestre ; il connaissait les relations tendues du premier avec le bénéficiaire, et il tenait à ne pas le faire remplacer. I. v. Seyfried avait rendu des services à Beethoven comme soliste et comme directeur d'orchestre, en 1808, pendant les exécutions de la symphonie pastorale et de celle en *ut mineur* (voir la deuxième période), à ce même théâtre. Schuppanzigh seul trouva cette occasion favorable pour se poser à son retour de Russie, comme chef d'orchestre, en vue de la prochaine vacance au théâtre de la porte de Carinthie. (1) Il obtint donc de Beethoven la promesse qu'on lui réserverait la direction des violons dans cette solennité, ce que l'illustre maître accorda, sans égards pour Franz Clément.

Tout l'entourage de Beethoven travailla pour aplanir ces difficultés et pour l'amener à se départir de ses exigences, dans son propre intérêt; mais la réaction était plus forte. De son côté, le comte de Palfy hésitait à exposer son habile chef d'orchestre à une telle mortification. Il devenait plus exigeant, et avec raison, en vue de terminer des négociations qui duraient depuis plusieurs semaines. On voit, par ces événements, combien l'entêtement de Beethoven à persister dans ses exigences lui était nuisible. Il laissa passer ainsi la saison favorable aux grandes exécutions et s'exposa à une foule d'intrigues et de prétentions qui lui suscitèrent toutes sortes d'empêchements.

Avant sa rupture complète avec le comte de Palfy, j'avais sondé le terrain au théâtre de Carinthie, pour savoir si la direction de Schuppanzigh ne serait pas un obstacle de ce côté là. J'acquis bientôt la certitude qu'elle n'empêcherait pas de donner le concert à ce théâtre, sauf à débattre les conditions du loyer de la salle! Nous entrâmes donc en pourparlers, mais on voyait bien que l'administration voulait profiter de la position de Beethoven. Celui-ci comprit le dilemme et vit sa faute, mais il n'y avait plus à Vienne un troisième théâtre pour sortir de l'impasse. Par conséquent, il était urgent de prendre un parti; malgré cela, et malgré son inquiétude toute naturelle en pareille circonstance, Beethoven ne se fit pas faute de changer d'avis tous les jours.

Tantôt il voulait donner son concert avec l'abonnement suspendu; le lendemain il n'en voulait plus! Hier, il avait désiré avoir le baryton Forti pour chanter le solo dans le quatrième morceau de la symphonie (c'était le seul qui pouvait chanter la partie comme elle est écrite); aujourd'hui il demandait une voix plus grave, celle de

---

(1) Ce but a été atteint par Schuppanzigh, en 1828, sous l'administration du comte de Gallenberg, laquelle tomba malheureusement en 1830.

Preisinger, laquelle ne dépassait pas le *ré* au-dessus de la ligne additionnelle, et qui, par conséquent, ne pouvait remplir la partie de chant dans laquelle il y a *mi* et *fa* ♯, etc. D'un autre côté, l'administration faisait des difficultés pour les répétitions, elle en accordait fort peu, pour des œuvres nouvelles d'une si grande difficulté d'exécution, alors que, depuis deux ans, les choristes de ce théâtre ne chantaient que la musique de Rossini, dont les chœurs n'étaient rien en comparaison des difficultés de *Missa Solemnis*. Pour résoudre ce problème, le directeur du théâtre (le ci-devant célèbre danseur Duport), croyait cinq ou six répétitions suffisantes. Il n'accordait que deux grandes répétitions avec orchestre, et mit réellement de la persistance à ne pas accorder davantage.

Pour empêcher toute hésitation de sa part, je résolus de tenter une petite intrigue. Dans ce but, je priai le prince Lichnowski et Schuppanzigh de se trouver chez Beethoven, à la même heure, comme par hasard, sans faire semblant de rien, mais pour lui donner l'occasion de se prononcer sur plusieurs points importants. On devait en profiter et lui faire signer, moitié en plaisantant, moitié sérieusement, un acte par lequel il s'engagerait à ne plus changer d'avis sur les choses convenues. Notre plan réussit parfaitement; mais quelles en furent les suites! A peine étions-nous partis, que, devinant notre dessein, et, comme d'habitude, ne rêvant que fausseté et trahison, il lança le jour même une espèce de hatti-scheriff contre nous :

« A M. le comte Maurice Lichnowski.
» Je méprise les faussetés. Ne venez plus me voir, le concert
» n'aura pas lieu.
» BEETHOVEN. »

« A M. Schuppanzigh.
» Ne venez plus me voir, je ne donne plus mon concert.
» BEETHOVEN. »

« A M. Schindler.
» Ne venez plus me voir jusqu'à ce que je vous le fasse dire.
» Point de concert.
» BEETHOVEN. »

Tout en agissant avec nous à la façon du grand Turc, il oublia de nous envoyer le cordon de soie. Par conséquent, nous n'eûmes point d'autre mal, et comme nous le privâmes le jour suivant d'une occasion d'exhaler sa fureur contre un de nous, il eut tout le temps de méditer sur le soupçon précipité de trahison et de fausseté. D'ailleurs, le mois d'avril, pendant lequel les négociations avec Duport eurent lieu, était généralement pour le maître une époque de mauvaise humeur. Malheureusement elle se communiqua à nos contractants. On eut beau faire un acte notarié, les deux parties ne purent s'empêcher de modifier leurs arrangements, tellement la défiance avait été poussée loin. Pour surcroît de difficultés, la censure ne voulut pas que l'on mît *Missa* sur l'affiche ; de leur côté, a cause du texte latin, les autorités ecclésiastiques s'opposaient à son impression. Elles y voyaient une profanation et menaçaient de défendre l'exécution de la messe au concert. (1) Par un prompt recours, adressé au dernier moment, au président de la police, comte Sedlenitzky, et, grâce à l'intervention obligeante du comte Lichnowski, la messe put être chantée au concert de la porte de Carinthie.

Cette situation est on ne peut mieux caractérisée dans un billet que Beethoven m'adressa à l'occasion de ce concert : « Après six » semaines des pourparlers, je suis cuit, bouilli, et rôti. Qu'est ce » qui résultera de ce fameux concert, si les prix des places ne sont » pas augmentés ; qu'est ce qui me restera de tant de frais, lorsque » la copie, seule, coûte horriblement cher !... » On voit, par là, que les négociations étaient nécessaires ; il s'agissait pour Beethoven d'assurer ses frais, car les arrangements convenus avec Duport n'étaient pas très-avantageux. Ils étaient ainsi précisés : *Le concert aura lieu au prix ordinaire de l'abonnement. L'administration mettra à la disposition de M. Beethoven, la salle, l'orchestre, et les chœurs,* moyennant mille florins en papier. (2) D'après cela on pouvait prévoir le résultat du concert à l'avance. L'affiche portait ce qui suit :

« Le 7 mai aura lieu une grande académie musicale, donnée par M. L. de Beethoven.

» Des œuvres nouvellement écrites, composeront le programme :

1° Grande ouverture...   (1822, œuvre 124.)

2° Trois hymnes avec solo et chœurs (*Kyrie, Credo, Agnus dei,* et *Dona nobis pacem*), de la Messe Solennelle. Pour éviter les lon-

---

(1) Le même cas s'était présenté en 1808, mais alors il n'était pas défendu de chanter en latin sur le théâtre. Seulement on ne permettait pas de mettre les titres de morceaux en latin sur l'affiche.

(2) Cette somme est bien minime, en comparaison des frais qu'un concert à grand orchestre occasionne à Paris. On ne peut guère monter une œuvre nouvelle pour voix soli, chœurs et orchestre, à moins de 8 à 10,000 francs.   *(Note du traducteur.)*

gueur, le *Gloria* fut retranché, ainsi que le *Sanctus* et le *Benedictus*, qui avaient été répétés.

3º Grande symphonie avec solo et chœur dans le final « sur l'Ode à la joie, de Schiller : »

» Les solos seront chantés par Mlles Sontag et Ungher, et MM. Heitzinger et Seipelt. M. Schuppanzigh conduira l'orchestre ; M. le maître de chapelle Umlauf dirigera l'ensemble. L'orchestre et les chœurs seront renforcés par la société musicale d'amateurs.

» M. L. de Beethoven prendra une part personnelle à la direction. (Il restait à la droite du directeur et donnait le mouvement de chaque morceau.)

» Le prix des places ne sera pas augmenté. »

La salle fut remplie ; une seule loge était vide, celle de l'empereur. Cependant Beethoven avait fait ses invitations personnellement à tous les membres de la famille impériale, qui lui promirent de venir assister au concert. Mais l'empereur et l'impératrice étaient absents et l'archiduc Rodolphe retenu à Olmutz.

La recette brute s'éleva à 2,200 fl., là dessus il fallut prélever 1,000 fl. pour l'administration et 800 fl. pour les copies. Restait donc à Beethoven la somme de 420 fl., sur laquelle il restait encore de petits frais à payer. Un si minime résultat ne surprit personne de ceux qui connaissaient tous les obstacles à vaincre. Beethoven seul parut déconcerté ; pourtant la faute était due, en partie, à son indécision. M. J. Huttenbrenner, employé du gouvernement, m'aida à transporter le maître à la maison, dans un triste état. En apprenant le résultat du concert, il s'était trouvé mal ! Il fallut l'emporter et le mettre sur un sopha. Il y resta sans proférer une parole, sans demander ni à boire, ni à manger. Après l'avoir veillé assez tard dans la nuit, nous nous retirâmes. Beethoven s'endormit et passa la nuit tout habillé. Ses domestiques le retrouvèrent le lendemain matin, à la même place, dans sa toilette de concert.

En ce qui regarde le succès artistique de cette soirée mémorable, on peut dire qu'elle ne céda en rien à aucune des précédentes dans ce lieu célèbre. Malheureusement, celui que cela regardait le plus, n'avait rien entendu. Il le prouva lorsque, à la fin de l'exécution, au moment de l'explosion des bravos, il tourna le dos au public. Par bonheur, Caroline Ungher étant tout près, lui fit voir les transports de l'auditoire, qui manifestait son admiration en agitant les mouchoirs et les chapeaux. Beethoven s'étant incliné pour remercier le public électrisé, ce fut le signal d'une explosion de joie, d'enthousiasme, manifestée par des applaudissements sans fin, en signe de gratitude pour une si grande jouissance.

Voici en quels termes le correspondant de Vienne rend compte à la *Gazette universelle*, de Leipzig, de cette merveilleuse soirée, qui laissa une bien profonde impression : « Où trouver des paroles,
» pour constater dignement au lecteur le succès de ces œuvres de
» géant ! Une de ces productions, en ce qui touche à la partie du
» chant, n'a pu être assez approfondie, même après trois répéti-
» tions. (1)

» La symphonie présentait des difficultés extraordinaires,
» impossibles à vaincre ; (2) par conséquent, l'ensemble a manqué
» d'énergie, et la distribution de l'ombre et de la lumière a laissé
» beaucoup à désirer, ainsi que la sûreté d'intonation. Mais en
» somme il ne peut être ici question d'une grande perfection
» dans les nuances pour une première exécution d'une œuvre
» hérissée de difficultés inextricables. Néanmoins, l'impression a
» été extraordinairement grande, splendide, et les applaudisse-
» ments enthousiastes partis de toute la salle ont été dignes du
» sublime compositeur, dont le génie inépuisable a créé un nou-
» veau monde en dévoilant des beautés inattendues et jamais
» pressenties dans l'art divin de la musique. »

Écoutons encore la voix de ce Viennois, qui traite plus spéciale-
ment le final de la symphonie. Malgré tant de jugements divers, celui-ci a son intérêt comme étant un des premiers : « C'est avec
» des accents foudroyants que s'annonce le final en *ré mineur* ; un
» passage perçant s'échapppe d'un accord de neuvième mineure,
» placé sur la dominante. Les thèmes principaux sont jetés par
» petites phrases dans le genre de *pot pourri* et se reflètent dans
» le lointain comme dans une glace. Les contre-basses murmurent
» un récitatif, qui semble demander : Qu'est-ce qui va arriver !
» Elles se répondent elles-mêmes par un motif doucement agité
» dans le ton majeur ; puis, par des rentrées successives de tous
» les instruments, un puissant *crescendo* se développe en passages
» bizarres, liés (sans ressembler aux crescendos rossiniens par suite
» de tierces), et amène le solo de basse, puis le chœur à la joie,
» d'un caractère majestueux et d'une rare magnificence, qui ouvre

---

(1) Il n'y avait eu que deux répétitions générales, car l'orchestre fut obligé de répéter un ballet.

(2) On sait que l'orchestre de la Société des concerts du Conservatoire de Paris a été dix ans avant d'exécuter cette symphonie en public. *(Note du traducteur.)*

» le cœur joyeux aux sentiments d'une heureuse jouissance, et
» mille voix éclatent en cri d'allégresse : Saint, saint, saint, ô divin
» art !

» Gloire, louange, merci à ton plus digne ministre ! Revenu à
» un peu plus de calme, le critique déclare que ce moment lui
» restera toujours présent. C'est là que l'art et la vérité obtinrent
» leur plus beau triomphe ! c'est là qu'on peut dire avec raison :
» *Non plus ultra*. — On ne saurait dépasser certaines limites ; c'est,
» en effet, agrandir l'impossible, que de traiter les strophes d'un
» poëme différemment, chacune dans un autre ton et dans une
» autre mesure, et d'arriver à un effet extraordinaire par cette
» variété si bien coordonnée. *Oui, les admirateurs les plus ardents*
» *du compositeur sont convaincus que ce final, véritablement unique*
» *dans son genre, produirait encore plus d'effet dans une forme plus*
» *concentrée, et l'illustre auteur partagerait cet avis, si le sort cruel*
» *ne lui avait point ravi le plaisir d'entendre ses propres créations.* »

Le succès si éclatant de cette solennité musicale, décida l'administration du théâtre à proposer à Beethoven une seconde exécution des mêmes œuvres avec la garantie de 500 fl. en monnaie d'argent par représentation (1,200 fl. en papier.) Mais on voulait remplacer la *Messe en ré* par d'autres morceaux de la composition de Beethoven avec l'addition de deux solos de chant par des artistes italiens. Tous les frais du concert regardaient le théâtre, et, le surplus de la recette appartenait à la caisse. Beethoven ne voulut pas d'abord de seconde exécution, alléguant pour raison que la première soirée avait rapporté trop peu. Forcé enfin par les circonstances, il accepta la proposition de la direction du théâtre, et la seconde exécution, avec quelques changements, eut lieu dans la grande salle de la Redoute, le 23 mai, à midi. Le *Kyrie* seul de la messe y fut exécuté ; les autres morceaux étaient : L'ouverture avec double fugue (œuvre 124) ; le trio italien ; *Empi tremate*, non répété depuis 1814, chanté par Mme *Dardanelli*, MM. *Donzelli* et *Boticelli* ; la neuvième symphonie avec la même distribution de voix que la première fois. Henriette Sontag (1) brilla dans un air italien, de Mercadente, et le ténor David, adoré des amateurs du chant italien, excita de nombreux applaudissements dans l'air de Tancredi : « *Di tanti palpiti*, » écrit pour le contralto, transposé plus haut et chanté en voix de fausset. Heureusement que Beethoven n'entendit pas cette parodie. Quant au résultat pécuniaire, il fut négatif. La salle,

(1) Plus tard, comtesse Rossi, morte en dernier lieu à New-York.

à moitié pleine, donna un déficit de 800 fl., car le public profita du beau temps pour aller se promener. Mais les applaudissements furent en raison inverse du nombre des auditeurs, et l'administration tint à remplir ses engagements. Profondément affligé d'une si mauvaise issue, Beethoven ne voulut pas accepter les 800 fl. garantis, mais après des observations pressantes, il céda.

L'auteur reconnaît qu'il s'est étendu un peu trop sur les événements qui se rattachent aux journées du 7 et du 23 mai. Aussi, de crainte d'abuser de la patience du lecteur, il ose à peine ajouter quelques faits dont les uns sont en rapport direct avec les gigantesques compositions nouvellement exécutées ; d'autres forment des épisodes, non sans intérêt, qui se rapportent aux événements précités. Cependant, en considérant que le tableau des batailles livrées comprend aussi tous les détails sur la position des troupes, les marches, les contre-marches, les dispositions des généraux supérieurs, les succès et non-succès des corps détachés, et aussi les fautes commises (car tout sert pour éclairer l'homme de guerre, même les dernières conséquences de la réussite et de la non réussite), en conséquence, l'auteur de ce livre croit que le supplément épisodique est nécessaire ici, car certains traits caractéristiques peuvent mieux faire connaître le portrait de notre général d'armées, couronné par la gloire.

On peut citer en première ligne l'incident suivant, arrivé au poète C. Bernard, à l'époque de la première académie (concert.)

Ce poète, homme de talent, était chargé par Beethoven de rédiger certaines annonces musicales pour les journaux. Il travaillait dans ce temps-là dans le *Weiner Zeitschrift*, feuille très-estimée. C. Bernard pensa qu'à défaut d'ordres, de titres, et aussi de grades de docteur ès-philosophie, ou au moins ès-sciences politiques, il pouvait mentionner les distinctions honorifiques. Ainsi il fit précéder une de ces annonces du préambule suivant : « Ludwig van » Beethoven, membre honoraire de l'Académie royale des arts et » des sciences de Stockholm et d'Amsterdam, citoyen honoraire de la ville impériale et royale de Vienne, etc. » A peine Beethoven eût-il connaissance de cet article, qu'il se hâta de dépêcher à l'infortuné poète, une espèce de hatti-cherif très-énergique en ces termes : « De telles niaiseries me rendant ridicule, il faut les » mettre de côté à l'avenir. » Et pour qu'on ne mit rien de pareil sur l'affiche, il se fit apporter l'épreuve avant l'impression.

D'autres traits caractéristiques peuvent être notés au sujet des incidents qui se passèrent lors de l'étude des parties de solos de la messe et du final de la symphonie, entre Beethoven et les cantatrices solistes, soprano et contralto. Mais aussi il faut dire que ces deux virtuoses, fort jeunes, familiarisées avec la musique italienne, n'avaient aucune idée de la difficulté de celle qu'elles devaient chanter. Toutes deux se figuraient qu'elles pouvaient changer à volonté les notes qui ne leur convenaient pas. C'est Beethoven lui-même qui tenait le piano aux répétitions partielles. Henriette Sontag désirait pouvoir chanter sa partie *Mezza voce*, selon son habitude, ce qui lui fut accordé. Mais comme cela gênait le contralto et que c'était incommode pour Beethoven à cause de la faiblesse de son oreille, il réclama, et demanda formellement la voix de poitrine pour le *Kyrie* et le *Christe*, écrits dans un style très-large. Les deux cantatrices, bientôt aux abois, se mirent à négocier auprès du maître le changement du mouvement ; or, celui-ci n'étant pas d'humeur à faire de pareilles concessions, refusa net. La même chose arriva pour le final de symphonie ; on ne pouvait obtenir le moindre changement, ni la moindre facilité ; aussi Caroline Ungher eût le courage de dire que Beethoven était le tyran de la voix, à quoi il répondit en riant, qu'elles étaient toutes deux perverties par la musique italienne, et que telle était la raison pour laquelle celle-ci leur paraissait si difficile : « Mais cet endroit si haut » répliqua Henriette Sontag. « On ne peut le changer ? » Et cet endroit ! s'écria Caroline Ungher, « impossible de rien changer ? » Non ! et toujours non ! Alors, marchons en avant, dit Henriette Sontag, et ne nous tourmentons plus.

On entendait les mêmes plaintes pendant les répétitions des chœurs au théâtre. Le directeur des chœurs pria Beethoven de faciliter la partie des soprani ; mais il fut refusé. Il demanda au moins un changement dans le *Credo* à l'endroit des quatre bémols, où le soprano rentre avec le motif de fugue (voyez la page 167 de la partition), motivant cette demande sur ce qu'aucune cantatrice n'a de si *b* aigu à sa disposition quant il s'agit d'attaquer. En vain le maître de chapelle Umlauf intervint-il, Beethoven resta inébranlable et ne voulut rien changer. — Il résulta de cet entêtement que les chanteurs-solistes et les choristes se facilitaient eux-mêmes leurs parties ; les derniers surtout gardaient un silence prudent quant ils ne pouvaient arriver aux notes élevées. Beethoven restant au milieu des masses n'entendait rien, ce qui ne lui arrivait jamais autrefois. Ignace Seyfried s'exprime ainsi à ce sujet dans l'ouvrage

« *Beethoven's Studien* : » Notre Beethoven n'appartient pas absolument aux compositeurs entêtés auxquels un orchestre n'aurait aucuns remerciements à faire, etc. Mais comment concilier cela avec les événements de 1824, et avec l'examen des parties de chant? Un compositeur qui, malgré son savoir, traite la voix humaine comme un instrument, n'a rien de mieux à faire, pour être conséquent, qu'à défendre avec opiniâtreté son système arbitraire. Le seul changement qu'on ait pu obtenir de lui, fut celui qu'il fit pour la basse-taille *Preisinger*; c'est dans le récitatif du quatrième couplet ; cette phrase était d'abord ainsi :

Ce passage a été changé comme il suit :

Ce changement n'était pas encore suffisant pour satisfaire le chanteur. Après plusieurs répétitions, on eut recours à Seipelt, basse-taille du théâtre *An der Wien*, lequel chantait d'une voix nasillarde le fameux solo, avec une seule répétition.

Arrivons maintenant à la messe en *re*.

Ainsi qu'on a vu, dans l'historique de la naissance de cette œuvre colossale, l'auteur y mit toutes les richesses de sa science musicale, et, malgré la valeur intrinsèque de la composition, il ne retira qu'une indemnité médiocre de ce chef-d'œuvre. Les chiffres démontreront cela plus bas. Mais le monde artistique n'a point rendu justice au mérite du travail, selon nous, et il est à regretter que sur ce point il n'y ait eu que des jugements sans suite, jetés çà et là ? Ces deux points méritent d'être examinés ici.

Si l'on juge cette œuvre d'une manière impartiale, on conviendra que la messe en *re*, de Chérubini, surpasse encore en longueur de temps la *Missa Solennis*. Dans sa lettre à Zelter, Beethoven reconnaît lui-même la dimension inusitée des morceaux. Il y en a, dit-il, dans le style « *a Capella*, » qu'on pourrait appeler le vrai style d'église « *Und mæchte gerade diesen styl vorzugsweise den wahren kirchen-styl nennen.* » Principalement, l'*Agnus dei* et *Dona nobis*, ne devraient plus être l'objet d'aucune critique sous le rapport de l'expression religieuse. L'auteur nous fait connaître ses intentions, qui sont de disposer l'âme d'une personne pieuse, à demander à Dieu la paix intérieure et extérieure, en suivant la musique.

Cette interprétation donnée au commencement du *Dona nobis*, ne justifie aucunement l'introduction de fanfares, de trompettes, de récitatifs, et même d'un morceau symphonique dans le *Tempo presto*. On ne peut non plus considérer cette messe comme un oratorio destiné à une salle de concert, attendu qu'il peut s'y trouver des personnes assez intelligentes pour vouloir que la musique suive le texte sacré. Quant à l'opinion de Beethoven, qui regardait sa messe comme l'œuvre la plus parfaite, la plus accomplie « *Gelungenstes, vollendestes Werk*, » elle est en contradiction avec sa lettre à Zelter.

Pour éviter les discussions à chaque exécution de la *messe* en *re*, on devrait convenir d'avance de certaines suppressions ! Mais ce n'est pas aux amateurs exclusifs de Beethoven, qu'on peut donner ce conseil. Ils n'admettent point que le maître ait pu se tromper et ne sont nullement convaincus de la nécessité des coupures. . . . .

Le peu de succès de cette messe dans le monde musical, vient aussi de la manière dont les voix sont traitées. La partie vocale exige d'excellents solistes et des chœurs parfaits, qu'il n'est pas facile de trouver partout. Beethoven n'ignorait pas l'art d'écrire pour les voix, il en avait donné la preuve dans quelques compositions antérieures, sur lesquelles la critique se prononça avantageusement ; mais, vers la fin de sa vie, la faiblesse de l'ouïe trahissait ses efforts. Le son de l'orchestre arrivait à Beethoven un demi-ton plus bas. Ceci nous rappelle plusieurs circonstances arrivées pendant les répétitions de la messe, en 1824. A cette époque, le diapason de Vienne était encore un quart de ton plus haut que de nos jours. En écrivant le *Credo*, Beethoven le chantait intérieurement plus bas, ce qui explique les difficultés inouïes des parties écrites trop haut dans la conduite des voix. Il y a aussi, dans les parties de chant et dans l'orchestre, un grand nombre de sforzendos qui rendent l'exécution très-difficile, sinon impossible. Faut-il attribuer ces imperfections à la volonté arbitraire de l'auteur ou à des causes que ses infirmités peuvent expliquer.

Encore quelques observations sur « l'*Opus summum, viri summi.* » Dans la partition mise au net, pour être envoyée à l'éditeur, on avait oublié d'indiquer les mouvements dans le *Benedictus*. Beethoven s'empressa de les adresser par écrit, mais sa lettre arriva trop tard ; la gravure de la partition était déjà très-avancée, de sorte que la partition parut sans les mouvements! Après bien des erreurs de la part des chefs-d'orchestres, qui croyaient que le mouvement précédent *Tempo sostenuto* devait être le même dans le *Benedictus*, on trouva enfin, en 1855, le véritable mouvement dans une lettre de Beethoven à l'éditeur Otto Jahn. Il est ainsi indiqué : *Andante molto cantabile, non troppo mosso*. Ce mouvement fut envoyé, depuis, au *Journal musical*, du Bas-Rhin, par l'auteur de ce livre, qui croit utile de le consigner ici.

A l'occasion d'une grande réunion des naturalistes et médecins allemands, à Bonn, en septembre 1857, il y eut une fête musicale, donnée par la ville, sous le titre « *Beethoven's-Concert.* » On y exécuta le *Kyrie*, le *Sanctus*, et le *Benedictus* de la messe.

La question suivante fut posée dans la *Gazette musicale*, du Bas-Rhin, par le rédacteur L. Bichoff : « Beethoven a-t-il écrit les
» deux « *Pleni sunt cœli* et l'*Hosanna*, » pour quatre voix soli,
» avec un accompagnement d'orchestre aussi bruyant? Nous
» croyons avoir lu quelque part, qu'il les avait écrits pour le
» chœur. Nous prions M. A. Schindler de vouloir bien nous
» donner quelque éclaircissement sur ce point. En attendant, nous
» ne pensons pas commettre un crime en faisant exécuter ces
» morceaux par le chœur. » (N° 39.)

Le même journal, dans son numéro 41, donne la réponse suivante :

« L'éclaircissement que je puis donner sur cette question se
» borne à ceci, au point de vue traditionnel, quoique de moindre
» importance : Lorsque nous faisions les corrections des copies
» de la messe pour les souscripteurs, je manifestai à l'illustre
» auteur ma pensée que ces deux morceaux, exécutés par le chœur,
» produiraient un grand effet; je me fondais, en disant cela, sur ce
» que le chœur avait fort peu à faire dans le *Sanctus* et le *Bene-*
» *dictus*, et qu'il était réduit à être un simple auditeur. Beethoven

» répliqua tout haut, assez brusquement : *Es müssen solostimmen*
» *seyn.* » (Cela doit être pour des voix seules.)

Beethoven, ce grand panégyriste des temps d'autrefois, surtout en matière musicale, se plaisait à penser aux grands chanteurs de son époque. Il ne serait pas impossible qu'en composant les deux morceaux en question de sa messe, il n'ait pensé à une *Tomeoni*, ou bien à *Buchwieser*, ou bien à *Milder* (qui remplissait le rôle de Léonore, en 1814) ; ou bien encore à une *Campi* (1) (née Michalowicz, polonaise) ; ou bien à *Wranitzky*, ou à d'autres cantatrices de cette qualité. Il se disculpait ainsi et justifiait son intention d'avoir écrit ces morceaux pour les solistes de première force, capables de mettre beaucoup d'expression et une véritable inspiration, et de pouvoir lutter avec le formidable accompagnement ; mais il aurait dû penser qu'avec des chanteurs ordinaires, son orchestre devait couvrir les voix soli, et qu'un orchestre ordinaire comme on en trouve dans les églises serait plus convenable. Mais il faut considérer aussi, que, dans notre temps, il n'est pas rare de voir exhiber d'effrayantes masses d'orchestre pour accompagner un faible solo de chant dans une salle de concert. Déjà un chœur peu nombreux est couvert, sinon tué ou emporté, si chaque partie de chant est accompagnée par plusieurs instruments dans les *forte* et dans les *fortissimo*. Ceci est une contradiction *intrinsèque* ; une autre non moins importante se trouve dans la désignation du mouvement dans le « *Pleni sunt cœli.* » On a devant les yeux un rhythme un peu plus vif comme coloration, et cela s'appelle « *Allegro pesante* » (du plomb en oscillation.) Quelle est pourtant la signification usitée du terme *pesante* dans le dictionnaire ? n'est-ce pas, *lourdement*, *pesamment* ; or, si les chefs d'orchestres se trompent, ce n'est pas leur faute ; l'indication présente ne facilite pas l'exécution du morceau pour les quatre voix soli. Un allegro modéré, d'après l'entente classique, serait celui qui conviendrait le mieux à ces morceaux.

La personne qui serait chargée de mettre à cette messe un texte allemand comme dans la messe en *ut majeur*, éviterait facilement ces erreurs et pourrait utiliser aussi le morceau de symphonie qui s'y trouve (voyez la partition allemande, page 276). Rien ne motive d'ailleurs sa présence dans une messe.

Si, en levant toutes ces difficultés, on pouvait faire exécuter le

---

(1) Cette célèbre cantatrice possédait une voix de soprano extraordinairement belle, expressive et passionnée. Elle produisait partout la plus vive impression. *(Dict. des Music. Polonais.)*

Pleni sunt cœli et l'*Hosanna*, en chœur, dans une salle de concert, l'effet de l'ensemble serait extraordinaire.

Il me reste à mentionner d'autres demandes d'éclaircissements, qui m'ont été faites dans le courant de l'année, tant sur l'ouvrage entier que sur les parties séparées. Quoique fort étendus, ces détails ne sont pas sans intérêt. Mais, partout, se montre la crainte de commencer des discussions. Un coup-d'œil statistique sur toutes ces exécutions serait nécessaire pourtant, depuis 1827, jusqu'au moment des *grandes exécutions en Allemagne;* il offrirait un intérêt historique.

La première grande exécution fut donnée à l'occasion de l'inauguration de la statue de Beethoven, à Bonn, en 1845, sous la direction de Louis Spohr. Elle brisa la glace dans les cercles musicaux du Bas-Rhin et dans les pays éloignés. C'est grâce au zèle infatigable de F. Weber, directeur de musique, à Cologne, que cette exécution eut lieu, et peut être regardée, sous plus d'un rapport, comme parfaite. Cet artiste distingué fit travailler un mois d'avance toutes les sociétés de chant des provinces rhénanes, et, par ce moyen, obtint une grande sûreté et une grande unité dans l'ensemble des masses chorales, résultat qui dut procurer une vive jouissance aux milliers d'auditeurs accourus de toutes les parties de l'Europe. (1)

Dix ans après, eut lieu la seconde exécution complète, à Cologne, le 1ᵉʳ avril 1855, le dimanche des Rameaux, au moyen de la réunion de plusieurs sociétés de chant de la ville, sous la direction de F. Hiller, et au profit des inondés du Bas-Rhin.

La même année, une troisième exécution eut lieu à Francfort, sur le Mein, par les soins du directeur d'une nouvelle société de chant, *Rühl*. L'ensemble fut digne d'éloges, grâce au concours des chanteurs et de l'orchestre du théâtre.

Au mois de mars 1856, la société de chant de Stern, à Berlin, exécuta la messe pour la quatrième fois. La cinquième exécution eut lieu la même année à Munich, sous la direction de Franz Lachner, le premier novembre.

Les exécutions de Cologne, de Francfort, de Berlin, de Munich, qui se suivirent en peu de temps, prouvent le mérite de l'œuvre, rehaussée encore par un concours extraordinaire d'auditeurs.

---

(1) M. Ant. Elwart, présent à l'exécution de cette Messe à Bonn, en rend un compte favorable dans des lettres très-intéressantes, écrites à l'occasion de l'érection de la statue de Beethoven. *(Histoire de la Société des Concerts — Paris, chez Castel, 1860.)*

La sixième grande exécution de la messe, eut lieu le 4 août 1857, à la cathédrale de Freiberg, à Baden, à l'occasion de la fête séculaire de l'université de cette ville; elle eut cela de particulier qu'elle servit aux offices pour la première fois.

Des recherches faites dans les journaux de musique pour découvrir d'autres exécutions antérieures, sont restées sans résultats. Cependant, nous trouvons mentionnée, dans un journal, une exécution de cette messe, en 1830, à Wärmsdorf, près Rumburg, en Bohême; on ne dit pas si elle fut complète ou partielle. En 1838, on exécuta quelques morceaux de la messe, à la cathédrale de Cologne : ce furent le *Kyrie*, le *Gloria* et le *Credo*, les autres morceaux furent empruntés à la messe en *ut*. A Breslau et à Francfort, on exécuta, cette année, des morceaux séparément. Le *Credo* ne fut point chanté par la société de Sainte-Cécile, de Francfort. En 1840, à Lausitz, on exécuta la messe à une fête musicale, mais on est certain qu'elle fut chantée en entier.

Parmi les cinq ou six conservatoires de musique dans l'empire d'Autriche, aucun ne s'occupa de cette messe, excepté ceux de la Bohême.

D'après cette revue rétrospective, on voit que la *Missa solemnis* n'obtint qu'un nombre restreint d'exécutions au bout de trente années d'existence (1). Espérons que les autres trente années seront sous ce rapport plus satisfaisantes pour les amis de l'art musical.

Revenons maintenant aux mémorables journées du 7 et du 23 mai de 1824. Un incident interrompit pour la première fois mes relations avec le grand artiste et donna lieu à de fâcheux dissentiments dans le cercle restreint de ses amis intimes.

Beethoven pensait nous devoir quelques obligations, au maître de chapelle Umlauf, au violoniste Schuppanzigh, et à moi; aussitôt après la seconde académie, il commanda un dîner à l'hôtel de l'*Homme sauvage*, au Prater. Il y parut en compagnie de son neveu, le front chargé de sombres nuages, et, pendant tout le temps, il se montra froid, mordant, et pointilleux dans toutes ses paroles. On devait s'attendre à une explosion. En effet, à peine étions-nous à table, qu'il mit la conversation sur le résultat pécuniaire de son premier concert au théâtre, et, continuant ainsi, il m'accusa sans détours de l'avoir trompé en communauté avec l'administration Duport. En vain Umlauf et Schuppanzigh se donnaient la peine de

---

(1) Dans une lettre à la date du 20 janvier 1852, adressée à M. Sowinski, M. Schindler cite un grand nombre de villes d'Allemagne, où la Missa solemnis a été exécutée depuis.

lui démontrer l'impossibilité d'une erreur, attendu que chaque pièce d'argent devait passer par les mains de deux caissiers, dont les rapports s'accordaient parfaitement. En vain son neveu affirmait que le frère de Beethoven, le pharmacien, avait assisté le caissier, comme contrôleur. Beethoven persista dans son accusation, en ajoutant qu'il avait appris par hasard cette tromperie. Il était temps enfin d'avoir raison de cette offense ; je m'en fus avec Umlauf en laissant Schuppanzigh, qui avait une si bonne opinion de sa personne, se débattre seul avec notre amphytrion ; mais il ne resta pas non plus, et nous rejoignit bientôt à l'*Agneau d'or*, au faubourg de Leopoldstadt, où nous continuâmes à nous trois notre dîner interrompu.

Beethoven furieux ne put exhaler sa colère que sur les arbres du Prater et les garçons de l'hôtel. Il fut, par dessus le marché, condamné à manger son splendide banquet, en tête à tête avec son neveu.

Cette aventure donne une idée de la manière d'être de Beethoven avec ses amis intimes. Un résumé est nécessaire pour ne plus revenir à ce sujet. L'illustre maître se laissait aller souvent à la colère, selon un témoignage de F. Ries, qui se rapporte à la deuxième période de cette biographie. Mais ces emportements devinrent bien plus fréquents, dans la troisième période ; alors il ne garda plus aucune mesure, et ses amis les plus éprouvés, sans excepter même l'archiduc Rodolphe, eurent beaucoup à s'en plaindre. C'étaient toujours des blessures d'honneur qui éloignaient de lui ses amis. Crédule, défiant, sans expérience, comme il était, il donnait un accès facile aux méchantes langues qui s'ingéniaient à noircir chacun de nous. Ces pauvres créatures fatiguaient le maître de leurs obsessions à l'instar de ses propres frères. Beethoven leur doit une grande somme d'amères expériences. A son lit de mort, il fit devant Breuning et moi une confession générale des péchés de ce genre là, en désignant plusieurs cas spéciaux. Mais il avait aussi au suprême degré l'art et la manière de faire oublier ses offenses en se rapprochant cordialement et d'un air prévenant de ses vrais amis. De cette manière il me revint après son retour de Baden, en novembre de la même année, et, bientôt, tout ce qui était arrivé fut oublié. Aussi, que de lumière et que d'ombre dans ces paroles de Gœthe : « C'est tout à fait la même chose que d'être grand ou petit ; il faut toujours payer l'écot de l'humanité. » Ces paroles peuvent s'appliquer sous plus d'un rapport à Beethoven.

C'est au moment de ses brouilles, à propos des concerts, qu'il reçut une invitation de *Ch. Neate* de venir passer quelque temps à Londres. Charles Neate, anglais, compositeur de musique, avait séjourné à Vienne pendant assez longtemps. Beethoven était bien disposé, et, aussitôt la lettre reçue, il prit la résolution de faire ce voyage l'automne suivant. Je devais l'accompagner. Un plan de voyage fut arrêté ; l'idée de revoir, en même temps, son pays natal et ses amis, lui souriait beaucoup. Il décida qu'on s'arrêterait chez le docteur Wegeler, à Coblentz, et chez le père de F. Ries, à Bonn, où nous avions encore à voir son éditeur Simrock. Toutes ces personnes s'étaient occupées pendant longues années du grand compositeur. Malheureusement, ce beau projet resta en l'air, par suite de la mésintelligence dont nous parlons. Mais *Charles Neate* adressa une nouvelle invitation au maître, à la date du 20 décembre : cette fois-ci, au non de la Société philharmonique de Londres. Nous y voyons, entre autre choses : « La Société philharmonique est dis-
» posée à vous offrir, pour ce voyage, trois cents guinées, à con-
« dition que vous dirigerez l'exécution de vos ouvrages et que,
» dans chaque concert, on en montera au moins un. Elle espère
» aussi que vous voudrez bien écrire, pendant votre séjour à
» Londres, une symphonie et un concerto, qui pourront y être
» exécutés, mais dont la propriété vous restera. Vous pourrez aussi
» donner, à votre bénéfice, une grande académie, qui rapportera
» certainement au moins cinq cents livres. De plus, vous avez
» encore plusieurs moyens d'utiliser votre grand génie musical et
» votre gloire, si vous apportez des quatuors ; on peut vous assurer
» cent livres, et vous pouvez être certain d'emporter beaucoup
» d'argent de ce pays ; je ne vois pas de raison pour que vous
» n'agissiez pas ainsi, en vue de rendre votre avenir plus agréable.
» J'espère donc que vous nous écrirez sans délai et que vous nous
» direz que vous acceptez nos propositions. Je puis vous assurer
» que je suis votre véritable ami, et que vous serez entouré ici de
» vos plus grands admirateurs, qui saisiront chaque occasion de
» manifester leur estime et leur attention au grand Beethoven, dont
» la gloire brille dans ce pays d'un éclat plus vif que jamais. »

Qu'en arriva-t-il! et pourquoi Beethoven n'a-t-il point accepté des propositions si avantageuses pour son existence et pour sa réputation, ayant surtout désiré lui-même, de tout temps, faire un voyage en Angleterre. C'est ce qu'on ne saurait expliquer autrement que par son excessif attachement pour son neveu, son fils adoptif passablement dégénéré, en considération duquel il renonça à tout voyage. Nous nous occuperons plus loin de tristes circonstances concernant ce jeune homme.

Enfin, lorsque les tracasseries causées par les exécutions de la messe et de la neuvième symphonie furent apaisées, et que Beethoven se retrouva dans sa chère Baden, séjour préféré où son inspiration ne fit jamais défaut, il se posa naturellement la question de savoir de quelle composition il allait s'occuper. Serait-ce de la dixième symphonie ou de l'oratorio « *Victoire de la Croix*, » pour la Société d'Amateurs ? Déjà, en 1822, dans sa réponse à Rochlitz, qui lui proposait d'écrire la musique pour le *Faust*, de Gœthe, le maître lui annonçait qu'il avait encore deux symphonies à écrire préalablement, chacune dans un genre différent du genre reçu, puis un oratorio promis. Il tenait à remplir sa promesse et à se débarrasser de ce travail, d'autant plus qu'il avait fait faire beaucoup de changements au poète. Chacun sait cependant que, dans la littérature musicale du grand maître, il n'y a trace ni de l'oratorio en question ni de la dixième symphonie. Ce fait négatif admis, il me serait loisible de garder le silence et de passer outre, ainsi que cela est arrivé dans la première édition. Mais alors ce fut mon ami, le docteur Bach, qui en fut cause ; cette fois, je n'ai plus de raisons plausibles de me taire.

Sur ces entrefaites, la nouvelle se répandit à Vienne que Beethoven devait une somme d'argent importante à la Société des Amis de la musique de l'Empire d'Autriche.

Notre devoir est de donner quelques éclaircissements sur cette question, à laquelle l'exactitude allemande est intéressée. Or, comme le procès-verbal des séances est toujours consigné sur le protocole de la société musicale, ainsi qu'il en a été fait mention dans ce livre, et que le comité de la société ne cessa, depuis les deux académies, de presser Beethoven, par différentes voies, de tenir sa promesse et de commencer le travail dudit oratorio, que ces sollicitations obtinrent des réponses par écrit, fidèlement transcrites dans le protocole, dont nous les tirons ; il ne nous sera pas difficile de tirer cette affaire au clair.

Extrait du Protocole de la Société des Amis de la musique de l'Empire d'Autriche, à Vienne, sur un Oratorio commandé à M. L. van Beethoven :

« I. Sous le n° 112, de l'année 1815, M. Zmeskall est prié

» d'obtenir de Beethoven de vouloir bien remplir ce désir de la
» Société. Après un long intervalle, Beethoven répondit qu'il était
» prêt à exécuter la proposition tout honorable de la Société, et
» demande si celle-ci serait disposée à lui accorder une indemnité
» de quatre cents ducats.

» II. Sous le n° 191, de l'année 1818. M. V. Hauszka fut chargé
» de négocier avec Beethoven, au nom de la Société. Que ce dernier
» s'engage à écrire un oratorio, d'un genre héroïque, pour l'usage
» spécial de la Société pendant un an, à compter du jour de la
» première exécution, pour la somme de deux cents ducats.

» III. Sous le n° 254, 15 juin 1819. Beethoven répondit de sa
» main, de Mœdling, qu'il était parfaitement disposé ; il constate,
» en même temps, la réception de la somme de quatre cents
» florins en papiers, à compte dudit oratorio.

« IV. Sous le n° 303, de l'année 1820. Le poète C. Bernard (1)
» est prié par la Société de faire connaître à quelle époque il
» pourrait livrer son poème à Beethoven.

» V. Sous le n° 384, de l'année 1823. Réponse de C. Bernard,
» qui annonce que déjà, depuis deux ans, il avait remis à Beethoven
» la première partie du texte de l'oratorio, avec le projet de l'en-
» semble, et que, présentement, ce dernier possède le poème au
» complet (le 23 octobre 1823).

» VI. Sous le n° 393, du 15 février 1825. M. Hauszka est chargé
» par la Société de payer au poète C. Bernard le dernier terme de
» ses honoraires. »

Nous donnons encore deux lettres de Beethoven, adressées à
M. Hauszka, mandataire de la Société, au sujet de cet oratorio (2).

(A)   « Cher et digne ami !

« Je te préviens qu'aussitôt arrivé en ville, je me mettrai à la
» composition de l'oratorio de Bernard ; je te prie, en même temps,
» de lui faire payer ses honoraires. Pour le reste, ce dont nous
» aurons besoin, nous en parlerons en ville. En attendant, toi,
» comme premier intendant de toutes les sociétés chantantes et
» murmurantes, comme violoncelle général, impérial et royal,
» comme inspecteur de toutes les chasses de S. M. l'Empereur et
» Roi ; comme diacre de ma gracieuse Seigneurie sans domicile,
» sans toit ni métier, comme aussi sans prébende (comme moi), de

(1) Le poète C. Bernard est auteur de FAUST, musique de L. Spohr.
(2) Les originaux de ces lettres se trouvent dans la collection d'Al. Fuchs.

» mon gracieux maître, le plus fidèle serviteur, je vous souhaite
» ceci et cela, dont vous pourrez prendre le meilleur; et, pour
» qu'il n'y ait pas d'erreur, nous vous mandons : que nous mettrons
» en musique très-certainement l'oratorio de Bernard (*Victoire de*
» *la Croix*) et qu'il sera terminé promptement ; en foi de quoi nous
» signons la présente et apposons notre sceau.
» Baden, le 23 septembre 1824.
» L. van BEETHOVEN. »

(B) « Mon meilleur ami, membre de la Société des Amis de
» la musique,
« Je ne possède qu'un sujet *religieux* et vous en voudriez un
» *héroïque !* cela m'est égal. — Mais je pense y mêler un peu de
» *religieux* ; ce serait bien le cas dans cette masse de musique. —
» M. Bernard me convient tout-à-fait, mais tâchez de le faire payer ;
» je ne parle pas de moi. — Puisque vous m'appelez, amis de la
» musique, il est naturel que vous laissiez aller le reste sur ce
» compte. En ce qui me concerne, je m'achemine, avec un
» morceau de papier de musique, dans les montagnes. — Là, au
» milieu des cavernes et vallées, je griffonne maintes choses pour
» avoir du pain, car c'est à cette hauteur que je suis arrivé dans
» ce bienheureux pays des Faïakes. Ainsi, pour gagner du temps,
» pour un grand ouvrage, je suis obligé de barbouiller du papier
» pour de l'argent, afin d'avoir de quoi vivre pendant un long
» travail (1). Au reste, ma santé s'est améliorée, et si l'on est
» pressé, je puis vous servir.
» Etant pressé, ton ami, BEETHOVEN. »

Cette lettre ne porte point de date ; elle semble pourtant appartenir à l'année 1818. C'est peut-être la réponse à la proposition de Hauszka, d'écrire un oratorio pour la Société musicale. Les mots : *wandeln in Bergen, klüften und thælern* (marcher dans les montagnes, vallées et cavernes) prouvent qu'elle appartient à l'année (dont nous connaissons les principaux événements) et que le maître passa à Modling du moins une partie de l'été. L'oratorio de l'abbé Stadler, intitulé : « *La délivrance de Jérusalem*, » exécuté quelque temps avant avec un succès extraordinaire, fit naître parmi la Société d'amateurs le désir d'avoir un pareil ouvrage de la plume de Beethoven.

(1) Beethoven désigne probablement avec ce mot SCHMIEREN (griffonner, barbouiller) les six thèmes variés (op. 107), puis dix thèmes variés (op. 107), peut-être aussi les mélodies écossaises (op. 108), dont la publication tombe à cette époque.

Ces deux lettres sont d'un intérêt considérable, car elles nous font voir, d'après les déclarations de Beethoven, le mauvais état de ses finances. La sortie contre l'Autriche ne prouve rien, car ces plaintes, si souvent répétées, n'étaient pas fondées, attendu que le maître n'était pas dépourvu de moyens d'existence. Les preuves ne manquent pas à l'appui de cette assertion. Les deux cents ducats offerts par la Société musicale, pour son oratorio, sont une nouvelle preuve du contraire. En même temps, la maison de Steiner et compagnie lui commanda un grand oratorio, à raison de trois cents ducats, puis beaucoup d'autres travaux à l'aide desquels il aurait pu garder les cinq cents ducats dans sa cassette, et entreprendre le voyage de Londres l'année d'après. Il pouvait aussi écrire la messe pour l'Empereur, avec quelques petits morceaux religieux. Il avait en même temps deux propositions de Vienne et de Berlin, pour composer un opéra. Il projetait aussi la publication de ses œuvres complètes, qui, sans nul doute, aurait rapporté beaucoup. Il avait encore la proposition de Diabelli, en 1824, de lui composer une grande sonate à quatre mains moyennant quatre-vingts ducats ; enfin, les brillantes offres de la Société philharmonique de Londres, arrivées la même année : ce sont donc des preuves irréfragables que les moyens ne manquaient pas à Beethoven pour améliorer sa vie et pour assurer son existence. Il ne faut pas oublier, non plus, qu'en lui offrant les occasions de composer, on allait au devant de ses désirs, qui étaient de pouvoir s'occuper de grands ouvrages sans être obligé de *barbouiller du papier* pour gagner sa vie. Indépendamment de cela, il pouvait rendre service à l'art, qu'il aimait ardemment, comme il le prouva bientôt par une suite de compositions pour la musique de chambre.

Cette manière d'être de notre illustre compositeur fait penser au reproche qu'on fait très-souvent à la patrie allemande : *de laisser ses grands hommes manquer du nécessaire et même mourir de faim.* Ce reproche, répandu à la mort de Beethoven, s'est propagé encore davantage après la triste fin de Lortzing et de Conrandin Kreutzer. Mais ceux qui crient si haut, et qui propagent ces accusations injustes, n'ignorent-ils pas que les artistes, les poètes, les savants, sont quelquefois cause de leurs malheurs par leurs fautes, leurs caprices et leurs boutades. Il n'est pas juste d'en attribuer la faute à l'Allemagne seule. Il est démontré jusqu'à l'évidence, par tout ce qui précède relativement à Beethoven, qu'à lui seul incombe la faute de son existence malheureuse. Je puis prouver la même chose par rapport à Conradin Kreutzer, tant par ses lettres, à moi adressées, que par celles de sa femme et d'autres personnes qui sont encore en vie. Conradin Kreutzer devait s'en prendre à sa mauvaise humeur, à son orgueil et à son esprit d'intrigue, qui lui ont fait beaucoup de mal dans ses jours prospères, de 1823 à 1830. Ostensiblement opposé à Beethoven, il se vit précipité, par ses fautes, dans une misérable position, dans laquelle, loin de sa patrie, il quitta tristement la carrière terrestre. Il a su faire sa fortune, mais il n'a pas su la garder.

En rentrant dans notre sujet, nous allons jeter un coup-d'œil d'examen sur la suite des relations de Beethoven avec la Société des Amis de la musique, ainsi qu'avec le poète C. Bernard, son ami, qui lui rendit quelques services. D'abord, la Société n'eut aucune réponse à la lettre de 1824, par laquelle on lui demandait un oratorio *héroïque* au lieu d'un oratorio *religieux*. Le maître s'abstenait de répondre ou gardait souvent le silence sur les sujets qui l'embarrassaient. Quant au poème, il ne le trouvait plus à son goût. Ainsi, il manquait à la première promesse, malgré sa signature et son cachet. Il éconduisait son ami le poète, auquel il avait témoigné une parfaite satisfaction, sans que l'éloignement de cet ami lui causât quelque peine. Le comité de la Société se montra, de son côté, très-délicat, et prit sur lui de ne jamais réclamer la somme de quatre cents florins avancée, pour ledit oratorio, en 1819. — Ces circonstances ne sont pas agréables à divulguer pour un biographe, lequel, comme moi, a vu ces choses-là de près. Mais la vérité ne permet pas de les taire ; puis elles sont confirmées par les lettres et les protocoles. Aussi, il faut rendre justice à la conduite généreuse de la Société musicale, tandis que celle de l'illustre maître est incompréhensible et mérite le blâme. Cependant, il est consolant de constater ici que, dans le cours de la vie de Beethoven, un pareil trait ne se rencontre qu'une fois. Un tel changement, dans le commerce avouable des principes solidement établis, est un phénomène psychologique qui mérite l'attention.

Mais quelles pouvaient être les raisons qui déterminèrent le maître à une telle aberration. Elles se résument en deux points : l'amour exagéré de Beethoven pour son neveu et la proposition du prince N. Boris Galitzin, de composer une série de quatuors pour lui. Le premier va exercer, maintenant plus que jamais, son action sur le *dire* et *faire* de notre compositeur. Une troisième raison, non invraisemblable, se trouve encore dans l'individualité artistique de

Beethoven, dont l'imagination ne pouvait supporter d'autres limites que les lois musicales. Dans la composition d'un oratorio, il prévoyait les entraves que suscitent les paroles; les difficultés qu'il avait eues, par suite des exigences des chanteurs dans l'exécution de sa messe et du final de la neuvième symphonie, lui avaient laissé une impression pénible qui était loin de s'effacer, tandis que, dans la musique instrumentale, son imagination poétique n'avait d'autres bornes que les lois de l'harmonie, dont il était maître depuis longtemps. Là, rien n'arrêtait sa riche fantaisie, ni la versification, ni la syntaxe, ni d'autres innombrables entraves; là, Beethoven était dans son élément primitif, et c'est à sa volonté ferme de s'en tenir à son talent inné, que nous lui devons ses profonds et impérissables poëmes.

Pour maintenir, autant qu'il est possible, l'ordre chronologique, l'histoire des quatuors ne viendra que dans le chapitre suivant. Elle forme à elle seule une partie intégrante. La discussion qui eut lieu, en 1852 et 1853, entre le prince Galitzin et l'auteur de ce livre, discussion à laquelle le monde lettré prit un si vif intérêt, et dans laquelle il se déclara pour le prince avant que la réplique ne parût, ne doit être touchée que légèrement, pour éviter la prolixité; mais elle aura sa place dans les chapitres complémentaires, comme se rattachant à l'histoire de notre grand compositeur. Je dois à cette discussion la possibilité de rectifier des points incertains; mais, en même temps, j'ai la satisfaction de pouvoir maintenir les principaux faits relatés dans le premier travail de cet écrit. Je ne crains pas de faire l'aveu que le chapitre retouché se présente, sous plusieurs rapports, dans une forme très-désagréable pour moi. Voilà pourquoi j'ai gardé le silence dans le travail précédent. Cependant, là aussi, il y a des éclaircissements sur les faits qui se sont passés sous mes yeux en grande partie, et sont consignés par écrit. De l'examen de ces faits, il résulte qu'une transformation à peine croyable s'est opérée dans les maximes et les principes du maître. Elle est digne d'être approfondie par les psychologues; car, à partir de ce moment, la vie intellectuelle de Beethoven eut deux parts distinctes, qui, sous certains rapports, se touchaient et se complétaient. Après la neuvième symphonie « *le plus haut triomphe de la musique instrumentale* » peut-être pour tous les temps ! sa spontanéité dans la conception commença à décroître. Le calcul prit dès-lors une grande place dans son esprit et domina réellement le génie créateur de l'artiste, dont l'imagination était restée libre jusques-là. D'un autre côté, la manie des *chiffres* s'empara de lui d'une manière choquante, à tel point que ses moments de recueillement furent remplis par la *spéculation mercantile*. On pouvait distinguer encore une troisième part dans son individu : elle se bornait à la lecture des journaux et aux discussions politiques sur les questions du jour.

Ce revirement (wendepunkt) dans les idées, si rare dans son essence, éclata tout à fait dans le courant de 1824; déjà, depuis deux ans, ces idées avaient germé dans son esprit; nous en voyons la trace dans le second morceau de la sonate œuvre 111. Nous en trouvons encore une preuve matérielle dans les chiffres marqués sur les volets de la maison du serrurier à Baden.

Il existe encore d'autres papiers couverts de chiffres. Ce ne fut qu'en 1826, qu'un malheur de famille fit sortir le maître de sa torpeur. Il était plongé dans ses calculs, lorsqu'on lui cria : arrête! Il entendit l'appel et se releva avec le sentiment de sa valeur artistique. Mais, hélas ! il était trop tard.

IV

Chapitre des Contradictions et des Contrastes.

1824-25. — C'est dans les premiers mois de 1824, que Beethoven commença à se livrer avec ardeur aux spéculations mercantiles. Il y consacrait beaucoup de temps avec l'aide exclusive de son frère Jean, homme très-profond et très-expérimenté dans l'art de grouper les chiffres. La poésie était alors sacrifiée au dieu du commerce, presque au milieu des préparatifs faits en vue de l'exécution de la *Missa solennis* et de la *Neuvième symphonie.*

Malgré l'habitude qu'avait Beethoven de parler de toutes sortes de plans, rien ne transpirait de ses projets et desseins, en dehors du cercle de ses amis intimes seulement; les feuilles des correspondances, les entretiens écrits gisaient çà et là; chaque visiteur pouvait les voir. Le besoin le plus pressant était de trouver un éditeur qui voulut faire l'acquisition de la messe en *ré*, de la neuvième symphonie, de l'ouverture en *ut* (œuvre 124), d'un quatuor pour les instruments à cordes (encore en projet), et de quelques bagatelles pour piano. A cette fin, des lettres furent adressées aux éditeurs dont les noms suivent : Diabelli, à Vienne, Probst, à Leipzig, Schott, à Mayence, Schlessinger, à Berlin, et peut-être d'autres qu'on ne connaît pas. La correspondance de Probst consiste en trois lettres, dont la première est datée du 22 mars 1824. Celle de Schott, en cinq lettres (toutes adressées à M. le maître de chapelle de la cour), dont la première est du 24 mars de la même année. On n'en a pas trouvé de Schlessinger. Quant à Diabelli, il déclara être prêt à traiter pour la *Messe en ré*.

Probst, éditeur de Leipzig, demanda l'ouverture, trois lieders et six bagatelles, et remercia pour la messe et la symphonie. Nous remarquons un passage curieux dans une de ses lettres du 16 août, de la même année, en réponse à une lettre de Vienne, datée du 28 juillet :

« J'aurais volontiers gravé votre neuvième symphonie pour
» mériter votre confiance et m'assurer votre bonne amitié ; mal-
» heureusement, la contre-façon qui se fait partout, et surtout en
» Autriche, des publications allemandes, m'empêche d'entreprendre
» cette affaire, et de faire honneur à votre œuvre. Je vois déjà à
» Vienne des pillards aux aguets de vos nouvelles compositions
» pour faire tort à ceux qui font des sacrifices pour avoir quelque
» chose de bon. Aussi, pour éviter ce brigandage, aucun éditeur
» n'ose publier une œuvre importante. Et pour enrichir le monde
» des mauvaises, je voudrais, en vérité, qu'il n'y eût pas d'éditeurs
» de musique. »

Cette pièce nous apprend, qu'entre les éditeurs allemands, la piraterie existait sous tous les gouvernements au détriment des auteurs. Elle était même en pleine floraison, en 1824, comme au commencement du siècle. Chacun pouvait impunément se permettre une attaque contre la propriété de son collègue.

La maison de Schott, à Mayence, demandait le quatuor projeté, pour lequel elle offrait de faire déposer 50 ducats, à Vienne, jusqu'au moment de la livraison du manuscrit. En ce qui concernait la messe et la symphonie, elle proposait d'en payer les honoraires en quatre termes, de six en six mois, et elle continuait ainsi : « A ces
» conditions nous pouvons nous charger d'éditer ces grandes et
» importantes compositions, et nous serons fiers d'apporter les
» plus grands soins à ce que l'édition soit la plus belle de notre
» magasin et en état d'être exécutée à l'instant avec toutes ses

» parties et la partition. » Dans une autre lettre de cette maison, on lit : « Nous demandons une prompte réponse à nos deux lettres, du » 24 mars et du 10 avril. » On y exprime le désir que Beethoven veuille bien fixer lui-même les termes du payement.

Enfin, la lettre du 19 juillet 1824, annonce la fin de cette négociation avec la maison de B. Schott, fils, de Mayence. On y lit : « Nous ne voulons plus tarder à répondre à votre honorée du 3 de » ce mois, et nous vous prévenons que nous venons de faire un » arrangement avec la maison de M. Fries et Comp., afin qu'elle » se charge de vous faire les payements d'après les termes que » vous voudrez bien leur donner. Ces payements se feront sur nos » lettres de change que cette maison vous soldera. Nous vous » prions donc de vouloir bien remettre les deux manuscrits, » savoir : La messe en *ré* et la nouvelle grande symphonie, à » M. Fries et Comp. »

D'après les conventions intervenues entre Beethoven et la maison Schott, le prix de la messe était fixé à 1000 fl. en argent (2,500 fr.), et celui de la symphonie à 600 fl.

Le passage qui concerne le prince N. B. Galitzin, avait déjà paru dans la première édition de ce livre. Il y était dit : que le prince devait à Beethoven 125 ducats, pour trois quatuors que ce dernier avait composés à sa demande. Mais, d'après une note insérée dans la nouvelle gazette de musique (*Neue Zeitschrift für Musik*), le 6 août 1852, ce passage est expliqué autrement par le prince Galitzin : « Beethoven aurait demandé 50 ducats par chaque quatuor, » dont le premier avait déjà été envoyé en 1822, et payé par l'entre- » mise du banquier viennois Henickstein et Comp., qui avait aussi » des fonds pour payer les deux autres quatuors. Dans la note du » prince Galitzin, il y a une observation qui n'est pas à l'avantage » du grand compositeur : « Je suis fâché de vous dire que, dans mes » relations avec Beethoven, j'ai acquis la certitude que sa délica- » tesse n'était pas toujours à la hauteur de son génie. » Déjà, en » 1832, cet événement a été raconté dans l'ouvrage du *Chevalier* » *de Seyfried* (Beethoven's Studien), mais sans nommer personne, » il y est question d'une somme de 125 ducats, due par un prince » étranger, pour des compositions livrées, que Beethoven n'avait » pas encore reçue. » Le prince Galitzin motiva plus tard sa diatribe contre la délicatesse du maître, par la raison que le magasin de musique de Schott aurait reçu ledit quatuor avant le prince, et que lui, qui l'avait commandé, n'aurait été servi que vers 1825.

Il y ajoute encore : Avec la meilleure volonté, on ne peut consi-
» dérer une telle action comme un type de procédé délicat. » (*Neue
Zeitschrift für Nusik*, n° 2, 1853.)

A cela il n'est pas difficile de répondre : le quatuor en question
(œuvre 127, en mi ♭), fut terminé seulement dans les premières
semaines de l'année 1825, et exécuté pour la première fois en
public, par Schuppanzigh, au mois de mars de la même année
(voyez la *Gazette universelle*, de Leipzig, deuxième année, page
246), et ce n'est qu'après cette exécution, que le manuscrit fut
envoyé à Mayence ; on voit, par là, que le reproche du prince
Galitzin n'est pas fondé.

Pour bien caractériser le chapitre des spéculations de Beethoven,
il nous faudrait revenir vers l'année 1822 ; là, nous verrions quelque chose de particulier, qui, s'il n'y avait des preuves écrites,
paraîtrait incroyable, mais qui peut être regardé comme la suite
de la commande des quatuors par le prince Galitzin. Ces preuves
consistent dans une lettre en langue française, adressée à Beethoven
par Ch. Neate, de Londres, sous la date *de 2 septembre 1822*,
chargé par le maître de vendre trois nouveaux quatuors. (1) Cet
artiste anglais lui rend compte des difficultés qu'il rencontre pour
négocier l'affaire à Londres, ces quatuors n'étant pas prêts ! D'un
autre côté, comme on sait, par le témoignage de Fr. Rochlitz, que
Beethoven voulait d'abord écrire deux grandes symphonies et un
oratorio pendant l'été de 1822, il faudrait donc admettre que ces
trois quatuors avaient été composés antérieurement. Cependant,
offrir des fruits à vendre, lorsque la semence ne devait être jetée
dans la terre que deux ou trois ans après, nous paraît une action
insensée.

Voici maintenant la lettre de Ch. Neate qui s'exprime ainsi :

« C'est une tâche bien ingrate pour moi, que de vous annoncer
» ce que j'ai à vous dire. Mon intention était de prier quelques amis
» *musicaux* de s'unir à moi pour l'achat du manuscrit de vos trois
» quatuors, n'étant pas assez riche moi-même pour m'en charger
» seul, tout disposé que je suis à souscrire pour ma quote part de la
» somme. Je ne prévoyais aucune difficulté à faire cet arrangement,

---

(1) On pourrait peut être s'étonner que, dans une occasion aussi délicate, Beethoven se soit
adressé à un étranger plutôt qu'à Ferd. Ries, chargé habituellement de ses affaires d'intérêts
à Londres. Mais depuis quelque temps Beethoven avait une rancune contre son ami et élève
et s'était montré peu satisfait de la direction de ses affaires. Tout cela mettait du froid entre
les deux personnages. La tension augmentait avec le temps, parce qu'on n'avait pas songé à
aplanir les petites difficultés à leur naissance.

» mais je suis fâché de dire que j'en ai trouvé plus que je ne
» présumais. Les uns disent qu'il faudrait être parfaitement sûr de
» l'arrivée du manuscrit; les autres prétendent qu'ils ne veulent en
» priver le public, etc. Cependant, je suis enfin parvenu à vous
» procurer la somme de 100 livres; mais je suis fâché d'ajouter
» que cette somme ne pourra être payée avant la livraison du
» manuscrit. Mais je suis certain que les amis auxquels je me suis
» adressé s'empresseront de satisfaire à leur engagement, aussitôt
» que le manuscrit sera ici. Il y a encore une autre difficulté, c'est
» qu'on craint que les quatuors ne soient copiés à Vienne ; j'espère
» bien que vous aurez soin de l'empêcher. »

La fin de cette lettre prouve clairement qu'il ne s'agissait ici d'aucun éditeur, mais d'une réunion de personnes particulières qui seraient devenues ainsi propriétaires de ces quatuors pour un certain temps, peut-être pour un an seulement, comme cela avait été convenu déjà avec le prince Galitzin. Pour ma part, je ne vois dans cette curieuse spéculation de Londres, difficile à concevoir, que la main du pseudo-frère Jean. Il n'y avait que lui capable d'inventer un pareil plan, plan qui faisait le plus grand tort à la réputation du compositeur. Déjà la lettre de Londres fait pressentir de la méfiance de la part des personnes mêlées à cette affaire.

Au moment d'expédier les exemplaires de la messe aux souscripteurs, Beethoven en envoya un au prince Galitzin et se fit remettre les 50 ducats déposés à Vienne pour les trois quatuors. On ne peut guère supposer qu'il eût agi ainsi sans le consentement du prince. Il résulte de la polémique de ce dernier avec l'auteur de ce livre, que la messe lui a été envoyée, et la somme déposée, reçue par Beethoven et remplacée par un autre d'égale valeur, envoyée de Saint-Pétersbourg par le prince.

Quant à l'exemplaire de la messe reçue par le prince Galitzin, à Saint-Pétersbourg, une lettre très-flatteuse, adressée à l'illustre compositeur par le récipiendaire, témoigne de sa satisfaction. Elle est datée du 23 novembre 1823. Le prince Galitzin félicite Beethoven sur cette magnifique composition et promet de la faire exécuter à Pétersbourg d'une manière digne de l'auteur.

Dans une autre lettre du prince, datée du 11 mars 1824, celui-ci rappelle au maître la promesse des quatuors : « Je vous prie de
» me faire savoir à quelle époque je puis espérer les quatuors
» que j'attends avec impatience, et, si vous avez besoin d'argent,
» ayez l'obligeance de tirer la somme qu'il vous faut sur mon ban-

» quier Stieglitz et Comp., à Saint-Pétersbourg, laquelle somme vous
» sera payée d'après votre désir. » Cette manière d'agir montre le
caractère généreux du prince Galitzin et devait exciter le compositeur, et, plus encore, son pseudo-frère à conserver un si grand
protecteur et ami des arts.

Dans une troisième lettre du 8 avril 1824, le prince Galitzin parle
avec enthousiasme de la messe en *ré*, exécutée à Saint-Pétersbourg
par des masses vocales et instrumentales, et il ajoute que cette
œuvre de génie sera mieux comprise par les générations à venir.
Cette lettre finit ainsi : « Pardonnez-moi de vous importuner si
» souvent avec mes lettres ; mais c'est un juste tribut d'un de vos
» plus grands admirateurs ! »

Ces dates suffisent pour faire voir dans le prince russe un généreux protecteur des arts ! Phénomène rare, qui ne pouvait que
produire une impression profonde sur Beethoven. En effet, le
prince Galitzin faisait partie de la grande pléiade des notabilités
allemandes et polonaises, comme : Lichnowski, Lobkowitz, Kinsky,
Schwarzenberg, sans oublier son compatriote, le prince Razumoffsky et beaucoup d'autres, qui, dans des temps meilleurs,
surent encourager les arts dans la capitale de l'empire d'Autriche.

Le prince Galitzin eût-il continué ce rôle si bien commencé, il
aurait mérité par là les éloges de tous les biographes comme
promoteur de nouvelles créations du maître. Malheureusement, le
prince Galitzin tomba dans de fâcheuses contradictions dans l'affaire des quatuors. Après de vives discussions avec la tutelle et le
neveu de Beethoven, une longue polémique s'engagea entre le
prince et l'auteur de ce livre, qui crut de son devoir de défendre la
mémoire de Beethoven. (1)

Tournons nos regards un moment vers ses affaires particulières,
Beethoven'schen Rechenstube, et constatons d'abord, que les études
préalables pour l'exécution du premier quatuor, lui firent trouver
un nouvel ami dans la personne de Ch. Holz, amateur violoncelliste distingué. Dans la disposition d'esprit où était Beethoven, la
rencontre de Charles Holz, fut un véritable événement, elle rendit
inutiles les chiffres de son frère Jean.

---

(1) Dans sa troisième édition, M. Schindler consacre neuf pages à l'historique complet de
ces longues discussions, auxquelles prirent part M. B. Damcke, savant professeur, et M. de
Lenz, auteur d'un ouvrage intitulé : « BEETHOVEN ET SES TROIS STYLES. » Mais comme l'affaire
en question a été arrangée depuis à l'amiable, entre le prince Galitzin et Charles de
Beethoven, neveu et héritier du grand compositeur, le débat se trouve clos et la discussion
épuisée.   *(Note du traducteur.)*

L'influence de ce jeune homme, employé dans une chancellerie, et faisant en même temps la partie du second violon dans le quatuor de Schuppanzigh, fit commettre beaucoup d'inconséquences à Beethoven, lequel était bien à plaindre, car, tous ses vieux amis s'étaient éloignés de lui successivement.

Charles Holz, homme de mérite, ayant fait de bonnes études classiques et possédant d'excellentes connaissances musicales, comme on le voit par la place qu'il occupait dans le célèbre quatuor, était en même temps un *Faiake* de prem''re qualité, à Vienne. (1) Beethoven qui avait une antipathie enracinée contre cette espèce d'hommes, était loin d'être édifié par leur genre de vie. Mais ce jeune homme était très fort en calcul, et cette qualité seule rendait Beethoven indulgent pour le *Faiake* et le musicien, attendu que, dans son esprit de discorde, il avait autant besoin d'une telle capacité que Wallenstein de l'astrologue *Seni*. Le désir de posséder beaucoup d'or, se montrait chaque jour davantage. Il voulait faire de son cher neveu, un homme riche. Il engageait déjà, en 1823, son frère Jean à faire un testament en faveur du neveu. Pour accomplir ce projet, un bon calculateur fut nécessaire; il devait être tous les jours à la disposition du maître, peu versé dans l'art de faire des additions. Mais ce plan ne fut point soumis à ses anciens amis, dans la crainte de n'avoir point leur assentiment. Du reste, aucun de ses amis n'était aussi fort en calcul que Beethoven le désirait (excepté pourtant André Streicher, qui en 1824 fit un calcul par lequel l'illustre maître pouvait retirer 10,000 fl. en bon argent d'une édition complète de ses œuvres). Et pourtant, bien des moyens s'offraient de gagner de l'argent par la voie ordinaire dans la carrière d'un artiste; il les dédaigna, et préféra se livrer aux idées spéculatives. On sait combien cette route est dangereuse, c'est une véritable aberration.

La société de Charles Holz n'aurait vraisemblablement pas eu des suites désagréables pour notre maître, n'aurait point nécessité une confession repentante au bord de son tombeau, ni suscité la médisance après sa mort, si le jeune homme avait pu apprécier l'importance de l'artiste et s'il avait eu assez de puissance sur lui pour retenir ses aspirations passionnées au lieu de les exciter. Si M. Fétis, dans sa biographie de Beethoven, en fait un avare et même un

---

(1 Dans le cinquième chant de l'Odyssée : « Dulder est jeté avec son vaisseau contre les rochers d'un pays inconnu. » C'était le pays de Faïakes. que le divin Homère décrit au commencement du septième chant.

ladre, si le docteur Wawruch, son dernier médecin, le fait passer pour un homme adonné à la boisson, ce qui lui aurait attiré sa maladie mortelle, les causes de pareils jugements, tant soit peu contradictoires, ne sauraient être attribuées qu'à cette nouvelle liaison. Lorsque, plus tard, *Ulibischeff*, dans son ouvrage : « *Beethoven, ses critiques et ses glossateurs*, » affirme, en parlant de ses dernières années, où il fut abandonné de tous ses vieux amis, que j'étais le seul qui lui fut resté fidèle, il se trompe, car depuis le mois de mars 1825 jusqu'au mois d'août de l'année suivante, je ne lui ai parlé que rarement, le voyant plongé jusqu'à l'excès dans ses spéculations arithmétiques. Malgré cela, je n'ai rien perdu de ses occupations, et je fus complètement initié, par sa succession littéraire, à tout ce qui s'était passé pendant ce laps de temps. Non seulement Beethoven se plaisait aux facéties dessinées de la main de Ch. Holz, à ses fréquentes sorties contre les hauts personnages, sorties très-déplacées, mais, de plus, je sus qu'il se plaisait dans une espèce d'excitation morale, dans laquelle il se plongeait. Son divorce d'avec ses anciens principes se manifestait encore, en ce qu'il fréquentait, avec son jeune ami, les cafés, les réunions étrangères, les magasins de musique, où il n'allait jamais autrefois. Ch. Holz voulait montrer par là qu'il pouvait tout sur l'esprit du maître retiré du monde, et, en effet, il obtenait l'incroyable. Veut-on encore une preuve de cette condescendance, on la trouve dans cette métamorphose étonnante de Beethoven devenant parrain du fils de son nouvel ami. Que, sous une telle influence, il soit devenu victime du Dieu *du jus de la treille*, ce n'est, hélas, que trop vrai ; tous ses anciens amis le plaignaient, et les paroles du docteur Wawruch : « *sedebat et bibebat*, » se rapportent à cette malheureuse association (1). Ces transgressions durèrent ainsi depuis l'automne 1825 jusqu'à l'été 1826. On verra quelles œuvres en résultèrent.

Revenons, après ces tristes détails, aux dernières compositions de ce grand génie, aux cinq derniers quatuors, auxquels le prince Galitzin donna l'impulsion, ainsi que nous l'avons vu ; ces quatuors furent l'objet des plus vives discussions et éveillèrent de longues controverses, qui rendent presque impossible un jugement définitif à leur égard et ne sauraient permettre cette concordance d'appréciations qui a pu survivre aux œuvres de ses premières années. Le fait est, autant qu'on peut s'en souvenir, que les jugements des

(1) Voyez dans les notes : Beethoven et son dernier médecin Wawruch.

contemporains, sur ces quatuors, furent très-circonspects et très-réservés. Bien qu'il ne manquât pas alors de connaisseurs impartiaux, qui, après de longues études de ces legs (*Vermæchtnisses*) arrivèrent à cette conviction, que les combinaisons recherchées, poussées au plus haut point, ne sont, en quelque sorte, que la nécessité logique de la liaison des idées.

Un des plus éclairés connaisseurs de la musique de Beethoven fut le comte Fr. de Brunswick, de Pesth; il pouvait se dire son élève à juste titre. Nous étudiâmes pendant deux hivers ces quatuors; il avait d'autres associés très-distingués et nous arrivâmes enfin à nous rendre compte de leurs beautés harmoniques et techniques; mais, sous le rapport *de la liaison des idées et de la nécessité logique*, nous n'avons obtenu qu'un résultat incertain. Le comte de Brunswick croyait quelquefois avoir trouvé ce qu'il cherchait, à l'aide de son télescope; mais, bientôt après, il perdait dans les brouillards sa trouvaille et se déclarait une tête faible « *schwachkopf.* » Après bien des années, il me mandait que l'obscurité était toujours la même pour lui, dans plusieurs endroits, qu'au moment de notre séparation, au printemps de 1829.

Beethoven conçut le premier quatuor en été de 1824, pendant son séjour à Baden. De retour à Vienne, en octobre, il se mit immédiatement au travail. Il avait son appartement en ville, à cause de son neveu, qui, depuis quelque temps, demeurait avec lui et suivait les cours de la faculté de philosophie. Beethoven n'avait pas encore mis la dernière main à la partition, lorsqu'il fut pris d'une maladie grave dont le siège était dans le bas-ventre. Depuis sa querelle avec le docteur Malfatti, le célèbre chirurgien Staudenheim devint son médecin ordinaire. Il exigeait que son client suivît exactement ses prescriptions et échangea avec le malade des paroles sévères. Aussi, il fut remplacé par le professeur et docteur Braunhofer. Celui-ci n'ajouta rien dans le traitement du *volontaire Beethoven*, mais il apporta une certaine dose de fermeté viennoise qui, en imposant au malade, eut de bonnes suites pour sa guérison. En attendant, le mal sévit complètement pendant le séjour du maître à Baden.

La première exécution du quatuor en mi ♭ eut lieu au mois de mars, par Schuppanzigh et ses accompagnateurs. Elle manqua complètement, si bien que l'auditoire, venu dans l'attente du beau, se retira tout désappointé. On se demanda réciproquement ce qu'on venait d'entendre. Le critique de la *Gazette musicale*, de Leipzig, disait : « que l'œuvre, comprise d'un petit nombre, fut tout-à-fait saisissante ; » le critique ajoute qu'il ne fait aucune exception pour lui. On attribua aussi la non-réussite à Schuppanzigh, auquel aurait manqué une exécution assez nette pour rendre avec intelligence poétique les difficultés de ce quatuor. Il y eut, à ce sujet, une altercation assez vive entre lui et le compositeur ; celui-ci, après une telle issue, ne voulut pas en demeurer là, et désirait rétablir l'honneur de son œuvre ; il s'adressa au professeur du Conservatoire, *Joseph Bœhm*, lequel avait plutôt le talent d'un virtuose de concerts ; cependant, après avoir vaincu les difficultés, il obtint un meilleur succès. Malgré cela, il resta encore de l'obscurité dans plusieurs endroits du quatuor. Mais le compositeur fut informé, mal à propos, d'une victoire complète : l'œuvre aurait paru aussi claire à tout le monde que ses anciennes compositions du même genre.

Avant cette première exécution, le compositeur adressa à tous les exécutants une lettre d'encouragement.

Le second quatuor en *la mineur* parvint à sa première exécution en novembre 1825. L'effet surpassa celui du premier, Schuppanzigh et ses artistes l'ayant travaillé avec une grande application. Il n'y eut d'un peu obscur que les variations de : « *Canzona di* » *ringraziamento in modo lidico, offerta à la divinita da un guarito,* » qui se rapportent à la maladie du compositeur. Déjà, au mois d'août de 1825, Beethoven fit essayer cette nouvelle œuvre, à la demande de l'éditeur Maurice Schlessinger, dans un cercle particulier, où Ch. Holz tenait le premier violon. Le maître resta à côté des exécutants, et Schlessinger eut la propriété de ce quatuor pour la France et l'Allemagne ; il emporta le manuscrit avec lui à Paris.

1826. — Le quatuor qui le suivit de près est celui en *si* ♭, appelé avec raison *le monstre de la musique de chambre*. Il fut exécuté pour la première fois au mois de mars 1826, pour la clôture de la saison. Tout ce que la ville de Vienne possédait en fait d'amateurs de quatuors, se réunit pour assister à la première apparition du nouveau chef-d'œuvre, dont on disait des merveilles. Écoutons le critique de la *Gazette musicale* pour juger de son effet : « Le » premier, le troisième et le cinquième morceaux sont sévères, » sombres, mystiques, et en même temps bizarres, durs et capricieux ; le deuxième et le quatrième sont pleins de malice, de » gaîté et de finesse. Là, Beethoven se montra court et sobre, » contre son ordinaire, car on sait que dans ses premières compo-

» sitions il ne put toujours garder la mesure et remplir son but.
» Ces deux morceaux furent applaudis avec frénésie et bissés. Mais
» l'esprit du final fugué parut au critique incompréhensible, presque
» chinois. Lorsque les instruments ont à combattre d'incroyables
» difficultés dans les deux régions, lorsque chacun d'eux conduit
» autrement, croise un grand nombre de dissonances *per transi-*
» *tionem irregularem*, lorsque l'exécutant se méfie de lui-même
» et ne peut jouer juste qu'avec peine, il résulte alors un désordre
» babylonien ! Peut-être tout cela ne serait point écrit, si le maître
» pouvait s'entendre lui-même. Aussi, nous ne voulons pas trancher
» la question prématurément ; peut-être viendra le temps où tout
» ce qui nous semblait s'obscurcir paraîtra clair et écrit dans les
» formes agréables. »

L'accord parfait dans lequel les assistants s'éloignèrent de cette séance, peut faire juger de l'impression générale d'après ces quelques mots, qui en présentent le fidèle tableau. Car jamais, dans une œuvre instrumentale, de plus durs contrastes ne furent placés si près les uns des autres, en opposition, que dans ce quatuor. L'auditeur, un moment ravi de voir le ciel pur au-dessus de lui, se voit tout-à-coup replongé dans l'obscurité mystique, sinon dans le profond et le sévère, comme si le compositeur se faisait un jeu de sa sensibilité. La fugue sert de final ; elle semble être un anachronisme, et devrait appartenir à ce temps où les rapports des tons étaient définis par des calculs mathématiques. Sans hésiter, de telles combinaisons doivent être considérées comme un véritable égarement de l'esprit spéculatif, dont l'impression égale *la confusion babylonienne*. Il ne saurait être question d'obscurité par opposition à la lumière.

L'auteur fut mieux informé du succès de cette œuvre importante et significative, que de l'exécution du premier quatuor. Cette fois, ce fut l'acquéreur du manuscrit, Mathias Artaria, qui prit sur lui de demander à Beethoven un autre final, dans un style plus libre, lui promettant de publier la fugue séparément s'il acquiesçait à sa demande. Beethoven écrivit ce nouveau final, qui *est sa dernière composition* ; elle est du mois de novembre 1826. Son style singulier ne lui aurait pas fait beaucoup d'honneur, si l'on ne connaissait l'époque et les causes de la naissance de ce morceau. Sous le rapport de la clarté et de la coordonnance, il est loin d'égaler le mérite des finales de ses autres quatuors.

Le 22 avril 1827, lorsque l'auteur n'existait plus, Schuppanzigh exécuta le quatuor en *si* ♭ pour la deuxième fois, avec le nouveau final. L'assemblée acquit avec plaisir la conviction que l'ensemble gagna en intelligence et que l'obscurité se borna au premier et au troisième morceau.

Faisons la remarque complémentaire que le quatrième morceau *Alla danza tedesca*, qui est en *sol majeur*, fut écrit originairement en *la majeur*. A l'inspection, ce morceau devait faire partie intégrante d'un autre quatuor, probablement de celui en *la mineur*, dont nous venons de parler.

La genèse du quatrième quatuor en *ut* ♯ *mineur*, également de six morceaux, tombe dans la première moitié de l'année 1826; Schuppanzigh ne l'a jamais exécuté, attendu que le succès des trois premiers n'était guère encourageant. Par contre, cet artiste essaya le cinquième en *fa majeur*, lequel, gravé déjà en mars 1828, fit plaisir à l'exécution. Il n'avait rien de singulier sous les rapports de l'harmonie et du style.

Si les adversaires de Beethoven ne reconnaissent dans ses dernières compositions, surtout dans les cinq quatuors, qu'erreurs et contradictions, il faut leur répondre que l'erreur même est respectable, lorsqu'elle s'appuie sur des intentions nobles et grandes, et qu'elle est soutenue par de riches facultés. Mais on ne peut prouver à Beethoven que ses intentions et ses moyens appartiennent à un autre art. Il vaut mieux agir d'une manière conciliante et encourageante sur ceux qui voudraient étudier ces œuvres à fond.

Les nombreux essais que le maître nous a laissés de son motif du quatrième morceau, dans le quatuor en *ut* ♯ *mineur*, dont les esquisses sont publiées dans le supplément, montrent jusqu'à l'évidence combien il était scrupuleux dans les transformations, la conduite et le travail d'un motif. Partout se montre une critique sévère, relativement à l'usage comme au choix d'un motif de fugue. Celui du quatrième morceau devait être passé au creuset de différentes mesures; d'abord il est donné en $6/8$, puis en $4/4$, puis de nouveau en $6/8$, pour la deuxième fois où il est désigné par le mot : *meilleur*; après, il reparaît en $2/4$, puis, pour la sixième fois, en $4/4$, avec variantes ; mais dans l'impression, il y a eu des changements.

Nous donnerons un éclaircissement sur l'intitulé du quatrième morceau du dernier quatuor en *fa* : « *Der schwer gefaszte Ents-*

chluss » (*La résolution difficilement prise*) dans le catalogue de cette période.

Une autre observation est nécessaire sur l'indication des numéros d'œuvre dans ces quatuors. Ces numéros doivent répondre à l'ordre de leur composition. On voit par là que les trois éditeurs qui se sont partagé ces œuvres, ne se sont pas entendus sur ce sujet. Ces numéros d'ordre devaient être placés comme il suit :

Quatuor en *mi* ♭,	œuvre 127.	
— en *la mineur*,	— 130	au lieu de 132.
— en *si* ♭ *majeur*,	— 131	— 130.
— en *ut* ♯ *mineur*,	— 132	— 131.
— en *fa majeur*,	— 133	— 135.

La fugue en *si* ♭ qui, d'après les derniers arrangements, devait paraître séparément, devenait l'œuvre 134. L'arrangement de piano n'eut point de numéro d'ordre, comme c'était l'usage alors ; il était d'*Antoine Halm*, mais revu par le compositeur. A l'époque où ces cinq quatuors virent le jour, Beethoven ne s'occupa point d'autres compositions, excepté de deux bagatelles qui figurent sur le catalogue, mais qui furent écrites bien plus tôt, savoir : « Le *Baiser* » ariette (comme op. 128), et « *Rondo a capricio*, » pour piano (comme op. 129.)

Enfin, il y aurait encore une protestation à faire contre l'addition. « *Aus dem Nachlasse* » qui est placée sur les titres des quatuors en *la mineur* et en *fa majeur*. On sait que M. Schlessinger les reçut en août 1825, des mains de l'illustre auteur ; mais d'autres pièces lui furent envoyées encore pendant l'automne de 1826.

Il résulte aussi de cette circonstance peu importante, que les éditeurs d'œuvres de Beethoven se permettaient de faire avec ses compositions ce que bon leur semblait. — En général, le fait est certain, si les compositions de Beethoven, dans tous les genres, sont très-répandues chez tous les peuples civilisés, et beaucoup plus que celles d'autres auteurs classiques, il est notoire aussi qu'aucun auteur n'eût à subir autant d'arrangements, de transformations, que Beethoven. Si c'était au moins dans l'intérêt du public, mais non ; le compositeur seul souffrit de ces mutilations, faites pour satisfaire la cupidité des éditeurs de musique. Le catalogue thématique de Breitkopf et Hærtel, nous en offre une preuve évidente.

V

Après avoir parlé des dernières compositions de Beethoven sous le rapport historique, nous allons nous occuper exclusivement des événements de sa vie intérieure et de ses affaires de famille. Nous nous arrêterons d'abord sur cette dernière partie, à laquelle deux vers, extraits de l'Odyssée, par l'illustre maître, peuvent servir d'introduction. (1)

Quelque temps avant cette époque, j'avais appris que le neveu de Beethoven avait commencé à suivre les cours de l'université et était venu demeurer chez son père adoptif, en automne 1824. Il se proposait d'étudier la philologie, science fort peu cultivée alors en Autriche, où l'on ne recherchait que de bons fonctionnaires. Mais il fallait travailler pour obtenir un grade. Solidement préparé à une bonne source, le jeune Beethoven aurait pu aspirer à devenir professeur dans quelque établissement scientifique, à l'étranger. Ses bonnes dispositions et les connaissances acquises, ne pouvaient manquer d'en faire un savant distingué, digne du nom célèbre qu'il portait. Le système des études en Autriche n'était guère favorable par son mécanisme à la concentration des forces de l'esprit. Il poussait plutôt à leur division et à leur éparpillement, en sorte que les plus zélés arrivaient, à peine, à être reçus comme employés du gouvernement, et n'étaient nullement capables de professer en chaire. Les examens prescrits tous les six mois, furent remis à Pâques 1825 par notre jeune étudiant. Il n'avait guère l'espoir de les bien passer, car l'influence du nom de Beethoven, son oncle, imposait plus de progrès, surtout pour le second semestre. Pendant le séjour du maître à Baden, le jeune étudiant fut mis en pension chez un homme qui n'était pas en état de surveiller son travail ni sa conduite. Aussi, il abusa de sa liberté d'une manière scandaleuse, au point de ne pouvoir pas passer ses examens à la fin du second semestre. Par suite de cet incident, sa carrière scientifique se trouva tout à coup arrêtée. Beethoven en ressentit un chagrin profond; il ne manqua pas d'avertir person-

(1 Peu d'enfants égalent leurs parents en vertus.
     Il y a peu de bons, les méchants sont en grand nombre.

nellement son neveu en raison de ses premiers dérèglements. Nous en avons des preuves nombreuses par écrit. Ce sont des lettres écrites par Beethoven, remplies des pensées nobles et cordiales, qui ont un intérêt historique.

Il y a, en tout, vingt-neuf lettres, écrites de Baden à son neveu pendant l'été de 1825. Ces lettres ont fait retour à leur auteur, par suite d'une catastrophe, arrivée au mois d'août 1826, dont nous reparlerons plus tard. Beethoven pensait que la meilleure preuve à donner, de sa manière d'être avec son fils adoptif, était de conserver ces lettres. Dans ce but, il les avait confiées peu avant sa mort, à Breuning et à l'auteur de ce livre. Pour répondre à la volonté expresse de notre illustre ami, je soumets ces lettres au jugement du public. (Les originaux sont conservés dans la bibliothèque royale de Berlin.)

I

« Je me réjouis, mon cher fils, de ce que tu te plaises dans cette
» sphère et de ce que tu saisisses avec zèle tout ce qui est nécessaire.
» Je n'ai pu reconnaître ton écriture ; il est vrai, que j'y cherche
» l'*esprit* et le *sens*, mais tu peux pourtant arriver aussi à la rendre
» belle extérieurement. Si tu as de la peine à venir ici, abandonne ce
» projet ; mais, si cela t'est possible, je me réjouirai, dans mon exil,
» d'avoir un cœur humain auprès de moi.

» Je t'embrasse cordialement.

» Ton fidèle père. »

II

Du 18 mai.

» Il ne peut être rien de plus convenable à un jeune homme de
» 19 ans que de relier ses devoirs pour son éducation et son avan-
» cement, à ceux qu'il doit à son bienfaiteur et nourricier. J'ai rem-
» pli aussi un devoir envers mes pauvres parents. J'étais joyeux
» quand je pouvais les aider. Quelle différence à l'égard de ta défé-
» rence pour moi.

» Porte toi bien, mon étourdi ! »

III

Du 23 mai.

« Jusqu'ici, ce sont des conjectures, quoique quelqu'un m'ait déjà
» assuré qu'il y a, de nouveau, un commerce secret entre ta mère

» et toi. — Dois-je donc, encore une fois, voir le jour d'une détes-
» table ingratitude ! Si le lien doit être rompu, tu seras haï de tous
» les hommes impartiaux qui entendront parler de cette ingratitude.
» La déclaration de M. Bruders et ta propre déclaration d'hier à
» l'égard du docteur S... v., me font de la peine, parce que le con-
» traire est arrivé de ce que le conseiller avait demandé. (1) Devais-
» je me mêler de ces communautés ? — Non, non, plus jamais. —
» Pèse bien le pacte, au nom de Dieu. Je te recommande à la pro-
» vidence divine. J'ai rempli ma tâche, et je puis paraître devant le
» plus grand des juges. »

IV.

« C'en est assez ! — Gâté comme tu es, il ne serait pas mal de
» t'appliquer à avoir un peu plus de simplicité et de vérité ; car, mon
» cœur est blessé de tes procédés artificiels, qu'il m'est impossible
» d'oublier. Et, quand même je voudrais comme un bœuf tirer mon
» fardeau sans murmurer, tes façons d'agir envers les autres, ne te
» vaudront pas l'amour des hommes. Dieu est mon témoin ; je ne
» rêve que de pouvoir vivre loin de toi, loin de ce pauvre frère et
» de mon indigne famille. Que Dieu entende mes désirs, car je ne
» puis plus me confier à toi.
» Baden, ce 31 mai 1825.

» Ton père à regret, ou plutôt non
» plus ton père. »

V

Du 18 juin.

(Sur les comptes-rendus de l'argent reçu.)
« Ne me laisse plus reculer. Cela est facile, mais seulement doulou-
» reux pour moi. A la fin, cela s'appelle aussi : « Vous êtes pourtant
» un très bon tuteur, etc. » Si tu avais quelque fond, tu devrais en
» général agir toujours tout autrement. »

VI

« Cher fils !
» Sois donc sobre ! Le bonheur couronne mes peines. Garde-toi
» d'attribuer ton malheur à des vues fausses sur toi. Sois vrai et
» exact dans la déclaration de tes dépenses. Laisse-là le théâtre, —
» suis ton guide et père, suis-le ; ses pensées et sa volonté sont
» toujours en vue de ton bien moral et de ton existence accoutumée.
» Sois mon cher fils ; quelle incroyable dissonnance ce serait, si tu
» étais faux avec moi, comme pourtant on ose l'affirmer ! »

(1) Il s'agit ici du procès de Beethoven avec sa belle-sœur.

VII

« Je maigris toujours et me trouve plutôt mal que bien ; — et pas
» de médecin, pas une âme qui s'intéresse à moi ! — Si tu peux,
» viens me voir ; pourtant je ne veux pas te retenir pour rien. Si
» j'étais sûr seulement que le dimanche serait bien passé sans moi !
» je dois cependant me désaccoutumer de tout. — Plaise à Dieu que
» mon grand sacrifice apporte de dignes fruits.

» Où ne suis-je pas blessé, dépecé ! Je ne veux pas te laisser en
» compagnie de M. mon frère. En général, ne sois pas secret avec
» moi, avec ton plus fidèle père. Si tu me vois un peu violent, attri-
» bue cela à mon grand souci pour toi, lorsque tu cours des dangers.
» Ne me mets pas dans l'anxiété, pense à mes chagrins ! Selon la loi,
» je ne devrais avoir de cela aucun soin, mais que n'ai-je déjà éprouvé
» dans ma vie ! »

VIII

(Viens vite ! Viens vite ! Viens vite.)

« Que cela soit ! — Avant hier, le signor Fratello, avec son beau-
» frère ; — quel pauvre homme ! Si Caton s'écrie contre César :
« Celui-ci et nous, » que doit-on contre un tel ?

» Comme toujours, plein d'amour pour toi.

Père plein de soucis.

IX

En septembre.

« Je ne désire pas que tu viennes chez moi le 14 septembre. Il vaut
» mieux finir tes études.

» Dieu ne m'a point abandonné, il y aura toujours quelqu'un pour
» me fermer les yeux. Mon pseudo-frère semble se concerter à part,
» comme par le passé, pour jouer son rôle. — Je sais que tu n'as
» point envie d'être chez moi plus tard ; naturellement, c'est un peu
» mince chez moi... Tu n'es pas tenu de venir le dimanche non plus,
» car la vraie harmonie n'est pas possible, de la manière dont tu te
» comportes. Pourquoi de l'hypocrisie ? Tu serais sans cela un
» homme meilleur. Tu n'as pas besoin de dissimuler ni de mentir,
» le côté moral de ton caractère y gagnerait. Tu vois, tu peux
» prendre exemple sur moi ! A quoi sert de montrer le chemin d'une
» manière pleine d'amour ? — Tout cela t'irrite. — Du reste, ne
» crains rien ; je ne cesserai de prendre soin de toi. C'est l'effet que
» tu produis sur moi.

» Porte-toi bien ! Celui qui ne t'a point donné la vie, mais qui te
» l'a conservée, et, qui plus est, contribua à la culture de ton esprit

» paternellement, et plus encore, te supplie de marcher sur une seule
» et unique voie, qui est aussi la véritable.

» Ton fidèle et bon père. »

X

« Mon cher fils,

» Pas plus loin ! — Viens seulement dans mes bras ; tu n'entendras aucune parole dure ! Dieu n'entre point dans ma misère ; tu seras reçu comme toujours avec amour, et nous réfléchirons à ce qu'il y a à faire pour l'avenir. Ma parole d'honneur ! je ne te ferais pas de reproches, car ils ne te profiteraient pas à présent, mais tu peux t'attendre à des soins pleins d'amour. Viens seulement, viens sur le cœur fidèle de ton père.

» BEETHOVEN. »

XI

Du 5 octobre.

« Je reçois à l'instant ta lettre ; j'étais très-inquiet et résolu d'aller à Vienne. Dieu soit loué ! ce n'est plus nécessaire ! — Suis-moi seulement, et, l'amour comme le bonheur de l'âme, réunis au bonheur terrestre, seront à nos côtés. Tu pourras associer l'extérieur avec ton existence intensive. Mais, il vaut mieux que le premier ne domine pas la seconde... Je t'embrasse mille fois, mon cher fils, non comme perdu, mais comme un nouveau né. J'aurai toujours de tendres soins pour un cher fils retrouvé. »

XII

Du 14 octobre.

« Je t'écris bien vite que j'irai demain te voir, quand même il pleuvrait ; tâche de te trouver chez toi. Je me réjouis de te revoir, et, si les noirs nuages reparaissent, ne crois pas qu'ils viennent de la méchanceté. Ils seront bien vite dissipés, par la promesse de travailler à ton véritable et pur bonheur, fondé sur l'activité. Qui ne serait content de voir un enfant égaré, rentrer dans la bonne route ! J'espère assez vivre pour cela. »

Ainsi qu'on s'y attendait, le jeune homme dégénéré ne put passer ses examens au second semestre de l'université ; par là, son avancement, à la seconde année, de la faculté de philosophie, devint impossible. Mais, que pouvait-on faire de lui ? Les consultations tenues par des hommes capables et des amis pour lui trouver une carrière, se bornèrent à en laisser le choix au jeune homme. Il choisit l'état de négociant, pour lequel il n'avait aucune inclination, et, pour s'y préparer, il dut suivre les cours de l'Institut polytechnique.

La tournure des choses fit abréger le séjour de Beethoven à Baden ; il revint en ville et prit un appartement spacieux dans une maison située sur le glacis du faubourg Währing. Ce fut sa dernière demeure sur la terre ; comme elle était éloignée de l'Institut polythechnique, on laissa le neveu chez un homme de confiance, dont la maison n'était pas éloignée. Bientôt, les événements, pleins d'amertume, semblèrent être oubliés ; si bien que le maître put se livrer à ses études et à ses spéculations. Mais, ce qui contribua à le tranquilliser, c'est que le directeur de l'Institut polytechnique, Reiszer, se chargea, à la prière de Beethoven, de veiller sur ce *fils retrouvé* qu'on croyait sauvé ! Mais ce n'était qu'une présomption, car, nonobstant l'amour de l'oncle et toute la surveillance de son subrogé-tuteur, le jeune étudiant s'appliqua encore moins dans sa nouvelle carrière ; à peine assis sur son banc, il oublia les exhortations paternelles, et, désespéré d'avoir manqué ses examens, il attenta à ses jours. Mais comme le suicide ne réussit pas, il tomba, d'après les lois du pays, dans les mains de la police, parce que l'on attribua un fait semblable au manque d'instruction religieuse, ainsi qu'au trouble de l'esprit et de l'âme. Le neveu de l'homme que nous avons vu naguère s'intéresser si vivement et si activement à l'éducation religieuse du peuple, fut accusé d'être dépourvu de sentiments religieux et soumis à une certaine surveillance. Ce triste résultat de tant de peines et de tant d'espérances affligea profondément l'illustre compositeur ; il pouvait dire, avec le grand poète :

« Denn ein unglück altern die armen sterblichen frühe. »

Depuis ce temps, on vit beaucoup d'abattement dans la tenue de Beethoven ; il éprouvait une profonde douleur de voir son nom flétri. Sa forte organisation s'en ressentait ; tous les mouvements de son corps devenaient raides ; il avait l'air d'un vieillard de soixante-dix ans, sans volonté, sans énergie ; il redoutait le moindre courant d'air.

Dans cette triste position, il se rappela un ancien ami de jeunesse, un homme qui, pendant une longue suite d'années, vécut dans son intimité immédiate et fut témoin de l'agrandissement successif de sa réputation, dont l'expérience, les connaissances et les sages conseils, avaient aidé Beethoven à sortir de plusieurs situations embarrassantes, et dont il s'était éloigné depuis neuf ans par suite d'une faiblesse. Cet ancien ami, qui n'était autre qu'*Etienne Breuning*, puisqu'il faut le nommer, pouvait être très-utile à Beethoven, étant conseiller actuel de la cour Impériale et directeur du département de la guerre. Il réunissait une grande sensibilité à une rare fermeté de caractère. Il resta fidèle à la muse de la poésie jusqu'à un âge fort avancé, malgré ses nombreuses occupations. Ç'avait été une grande faute de la part du bouillant artiste, de n'avoir pas fait un pas vers la réconciliation (1).

La lettre suivante, adressée à Breuning, quoiqu'elle ne porte pas de date, appartient à cette époque (1826); elle prouve que Beethoven fit le premier pas en écrivant à son cher Étienne (2).

« Que ce portrait, mon bon et cher Etienne, vous fasse oublier
» pour toujours tout ce qui est arrivé entre nous depuis longtemps.
» Je sais que j'ai blessé ton cœur. Mon premier mouvement, que
» tu dois remarquer, m'a déjà puni assez. Dans tout ce qui est arrivé
» entre nous, il n'y avait point de méchanceté de ma part; sans
» cela, je ne serais plus digne de ton amitié. Nous étions passionnés
» l'un et l'autre, mais je n'avais pas de méfiance envers toi. Ce sont
» des hommes peu dignes de toi et de moi qui se sont mis entre
» nous. Voici mon portrait (3), que je destine depuis longtemps à
» quelqu'un, tu le sais. Et à qui pourrais-je l'envoyer d'un cœur
» tout chaud, si ce n'est à toi, mon bon, cher et fidèle Etienne !
» Pardonne-moi si je t'ai fait de la peine, j'en ai assez souffert.
» Comme, depuis si longtemps, je ne te vois plus autour de moi,
» je sens très-vivement combien tu es cher à mon cœur et combien
» tu le seras à jamais. — Tu viendras donc te jeter dans mes bras,
» comme autrefois. »

Après la réconciliation avec Breuning, je reçus aussi du maître l'invitation de venir reprendre ma place dans son entourage comme autrefois, ce qui fut fait; car, en société de Breuning, nous pouvions agir salutairement sur notre ami et purifier l'atmosphère autour de lui.

Nous eûmes bientôt la joie de voir se réveiller, chez notre ami, la force d'esprit et de volonté, et nous eûmes des preuves surprenantes de la manière dont il savait se mettre au-dessus du sort. Tout ce qui lui revenait en mémoire de la vie des grands hommes de l'antiquité, et qui se rapportait à sa position actuelle, il s'en

---

(1) Breuning fut tout à fait opposé à l'adoption du neveu et la déconseilla énergiquement à Beethoven.

(2) L'original de cette lettre se trouve dans la famille de Breuning.

(3) C'était la lithographie de Stieler, que Beethoven avait déjà envoyée au docteur Wegeler.

servait pour la consolation et l'élévation de son âme ! Il nous développa souvent des propositions tirées du système philosophique des Stoïciens et des Péripatéticiens, et, dans ces moments, il montrait, dans tout son être, une dignité antique.

En attendant, le terme approchait où les conférences et les exercices religieux, entrepris par l'Etat avec le neveu, devaient finir. Celui-ci prit, sur ces entrefaites, la résolution d'entrer au service militaire pour éviter les examens semestriels, qu'il redoutait. Le directeur de l'Institut polytechnique n'ayant plus voulu faire partie de la tutelle, ce fut Breuning qui le remplaça. Le jeune homme fut remis aux deux tuteurs par la police, avec la recommandation expresse de ne pas le laisser à Vienne un seul jour. Mais, comme on avait besoin de temps pour obtenir les stipulations nécessaires à l'état militaire, Jean Beethoven offrit à son frère et au jeune militaire en herbe sa maison de campagne de Gneixendorf, située sur la rive gauche du Danube, non loin de la ville de Krems, pour séjour momentané, jusqu'à ce que le conseiller Breuning ait pu trouver un régiment dont le colonel voulut accepter le pupille comme cadet et le recommander au capitaine de ce régiment, afin que le jeune homme pût acquérir l'instruction nécessaire pour devenir officier. Là-dessus, le baron de *Stutterheim*, propriétaire d'un régiment d'infanterie, accepta le jeune homme en considération de ses deux tuteurs, et le plaça sous le commandement du capitaine de Montluisant, en qualité de cadet. Pour prouver sa reconnaissance au capitaine, Beethoven lui dédia le quatuor en *ut ♯ mineur*. Cette détermination fut prise le 10 mars 1827 ; le quatuor en question était déjà livré à la gravure, chez B. Schott, à Mayence, dès le mois d'octobre 1826.

Sur le séjour du maître à Gneixendorf, entouré de sa famille (composée de son frère Jean, sa femme, de leur fille adoptive déjà grande, plus du neveu), nous trouvâmes, dans le journal et les différents papiers de la main du frère, tant de versions contradictoires, que nous nous abstenons de les donner en détail ; nous nous bornons à en mentionner les faits principaux, qui ne font pas beaucoup d'honneur à l'hospitalité du pseudo-frère Jean : Un manque incroyable d'égards pour la faible constitution du maître, par rapport à son logement, à sa nourriture ; principalement, l'intimité du neveu avec la tante, dont les mœurs ressemblaient à ceux de sa mère ; le peu de considération du jeune homme pour son père adoptif ; ajoutons à tout cela le fait d'une chambre sans feu au mois de novembre, et nous aurons une triste idée. C'est dans cette situation, que Beethoven composa son chant du Cygne (Schwanenlied), plein d'enjouement et de gaîté pour le quatuor en si ♭ (op. 130).

Quoique les sollicitations de Breuning n'eussent pas abouti, le maître se trouva dans l'obligation de quitter ces lieux pour se rendre à Vienne avec son neveu, au risque de se brouiller avec la police, qui défendit au jeune homme le séjour de la capitale. Pour surcroît de manque d'égards, Jean Beethoven refusa de prêter sa calèche couverte à son frère jusqu'à Krems, en sorte que celui-ci dut faire le voyage en voiture découverte, dans son triste état de santé. Il en résulta un refroidissement du bas-ventre, qui fut le commencement de sa maladie mortelle.

Le 2 décembre, Beethoven arriva à Vienne avec son indigne neveu; ce ne fut que quelques jours après que j'appris son retour et son état fâcheux. Je me rendis chez lui à la hâte et je sus bientôt qu'il avait fait demander deux de ses anciens médecins, *Braunhofer* et *Staudenheim*, mais inutilement; le premier était trop loin; le second avait promis de venir et ne vint point. On lui en envoya un qui ne connaissait ni son mal, ni sa nature; c'était le docteur *Wawruch*, professeur de clinique. J'appris plus tard, de sa bouche, de quelle façon singulière il avait été appelé auprès de Beethoven. Ce fut un domestique attaché à la clinique, qui lui confia que le neveu de Beethoven lui avait dit, quelques jours avant, pendant qu'il jouait au billard dans un café, d'aller chercher un médecin pour son oncle. Mais comme il n'avait pu s'acquitter de cette commission, ayant été indisposé, le neveu lui-même vint lui demander d'aller voir le malade, qui était dans son lit, privé du secours de médecin.

L'appréciation de cette manière d'agir, comme de toutes les injustices et faiblesses de la famille vis-à-vis du maître, sera laissée par nous à la sagacité du lecteur. Les causes particulières de la mort prématurée de Beethoven s'expliquent d'elles-mêmes par le manque de soins nécessaires. Cette triste vérité désenchante le biographe obligé d'entrer dans la description détaillée de faits qui prennent leur source dans les cœurs méchants et pervertis. Ces faits causent une véritable peine à l'auteur, qui a observé et étudié leurs effets désastreux...

Ce n'est que dans la seconde moitié de décembre, que le départ du neveu pour son régiment, cantonné à Iglau, en Moravie, put s'effectuer. (1) Ni Breuning, ni moi, ne fûmes témoins de sa séparation d'avec son bienfaiteur.

Elle eut lieu assez tranquillement de la part du grand artiste; nous en eûmes la preuve dans sa disposition pleine de sérénité. A notre première rencontre, il nous sembla délivré d'un mauvais ennemi; cette disposition n'était pas passagère; elle dura au contraire assez longtemps, et, grâce à elle, le maître espéra un prompt rétablissement, fit des projets, s'occupa de quelques nouvelles compositions; bref, il se sentait libre dans son âme et dans son esprit, comme par le passé. Il pouvait maintenant étudier son système sur les joies du cœur, en vrai stoïcien. Tout cela aurait contribué à rendre nos relations avec lui assez agréables, si nous n'avions point eu à redouter une catastrophe peu éloignée. Un petit garçon de onze ans, fils de Breuning, était plus heureux que nous sous ce rapport; il n'avait aucune préoccupation, et, dans son ignorance du danger, il pouvait distraire agréablement le maître, et mieux que nous. Ce jeune compagnon mérita la reconnaissance de Beethoven par sa douce société et ses soins assidus; il est maintenant médecin, pratiquant à Vienne, et peut-être à l'heure qu'il est, ne peut-il penser sans émotion à ces mémorables journées, si précieuses pour les premiers souvenirs de l'enfance. Excepté nous trois, le maître ne voyait personne. Son frère même n'était pas bien vu, à cause des derniers événements de Gneixendorf.

La maladie de Beethoven, dont l'origine était un refroidissement du bas-ventre, dégénéra en une inflammation du poumon. Malheureusement elle fut très tard reconnue par le docteur Wawruch, qui traita alors le patient comme atteint d'hydropisie. Nous verrons, dans le supplément, de quelle manière ce médecin chercha à pallier la faute commise dans le diagnostic, en cherchant à la détourner de lui. Les symptômes de la maladie éclatèrent si inopinément, que déjà, le 18 décembre, il fallait recourir à la ponction; le 8 janvier eut lieu la seconde, et, le 28 du même mois, la troisième.

Après les circonstances de cette dernière journée, nous perdîmes nos espérances. La diminution des forces intellectuelles remplit

---

(1) Ce personnage, une fois disparu de la scène des évènements qui nous occupent, nous dirons en peu de mots ce qu'il est devenu. CHARLES DE BEETHOVEN, d'abord philologue, puis négociant IX SPE, puis décidé à se vouer à la guerre, changea encore sa carrière et devint enfin employé chez un particulier. Les diverses circonstances de sa jeunesse et les tentatives de suicides, aboutirent à faire de lui un bon père de famille. Il porta difficilement un nom célèbre et quitta ce monde le 13 avril 1858.

l'âme de notre malade de sombres pressentiments, et la confiance en son médecin, déjà chancelante depuis quelques semaines, disparut entièrement. Cela se voyait dans les yeux du patient. Il avait été accablé d'une si grande quantité de médicaments, que son estomac ne faisait plus ses fonctions. Dans cette position si inquiétante, Beethoven se rappela son ami d'autrefois, le docteur Malfatti, devenu célèbre depuis, mais dont les relations avec Beethoven étaient interrompues depuis douze ans. C'est en ce médecin qu'il plaçait maintenant toutes ses espérances, mais ses prières furent repoussées froidement. Je fus prié de renouveler la demande une seconde et une troisième fois ; enfin, il consentit à venir voir le malade, mais comme s'il venait soigner un étranger. Cette visite devait avoir lieu en présence de son médecin ordinaire, sur la demande de Malfatti, bien que Beethoven eût voulu voir son ancien ami en particulier, pour se réconcilier avec lui. Un petit mensonge remédia à tout : lorsque Malfatti parut, son collègue ne se trouva pas là, mais il fut reçu à bras ouverts par un ami qui lui demanda pardon. Tout le passé fut oublié, et, depuis ce jour, Malfatti vint voir le malade presque tous les jours avec le docteur Wawruch. Le régime de ce dernier fut changé ; on laissa faire les ponctions en grande quantité, et cela rendit des forces au malade ; il se sentit beaucoup mieux et songea à reprendre ses travaux de composition pour se distraire, mais les médecins s'y opposèrent et permirent seulement un peu de lecture. Les romans de Walter Scott étaient alors à la mode. Beethoven se laissa persuader de faire connaissance avec ce *grand inconnu*. Mais, pendant la lecture du premier volume de « *Kenilworth,* » il se mit en colère et jeta le livre par terre : « Le gars écrit seulement pour de l'argent. » Pour se dédommager, il s'entoura de ses anciens amis et maîtres de l'antiquité grecque, comme Plutarque, Homère, Platon, Aristote et autres. Comme les compositions de Franz Schubert lui étaient peu connues, parce que certaines personnes cherchaient à déprécier son talent, je saisis un moment favorable pour lui soumettre quelques-unes de ses belles mélodies, savoir : la *Jeune Fille*, le *Buryschaft*, le *Plongeur*, l'*Elysée*, et les *Chants d'Ossian*. Il en fut ravi, au point d'exprimer son jugement en ces mots : « En vérité, il y a dans Schubert une étincelle divine, etc. » A cette époque, on n'avait imprimé qu'un très petit nombre d'ouvrages de Franz Schubert.

Pendant tout le temps que Beethoven resta sur son lit de souffrance, il fut poursuivi par de sombres pensées, qui avaient pour objet ses futurs moyens d'existence. Ces tristes pensées furent encore ravivées par la déclaration des médecins que la maladie pourrait durer longtemps, et qu'aussi longtemps il serait obligé de renoncer à ses occupations intellectuelles. Dans cette lamentable conjecture, la question pressante qui se présenta à son esprit fut celle de trouver des moyens d'existence pour lui et pour son neveu, ce qui aurait préoccupé naturellement tout artiste ou homme de lettres, placés dans une pareille position, surtout si la prédiction des médecins devait se réaliser. Mais ce qui devait tranquilliser le maître, c'est qu'il avait à recevoir bientôt du prince Galitzin, les honoraires pour le *second* et le *troisième* quatuors, puis pour la dédicace de l'ouverture (œuvre 124), montant à 125 ducats. Cette somme était attendue prochainement, car les trois ouvrages précités avaient été envoyés au prince, en hiver 1825-26. Ne voyant rien venir, Beethoven se décida, après une longue attente, à écrire à la maison de banque de Stieglitz et Comp., à Pétersbourg, laquelle, d'après les arrangements du prince Galitzin avec l'illustre maître, devait payer cette somme à sa demande. La réponse de la banque fut, que le prince, actuellement à l'armée de Perse, n'avait laissé aucun ordre de paiement. Aussitôt, Beethoven s'adressa à l'ambassade d'Autriche, en Russie, pour la prier d'intervenir à ce sujet, lorsqu'au milieu dudit mois arriva de Charkoff une lettre du prince Galitzin, datée du 10/22 novembre 1826, conçue en ces termes :

Mon cher et digne M. Beethoven,

« Vous devez me croire bien léger et bien inconséquent de vous
» laisser sans réponse pendant si longtemps, surtout quand j'ai reçu
» de vous deux nouveaux chef-d'œuvres de votre puissant et iné-
» puisable génie. Mais, des circonstances malheureuses... Main-
» tenant, j'habite le fond de la Russie, et, sous peu de jours, je
» partirai pour la Perse pour y faire la guerre; avant cela, j'expé-
» dierai à M. Stieglitz la somme de 125 ducats, et je ne puis que
» vous offrir mes remerciements pour vos chefs-d'œuvre et mes
» excuses d'avoir été si longtemps sans vous donner un signe de
» vie. (1)

Au reçu de cette lettre, les tristes pensées disparurent pour le

---

(1) Je dois la possession de cette lettre à M. Damke, savant musicien qui se trouvait à Saint-Pétersbourg à cette époque. Tout le monde connaissait le sens de cette lettre à Vienne, et cependant je n'ai pu la trouver au moment de la sortie du prince Galitzin contre moi (1858).

moment, et l'on attendait avec impatience l'arrivée de la somme, que les dépenses faites pour l'installation du neveu et pour la maladie rendaient nécessaire. Mais, plusieurs semaines passèrent, et l'argent annoncé ne vint point. Le mois de février n'amena rien non plus. Alors, le maître se ressouvint de l'ancienne promesse de la société philharmonique, de Londres, de donner un concert à son bénéfice. Après de longues réflexions sur cette offre généreuse, il nous consulta, Breuning et moi, sur le parti à prendre; nous ne pouvions lui cacher notre pensée sur la mauvaise impression que produirait, tôt ou tard, cette démarche sur le public, lorsqu'elle serait connue. Nous eûmes le courage de lui rappeler qu'il avait en sa possession des obligations de la banque, qui pourraient le tirer d'affaire sans avoir recours à l'étranger. Mais là, nous apprîmes qu'il ne les considérait plus comme sa propriété, mais comme un héritage qu'il voulait laisser intact à son neveu. Contre une telle résolution, il n'y avait plus d'objection à faire; il ne restait qu'à fixer le choix des personnes auxquelles on confierait les soins de cette négociation. Beethoven choisit sir Georges Smart, et Stumpff, fabriquant de harpes à Londres. Sur ma recommandation il s'adressa encore à Moscheles, avec lequel j'avais des relations particulières. (1)

A la prière de Beethoven, je fis trois lettres à ces messieurs, lettres qu'il signa de sa main. Voici quel était leur contenu; nous en citerons celle à Moscheles:

Mon cher Moscheles,

« Je suis persuadé que vous ne m'en voudrez pas de ce que je m'adresse à vous, avec une prière, comme à M. G. Smart; voici quel en est le motif. Il y a déjà longtemps que la société philharmonique, de Londres, m'a promis de donner un concert à mon profit. Alors, je n'étais pas en position, Dieu merci, de profiter de cette offre aimable. Aujourd'hui, les choses sont dans un état différent; depuis trois mois, je suis obligé de garder le lit par suite d'une maladie grave; c'est une hydropisie. Schindler vous en parlera plus au long. — Vous connaissez depuis longtemps mon existence, et vous savez de quoi je vis. Mais il m'est impossible d'écrire, dans la position où je suis, et je crains de manquer de tout. — Vous n'avez pas seulement de nombreuses connaissances à Londres, mais vous avez aussi une grande influence sur la société

---

(1) Beethoven n'avait jamais eu avec Moscheles de relations personnelles.

philharmonique. Je vous prie donc d'employer toute votre influence afin que la société veuille mettre à exécution son ancienne résolution. J'écris également à MM. Smart et Stumpff, (1) pour le même objet, ainsi que vous le verrez dans les lettres ci-jointes. Vous serez assez bon pour remettre vous-même la lettre à sir Georges Smart, et pour vous entendre avec lui, ainsi qu'avec tous mes amis de Londres pour remplir mon but. »

Votre ami,

BEETHOVEN M. P.

Une autre lettre adressée à Moscheles, écrite par moi sous la dictée de Beethoven, du 14 mars 1827, renferme, entre autres choses, le passage suivant : « Le 27 février, j'ai été opéré pour la
» quatrième fois, et je m'attends encore à être opéré pour la cin-
» quième fois. Qu'en arrivera-t-il et qu'est-ce que je deviendrai si
» cela continue ainsi ? c'est une dure épreuve du sort. Cependant,
» je me soumets à la volonté de la Providence et prie Dieu qu'il
» veuille me gouverner par ses divins décrets, afin que je ne sois
» pas exposé à la misère durant le reste de mes jours. Cela me
» donnerait la force de supporter mon sort, tel dur et terrible
» qu'il puisse être, avec une entière soumission aux volontés du
» Très-Haut. » (2)

A peine cette lettre fut-elle mise à la poste, que la réponse de Moscheles et Stumpff arriva de Londres, datée du 1er mars. Elle disait quelle profonde impression la nouvelle de la maladie du sublime compositeur avait produite à Londres. Moscheles mandait ensuite ceci : « La Société philharmonique avait décidé, pour vous
» prouver sa bonne volonté, et son vif intérêt, qu'elle vous offrirait
» la somme de cent livres sterling (mille fl. en argent), qu'elle vous
» prie d'accepter, afin de pouvoir vous procurer tous les objets
» nécessaires pendant votre maladie. Cette somme vous sera payée
» par M. Nau, de la maison Eskeles, par portions, ou à la fois,
» comme vous voudrez et d'après vos ordres. » Plus loin, Moscheles

---

(1) J. A. Stumpff, allemand, né à Thoringe, établi à Londres depuis quarante ans, il y fit sa fortune. Connu et estimé de Gœthe, Stumpff vint à Vienne en septembre 1824 pour faire connaissance avec Beethoven. Il lui fit cadeau des œuvres complètes de Haendel en quarante livraisons. Mais le maître ne connaissant pas la langue anglaise, ne put apprécier la beauté du texte en le comparant à la musique ; cependant il eut une grande satisfaction de posséder cette belle édition. A la vente de la musique, après le décès de Beethoven, T. Haslinger eut toute la collection pour cent florins en argent. Elle avait coûté en Angleterre soixante-dix livres sterling. Cet exemple prouve qu'on laissait à bas prix beaucoup d'objets importants.

(2) On lira avec intérêt, dans les notes, les détails de la dernière entrevue de Hummel avec l'illustre malade.

18

prévient Beethoven que la Société sera toujours prête à lui rendre service. Il n'aurait qu'à écrire et demander ce qui lui serait nécessaire.

Le jour de la réception de la somme de cent livres sterling (18 mars), Beethoven me dicta la lettre suivante à l'adresse de Moscheles.

« Avec quelle émotion j'ai lu votre lettre du premier mars ! Je
» ne puis vous l'exprimer. La générosité avec laquelle la société
» philharmonique a obtempéré à ma demande m'a touché jusqu'au
» plus profond de mon âme. Je vous prie donc, cher Moscheles,
» d'être, auprès de la société philharmonique, l'organe de mes
» plus vifs remercîments. Je me vois obligé de me faire payer de
» suite la somme entière de cent livres sterling, ayant été forcé
» d'emprunter de l'argent. Puisse le ciel me rendre bientôt ma
» santé, et je prouverai à la nation anglaise combien je sais
» apprécier la part qu'elle prend à mon malheureux sort. — Votre
» si digne procédé ne sortira pas de ma mémoire ; je vous prie
» aussi de transmettre mes remercîments à MM. Smart et
» Stumpff. Soyez assez bon pour remettre à la société ma neu-
» vième symphonie avec la désignation des mouvements par le
» métronome, ci-jointe.

» Je suis avec une haute estime votre ami.

» BEETHOVEN P. M. »

Je puis citer encore quelques détails de ma lettre à Moscheles (voir plus haut), lettre qui avait pour but de préparer les amis de Londres à la mort du maître. (1) « La lettre du 18, à votre adresse, est mot pour mot dictée par Beethoven, c'est sa dernière. (Le fait s'est vérifié). Aujourd'hui il murmura encore l'intention d'écrire à Smart et à Stumpff ; s'il est possible qu'il puisse encore les signer, cela pourra se faire demain. (Mais ce ne fut plus possible ; j'écris alors, d'après sa volonté, de ma part, à ces deux personnes pour les remercier et leur annoncer la fatale nouvelle.) Il sentait sa fin approcher, car, la veille, il disait à Breuning et à moi : *Plaudite amici, comœdia finita est.* Ses derniers jours furent extrêmement remarquables : il voyait la mort venir avec la sagesse de Socrate et un grand calme d'âme. Hier, nous fûmes assez heureux pour mettre son testament en règle. — Trois jours après l'arrivée de

---

(1) Pour suivre le cours des événements, je n'avais fait partir la lettre de Beethoven, du 18 mars, que quelques jours après.

votre lettre, il était si excité, qu'il se fit donner les esquisses de sa dixième symphonie et me parla beaucoup sur son plan. Il la destine à la société philharmonique de Londres. A juger de l'œuvre, d'après l'idée qu'il s'en forme dans son imagination, ce sera une merveille musicale, etc. »

Le 18 mars, Beethoven me pria de m'occuper de la dédicace de son dernier quatuor en *fa majeur*. Comme je savais qu'il désirait le dédier à un de ses bons amis, je lui parlai de *Jean Wolfmayer*, un des principaux négociants de Vienne qu'il estimait beaucoup. J'envoyai, de suite, ce nom à l'éditeur, et on peut dire que ce digne négociant méritait cet honneur, ayant toujours été un des plus ardents protecteurs de Beethoven. Il possédait aussi un bon nombre de grands ouvrages du grand maître, en manuscrits, circonstance qui ne fut connue qu'en 1850, lorsque ces manuscrits vinrent, avec le temps, dans la possession du neveu. Ils furent vendus au plus offrant, et donné souvent aux prix les plus minimes.

Après que Beethoven, le 24 mars au matin, eût reçu, sur sa demande, les saints sacrements avec beaucoup d'édification, les premiers symptômes de la mort se montrèrent vers une heure de l'après-midi. Un terrible combat commença à se livrer entre la vie et la mort (par suite de sa forte organisation, très-rare parmi les hommes), et dura sans interruption jusqu'au 26 mars, à six heures moins un quart du soir. Le grand maître rendit son âme à Dieu pendant une véritable tempête qui chassait la grêle et la neige, à l'âge de cinquante-six ans, trois mois et neuf jours. D'après A.-B. Marx, ce fut un amateur de musique très-estimé, *Anselme Huttenbrenner*, de Gratz, qui lui ferma les yeux, se trouvant, par bonheur, à son lit de mort. Breuning et moi, obligés de nous rendre au cimetière de Währing, pour choisir une place, nous étions absents au moment suprême, l'orage nous surprit et nous retarda beaucoup. En rentrant dans la chambre du malade, on nous avertit que tout était consommé. (1)

Nous prîmes des dispositions pour le convoi funèbre. La partie

---

(1) Dans l'ouvrage de A.-B. Marx, II, 329, on lit une communication d'Anselme Hüttenbrenner, d'après laquelle il résulte que Beethoven se serait fait administrer à la prière du docteur Wawruch et du premier, et après avoir reçu les saints sacrements, il aurait dit les fameuses paroles : « Plaudite etc. Je n'ai jamais dit rien de pareil. »

Ma réponse à ce sujet est que Beethoven ne connaissait pas M. Hüttenbrenner, et que, depuis deux semaines avant sa mort, on ne laissait plus entrer d'étrangers, ce que M. Breuning peut certifier. M. Hüttenbrenner se contentera de ce que le hasard a fait pour lui, c'est-à-dire que, Beethoven étant mort, on laissait entrer tout le monde ; c'est ainsi qu'il a pu voir l'illustre compositeur et c'est la vérité.

musicale fut dévolue à Tobias Haslinger. L'enterrement eut lieu, le 29 mars, après-midi. Jean Beethoven et son beau-frère suivaient le corps, puis le conseiller Breuning avec son fils, l'auteur de ce livre et de nombreux médecins ; le drap mortuaire fut porté, du côté droit, par les maîtres de chapelle Eybler, Hummel, Seyfried et Kreutzer ; du côté gauche, par Weigl, Gyrowetz, Gânsbacher et Würfel. Plus de vingt mille personnes accompagnaient le convoi funèbre depuis sa demeure jusqu'à l'église paroissiale du faubourg Alstor, où la bénédiction fut donnée au cortége. Une simple pyramide s'élève sur le tombeau au cimetière Währing ; on y lit : « Beethoven. »

> Un noble cœur agit puissamment
> Sur ses semblables pendant des siècles.
> Car le bien auquel aspire une belle âme,
> Ne peut être atteint dans les limites de la vie.
> C'est pourquoi, il vit même après sa mort,
> Et son influence est aussi puissante que durant sa vie.
> La bonne action, la belle parole lutte éternellement,
> Comme lui-même a lutté ici bas.
> Ainsi vivras-tu à travers les siècles ;
> Jouis de l'immortalité !
>
> GOETHE.

CATALOGUE

d'Ouvrages de la troisième Période.

Quoique plusieurs ouvrages de ce catalogue aient été mentionnés dans la deuxième période, ils doivent avoir leur place ici, comme ayant été publiés durant la troisième période :

A. — MUSIQUE DE CHANT.

Œuvre 123. — *Missa solennis*, première exécution en 1824, publiée par Schott, en 1827 (1).

— 113 et 114. — *Les ruines d'Athènes*, poème d'Auguste Kotzebue ; — *Divertissement final* avec chœur et orchestre ; exécuté pour la première fois en 1812, à l'ouverture du théâtre de Pesth, publié par Artaria séparément.

— 112. — *Calme de la mer et heureuse navigation*, poème de Gœthe, pour quatre voix et orchestre ; exécuté pour la première fois en 1815, publié par Steiner et Cⁱᵉ en 1822.

— 116. — *Trio « Empi tremate »* pour soprano, ténor et basse ; exécuté en 1814, publié en 1826 par Haslinger.

— 118. — *Chant élégiaque*, à quatre voix, avec accompagnement de deux violons, alto et basse ou piano ; publié en 1827 par Haslinger.

— 108. — *Vingt-cinq chansons écossaises*, avec texte allemand et anglais, à voix seule, avec accompagnement de piano, violon et violoncelle obligés ; publiées par Schlessinger, en 1825.

— 121. — *Opferlied* (cantique) de Mathison, à voix seule, avec chœur et orchestre ; publiée par Schott, en 1826.

---

(1) C'est l'habile Ferd. Kessler, de Francfort, qui corrigea les épreuves de la Messe en ré et de la 9ᵐᵉ Symphonie. Mort en 1856. Il rendit un grand service à Beethoven, surtout pour la Symphonie pour laquelle il reçut des remerciments de l'illustre auteur.

— 122. — *Bundeslied* (chant de fédération) de Gœthe, pour deux voix solos, chœur à trois voix avec accompagnement de deux clarinettes, deux cors et deux bassons; publié par Schott, en 1826.

Les deux chants qui précèdent furent composés pour le ténor Ehlers, et chantés par lui au concert à son bénéfice, à Presbourg, en 1822.

Œuvre 136. — *Der glorreiche Augenblick* (le moment glorieux), cantate sur un poème de Weissembach, pour quatre voix et orchestre; exécuté au congrès de Vienne en 1814, publié par Haslinger, en 1836.

Le texte de Weissembach ayant été composé pour célébrer la réunion des monarques rassemblés à Vienne en 1814, l'éditeur l'a fait arranger sur un autre texte de Rochlitz « *Preis der Tonkunst* » (Eloge de la musique). Ce poème avait été déjà donné à Beethoven en 1822.

Œuvre 98. — *An die ferne Geliebte* (à l'amie absente) pour voix seule et piano; publié en 1816 par Steiner et C.ie

B. — MUSIQUE INSTRUMENTALE.

Symphonies.

N° 7. — Symphonie en *la majeur* (œuvre 92); première exécution en 1813, publiée par Steiner et C.ie, en 1816.

N° 8. — Symphonie en *fa majeur* (œuvre 93); première exécution en 1814, publiée en 1817 par le même.

N° 9. — Symphonie en *ré mineur* sur l'ode de Schiller « *à la joie* » (œuvre 125); première exécution en 1824, publiée par Schott, en 1826.

Ouvertures.

Œuvre 115. — En *ut majeur*, composée et exécutée sans autre titre en 1815.

En 1818, un concert fut donné par MM. Mayseder, Moscheles et Giuliani, dans lequel cette ouverture fut exécutée; elle faisait partie, jusque là, des manuscrits en possession de Steiner et Cie. Sur l'affiche elle portait le titre « *à la chasse* », mais l'auteur protesta. Depuis on l'intitule « *Namens-feier* » sur les catalogues; mais ce titre n'est pas plus authentique que le premier. Cette ouverture parut en 1830, chez Haslinger, elle est dédiée au prince Radziwill.

Œuvre 117. — En *mi*^{b}, composée pour l'ouverture du théâtre de Pesth en 1812, pour le prologue « *Le roi Etienne, premier bienfaiteur des Hongrois* »; publiée en 1828 par Haslinger.

— 124. — En *ut majeur*, avec la fugue double pour la « *Bénédiction de la maison* »; exécutée en 1822, pour l'ouverture du théâtre de Josephstadt à Vienne, publiée par Schott, en 1826.

— 138. — En *ut majeur* pour *Fidelio*, écrite en 1805, mais mise de côté; exécutée pour la première fois au concert de B. Romberg, en 1828, à Vienne; publiée par Haslinger en 1830.

— 97. — Grand trio en *si*^{b} pour piano, violon et basse; exécuté pour la première fois en 1814, publié par Steiner et Cie, en 1816.

— 102. — Deux sonates en *ut majeur* et en *ré majeur* pour piano et violoncelle; publiées en 1817 par Simrock.

Sonates pour piano seul.

Œuvre 90. — Sonate en *mi mineur*, publiée en 1815, par Steiner et Cie.

— 101. — Sonate en *la majeur*, publiée en 1816, par le même.

— 106. — Sonate en *si*^{b} *majeur*, publiée en 1819, par Artaria.

— 109. — Sonate en *mi majeur*, publiée en 1822, par Schlessinger.

— 110. — Sonate en *la*^{b} *majeur*, publiée en 1823 par le même.

— 111. — Sonate en *ut mineur*, publiée en 1823, par Schlessinger et Diabelli.

— 120. — Trente-trois variations sur une valse de Diabelli, publiées en 1823, par Diabelli.

— 119. — Douze nouvelles bagatelles pour piano, publiées en 1826, par Schott.

Quatuors pour deux violons, alto et violoncelle.

Œuvre 95. — Quatuor en *fa mineur*, 1815, chez Steiner et Cie.

— 127. — Quatuor en *mi*^{b} *majeur*, 1826, chez Schott.

— 130. — Quatuor en *si*^{b} *majeur*, 1827, chez Artaria.

— 131. — Quatuor en *ut* ♯ *mineur*, 1827, chez Schott.

— 132. — Quatuor en *la mineur*, 1827, chez Schlessinger.

— 133. — Grande fugue (originairement final de l'œuvre 130), chez Artaria, en 1830.

— 135. — Quatuor en *fa majeur*, publié par Schlessinger, en 1827.

— 137. — Fugue en *ré majeur* (écrite en 1816), pour deux violons, deux altos et violoncelle, chez Haslinger, en 1827.

Outre les œuvres notées dans les trois catalogues, avec des numéros d'ordre, il en existait encore beaucoup sans numéros. La plus grande partie se compose d'essais dans les différents genres, qui semblent appartenir à la deuxième période. Beaucoup et des plus remarquables ont été publiées depuis la mort du grand compositeur. Nous les donnons à la suite du catalogue :

Pour orchestre (A) : Allegretto en *mi* $\flat$, publié par Artaria ; — (B) Marche triomphale de la tragédie « *Tarpeïa* » en *ut majeur* de la deuxième période, publiée par Steiner et Cie.

Pour les instruments à cordes : Andante favori en *fa majeur*, écrit d'abord pour piano, appartient à la deuxième période, publié par le Comptoir d'Industrie, en 1805.

Pour les instruments à vent (A) : Rondino en *mi* $\flat$ pour deux hautbois, deux clarinettes, deux bassons et deux cors ; publié par Diabelli ; — (B) Trois duos en *ut majeur*, en *fa majeur* et en *si* $\flat$ *majeur*, pour clarinette et basson, publiés par André.

Pour piano avec orchestre : Rondo en *si* $\flat$, chez Diabelli.

Trois Quatuors en *mi* $\flat$ *majeur*, en *si* $\flat$ *majeur* et en *ut majeur* pour piano, violon, alto et violoncelle, publiés par Artaria.

Trio en *mi* $\flat$ pour piano, violon et violoncelle, chez Dunst.

Petit Trio en un seul morceau en *si* $\flat$ *majeur* (1812), dédié à sa petite amie, Maximiliana Breutano, chez Dunst.

Rondo en *sol majeur* pour piano et violon ou violoncelle, chez Simrock.

Trois Sonates pour piano seul en *mi* $\flat$ *majeur*, en *fa mineur* et en *ré majeur*, dédiés à l'électeur Max Frédéric, en 1781, publiées à Spoyer, chez Rath.

Sonate facile en *ut majeur* pour piano, dédiée à Léonore de Breuning, de Bonn, publiée par Dunst.

Præludium en *fa mineur* pour piano, de la deuxième période, publié par le Comptoir d'Industrie, en 1805.

Avec ces ouvrages, les catalogues présentent encore un grand nombre de variations pour piano et des danses de toutes sortes pour piano et orchestre, qui appartiennent à la première période. Dans ces compositions sont classés aussi tous les *lieder* de la deuxième et de la troisième périodes ; ceux-là brillent surtout par l'intelligence du texte.

(A) *Six poëmes allemands* : de Reissig (fleurs de la solitude), composés en 1813-14, publiés par Artaria.

(B) *Trois chants* : à la Bien Aimée, le Secret, *So oder so*, parurent d'abord avec le *Wiener Zeitschrift*, puis chez Simrock.

(C) *Lied aus der ferne* (Chant dans le lointain), chez Breitkopf et Steiner.

(D) *Andenken* (Souvenirs) de Mathison, chez les mêmes.

(E) *Empfindungen bei Lydiens Untreue* (Sensations produites par l'infidélité de Lydie), chez Simrock.

(F) *Deux Lieder* (*Résignation*, *Chant du soir*), publiés par Kistner et Diabelli.

Tous les deux appartiennent à la troisième période et furent publiés avec le *Wienerzeitschrift*. Le premier, quoique le plus court, est une véritable perle, entre tous les chants d'amour de Beethoven. Lui-même y reconnut du mérite dans sa lettre au rédacteur de la feuille précitée. Il y prie M. Schick de remercier de son heureuse inspiration le poète comte Haugwitz. Le poète Mathison eût aussi des remerciments de la part du maître pour son poème d'*Adélaïde*; le poète Tiedge, pour le sien « *An die hoffnung* » (à l'Espérance), et le poète Leiteles, pour le *Liederkreis*. Quant à la *Résignation*, c'est un morceau d'une véritable science musicale.

V. — DER SCHWER GEFASZTE ENTSCHLUSZ

(LA RÉSOLUTION DIFFICILEMENT PRISE).

L'inscription du quatrième morceau du dernier quatuor en *fa* (œuvre 135) : pour le motif grave « *Musz es seyn* » (le faut-il); — au-dessus de l'*allegro* « *Es musz seyn* » (il le faut), peut être expliquée de deux manières différentes; mais laquelle choisir? le maître voulut-il se livrer à une *grave plaisanterie ou à une ironique gravité?* on ne saurait le préciser avec certitude.

I. — Il était dans les habitudes de Beethoven de donner de l'argent à la femme de ménage pour la semaine. Mais il n'était pas facile de l'obtenir lorsque le maître était à sa table de travail. Il ne voulait, pour rien au monde, être dérangé. Le jour de payement était ordinairement le samedi. La vieille servante, mère Schnaps, arrivait alors avec son panier, en tenue du marché et n'osant rien dire; elle s'asseyait au bout de la table en attendant que l'illustre maître daignât jeter un coup-d'œil gracieux ou furibond sur elle. Insensiblement la conversation s'engageait avec des nuances différentes ; tantôt parlant, tantôt chantant, le maître faisait entendre son fameux « *Musz es seyn* » (le faut-il), à quoi la vieille répondait, en inclinant la tête ou en frappant du pied, « *Es musz seyn* » (il le faut). Cette plaisanterie se répétait chaque samedi, et lorsque la femme de ménage prouvait, l'almanach à la main, que c'était réellement le jour de payement, alors le maître, s'il était de bonne humeur, répliquait seulement par un regard jeté à la rusée mais fidèle servante.

II. — Il existait, à Vienne, chez l'agent de la cour Dembscher, un quatuor dirigé par Mayseder, depuis de longues années. Lorsque ce personnage apprit la composition du quatuor en *mi* ^{b} (œuvre 127), il désira le faire entendre dans sa maison ; mais ce quatuor fut d'avance destiné, comme principale attraction, au bénéfice de Schuppanzigh. Alors D... eût le courage de demander à Beethoven de lui accorder l'honneur de la première exécution de cette composition. Celui-ci consentit, mais à la condition que Dombscher payerait à Schuppanzig 50 florins pour le dédommager du tort que cette exécution pourrait causer à son concert. L'amateur de quatuors demanda alors si Beethoven parlait sérieusement ; la réponse fut : « *Es musz seyn* » (cela doit être). Aussi, la somme demandée fut-elle payée par Dembscher, et le quatuor fut exécuté pour la première fois dans sa réunion.

Entre ces deux versions, une seule est véritable : c'est que chez Beethoven, chaque payement obligé pouvait être considéré comme *une résolution difficilement prise* « *Der schwer gefaszte Entschlusz* ». Cela pouvait être le cas aussi pour l'agent de la cour, obligé de payer à Schuppanzigh les 50 florins. La traduction française de cette inscription « *un effort d'inspiration* » n'est pas exacte, elle est trop recherchée !

NOTES.

I

INFORMATION SUR LES CAUSES DE SURDITÉ.

Le docteur Jean Wagner entreprit, le 27 mars 1827, l'examen des causes de surdité sur la tête de Beethoven. D'après le rapport du docteur, voici quelle était la conformation du crâne au moment de la mort de l'illustre compositeur : « Les nerfs de l'ouïe étaient rétrécis
» et sans moëlle. On voyait, le long du conduit auriculaire, des veines
» gonflées comme une bobine de plumes de corbeau. Le nerf acous-
» tique de gauche, plus mince, prenait sa source avec trois filets très-
» minces et grisâtres. Le nerf de droite avait une raie plus forte et
» plus claire, remplie de substance sanguine de la quatrième cellule
» du front. Quant aux conduits auditifs, ils paraissaient aqueux, plus
» mous, plus nombreux et plus tendus qu'à l'ordinaire. A la voûte
» du crâne, on voyait plus de densité et une grosseur d'un demi-
» pouce. »

II

DU TESTAMENT ET DE LA FORTUNE.

Beethoven laissa deux testaments dans ses derniers jours, mais sans date. On présume que le second a été fait le 20 ou le 21 mars 1827. Ce testament fut écrit en présence de Breuning et de l'auteur de ce livre. Le curateur et le tuteur y sont désignés, avec la clause que les considérations écrites le 15 et le 16 mars ne devaient pas y être comprises. La pièce est adressée au docteur Bach, en forme de lettre ; voici son contenu :

« Estimable ami,

« Je reconnais pour mon héritier unique et légataire universel, mon cher neveu Charles de Beethoven. Je lui lègue tout mon bien et avoir, consistant principalement en sept actions de Banque et en ce qui se trouvera en argent comptant. S'il y avait quelques prescriptions de la loi à remplir, cherchez, je vous prie, autant que cela sera possible, à faire tourner cela à l'avantage de mon neveu. Je vous nomme son curateur et je vous prie d'être aussi son tuteur, avec le conseiller Breuning, afin de remplacer le père.

» Que Dieu vous conserve. — Mille remercîments pour l'amour et l'amitié que vous m'avez tant de fois témoignés.

« L. V. BEETHOVEN. M. P.

(L. S.)

Comme ce testament ne renfermait aucune limite ni mesure de prudence, relativement au légataire universel, lequel, après l'affaire de succession terminée, devait être mis en possession de toute la fortune, comme, cependant, le curateur et la tutelle avaient le droit, vu la légèreté de l'héritier et dans son intérêt, de s'opposer aux dispositions testamentaires, les tuteurs firent au maître la proposition de changer cette disposition, afin que l'héritage, placé en fidéicommis, ne put être entamé par le neveu, qui en recevrait les intérêts et les transmettrait à ses héritiers. Beethoven trouva d'abord cette clause fondée et juste, mais, plus tard, il changea d'avis, disant que c'était trop dur pour son cher neveu. Il en faisait même des reproches à Breuning, auquel il attribuait l'invention de cette mesure rigoureuse. Un billet du Conseiller, que nous avons sous les yeux, parle de cette affaire, et reconnaît, en termes modérés, la nécessité de la *mesure*. Cette manière de parler imposa à Beethoven ; il promit de se relâcher. D'après son désir, Breuning lui soumit une proposition, rédigée en trois lignes, et le maître se mit en devoir de la transcrire. Cela ne lui était pas facile, mais, ayant fini, il déclara : « maintenant, je n'écris plus davantage. » — Nous lûmes, non sans étonnement, sur la feuille : « Descendants légitimes, » changés en : « Héritiers naturels. » Breuning lui fit observer à combien de discussions cela pouvait mener dans l'avenir. Beethoven répondit que cela revenait au même et que cela pouvait rester. Ce fut sa dernière contradiction. — Après bien des discussions, entre le curateur et la tutelle, sur le point de savoir laquelle des deux dispositions valait le mieux, on résolut de s'en tenir à la première. Celle-ci fut admise judiciairement, sur la présentation du docteur Bach. Mais elle n'a pu paraître dans la première édition de ce livre, ayant été retenue au greffe avec les autres papiers.

Les intérêts de la succession sont en rapport avec le testament.

D'après les communications du curateur, toute la fortune active consistait en produit de la vente du mobilier, des œuvres de musique et de sept actions de Banque, le tout ensemble.   10,232 fl. en argent.

De cette somme, il faut déduire les frais d'inhumation et les droits judiciaires..........   1,213 id.

Il reste la somme nette de. . . . . .   9,019 fl. en argent.

Le Dr Bach accompagne ces communications des observations suivantes :

« Ce mince héritage n'était pas en rapport avec le génie du célèbre artiste, et cette circonstance fait peu d'honneur à ses contemporains. Les causes de si peu de fortune ne dépendaient pas de sa manière de voir et d'agir. Ce grand homme ne connaissait que son art ; il en laissait les avantages aux autres. »

Il faut encore remarquer que la somme de 1000 fl., envoyée de Londres, était comprise dans le total de la succession.

Cette somme resta encore intacte après le décès du maître ; mais la société philharmonique la fit réclamer par l'organe de Moscheles ; elle ne voulait pas la laisser dans les mains indignes. Cependant, l'inventaire étant fait, cette somme devait être retenue judiciairement, et, plus tard, le curateur refusa de la rendre. La société philharmonique n'ayant pas l'intention de faire un procès pour se faire restituer son cadeau, la somme resta au légataire universel.

III

UNE LETTRE D'ÉTIENNE BREUNING ET L'EMPREINTE DU VISAGE, PAR DANHAUSER.

Un désir de Beethoven, manifesté hautement, était de nous mettre d'accord, Breuning et moi, sur toutes les affaires, et de ne pas nous mêler de celles de la tutelle. Déjà, à l'occasion de sa biographie, il exprima le même vœu, ainsi qu'on l'a vu dans l'introduction de ce livre. Au mois d'août de l'année passée, il était encore dans les mêmes idées, lorsqu'il se trouva engagé dans une affaire pour l'accomplissement de laquelle, il ne se sentait pas la force nécessaire. (Voyez, Beethoven et Ch. Holz, dans le supplément.) De telles prescriptions pouvaient rester inaperçues et n'être connues que plus tard. Mais il y avait encore d'autres questions relatives aux publications, etc., dans lesquelles Breuning fut obligé de consulter les vieux amis de Beethoven, ayant été brouillé avec lui pendant neuf ans.

Avec l'excellent caractère du conseiller Breuning, une divergence d'opinion ne semblait pas possible ; mais la providence en décida autrement. Deux mois après la mort de Beethoven, le conseiller quitta brusquement le monde. Ce digne homme mourut, le cœur brisé par suite des mauvais procédés de son supérieur, prince Hokenzollern Hechingen, président du conseil de guerre, lequel remplissait ses hautes fonctions dans l'*esprit du Moyen-Age*. Breuning avait à peine atteint l'âge de 50 ans.

Le docteur Bach s'occupa alors de trouver un autre tuteur dans la famille de la mère du jeune Charles ; c'était très-regrettable, et ne me permettait plus de me mêler aucunement de ses affaires. Tout cela ne serait pas arrivé, si Breuning avait vécu quelques années de plus. Sous le rapport musical, nous aurions pu agir plus efficacement avec le concours du comte Maurice Lichnowski et de Charles Czerny. Quant aux autres clauses, il n'y a que le premier vœu de Beethoven qui ait reçu son exécution entière.

Le lendemain de la catastrophe, je reçus les lignes suivantes de Breuning : « L'annonce de l'heure des obsèques de notre ami décédé, paraîtra demain ou après demain dans l'*Observateur*, et peut-être dans le *Wienerzeitung*. J'ai écrit à ce sujet à M. Nau et j'ai reçu de lui la promesse formelle.

« Demain matin un certain *Danhauser* doit venir pour mouler, en plâtre, le visage du défunt ; il lui faut de cinq à huit minutes pour cela. Dites-moi, oui ou non, si vous y consentez. Il est parfaitement admis de reproduire les traits d'hommes célèbres ; — autrement le public pourrait s'en plaindre. »

CARACTÈRE, SINGULARITÉS, ÉVÈNEMENTS DIVERS.

I

Religion, la base générale, esthétique.

Que Beethoven ait été élevé dans la religion catholique, qu'il ait été vraiment religieux, toute sa vie le prouve, et la partie biographique vient à l'appui de cette vérité. Il avait une grande qualité, c'était de ne jamais parler religion, ni de discuter les dogmes des différents cultes pour communiquer ses vues. Son intuition de Dieu reposait moins sur ses croyances religieuses, que sur un certain déisme où elle p.enait sa source. Sans avoir une théorie faite, il reconnaissait Dieu dans le monde, et le monde en Dieu, et cette théorie se formait pour lui dans toute la nature. Le livre de Christian Sturm. « *Considérations sur les œuvres de Dieu dans la nature,* » et de plus, avec l'instruction puisée dans les systèmes des sages de la Grèce, semble avoir été son guide dans cette matière. Il serait difficile de soutenir le contraire, en voyant sa manière de vivre, conforme à ces écrits. Mais, outre les preuves évidentes de principes religieux de notre maître, il en existe d'autres, qui sont en harmonie avec les premiers.

Sa théologie se bornait aux propositions suivantes : « Je suis ce qui est là. » « Je suis tout ce qui est, ce qui a été, et ce qui sera ; aucun mortel n'a soulevé le voile qui me couvre. » Il est unique de lui-même et toutes ces choses lui doivent son existence. — Ces trois thèses sont inscrites dans le temple de la déesse *Neith*, à Saïs, dans la basse Egypte. Elle furent découvertes par *Champollion-Figeac, et* publiées dans son tableau de l'Egypte, pag. 417. Il n'est pas invraisemblable de supposer que cet intéressant livre ait pu tomber sous les yeux de Beethoven. On lit dans l'introduction de ces inscriptions : « Il serait difficile de donner une exposition plus élevée et plus religieuse de la divinité créatrice. » En même temps, on y trouve l'éclaircissement suivant : « La déesse *Neith* prit part à la création du monde ; elle présidait à la génération des espèces ; elle est la force motrice de tout. »

Ces inscriptions copiées de la main du grand compositeur, placées dans un cadre sous verre, étaient suspendues au-dessus de sa table de travail. Ces précieuses reliques se trouvent en ma possession ; elles accompagnèrent la première édition en *facsimile*.

Le même silence que Beethoven gardait sur les objets religieux, il l'observait également à l'égard de la base générale, régulatrice de toutes les connaissances dans le domaine de l'harmonie. Il considérait la religion, et l'harmonie, comme définitivement closes ; sur elles, il n'était plus permis de discuter. Mais, outre les sciences harmoniques, il y en a d'autres encore qui sont importantes pour un musicien penseur, l'*Esthétique*, par exemple. Avec celle-là, Beethoven se comporta tout autrement qu'avec le code des règles et des lois de l'harmonie. L'Esthétique fut toujours le sujet préféré de ses conversations sur l'art musical, quand même elle ne s'étendait que sur une seule partie comme par exemple : sur la *caractéristique des tons*, dont il avait fait une étude spéciale.

Un ouvrage de Schubart : « *Idées sur l'Esthétique de la musique.* » faisait partie de la bibliothèque portative de Beethoven. Ce livre parut vers 1806, époque à laquelle Beethoven étudiait l'Esthétique d'après les Grecs et les Romains. Ce qu'il pût tirer de Platon au profit de son art, nous l'avons vu dans la deuxième période. On conçoit que cela ne lui suffisait pas ; mais son goût pour le savoir, fut attisé par la lecture des auteurs anciens. Pinterics, que nous connaissons déjà par ses conversations avec Beethoven, sur la politique, lui tendit une main secourable (1) pour étendre ses connaissances sur ce terrain laissé en friche jusque là. Comme philologue, Pinterics, était plus familiarisé avec les anciens sous le rapport des linéaments esthétiques. Il faisait, pour Beethoven, des extraits d'Aristote, (2) de Lucien, de Quintilien et de Boèce. (3) Aristote ne devait-il pas agir d'une manière décisive sur Beethoven, ami des Grecs, quand il tombait, par exemple, sur ce passage : « Il n'y a rien, en
» dehors de la nature, qu'on puisse dépeindre mieux par le rhythme
» et la mélodie que la colère, la douceur, la valeur, la modération et
» toutes les qualités morales, avec celles qui leur sont opposées. »
On peut exprimer tous les mouvements de l'âme par les sons, et nous

---

(1) François Schubert profita aussi beaucoup de Pinterics.

(2) Beethoven connaissait bien la politique d'Aristote. En même temps, il citait par cœur les épîtres d'Horace à Pison, qu'il aimait beaucoup.

(3) Boèce, consul romain sous Théodoric roi des Lombards, accusé faussement par un ennemi d'entretenir une correspondance avec la cour de Byzance, fut mis à mort en 526, par ordre de Théodoric. Parmi ses nombreux écrits, il y a cinq livres sur la musique des Grecs. D'après Hawkins, la lecture de cet ouvrage fut interdite dans les universités d'Oxford et de Cambridge aux jeunes gens, qui n'étaient pas reçus bacheliers ès-musique. Car pour comprendre bien les sujets traités, il fallait être un bon latiniste et connaître la musique ancienne et moderne.

trouvons dans Lucien une caractéristique pareille : « Il y a dans les sons un souffle divin. » Les écrits d'Athénée et d'Aristide-Quintilien renferment des passages semblables.

Schubart poussa plus loin ses recherches des causes physiques dans les modes ; il ne manquait pas de matériaux pour cette étude. Néanmoins, le maître trouva peu d'agréments dans ses vues philosophiques ; il sentait une répugnance marquée pour la philosophie de l'art, sitôt qu'elle dégénérait en métaphysique. Beethoven donnait son approbation à la caractéristique des modes de Schubart. Il était d'accord avec lui sur les modes mineurs (sur lesquels les Grecs avaient fait des travaux considérables) ; mais il se promettait de douter de cette caractéristique dans les tons majeurs, où il bornait leur expression physique au mouvement et à la raisonnance du chant. Dans la musique instrumentale, principalement dans les quatuors et les compositions pour orchestre, Beethoven n'admettait point le tableau des tons majeurs de Schubart, à cause de leur signification si variée par l'usage. Par contre, il les tolérait dans la musique de piano et le trio, en faisant la différence entre la musique sensuelle et le mélange des divers modes ayant un caractère à part. La considération de Beethoven pour le livre de Schubart fut si grande malgré cela, qu'il le recommandait aux personnes déjà avancées en musique.

Il aimait à s'entretenir de préférence avec des personnes éclairées, sur cette branche des connaissances musicales. Cela lui donnait l'occasion d'admirer ce que ses prédécesseurs Gluck, Haydn et Mozart, avaient déjà fait sous le rapport de la couleur musicale. Parmi les grandes compositions, Beethoven plaçait « *La flûte enchantée* » au-dessus des autres opéras. Il y trouvait de l'expression, depuis la fugue jusqu'à la chanson, et le choral. Cela venait de l'emploi des divers modes. Si Beethoven se montrait chaud dans l'entretien sur cet intéressant sujet, s'il défendait ses croyances avec conviction et les preuves en main, il devenait sévère pour les sceptiques, qui étaient alors nombreux. *Le corpus musicum* avait peu à faire avec l'esthétique de Schubart ; il ne voyait son salut que dans la base générale et le contre-point, laissant de côté les autres questions.

Mozart n'était point un grand lecteur de livres, et pourtant il a fait de belles choses. Il en résulte que la lecture n'est pas précisément nécessaire, pour devenir un compositeur de musique. Cette croyance règne encore parmi certains musiciens de nos jours ; ils craignent, comme autrefois, que le génie ne leur vienne par la lecture d'un bon livre ou d'un journal. Il est temps de chercher d'autres idées que celles qui se trouvent dans les livres d'Albrechtsberger, Turk et Marx. Encore, n'y sont-elles exclusivement que dans les notes.

Notre maître désirait ainsi être provoqué par quelque opposant à la défense de la caractéristique des modes. Il en trouva un dans la personne de son ami, Fr.-Aug. Kanné, qui était un sceptique personnifié. Il avait beaucoup d'esprit et d'originalité. Avant d'être musicien et littérateur, il avait étudié la théologie et la médecine, à Leipzig. Il vint à Vienne au commencement du siècle et écrivit une douzaine d'opéras et drames pour les théâtres de cette ville. Les plus marquants furent, pour le théâtre de la Porte de Carinthie, *Orphée* et *Sapho*, dont il composa lui-même le texte et la musique. Il mettait de l'entêtement dans ses opinions et ses principes en général, et soulevait souvent des discussions avec Beethoven sur ces objets. Leurs jugements ne s'accordaient pas *a principiis*, mais ils étaient récréatifs et instructifs pour les auditeurs, attendu qu'ils s'efforçaient tous les deux de faire briller leurs lumières. Ils avaient l'habitude de se tutoyer fraternellement, et s'aidaient dans leurs propos, sans réserve.

Kanné appuyait ses dénégations sur la différence de l'accord de l'orchestre d'autrefois et du temps présent, et sur la transposition comme dernier moyen. Il combattait, par conséquent, son antagoniste avec les mêmes armes, en dernière instance. On en a vu un exemple dans l'ouvrage d'un grand physicien du temps passé. La contre épreuve présentée par Beethoven s'appuyait sur la connaissance certaine des modes, dont l'accord pouvait être un ton plus haut ou plus bas, que l'oreille n'était habituée à l'entendre. Cela renversait les étayements sur la transposition, qui ne pouvaient pas être pris en considération, parce que le diapason a son point fixe, et ne doit pas être déplacé. L'accord de l'orchestre étant monté insensiblement par progression, le sentiment de l'accord de tons le suit. Ce sentiment est inné à la gamme de chaque ton; les anciens reconnaissaient avec raison cette vérité. La transposition étant une déviation subite d'un demi-ton, ou de plusieurs tons plus haut ou plus bas, entraîne ainsi le sentiment aussi subitement dans une autre sphère...

Beethoven affirmait que s'il n'est pas difficile de trouver la différence entre l'*ut* ♯ et le *ré* ♭, l'oreille tranche la question en seconde ligne, mais le sentiment nous indique la différence subite entre le majeur et le mineur, et, de là ressort l'indice caractéristique de ces deux modes. « Tu as fait danser l'arlequin en *ré* ♭, je l'aurais fait danser en *ré majeur*. Tu soutiens que c'est la même chose, qu'un chant soit en *fa mineur*, en *mi mineur*, ou en *sol mineur*, j'appelle cela un non-sens, comme l'affirmation que deux et deux font cinq. Lorsque je fais chanter Pizarre en *sol* ♯ *majeur*, au moment où il communique au guichetier ses projets infâmes sur *Florestan*, il y a là une cause physique dans le caractère de l'individu. Ce ton aigu se déploie à nu dans le duo avec *Rocco*, et, l'expression de ce mode correspond à la couleur du morceau. Beethoven continuait ainsi cette dialectique insolite. Pour peindre, autant que possible, le calme de la campagne, le maître dut choisir le ton de *fa majeur*, comme ton dominant, dans sa symphonie pastorale. Par la même raison le ton de *mi ♯ majeur*, convient au caractère solennel. D'autres tons majeurs conviennent moins, et les tons de *fa* et de *sol*, pas du tout. Que l'on essaie de transposer le chœur de prêtres dans la *Flûte magique* de *mi ♯* en *ré*, ou en *fa*, et l'on verra la différence. Le critique de la sonate en *ut ♯ mineur* dit, dans la *Gazette musicale*, de Leipzig, VI : « C'est avec » raison que le premier et le second morceau sont écrits dans ce » ton qui fait frémir » (voyez I, page 82.) Si l'on transposait ces deux morceaux en *ut mineur* ou en *ré mineur*, l'effet en serait désastreux.

On peut juger, par ce qui précède, si Beethoven admettait la transposition pour tout en général ! Il est certain qu'il n'aurait pas permis qu'on transposât une de ses chansonnettes en sa présence, et celui qui se serait permis une telle hardiesse, aurait couru risque d'être fort maltraité. Il avait été prié un jour de transposer quelques morceaux de la *Flûte enchantée*, pour la cantatrice *Grünbaum*, mais il le refusa en déclarant qu'on devait d'abord s'assurer, scrupuleusement, si le ton, dans lequel on voulait transposer, convenait à la situation.

Pour bien caractériser comme mal fondée la négation du caractère des tons, il la comparait à l'influence du soleil et de la lune sur la mer. Ce phénomène était déjà connu des anciens, et, par les recherches de *Laplace*, amené incontestablement à la conclusion définitive. Beethoven se serait-il laissé guérir, par les déductions prolixes des professeurs *Vischer* et *Zamminer* (le premier dans la troisième partie de son esthétique, le second, dans l'ouvrage « *La Musique et les Instruments*), » dans la question de la *caractéristique des modes ou tons*, de son erreur, et de ses anciennes croyances, j'en doute fort. On peut, au contraire, accepter qu'il avait combattu ces deux savants, qui voudraient mesurer le sentiment par le thermomètre. Pour bien déterminer la caractéristique des tons, il ne faut pas se borner aux instruments physiques. (1)

II

Contemporains. — Le Maître et l'Élève.

Nous avons déjà pu juger, par la partie biographique des trois périodes, de quelle nature étaient les relations de Beethoven avec les artistes de Vienne. Si, dans un cercle musical, chacun avait le sentiment de l'existence artistique, le reproche qu'on faisait si souvent

---

(1) Dignes de remarque sont les considérations de A. B. Marx, dans son traité : « Gricuische Tonarten. » (Encyclopédie de Schilling.)

à Beethoven de s'être montré raide (schroff) avec les artistes, serait fondé, et à son désavantage. Mais nous avons considéré aussi ce côté faible dans une glace transparente, et nous trouvons la réponse à ce reproche dans les sentiments mélangés des dispositions des musiciens. Ici, il y aurait nécessairement des exceptions à faire; elles avaient leur raison d'être et furent ignorées de ses accusateurs... Beethoven avait une considération particulière pour *Salieri*, ainsi que pour les trois maîtres de Chapelle du théâtre de la porte de Carinthie, *Wegl*, *Gyrowetz* et *Umlauf*. Il aimait assez Diabelli, les deux Czerny, Charles et Joseph; puis Scholl, Friedlowsky et Clément.

Ces trois derniers (connus dans la vie du maître) faisaient partie de la société des quatuors, dirigée par Schuppanzigh. Ce petit nombre d'élus, artistes dans la vraie acception du mot, ne manquaient jamais au respect dû au grand maître, et recevaient de lui les preuves nombreuses d'une bienveillance marquée quand l'occasion permettait de leur être utile. Beaucoup d'*anciens* musiciens, grandis près d'Haydn et de Mozart, plus ou moins sympathiques à la musique de Beethoven, avaient coutume de régler leur admiration d'après les mouvements de tête de l'abbé *Stadler*, qui montrait ostensiblement son antipathie pour l'illustre maître. Ce vieux Nestor, qui ne manquait jamais d'assister aux réunions des quatuors de Schuppanzigh, s'en allait toujours quand on commençait les œuvres de Beethoven. L'abbé Max Stadler, né en 1748, huit ans avant Mozart, quitta le monde en 1833. Son grand âge ne lui permettait plus d'apprécier le mérite de la nouvelle étoile, ni d'élever son regard jusqu'à elle. Mais, parmi les musiciens, contemporains de Mozart, on trouvait de bons juges de la musique de Beethoven.

Outre ce reproche de raideur, on entendait dire aussi que Beethoven n'était pas assez bienveillant pour les jeunes artistes. F. Ries en parle dans les mêmes termes, dans sa notice biographique. Si d'autres versions n'infirment point l'opinion de F. Ries, Beethoven était bien excusable par bien des raisons; d'abord, par sa grande irritabilité, ensuite par le fréquent changement de ses dispositions, prenant leur source dans sa malheureuse infirmité, qui ne lui permettait pas d'entretenir une conversation suivie. De l'année 1816 à 1818, Beethoven se servit d'un petit tube. Depuis, on ne pouvait causer avec lui que par écrit.

Ceux des jeunes musiciens qui étaient assez heureux pour approcher le grand génie, manquaient souvent d'expérience pour éveiller l'intérêt du maître et pour soutenir la conversation. D'un autre côté, sa présence imposait tellement à quelques-uns d'entre eux, qu'ils se sentaient comme oppressés, sans pouvoir dire un mot. C'étaient ces raisons qui rendaient les présentations des jeunes artistes si incommodes. Le plus grand nombre ne reprenaient haleine que lorsqu'ils n'étaient plus en présence du maître, et que celui-ci s'était comporté amicalement. Mais on devait s'habituer à cette imposante personnalité dans les réunions où elle n'agissait pas d'une manière écrasante. Puis, quelle pouvait être la situation de jeunes artistes qui lui soumettaient leurs compositions pour connaître son opinion, lorsqu'ils savaient d'avance que Beethoven faisait bon marché des règles de l'école et qu'il ne suivait que son inspiration. Cette réputation le préservait aussi des envois trop fréquents de compositions d'autrui qui lui auraient fait perdre son temps. Mais cette règle avait son exception ! Un certain baron, amateur de musique, de Mayence, lui envoya ses essais, qui, malgré leur longueur, firent plaisir au maître. « Ce baron, dit-il, n'a plus besoin d'apprendre ! Il en sait déjà trop, » s'il a réellement écrit ce quatuor. » Cela prouve que le maître savait bien reconnaître le vrai talent.

Nommons cependant quelques personnes, dans le petit nombre de jeunes musiciens, qui, par leurs travaux, purent approcher du grand maître.

Avant tout, Moscheles doit se rappeler encore la réception tout aimable de Beethoven, lorsqu'il lui apporta sa sonate en *mi*, qui lui est dédiée. Il doit se rappeler aussi avec quelle patience et indulgence l'illustre maître corrigea l'arrangement pour piano, de l'opéra de *Fidelio*, destiné à D. Artaria, travail qui coûta bien des peines au jeune artiste avant qu'il pût contenter le maître. Moscheles devait ensuite entreprendre l'arrangement d'un morceau de cet opéra, qui avait déjà été arrangé par Hummel, pour la maison Artaria, et que Beethoven avait déchiré sans savoir qui l'avait fait. A la fin de chaque morceau, Moscheles écrivait ces mots : « *Fini* avec l'aide de Dieu. » Dans la crainte qu'il ne lui arrivât, comme pour le morceau précédent, Beethoven avait marqué au-dessous : « Homme, aide-toi seul. »

Ce travail, fait par l'ordre de l'éditeur, date de 1814 ; Moscheles avait alors vingt ans...

Nous ne pouvons nous dispenser de parler d'une notice fort intéressante de L. Bischoff, sur la première rencontre de Beethoven avec le jeune Marschner, publiée dans les 2e, 3e et 4me numéros de la *Gazette musicale*, du Bas-Rhin, de 1857 (Niederrheinische musikzeitung). Cette relation prouve comment les choses se passaient dans les rencontres du grand maître avec les novices dans l'art musical. L. Bischoff, maître de Chapelle du roi de Hanovre, s'exprime ainsi :

« Marschner a peint plus tard sa première rencontre avec Beethoven,
» avec gaîté et sous l'impression de la grande admiration dont il fut
» saisi dans le moment solennel ! Le jeune artiste de vingt-un ans
» pouvait espérer un examen profond de ses compositions et soupirait
» ardemment après l'explication des secrets de l'art, qu'il pensa
» trouver auprès du grand prêtre. Mais Beethoven n'aimait pas à en
» parler ; il reçut très-bien le jeune homme, parcourut ses manuscrits

» en passant légèrement et les rendit en disant : « Hum ? » ce qui
» indiquait plus de contentement qu'autre chose, et ajouta : « Je n'ai
» pas beaucoup de temps ; — ne pas venir trop souvent, — mais
» apporter quelque chose. »

Les choses ne se passèrent pas aussi bien avec François Schubert, lorsqu'il vint présenter au maître les variations à quatre mains qui lui étaient dédiées. Craintif et sobre de paroles, bien que soutenu par la présence de Diabelli, François Schubert s'intimida tellement à la vue du grand compositeur, qu'il lui fut impossible de dire un mot. Et, lorsque Beethoven manifesta le désir que Schubert écrivit ses réponses, sa main était comme enchaînée. Beethoven, en parcourant le manuscrit, tomba sur une faute d'harmonie. Il la fit remarquer doucement au jeune compositeur, tout en ajoutant que ce n'était point un péché mortel. Schubert, pénétré d'admiration pour Beethoven et touché par ses observations bienveillantes, perdit la tête et ne put rassembler ses forces que hors la maison. Jamais, depuis, il n'eût le courage d'aller voir Beethoven.

Un pianiste fort estimé, Antoine Halm, resta dans de bonnes relations avec Beethoven, qui voyait avec plaisir cette individualité aux allures militaires. Avant de devenir le disciple d'Apollon, A. Halm commença par servir dans l'armée. L'amour de la musique et le travail firent de lui bientôt un habile artiste. Beethoven lui confia un problème des plus difficiles à résoudre ; c'était l'arrangement, pour piano, de sa fugue du grand quatuor en si^b (œuvre 133.) Il fut fort satisfait du résultat. C'est en vain que Ch. Czerny y essaya son habileté, Beethoven préféra le travail d'Antoine Halm.

Ce fut en 1824 qu'on lui présenta François Lachner, de Munich, qui avait à peu près 21 ans à cette époque. C'était André Streicher qui s'était chargé de l'introduire auprès de Beethoven. La réception fut très-amicale comme on le pense bien ; mais le jeune homme ne put continuer ses relations avec le maître. Quoique présenté par un de ses amis, François Lachner ne le revit plus.

On voit, par ces faits, ce qu'on doit penser des nombreux disciples de Beethoven, dont on peut dire, que plusieurs d'entre eux n'ont peut-être pas échangé deux mots avec lui. Pour apprendre quelque chose du maître, il aurait fallu vivre et avoir des rapports fréquents avec ce grand génie, et, pour cela, certains avantages sociaux étaient nécessaires, avantages qu'un écolier ne pouvait offrir à l'illustre maître. Il aimait à causer avec des gens instruits et ne se plaisait pas avec des jeunes gens ayant secoué, à peine, la poussière de l'école.

Il reste à nommer encore plusieurs artistes de ce temps là, comme *J. Bœhn, Joseph Horzalka,* et *Léopoldine Blahetka,* qui n'avaient qu'à se louer de leurs bons rapports avec Beethoven. Le premier, qui remplit encore les fonctions de professeur de violon au Conservatoire de Vienne, figura dans le quatuor (œuvre 127), en 1825.

Une seule réception, connue do l'auteur de cet écrit, ne peut recevoir l'épithète d'*amicale* ; c'est celle de Franz Liszt, présenté par moi à Beethoven. Malgré tout l'intérêt que faisait naître le jeune garçon de 12 ans par son talent précoce, le grand maître, fatigué par les obsessions du père de Liszt et les éloges exagérés du public, se montra fort peu affable pendant cette réception. La demande d'un thème pour les improvisations de Listz à son concert d'adieu, faite par son père à Beethoven, était aussi inconsidérée que légère. Cet enthousiasme outré paraissait manquer de fondement suffisant pour expliquer sa raison d'être. Il n'est pas impossible que ce fut la cause pour laquelle Beethoven déclina la demande du père de Liszt avec un mécontentement marqué. Ce dernier s'adressa alors à S. M. l'empereur François et au cardinal Rodolphe, pour obtenir un thème pour les improvisations de son fils. Cette idolâtrie du public pour *l'enfant merveilleux* poussée si loin, fut, du reste, le sujet de plusieurs observations du maître qui, lui, avait passé par la sévère école de l'expérience. Il regretta de voir apporter tant d'obstacles et d'empêchement au développement régulier d'un talent si distingué, devenu le Benjamin de la foule d'amateurs. Mais on ne manqua pas de mettre, dans l'article biographique de Liszt, inséré dans l'*Encyclopédie*, de Schilling, que Beethoven assista au concert d'adieux du petit Liszt, et qu'il lui serra la main en signe de satisfaction. Le fait est que Beethoven ne vint point à ce concert, attendu que, depuis 1816, il n'a paru à aucun concert d'artiste.

Une visite mémorable que Beethoven déclina aussi fut celle de Rossini. Deux fois, ce maître célèbre, accompagné de D. Artaria, essaya de voir Beethoven ; mais, celui-ci s'excusa toujours. L'empressement de Rossini à voir le maître allemand était un hommage rendu à son grand talent, et n'oublions pas de mentionner ici un fait qui mérite d'être conservé. Ce fut en entendant, pour la première fois, les quatuors de Beethoven, exécutés par la réunion de Mayseder, que Rossini, transporté par cette musique riche d'inspiration, voulut honorer de sa visite le sublime compositeur. Sa conduite fut diversement jugée et commentée. Mais qui l'aurait blâmée alors, connaissant la position de la musique allemande par rapport à la musique de Rossini, dont le succès extraordinaire agissait d'une manière désastreuse sur la première ; qui aurait trouvé mal de voir Beethoven se poser en champion de la musique nationale et refuser de recevoir l'homme qui représentait l'école italienne. Toutefois, il est digne de remarquer que Beethoven ne parla jamais de cette circonstance, et, sans les révélations d'Artaria, qui se sentit blessé peut-être plus que Rossini, le public n'en aurait rien su.

III

La Mémoire.

Déjà, à la page 44 de la première partie, il a été remarqué que la mémoire de Beethoven se montrait faible à l'égard du passé. Il n'est pas sans intérêt d'examiner cette particularité de plus près, pour voir si elle se bornait aux choses qu'il éprouvait personnellement, ou si elle avait quelque rapport avec son organisation musicale. On était quelquefois surpris de voir ses grandes créations, avec leurs détails, disparaître complètement de sa mémoire, et, non-seulement les grands ouvrages, mais même les morceaux pour piano seul. Lorsqu'il était occupé d'une nouvelle composition, il y vivait entièrement et se laissait absorber par elle, au point d'oublier tout ce qu'il venait de finir récemment. On voyait de fréquents exemples de cela dans ses relations avec les copistes, qui étaient toujours tenus d'apporter une copie du passage sur lequel ils venaient consulter. Avec les ouvrages d'autres maîtres, c'était la même chose; ils devaient être placés sous ses yeux pour qu'ils pussent revivre dans sa mémoire. Les chefs-d'œuvre de Mozart et de Haydn étaient exceptés de cette règle. On est étonné de cette faiblesse de mémoire, quand on pense qu'il retenait très-bien les auteurs grecs, et qu'il pouvait en citer des passages entiers par cœur. Quand on lui demandait où se trouvait telle ou telle pensée, il l'indiquait sur le champ et mieux que dans ses propres ouvrages. Cela peut s'expliquer par l'usage qu'on avait alors d'exécuter la partie vocale des ouvrages des maîtres devant un cercle d'auditeurs, ce qui faisait négliger l'habitude d'apprendre par cœur. De notre temps, c'est le contraire qui a lieu; on cultive la mémoire en apprenant beaucoup par cœur. Autrefois, les compositeurs même, n'exécutaient jamais leurs œuvres par cœur; la pensée de faire briller les doigts et le mécanisme n'était pas dans l'esprit du temps. De nos jours, on recherche les occasions d'étonner, non-seulement par le mécanisme des mains, mais par celui de la tête. Un grand nombre de virtuoses meublent leur mémoire de valses et d'autres bagatelles, depuis le temps de Scarlatti jusqu'à nos jours. Ils exhibent leur butin pêle-mêle, sans se donner la peine d'étudier la valeur intrinsèque de certaines œuvres, afin d'avoir du style et de l'expression.

IV

Bibliothèque portative.

Nous avons entretenu nos lecteurs de la bibliothèque de Beethoven.

Nous ne nous étendrons pas davantage sur ce sujet ; nous ajouterons seulement que la place d'honneur de ses rayons fut toujours occupée par les classiques grecs. Le divin Homère y était représenté par ses deux épopées. Il est à remarquer que Beethoven préférait l'Odyssée à l'Iliade. La vie guerrière, le tumulte des batailles plaisaient moins à l'illustre maître que l'image de la vie paisible des champs. Il aimait à relire, dans l'Odyssée, ces détails charmants sur les pays et les populations de la Grèce ; il méditait sur les exemples de sagesse et d'expérience décrits avec autant d'art que d'éclat de langage. Si l'on voulait établir une comparaison, relativement à l'admiration de Beethoven pour ces deux épopées, ce seraient les deux symphonies, celle en *ut mineur* et celle avec chœurs, que l'on mettrait en parallèle comme objets de la prédilection constante du public.

On y voyait les œuvres complètes de Shakespeare, traduites par Eschenburg, portant les traces d'une lecture assidue. A côté des œuvres du célèbre dramaturge, de l'édition de l'Odyssée et des considérations sur les œuvres de Dieu, de Sturm, passablement usées ; Gœthe était représenté, outre son Divan, par Wilhelm Meister, Faust et les poésies ; *Schiller*, par les poésies et quelques drames ; *Tiedge*, par son Urania ; *Seume*, Mathisson et d'autres poètes, par diverses poésies. Un livre très-estimé de Beethoven faisait partie de cette collection : « Lettres à Nathalie sur le chant, » de *Nina d'Aubigny Engelbrunner*.

En ouvrages de musique, sa bibliothèque était assez pauvre. De ses propres compositions, on ne voyait qu'un petit nombre. De l'ancienne école italienne, on ne trouvait qu'un recueil de petits morceaux de Palestrina Nanini, Vittoria et autres, que le baron de Tücher avait fait graver en 1824, chez Artaria. Pas une note de *J. Haydn* et de *Cherubini*, de *Mozart*, sauf la moitié de la partition de *Don Juan* et plusieurs sonates. Il y avait aussi une provisions de sonates de *Clementi*. Beethoven aimait beaucoup cet auteur et plaçait ses œuvres au premier rang de sa bibliothèque, où l'on voyait un choix de compositions pour le jeu élégant du piano, parmi lesquelles celles de *Clementi*, à cause de leurs gracieuses et fraîches mélodies, comme de leurs formes claires et intelligibles. Beethoven avait peu de sympathie pour la musique de piano, de Mozart ; aussi, il ne fit jouer par son neveu, pour son éducation musicale, que les sonates de Clementi, exclusivement pendant plusieurs années, si bien que Ch. Czerny, quoique grand partisan de Clementi, ne voulut plus continuer ses leçons au neveu, et, à la suite d'une explication avec Beethoven, il céda sa place à son homonyme Joseph Czerny. Ce dernier, qui passait alors à Vienne pour meilleur pédagogue de piano que Charles Czerny, se conforma aux vues de Beethoven. Nous ne donnons ces détails que pour faire voir la grande considération du maître pour Clémenti.

Plus tard, lorsque les Etudes de *John Cramer* parurent à Vienne,

Beethoven les signala comme la base principale d'un jeu pur et solide de piano. S'il avait pu mettre à exécution son projet de publier une méthode pour cet instrument, il aurait recommandé ces études comme la partie la plus importante en exemples pratiques et comme école préparatoire pour l'étude de ses œuvres. Beethoven laissa, sous ce rapport, une relique des plus précieuses, ce sont vingt morceaux en forme d'études, écrites pour son neveu, pour arriver, par des moyens multiples, à rendre l'expression de différents styles par une accentuation selon les règles. — Que l'illustre maître eût réellement en vue d'écrire une école de piano, on en voit des preuves dès 1818. — Il s'agissait de garantir ses œuvres d'une interprétation fautive. On lit à ce sujet les lignes suivantes de Gerhard Breuning, dans la notice biographique du docteur Wegeler, page 33 : « Je parlai de l'école de » piano de Pleyel, dont Beethoven n'était pas content, et il me dit, » entr'autres : « J'avais envie de faire moi-même une méthode de » piano, mais le temps m'a manqué ; j'aurais dit des choses neuves. » » Là-dessus, il promit à mon père de me procurer une méthode. » Quelque temps après, il m'envoya la méthode de Clementi, avec cette lettre : « Cher bien-aimé ! Enfin, je puis échapper au re- » proche de fanfaronnade en vous envoyant l'école de Clementi pour » *Gerhard*, si vous en avez besoin ; telle que je vous la montre, elle » produira toujours un bon résultat. »

Beaucoup lèveront peut-être les épaules en voyant la grande admiration de Beethoven pour une petite méthode de piano du vieux Clémenti, surtout s'ils cherchent leur salut dans quelque moderne *in-folio*, considéré par les journaux comme une panacée. Dans le cas présent, il ne s'agit que d'une école élémentaire. Si l'on connaissait pourtant la répugnance marquée du maître pour la prolixité de toutes les théories et la longueur des moyens pratiques, qui réduisent l'élève à l'état d'automate, si on l'eût vu secouer la tête sur la méthode volumineuse de Hummel, lancer son anathème contre les professeurs de composition, qui font de cette science l'objet d'interminables écritures, qui laissent languir leurs élèves deux ou trois ans sur la basse générale, jusqu'à tuer en eux le germe de l'imagination, qui ne laissent rien à leur propre expérience, qui veulent leur apprendre jusqu'à l'*invention* (comme cela est arrivé), on ne serait point étonné de voir Beethoven donner la préférence à la méthode de Clémenti.

En ce qui touche les œuvres du patriarche de la musique, J. Seb. Bach, on trouva (excepté les motets chantés en petit comité chez le baron von Swieten), tout ce que l'on connaissait alors de lui, savoir : « Le clavecin bien tempéré » avec des marques d'une étude assidue, trois livraisons « d'Exercices » quinze *Inventions*, quinze *symphonies* et une *Toccata* en *ré mineur*. Toutes ces œuvres, réunies en recueil, se trouvent sous ma garde. Sur une feuille

attachée, on lit l'extrait suivant : « De la vie de J. Seb. Bach, par
J. N. Forkel. »

« La prétention que la musique soit un art fait pour *toutes* les oreil-
» les, ne pouvait être soutenue devant J.-S. Bach. La seule inspec-
» tion de ses œuvres, qui paraissaient toutes grandes aux connais-
» seurs, la faisait tomber. Ainsi, c'est seulement l'artiste qui pressent
» les intentions du compositeur dans une œuvre d'art qu'il a le droit
» de juger. On ne peut mieux éprouver un connaisseur en musique
» qu'en cherchant à quel point il estime les œuvres de Bach. »

Cet endroit a été marqué de deux côtés par Beethoven avec une
grosse plume ; il marquait ainsi les passages et sentences des savants
historiens, etc.

V

Voyager.

(WANDERLUST.)

Il a été parlé longuement, dans la deuxième et la troisième période, du mauvais état des finances de Beethoven. On a vu, aussi à la
fin de la troisième période, que l'obligation de payer un objet nécessaire, était pour le maître une *résolution difficilement prise* (*ein
schwer gefaszter entschlusz.*) Cela explique notoirement le contraste
que nous allons examiner de près.

Il y avait de quoi s'étonner en voyant Beethoven changer de
logement chaque année, principalement dans la troisième période.
Cette manie de voyager d'un appartement à un autre, de la ville à la
campagne, répondait au caractère remuant et mécontent de l'individu. Comment aurait-on pu trouver dans la grande ville de Vienne
un appartement capable de satisfaire l'illustre maître, et dans lequel
il serait resté l'espace de quelques années, puisque personne ne
pouvait rester longtemps en relations avec lui sans se brouiller,
comme cela arrivait, même avec ses amis intimes ! Les exemples ne
manquent pas, ne perdons pas de vue cette *conséquence dans ses
inconséquences.*

Nous l'avons entendu, dans son chagrin, se plaindre de l'archiduc
Rodolphe, et se dire à l'occasion de son procès avec Maelzel : « Abandonné de tout le monde à Vienne. » Et lorsque, plus tard, il nomme
les membres de la famille Beethoven, de Frankfort, sur le Mein, ses
meilleurs amis, — c'est seulement parce que une grande distance
le séparait d'eux. — Le sens de ces paroles rappelle cette thèse
connue : « Il ne voit pas le bois rempli d'arbres, » car il pouvait
avoir autant d'amis que ses œuvres avaient d'admirateurs ! Son art

le tenait, en revanche, attaché à la nature ; avec elle seule, il vécut en bonne intelligence jusqu'à l'âge de 54 ans, tandis qu'avec les hommes et les logements, il s'arrangeait mal, et il s'en fallait de beaucoup qu'il pût en être autrement. Relativement à ses mauvais rapports avec les hommes, il a été suffisamment démontré, que la cause en était dans son imagination et dans sa méfiance. Sa lettre de réconciliation à Breuning le prouve assez. Sa brouille avec les appartements repose sur les mêmes causes. Dans l'un, il trouvait que le soleil n'avait pas d'accès facile ; dans un autre, il aurait désiré avoir plus d'eau de fontaine ; dans un troisième, l'escalier était trop sombre, et autres raisons de cette importance, qu'il mettait en avant ; tout cela pour pouvoir passer l'été à la campagne, avoir où serrer sa musique et ses livres, et payer en fin de compte. Ses séjours à la campagne lui coûtèrent beaucoup d'argent ; rarement il passait toute la saison à la même place. Nous avons vu, dans les détails de l'année 1823, quels étaient les motifs, quelquefois très-singuliers, qui lui faisaient changer de logement ! Les profondes révérences du noble propriétaire de la Villa, à Hetzendorf, contrariaient son inspiration et le chassèrent de ce charmant séjour. Sans cela, la neuvième symphonie n'aurait peut-être pas existé. L'année suivante, nous vîmes encore quelque chose de pareil. Il avait loué, à Pentzing, près de Schœnbrunn, une maison située au bord de la rivière *Wien*, dans un endroit isolé et très-agréable ; mais, il arriva que les personnes traversant le pont s'arrêtaient sur la montée tout contre la maison, pour regarder les fenêtres par curiosité. Il ne fallait pas davantage pour décider le maître à quitter cette jolie demeure sur le champ pour s'en aller à Baden avec son mobilier, ses ustensiles de cuisine, son piano à queue de Broadswood et sa cage à poulets. Ces deux séjours d'été, à Hetzendorf et à Pentzing, coûtèrent à Beethoven 400 fl. chaque année. Il se peut que les curieux de Pentzing aient arrêté la conception des cinq premiers quatuors ; mais toujours est-il qu'en ajoutant 400 fl. aux 860 fl., Beethoven aurait été logé pendant deux ans à Vienne, très-convenablement. Cette passion coûteuse commence déjà avec la deuxième période. F. Ries cite un exemple de 1805, dans sa notice, page 112. Beethoven aurait eu quatre logements à la fois, à Vienne, savoir : un au théâtre *an der Wien* ; un dans la maison rouge, à la caserne d'Alster ; un troisième à Dœbling, et son quatrième à l'hôtel du baron Pasqualati, sur le glacis de Mœlker. Cela s'appelle vivre en grand seigneur ou en homme original. L'appartement à l'hôtel Pasqualati était le refuge du maître pendant toute la seconde période, quand il n'en trouvait pas d'autre. Ries fait la remarque, qu'il y revenait toujours après l'avoir quitté, si bien que le baron Pasqualati, qui était bon, disait : Je laisse l'appartement inoccupé, car je suis sûr que Beethoven y reviendra. Celui-ci donnait pour raison que l'appartement, étant au nord, manquait de soleil.

Puisque nous parlons de ces détails, nous remarquerons, par la même occasion, que cet homme profond et penseur, avait des passions d'enfant. Les terribles épreuves du sort les amortirent sensiblement, mais il y avait encore des moments où le grand artiste prêtait facilement à la plaisanterie. Voici un exemple qui lui coûta un argent qui aurait pu être mieux employé ; mais, le grand enfant aimait à avoir une table de travail sur laquelle il pût placer un grand nombre d'objets, tels que ses verres et bouteilles. Cette table servait donc depuis longtemps, il avait pour presse-papier des cosaques, des hussards hongrois, différents flambeaux, plusieurs sonnettes en argent, ainsi que des statuettes des Grecs et des Romains du temps de Brutus. On y voyait aussi tous les objets pour écrire, de nouvelle invention. Plus loin, un superbe cordon de sonnette en soie qui jurait avec un autre en chanvre ! Quant à son mobilier, Beethoven n'a jamais dépensé pour lui plus qu'un simple ouvrier, il achetait tout chez un fripier. Il passait une grande partie du temps de ses promenades, à passer et repasser devant les boutiques, en regardant les objets avec son lorgnon jusqu'à ce qu'il en trouvât un qui lui convînt ; alors, il l'achetait. En général, il destinait tout à son neveu. Les fréquents voyages, l'emballage et le déballage de ces objets, les faisaient disparaître successivement, et fort peu ont pu être conservés.

On voit, par ce qui précède, combien était injuste le reproche qu'on faisait aux Viennois d'avoir laissé mourir de faim l'illustre compositeur, et, si l'on voulait rendre l'Allemagne responsable de sa triste position, les détails ci-dessus prouveraient qu'elle n'y était pour rien. L'auteur de cet écrit a déjà suffisamment éclairci la question dans la troisième période, relativement à l'Allemagne.

VI

Dans le Crépuscule.

Beethoven se plaisait beaucoup à improviser le soir sur son piano à queue. Quelquefois il jouait du violon et de l'alto. Dans ce but, ces deux instruments restaient toujours dans sa chambre. On pense bien qu'il n'en tirait pas un très-beau son, étant affligé de sa triste infirmité. Vers la fin de sa vie, il avait de la peine à accorder ses instruments, et quand il donnait le *la* du piano, il le frappait de toutes ses forces. Ses improvisations n'étaient pas toujours très-nettes ; elles avaient pourtant un grand charme ; le peu de clarté venait de ce qu'il jouait trop fort avec la main gauche en la tenant étendue sur beaucoup de touches à la fois. Cela rendait son jeu bruyant, et quand il y avait quelque chant délicat dans la main droite, le bruit de la main gauche le couvrait. Dans les derniers temps, Conrad Graf, un des premiers facteurs de piano, de Vienne, lui fit une mécanique qu'on posait sur le piano, et, au moyen de laquelle les sons arrivaient plus clairs à l'oreille. La différence était plus sensible pour les sons partiels que pour un ensemble harmonique. Le courant d'air, rétréci dans l'oreille par le défaut d'espace, augmentait la surdité.

VII

Emploi du temps.

Beethoven aimait la régularité dans l'emploi du temps. Il se levait avec le jour dans chaque saison, et se mettait aussitôt à sa table de travail; il y restait ainsi jusqu'à deux ou trois heures, moment de son dîner. Dans cet espace de temps, il sortait une ou deux fois pour prendre l'air; mais il composait en marchant. Ces excursions ne dépassaient jamais une heure. Le maître ressemblait alors à une abeille cherchant du miel; aucune saison ne l'arrêtait; il avait soif de respirer en liberté. Dans l'après-midi, se trouvaient les heures des promenades régulières; il les prolongeait tard, et finissait par entrer dans une brasserie pour lire les journaux, quand il ne les avait pas lus dans la journée. Pendant la session du Parlement anglais, il lisait chez lui la *Gazette d'Augsbourg*, pour connaître les discussions des membres de l'opposition avec lesquels il sympathisait. Il avait une préférence marquée pour lord Brougham, Hume et autres. Les soirées d'hiver, Beethoven restait toujours chez lui; il les consacrait à la lecture; rarement on le voyait s'occuper de musique le soir; cela fatiguait ses yeux. Dans sa jeunesse, il avait pu en être autrement; mais, plus tard, la matinée fut toujours consacrée au travail sérieux. Il se couchait ordinairement à dix heures du soir.

VIII

Malice de jeunesse.

Voici un exemple qui prouve que Beethoven, malgré ses chagrins et l'adversité qui le poursuivaient, était toujours disposé aux espiègleries.

Madame Halm, épouse du pianiste, dont il a été question déjà, désirait beaucoup avoir une mèche de cheveux du grand maître. Elle s'adressa pour cela à Ch. Holz; celui-ci obtint de Beethoven qu'il envoyât à sa grande admiratrice une mèche de cheveux; mais il envoya des cheveux de bouc, qui pouvaient tromper, attendu que ceux de l'illustre compositeur étaient passablement durs, et d'un noir gris. La dame, enchantée du présent de son grand auteur, s'en vanta partout; mais, bientôt elle apprit qu'on s'était moqué d'elle ! Son mari se croyant offensé dans son *point d'honneur* d'officier, écrivit à Beethoven une lettre un peu vive. Celui-ci reconnaissant son tort, arrangea les choses pour le mieux et envoya cette fois de ses véritables cheveux à la dame, dans un billet, en lui faisant en même temps ses excuses. Cet événement arriva en 1826.

IX

Certificat de vie.

Pour toucher ses rentes, tous les trois mois, Beethoven avait besoin d'un certificat délivré par son curé, du ressort duquel il dépendait. Si le maître se trouvait à la campagne, il chargeait l'auteur de ce livre, ou un autre de ses amis, de lui obtenir la pièce en question avec les formalités voulues. Cette demande ne se passait pas sans quelque plaisanterie, ou bons mots. Sachant qu'il serait compris, il envoya un jour le billet suivant :

Lebens-zeugnisz. (Certificat de vie.)

Le poisson vit encore !

      Vidi. Romualdus, curé.

X

Contraste entre les frères.

Nous dînions ensemble, le jour de l'an 1823, Beethoven, son neveu et moi, lorsqu'on lui remit la carte de son frère, demeurant tout près, sur laquelle on lisait : « Jean de Beethoven, propriétaire de biens-fonds » (*Guts-besitzer.*) Le maître la renvoya de suite en écrivant derrière « Ludwig van Beethoven Hirnbesitzer (propriétaire d'un cerveau.)

Quelques jours avant cet événement, ce frère s'était vanté auprès de Beethoven d'avoir gagné plus en sa qualité de pharmacien, que lui comme compositeur. On pense bien que cette sotte vanité prêtait beaucoup aux plaisanteries du maître.

Mais, pour jeter un coup-d'œil sérieux sur la fortune du frère, il faudrait examiner son origine. Pendant la guerre de 1809, Jean

Beethoven, qui avait sa pharmacie à Lintz, se chargea d'approvisionner les hôpitaux de l'armée française de médicaments, dans la haute Autriche, et à Saltzbourg. A cela se rattachent les graves reproches que faisait le consciencieux Ludwig à son pseudo-frère sur ses livraisons. On les devine aisément quand on connaît certaines entreprises.

Nous pouvons ajouter encore à toutes ces particularités que Beethoven n'aimait pas qu'on vint lui souhaiter sa fête ou la bonne année. Il se mettait en colère contre toutes ces niaiseries sociales et mensonges réciproques.

XI

Moments de profondes méditations.

Beethoven adorait les bains et faisait grand cas de l'eau fraîche pour sa toilette. Il avait en cela des goûts orientaux, et Mahomet lui-même n'avait pas prescrit autant d'ablutions. On lui reprochait de répandre beaucoup d'eau en s'habillant. Le plancher de son cabinet de toilette était inondé, on était obligé de le bitumer pour empêcher l'eau de pénétrer chez les voisins. Aussi c'était le sujet des plaintes des propriétaires et la cause pour laquelle on ne voulait plus louer des appartements à Beethoven ! Après s'être versé une cruche d'eau sur les mains et les bras, il parcourait la chambre en hurlant, prenait des notes et s'arrêtait par moments pour méditer. Cet usage immodéré de l'hydrothérapie, rendait le maître ridicule aux yeux des domestiques ; il s'en fâchait et ne voyait pas ce qui se passait à ses pieds.

XII

Le boire et le manger.

La tenue de maison n'était pas chose de peu chez Beethoven. Il prenait tous les matins du café au lait, et le faisait lui-même dans une machine. Il comptait ordinairement seize grains, pour une tasse, et mettait une grande exactitude à cette préparation, surtout quand il avait du monde à dîner. Beethoven avait une prédilection marquée pour le macaroni au fromage de Parme ; il en mangeait souvent, quand même celui-ci n'était pas bien préparé, mais Beethoven était difficile pour la soupe. Lorsqu'il avait prononcé le mot fatal « *Die suppe ist schlecht!* » la cuisinière n'avait plus rien à dire, c'était sans appel. Il fallait se soumettre et garder le silence ; sans cela, elle risquait d'être mal menée. Comme le maître aimait le poisson, il engageait du monde à dîner les vendredis. Il se plaisait à régaler ses amis avec un certain poisson du Danube, assaisonné aux pommes de terre.

Beethoven soupait rarement ; une assiettée de soupe lui suffisait. Sa boisson favorite était l'eau de fontaine ; il en buvait beaucoup en été. Cependant il prenait du vin de Hongrie ; mais il ne s'en trouvait pas bien. Il est constant que Beethoven n'était pas grand buveur, malgré ce qu'en dit le docteur Wawruch. Le grand maître prenait volontiers un verre de bière le soir, en fumant la pipe, et en lisant les journaux.

XIII

Remerciments, ou Beethoven et Hummel.

Pour rassembler tous les faits cités ici, avec leurs causes, nous nous sommes reporté aux derniers jours de sa vie, alors qu'il commença à avoir le pressentiment de sa fin prochaine. Au moment de rompre avec les choses terrestres, il avait besoin de prendre des dispositions dans ses propres affaires et de s'acquitter de ses devoirs envers autrui. Un de ces devoirs était relatif à l'auteur de ce livre. On sait que Beethoven lui devait beaucoup d'obligations pour des services rendus. Déjà, à l'occasion de la *Missa solennis*, le maître illustre voulait manifester sa gratitude pour les peines que j'avais eues dans cette affaire, en m'offrant une somme d'argent, que je ne pouvais accepter. En attendant, je fus obligé de négliger mes propres affaires pour m'occuper des siennes. Souffrant sur son lit de mort, Beethoven était plein de soucis sur la façon dont il pourrait se libérer envers moi, sachant d'avance que je ne recevrais point d'argent. Nous en étions là, lorsque, vers la fin de janvier, se présenta une occasion pour lui de me prouver sa reconnaissance d'une manière inattendue.

Dans mes arrangements avec le théâtre de Josephstadt, en 1822, comme chef d'orchestre, j'avais droit à une moitié de bénéfice par an, assuré par un concert ou par une représentation. Empêché par les frais considérables de la nouvelle entreprise, le directeur de ce théâtre n'avait pu remplir ses engagements envers moi cette année ; il me demanda de réserver mes droits à l'année suivante, me promettant un bénéfice entier. La seconde année se passa sans que les clauses de mon contrat eussent pu être remplies, et je ne voyais pas la possibilité d'obtenir une soirée complète à mon bénéfice pendant la bonne saison. En ayant refusé une qui m'était offerte en été, je fus réduit à attendre l'hiver suivant. Mais, là encore, survinrent d'autres empêchements, si bien que la direction, ne pouvant remplir ses engagements, me fit la proposition de me racheter mon bénéfice. A peine cette proposition était-elle faite, que la mort subite du directeur du théâtre vint déranger tout. Les héritiers de l'entreprise théâtrale s'étant montrés récalcitrants, j'eus recours au docteur Bach, l'avocat, pour me faire rendre justice. L'affaire fut plaidée devant les magistrats, et ce ne fut qu'au bout d'un an que j'eus la satisfaction d'obtenir un jugement, moyennant lequel la salle du théâtre devait être mise à ma disposition le 7 avril 1827.

Sachant l'intérêt si constant que me portait Beethoven, le docteur Bach se rendit chez lui pour lui faire connaître le résultat du procès. L'illustre maître témoigna une grande joie en apprenant que j'aurais une représentation à mon bénéfice, le 7 avril suivant, et déclara vouloir y prendre part en personne. Dès qu'il me vit entrer, il m'annonça qu'il voulait finir l'ouverture avec double fugue, qui restait inachevée depuis 1822, et la diriger lui-même le jour de la représentation. Il se félicitait d'avoir là une occasion de me procurer sa reconnaissance, et il se mit immédiatement à chercher l'esquisse de l'ouverture en question.

Dans le courant de la semaine suivante, voyant qu'il ne serait peut-être pas rétabli pour le 7 avril, il s'occupa de trouver un autre moyen pour m'être utile, au cas où sa santé ne lui permettrait pas de contribuer, soit par une composition, soit personnellement, à ma représentation. Sur ces entrefaites, les journaux annoncèrent l'arrivée de Hummel à Vienne. En apprenant cette nouvelle, Beethoven nous dit : « Si Hummel vient me voir, je vais lui demander de me remplacer le » 7 avril. » Quelques jours après, vers la mi-mars, Hummel parut chez le maître, avec lequel il ne s'était pas rencontré depuis 1814. Le voyant dans un si triste état de santé, Hummel fondit en larmes. Beethoven chercha à le calmer et lui montra la maison où naquit Haydn, que Diabelli venait de lui offrir : « Voyez, cher Hummel, » voici le lieu de naissance de Haydn, dont on m'a fait cadeau au- » jourd'hui, ce qui me fait grand plaisir. C'est une simple chaumière » dans laquelle est né un si grand homme ! » Bientôt, la conversation tomba sur la représentation à mon bénéfice et Beethoven fit sa demande, en disant : « Je compte sur toi, Hummel ; remplace-moi » à ce concert, je te devrai des remercîments. » Hummel donna la main au grand compositeur, et celui-ci parut en être ravi. En effet, c'était très-touchant de voir ces deux grands artistes, peu sympathiques l'un à l'autre, se réconcilier dans un pareil moment.

Quelques jours après, nous accompagnâmes ce grand génie à son dernier repos ; Hummel portait un coin du drap mortuaire. Il remplit sa promesse religieusement, en jouant au concert du 7 avril, et fit mettre sur l'affiche l'avis suivant :

« M. Hummel, maître de Chapelle de la cour de Saxe-Weimar, » aura l'honneur de se faire entendre sur le piano, pour la dernière

» fois avant son départ. Il se félicite de pouvoir ainsi remplir le désir
» de son ami Beethoven, manifesté à son lit de mort, et de contribuer
» à la représentation du bénéficiaire.

La représentation eut lieu avec une grande solennité. Hummel se vit entouré de plusieurs artistes en renom. Le bruit d'une réconciliation sincère entre Beethoven et Hummel avait attiré un public nombreux ; les journaux rendirent un compte exact de cette mémorable soirée. Le rédacteur de la *Gazette musicale*, de Berlin, A. B. Marx, parle ainsi de cet événement :

« Hummel se fit entendre pour la dernière fois à Vienne au concert
» donné au bénéfice d'A. Schindler, ex-chef d'orchestre du théâtre
» de Josephstadt. Le bénéficiaire était, dans le vrai sens du mot, un
» inséparable Pylade de notre grand Beethoven. Il s'occupait de ses
» affaires depuis longues années, et ne l'a point quitté jusqu'à sa
» mort. Aussi, le grand artiste voulait reconnaître sa reconnaissance
» en lui offrant une composition qui devait être exécutée pour la pre-
» mière fois à ce concert. Mais, se sentant près de mourir, il pria
» Hummel, dans les derniers moments de sa vie, de le remplacer
» dans ces tristes circonstances. Hummel donna sa parole et sa main,
» et remit son départ pour s'acquitter généreusement de sa promesse
» envers l'illustre défunt. »

La *Gazette musicale*, de Leipzig, parla dans le même sens. (Voir le n° 22 de l'année 1827).

PARTIE MUSICALE.

> « Les lettres et les notes sont des signes morts ;
> » aussi, l'exécution musicale, comme le récit des
> » paroles, sont des œuvres mortes, si l'esprit ne les
> » vivifie ! » « Dans l'interprétation des œuvres de
> » Beethoven, on doit rendre, avant tout, l'esprit
> » de Beethoven. »
>
> A.-B. MARX.

Depuis la première publication de ce livre, il s'est écoulé un espace de temps assez long pour juger si l'exécution musicale a fait quelque progrès dans le véritable sens de l'art.

On conviendra avec satisfaction que les grandes exécutions des oratorios ont donné plus d'élan à la bonne musique et ont contribué à entretenir le goût des auteurs classiques. Contrairement aux autres branches, la musique instrumentale a fait un immense progrès. Les instruments à cordes et à percussion, ont été perfectionnés. Mais une révolution s'est faite, qui, malheureusement, a anéanti l'élément intellectuel dans la composition. Le mécanisme a remplacé la pensée et l'inspiration. Déjà, en 1823, Beethoven déclarait à F. Ries, qu'en fait de morceaux de bravoure, il n'avait qu'à imiter les siens : « *Mit den allegri di bravura, musz ich die ihrigen nachsehen.* » — Cependant, disait-il, je ne suis pas partisan de semblables compositions, car elles n'ont en vue que le mécanisme.

Le grand prophète annonça, alors, que le mécanisme chasserait bientôt tout sentiment de la musique, et non-seulement que l'esprit s'en irait, mais que la forme serait modifiée par le mécanisme accapareur. En effet, ce démon de la nouvelle école se met au-dessus des idées reçues par les grands maîtres, sans tenir compte de l'expression ; il pousse l'exécutant à se faire valoir avant tout.

Les cent bouches de la critique musicale, critique faite par des écrivains qui ne s'entendaient pas entre eux, ont été cause d'une grande confusion dans les jugements en matière d'art. Aussi, les connaissances nécessaires pour l'exécution intelligente des œuvres de valeur sont devenues rares. Et lorsque l'auteur de ce livre publia des éclaircissements pour l'exécution des compositions de Beethoven, on trouva que les exemples qu'il donnait, étaient de son invention, tant ils semblaient incompréhensibles à beaucoup de musiciens. Mais comment cela peut-il en être autrement, lorsqu'on change les mouvements dans les symphonies, les quatuors, les trios, et qu'on exagère les nuances dans les morceaux de piano. Ces abus, et la division introduite dans la critique, ont amené une séparation en deux camps. Nous ne suivrons pas les partisans des deux systèmes, dans leurs discussions, mais nous devons déclarer, ici, qu'ayant puisé la modeste part de notre savoir à une source *sacrée*, nous regardons les traditions de Beethoven comme partie intégrante de son histoire.

Nous ferons ressortir brièvement les données et les conditions nécessaires pour rendre la musique de piano du grand maître. Nous le ferons autant que possible dans l'esprit qui lui est propre et qui provient en grande partie de ses œuvres mêmes. Quant aux recommandations verbales de Beethoven, elles sont irréalisables, attendu qu'il reste peu d'artistes qui aient profité de son enseignement personnel.

Mais il existe un exemplaire des études de Cramer, sur lequel les nuances sont marquées de la main de Beethoven. Du reste, nous nous en tiendrons aux avis particuliers que nous reçûmes de lui, et Charles Czerny peut être considéré comme connaissant la vraie manière d'accentuer la musique de Beethoven. Il reçut de lui, en 1812, de précieux avis concernant l'exécution en public du grand concerto en *mi*^{b}. Ces avis, ainsi que les résultats de sa propre expérience, ont été publiés dans sa *méthode* de piano, ouvrage remarquable, mais peu répandu. Il renferme d'excellents enseignements pour l'exécution de la musique classique selon les règles de cette époque. On y trouve la preuve que l'exécution des œuvres de Beethoven n'avait rien de particulier en général, mais qu'elle différait de celle des autres auteurs dans certains cas. Charles Czerny a démontré même que souvent les paroles étaient insuffisantes pour expliquer les nuances. Le seul A. B. Marx, très versé dans la connaissance de la musique Beethovenienne, rencontra plusieurs expressions heureuses pour rendre la pensée du divin maître. Son livre mérite l'admiration des connaisseurs, et, malgré l'opposition de certains Philistins musicaux, partisans exclusifs des théories philosophiques de l'époque, il restera, il sera mieux compris dans l'avenir.

Ce fut à Brême, vers 1782, que Charles Müller fonda ses premiers concerts de famille. On y exécutait les compositions de Beethoven, dès le commencement du xix° siècle. Parmi les interprètes de piano, était la fille du fondateur de ces concerts, une des muses de l'Allemagne. Bientôt s'établit dans ce cercle un véritable culte pour l'astre nouveau. On peut dire que la musique de Beethoven ne fut jamais mieux comprise dans aucune partie de l'Allemagne. Un des poètes de Brême, Carl Iken, eut l'idée de rédiger, pour chaque concert, un programme descriptif, qui avait pour but de faire connaître d'avance les beautés poétiques des ouvrages exécutés.

C'est à cet homme que revient l'honneur d'avoir, le premier, secondé le goût du public, dans l'appréciation intelligente d'œuvres nouvelles. Ses impressions le poussaient à adapter des sujets poétiques aux symphonies, et plusieurs de ses « *Hauptgedanke,* » furent envoyées au maître par le docteur Müller, mais elles lui déplurent. Les amateurs de la vieille cité anséatique n'en furent pas satisfaits non plus. Quatre de ces programmes ont été conservés dans la correspondance de Beethoven. Qu'on nous permette d'en citer un, relatif à la symphonie en *la majeur*, adressé au maître, à Vienne, en 1819.

Il me semble qu'on pourrait baser la pensée principale de la septième symphonie sur le sujet suivant : « Dans une insurrection
» du peuple, où l'on donne le signal du soulèvement, où tout
» s'embrouille, court et crie, un innocent est entouré, pris et
» traîné devant le tribunal. L'innocence pleure, mais le juge prononce
» un arrêt sévère ; les plaintes des veuves, des orphelins se
» mêlent à l'ensemble. Dans la seconde partie du premier morceau,
» un nouveau tumulte s'élève ; les juges ont de la peine à l'apaiser,
» l'attaque est repoussée, mais le peuple n'est pas calmé. Quelques
» groupes s'agitent dans leur impatience jusqu'à ce que la voix
» générale décide (par l'ensemble harmonique)... Mais, dans le
» dernier morceau, les idées distinguées et communes se heurtent
» d'une manière bizarre ; cependant il y a plus de distinction dans
» les instruments à vent, traités séparément. On remarque une

» succession d'accords étranges à travers une gaîté folle, des tenues
» par ci, par là, qui contrastent avec des mouvements tumultueux.
» L'auteur représente tantôt une gaie colline, tantôt une vallée
» fleurie, où le joyeux mois de mai fait rivaliser d'allégresse tous
» les enfants de la nature, pendant que la *Fantaisie* plane au-
» dessus. »

Il paraît que cette dernière lettre épuisa la patience du compositeur; car, dans l'automne de la même année, il me dicta, à Mœdling, près de Vienne, une réponse au docteur Müller. C'était une protestation énergique, mais en termes polis, contre les *éclaircissements* et les *interprétations* données à sa musique. Beethoven démontrait l'erreur qui pourrait s'en suivre : « *Si les éclaircissements sont nécessaires* (disait-il), *ils doivent se borner en général à la caractéristique des morceaux.* »

I

Dans la troisième période de cette biographie, il est question du projet qu'avait Beethoven, de faire publier une édition complète de ses œuvres de piano, d'après l'incitation de Hofmeister, éditeur de musique de Leipzig. Nous avons fait connaître au lecteur les négociations de 1816, *in extenso*, ainsi que la lettre d'A. Diabelli à ce sujet. Outre l'intérêt matériel, il y avait, dans cette publication, une nécessité morale, en vue de faire ressortir l'idée poétique (1) inhérente à divers ouvrages. Cette seule considération devait décider Beethoven à faire paraître l'édition, comme pouvant faciliter une meilleure entente de ses œuvres. Mais il restait beaucoup à faire, sous le rapport d'une exécution exacte et de la connaissance des intentions de l'auteur. Celui-ci projetait également de publier une *méthode* de piano, laquelle, d'après la lettre de G. Breuning, citée plus haut, devait enfermer des vues nouvelles et être toute diffé-

---

(1) POETISCHE IDÉE. Cette expression appartient à l'époque de Beethoven ; il s'en servait souvent comme de celle-ci : Poetischer Inhalt (l'argument poétique) en opposition aux œuvres, dans lesquelles il n'y avait que de l'harmonie et une conduite rhythmique. Les ESTHÉTIQUES de nos jours déclament contre ce terme ; AVEC RAISON lorsqu'ils le mettent sur leur programme. Et SANS RAISON lorsqu'ils étendent leur négation à toutes les œuvres de Beethoven, auxquelles ils refusent l'IDÉE POÉTIQUE ! C'est cependant dans ces œuvres qu'ils sont souvent sollicités de faire une interprétation symbolique, principa'ement dans les symphonies et les sonates, lorsque celles-ci renferment autre chose qu'un travail harmonique et rhythmique.

rente des autres méthodes existantes. Elle donnait des principes sur la manière de traiter les idées poétiques en général, et, dans un cas spécial, moyennant un traité séparé relatif à l'exécution de la musique de piano, qui peut se formuler ainsi : « *Comme le poète,* » *qui renferme son monologue ou son dialogue dans un rhythme* » *progressif, et comme l'orateur, qui donne à son discours les* » *périodes et les repos nécessaires pour faire mieux comprendre sa* » *déclamation, ainsi le compositeur doit régler sa musique, d'après* » *les règles de la déclamation et le nombre des exécutants.* » Mais ce traité eût été inutile, sans des exemples explicatifs ; car il y a, dans les sonates de Beethoven, des beautés où le pathétique s'élève jusqu'à la rhétorique, et où l'expression surpasse la déclamation. On arriverait ainsi à une manière d'exprimer moyennant laquelle on atteindrait la vérité dans l'art sans employer de signes. La rhétorique, dans l'expression musicale, diffère de la déclamation comme l'art de l'orateur diffère de cette dernière. Une mesure libre et une profonde pénétration du sens véritable, dans certaines œuvres, est la première condition de l'exécution dans les deux catégories.

Deux exemples, qui appartiennent à ces diverses catégories, donneront la clé aux musiciens habiles et leur feront comprendre plus facilement la chose. Le premier exemple est la phrase en *mi* ♭ du final de la sonate en *ut mineur* (œuvre 10).

Ce motif rentre de nouveau *ff*mo avec le temps fort de la cinquième mesure. Le second morceau en *ut majeur* de la seconde partie du même final, n'appartient pas à cette catégorie à cause du ton. Mais il doit être exécuté avec tout le pathétique possible dans un mouvement à volonté. Quant aux nuances et à la mesure, on les laisse au goût de l'exécutant.

Le second exemple est l'endroit plein de mystères du premier morceau de la sonate en *ré mineur* (œuvre 31).

A. B. Marx a relevé cette phrase admirable, et fait la remarque :

« qu'elle aboutit à l'accord marqué fortement dont l'effet est produit par la tenue. La force et la manière de soutenir sont les conditions générales d'un bon début ; plus loin, la pensée se radoucit en montant à l'octave supérieure ; le mouvement sera à peu près égal à celui du premier morceau jusqu'à la fin en *la mineur*. XLVII.

L'artiste, familiarisé avec une bonne exécution, pourrait faire, au moyen de cette instruction, une étude profonde de cet endroit, le plus difficile de toute la sonate. Le mouvement en est inquiet, incertain, un peu précipité en montant, un peu retardé en descendant, mais aucunement traînant et passionné partout. Avec le commencement de la quinzième mesure, l'expression devient encore plus véhémente. L'allegro reprend sa valeur.

Beethoven avait encore une autre raison pour publier son édition d'œuvres complètes, l'addition de nouvelles notes au clavier du piano, qui montait déjà jusques dans l'octave de quatre lignes additionnelles.

Toutes les sonates, inclusivement, jusqu'à l'œuvre 31, y compris la sonate œuvre 54, publiée plus tard, ne dépassent pas cinq octaves ! Que d'empêchements rencontrait ainsi le compositeur dans son inspiration et pour une conduite régulière du morceau ! C'est ce que l'on voit, par exemple, dans la sonate œuvre 2 (le passage en octaves dans le premier morceau, 4 mesures) ; plus loin, dans la sonate en *ré mineur* (œuvre 10) (la marche d'octaves interrompue dans le premier morceau de la première partie du supplément, auquel manquent le *fa* ♯, le *sol* ♯ et le *la* de l'octave avec trois lignes additionnelles). La même chose se voit dans la deuxième partie, où la gamme chromatique montante s'arrête au lieu de monter au *la*, au-dessus de la troisième petite ligne. Dans le haut comme dans le bas du piano, il y avait empêchement sur empêchement.

Il ressort de là que, dans beaucoup d'ouvrages, non-seulement des petits bouts de phrases, mais des passages entiers, doivent être refaits, besogne plus importante dans les compositions à plusieurs parties que dans les sonates pour piano seul.

Par quelles intrigues cette édition complète n'a pu se faire en 1816, nous l'avons amplement raconté dans la troisième période.

En 1823, le projet d'une édition complète, qui venait de faire un second naufrage avec un éditeur de musique (le même qui avait fait manquer le premier), fut de nouveau replongé dans le silence, malgré l'impulsion d'A. Streicher. Après tous les détails que nous avons donnés sur cette affaire et ses divers naufrages, il reste à ajouter que le dernier projet devait s'étendre à toutes les compositions de Beethoevn. Plusieurs incidents, arrivés à ce sujet, méritent encore d'être rapportés. D'abord, l'illustre maître était dans l'intention de donner plus de concision à ses premières sonates, en réduisant celles qui étaient de quatre morceaux à trois, pour leur donner plus d'unité. Il était aussi déterminé à supprimer le Scherzo-allegro dans la sonate en *ut mineur* avec violon, comme peu en harmonie avec le reste. Ce morceau lui déplaisait beaucoup, et si cette nouvelle édition eût pu se faire, Beethoven aurait donné congé à un bon nombre de scherzos-allegro et de menuets, qu'on aurait fait paraître séparément. En attendant, cette détermination de Beethoven nous affligea considérablement, car chacun de nous avait ses *favoris*, et désirait les voir à leurs places primitives. Le maître devait réduire ainsi les sonates suivantes : œuvres 10, 13, 14, 31 (n°ˢ 1 et 2), œuvre 57 et d'autres encore. Les dernières sonates qui avaient plus de trois morceaux, comme les œuvres 106 et 110, doivent être jugées autrement que les premières.

Si, par hasard, l'on objectait que, puisque plusieurs de ces scherzos et menuets, placés au préjudice de l'unité caractéristique des sonates, pouvaient être supprimés facilement, il était possible de faire la même chose pour les quatuors et les quintettes ; à cette objection, on répondrait que ces sonates ont pour but de peindre l'état de l'âme et forment à elles seules de véritables poèmes. Ce sont des tableaux complets, renfermés dans des cadres moins larges que d'autres genres de musique de salon. Avec la sonate, un ami de la *poétique musicale* n'est jamais seul ; il vit loin du tumulte extérieur qui pourrait blesser ses sentiments intimes. La sonate lui tient compagnie, et, quand elle ne satisfait entièrement son oreille, elle la charme par l'harmonie, en compensation des défauts techniques.

La sonate peut encore disposer l'âme à la contemplation et souvent l'élever jusqu'à la prière (1). Il y a donc, dans cette musique, plus de puissance que dans les ouvrages à la portée de tout le monde.

Il n'en est pas moins vrai que Beethoven était persuadé de la nécessité d'une amélioration dans un aussi grand nombre d'ouvrages ; mais il se présentait en cela beaucoup d'obstacles, et, à leur tête, le respect qu'on devait à la propriété des éditeurs. En général, il

---

(1) Les sonates de Beethoven furent très-répandues. Un aperçu placé à la fin de cette partie vient à l'appui de cette affirmation, que les sonates ont rendu des services à l'art musical sous ce rapport.

motivait son indécision sur l'incertitude d'une bonne réussite ; il prétextait aussi que beaucoup d'ouvrages de piano n'étaient plus au répertoire. Il ne manquait pas d'alléguer, à cette occasion, les singuliers motifs de sa brouille avec son époque, et, aussi, le peu de confiance qu'il avait en lui ; lorsque parut son frère avec un nouveau plan, d'après lequel il promettait de grands bénéfices si Beethoven prenait sur lui de publier ses œuvres complètes à ses frais. Cette circonstance jeta une nouvelle confusion dans l'affaire.

Bref, ce projet, si longtemps discuté, d'écueil en écueil, finit par sombrer de nouveau, et, lorsque Beethoven recommença à prêter l'oreille à d'autres propositions, tous les plans de publication, les espérances de bénéfices qu'ils devaient procurer, disparurent de sa tête. D'ailleurs, il était déjà fortement préoccupé de la neuvième symphonie. A. Streicher n'y put rien, surtout en présence des brillantes offres du prince Galitzin, qui décida Beethoven à commencer immédiatement un des premiers quatuors à lui destinés. C'est seulement en 1826 qu'il trouva le temps de penser à son ancien projet et d'entrer en relations avec la maison Schott, de Mayence, pour lui confier son édition d'œuvres complètes. A ces propositions, Schott répondit en ces termes, à la date du 28 novembre : « En ce qui concerne l'édition d'œuvres complètes, nous » ne pouvons prendre aucune résolution, attendu que nous avons » d'autres obligations à remplir. »

Enfin, ce projet d'*édition complète*, qui occupa le maître pendant dix années entières, finit par être abandonné, et bientôt la mort vint interrompre le fil de ces idées et arrêter leur exécution. Ces circonstances prouvent, encore une fois et d'une manière fâcheuse, qu'il n'était pas facile à Beethoven de prendre une résolution et de l'exécuter. D'incessants calculs, de longs débats avec ses amis, entravaient la marche de ses affaires ; un élan irrésistible poussait Beethoven vers les nouvelles créations et l'empêchait de s'occuper des anciennes. Semblable à *Fabius Cunctator*, il était long à se décider ; sa tactique habituelle était de temporiser. Toutefois, nous devons à ces multiples projets, à ces tâtonnements et à ces hésitations, la connaissance de détails intéressants sur certaines œuvres et leurs beautés particulières. C'est un grand malheur que les amis de Beethoven n'aient pu prendre une résolution dans l'intérêt de la musique de piano, avant de se disperser. Un seul témoin a peu de valeur, et il est présentement obligé de remonter plus haut dans l'historique de cette affaire. Tandis que l'union de tous les collaborateurs aurait pu réaliser l'exemple que fournit l'anecdote de Christophe Colomb, enseignant la manière de « *poser son œuf.* »

II

La qualité la plus rare et la plus importante chez notre compositeur, consistait à savoir se pénétrer de la nature d'une idée ou d'un poème, ayant fait une vive impression sur lui, et capable de l'exciter à peindre une situation. Son génie créait alors des formes qui n'avaient rien de commun avec les formes reçues. Analysons sa première sonate en *fa mineur*, sous ce rapport, et nous verrons combien elle est différente de celle en *m.*[b] (œuvre 7), et combien celle-ci diffère de la sonate en *ut mineur* (œuvre 10), et de la *pathétique* (œuvre 13), pour arriver à la prodigieuse inspiration des sonates (œuvre 57), en *fa mineur* (œuvre 90), en *mi mineur*, et (œuvre 101), en *la majeur*, jusqu'à la dernière. Dans toutes ces formes différentes, le maître nous conduit toujours par un chemin si sûr et si solide, qu'on peut se passer d'imagination, dans le cas où l'exécution répond à la valeur intrinsèque du morceau, sans perdre un instant le fil du poème. Celui qui est en état d'approfondir les sonates de Beethoven, sera convaincu que, sous ce rapport, aucune autre musique ne pourrait soutenir la comparaison avec la sienne. Là se mêle l'extraordinaire avec la poésie musicale; et, lorsqu'il est question de la création des formes par Beethoven, on ne doit les chercher principalement que dans ses sonates. La *transgression* de ce *nec plus ultra* peut se rencontrer seulement dans quelques passages de ses derniers quatuors. Mais c'est dans les sonates désignées ci-dessus et dans d'autres aussi, que se trouve le véritable *Shakespeare musical* (pour se servir de l'expression d'A. Wendt), exprimant, par les sons, les plus profonds abîmes des combats du cœur, comme les plus doux sentiments d'un amour innocent; la plus grande douleur, comme les transports divins de joie et d'allégresse; la plus profonde mélancolie, comme l'enthousiasme le plus ardent; les idées les plus élevées, comme les sentiments les plus doux. Ce ne serait pas une comparaison hasardeuse que de mettre en parallèle les morceaux caractéristiques de ces sonates avec les caractères des personnages dans les drames de

Shakespeare, de la baser sur une analyse logique et précise de la pénétration intérieure. Comme la plupart des comédiens ne saisissent, dans les drames Shakespeariens, que les mots, au lieu de l'esprit, ainsi beaucoup de musiciens ne voient, dans les sonates de Beethoven, que la partie technique, ne trouvant ni dans leurs têtes, ni dans leurs cœurs, les moyens de se frayer une route vers leurs profondeurs. (1)

F. Ries s'exprime ainsi dans sa notice à ce sujet, page 77 : « Beethoven pensait toujours à un certain objet, dans ses compositions. » Ces paroles peuvent être interprétées d'après ce qui précède.

Ch. Czerny se prononce d'une manière plus pénétrante dans le deuxième chapitre de la quatrième partie de son école de piano, page 62, lorsqu'il parle de son caractère et de l'exécution de la sonate en *fa mineur* (œuvre 57), il dit :

« Beethoven, qui aimait à peindre les scènes de la nature, pou-
» vait se figurer les roulements des vagues de la mer pendant une
» nuit de tempête, durant laquelle, des cris « au secours » reten-
» tissent au loin. Une pareille image peut donner à l'artiste une
» idée convenable pour l'exécution de ce grand tableau musical.
» Il est certain que Beethoven, pour beaucoup de ces belles com-
» positions, s'inspirait par ses lectures et ses propres visions. La
» connaissance de ces circonstances donnerait la clef pour une
» bonne interprétation de ses créations et faciliterait les moyens
» d'arriver à les rendre dans leur véritable esprit. »

Dans une note en marge, Ch. Czerny ajoute :

« Beethoven n'était pas toujours communicatif ; mais il était
» parfois d'une humeur confiante. Par exemple, l'idée de l'adagio,
» en *mi majeur* (dans le quatuor, œuvre 59, n° 2), lui vint en
» songeant à l'harmonie des sphères et en considérant le ciel étoilé
» dans le silence de la nuit. Pour sa septième symphonie en *la
» majeur*, il était excité par les événements de 1813 et de 1814,
» ainsi que pour la *Bataille de Vittoria*. Il savait que la musique
» ne peut être comprise des auditeurs sans qu'un but ne vienne
» en aide à l'imagination. »

---

(1) Nous recommanderons aux musiciens, et aux musiciennes dont la tête et le cœur sont encore sains, de lire le chapitre du livre de A.-B. Marx, intitulé : « l'INTELLIGENCE GÉNÉRALE DES ŒUVRES DE MUSIQUE. » Pour les virtuoses de l'école moderne, il y a là un miroir pour leur application comme aussi pour leur ignorance et leur éducation insuffisante. La manière dont Marx rend compte des sonates, op. 2, op. 13, op. 7, puis après des œuvres 28, op. 57, et après 109, prouve une étude peu ordinaire de la poétique de Beethoven.

Quant à la septième symphonie que Czerny croit avoir été inspirée par les événements de 1813, il est dans l'erreur, car cette œuvre a été terminée avant. On peut même dire que cette musique n'a point un caractère guerrier. La *Bataille de Vittoria* fut écrite aussi avant les événements, comme on peut le lire dans la déclaration de Beethoven, dans le procès de Maelzel, où il dit : « J'avais déjà l'idée préconçue d'écrire une bataille. »

Un jour que le maître était de bonne humeur, je lui parlai de l'impression profonde produite par les sonates en *ré mineur*, et en *fa mineur* (œuvres 31 et 57), dans une réunion chez Czerny, et je lui en demandai la clef! Il me répondit : « Lisez la tempête de Shakespeare. » Ainsi, c'est là qu'il trouva toutes ces beautés ; mais à quel endroit ? Questionneur, lisez, conseillez et devinez ! Il acquiesça à ma prière relativement au largo dans la sonate en *ré majeur* (œuvre 10), en déclarant que le temps où il écrivit la plupart de ses sonates, fut plus poétique que le temps présent (1823). Cela n'avait pas besoin d'explication. Chacun sentit dans ce largo un état mélancolique de l'âme formant un tableau par les différents contrastes de l'ombre et de la lumière ; de même que chacun reconnaissait, dans les deux sonates (œuvre 14), un combat entre les deux principes, présenté en forme de dialogue et sans aucune inscription.

Dans la critique de ces deux sonates, publiée dans les premières éditions (T. I., page 187), A. Marx, arrive sans aucun doute à la vérité. Mais on peut lui opposer ceci, que les notions esthétiques de l'art étaient encore peu solidement établies à cette époque; elles amenaient souvent des *quiproquos*. L'esthétique est une science nouvelle. Ainsi, par exemple, Beethoven entendait par le « principe » non pas *le dessus* (hauptstimmen), comme Marx explique le mot, mais *les contrastes* (Gegensätze); par conséquent, son autre dénomination « dialogue » ou forme de dialogue, devrait être rendue plus intelligible et définie avec plus de justesse. Ce *principe* est plus fortement caractérisé dans la sonate en *ut mineur* (œuvre 10), que dans les sonates (œuvre 14). Pour juger d'une manière satisfaisante l'œuvre 10, une des plus difficiles, il faudrait écrire un long traité.

Beethoven aurait-il livré en effet ces *inscriptions* à la publicité, comme il le faisait dans les cercles d'amis, je m'en réfère à ce que j'ai dit, sous ce rapport, dans la première partie. Comme ancien observateur de la manière de concevoir du maître, Charles Czerny avait raison de dire que la musique ne pouvait être bien appréciée par les auditeurs, sans la notion préalable d'un but bien déterminé, capable de captiver leur imagination, sans quoi le dessein projeté d'une idée-mère, ne saurait être chose facile à discerner.

Beethoven devait être fatigué d'avoir toujours des éclaircissements à donner relativement aux œuvres de l'époque classique, quand cela ne regardait pas la partie technique. Clémenti aussi, avec sa « *Didone abbandonata scena tragica*, » ne comptait pas moins que Beethoven sur l'intelligence de son temps, et espérait que ses intentions seraient comprises plus tard.

F. Rochlitz en parle d'une manière agréable et savante dans son traité critique inséré dans la *Gazette musicale*, de Leipzig, de 1822, page 631. Je tiens de Clémenti même une instruction détaillée sur le contenu et l'expression de son œuvre. Il me la donna en 1827, à Baden, près de Vienne. En 1856, à l'occasion d'une nouvelle édition de la *Didone abbandonata*, publiée par Andrée, à Offenbach, je fis pour cette édition une préface, d'après les données du célèbre compositeur. A part cette admirable peinture de l'âme, je ne connais pas d'autre ouvrage sous le titre de *sonate*, qu'on puisse à juste titre placer à côté des compositions de Beethoven. (1)

Ces citations suffisent pour faire voir que toute la musique de Beethoven (excepté un petit nombre d'œuvres), repose sur des hypothèses qui ne se trouvent pas dans aucune autre musique et qui modifient complètement son exécution. Ceux qui joueraient la musique du maître de la même manière que celle des autres compositeurs, pourraient être comparés à ceux qui chanteraient la musique italienne à la manière allemande. Ch. Czerny s'exprime ainsi à ce sujet dans sa méthode, page 34 :

« Les compositions de Beethoven, doivent être exécutées autre-
» ment que celles de Mozart, Clémenti, Hummel, etc. En quoi
» consiste cette différence, il n'est pas facile de l'exprimer par les
» paroles. »

On lit plus loin, à la page 70, une remarque digne d'attention :

« Beethoven vivait et composait à Vienne ; il est donc naturel
» que ce soit dans cette ville que le véritable esprit et les traditions
» de l'exécution aient dû se conserver, l'expérience prouve qu'il
» en fut ainsi. On doit se tromper bien souvent, dans d'autres

---

(1) Un admirateur des sonates de Clementi, W.-H. Riehl, appelle cette inscription une QUEUE. » Et pourtant cet artiste célèbre ne l'aurait pas placée sans une mûre réflexion. Cette sonate, avec deux autres, en RE MINEUR et en LA MAJEUR (œuvre 50), parut après la publication du GRADUS AD PARNASSUM.

» pays, sur le mouvement et le caractère de ces compositions, » qu'on devrait déterminer pour l'avenir. »

Ceci fut écrit vers 1840; à cette époque la musique de Beethoven n'était plus au répertoire depuis 10 ans. Tout au plus, pouvait-on entendre, en 1830, quelques grands ouvrages dans les *Concerts spirituels* et les quatuors chez Schuppanzigh. La sonate, ce sanctuaire de profonde poésie, n'existait plus? Comment Czerny pouvait-il espérer retrouver les traces des traditions de Beethoven dans les réunions musicales de Vienne, lorsque, pour sa facilité d'écrire, et la publication d'un si grand nombre de compositions éphémères, il avait lui-même contribué à pervertir le bon goût de ses compatriotes? La manière dont la musique de Beethoven était déjà appréciée dans d'autres pays, à cette époque, peut se concevoir en lisant les articles de la *Revue musicale* et du *Journal des Débats,* ainsi que ceux des autres journaux de musique, publiés en France. Le nombre des virtuoses jouant la musique de Beethoven n'était pas considérable, cela venait de ce que tous les pianistes en renom étaient en même temps compositeurs et devaient nécessairement exécuter leurs œuvres pour les faire connaître; mais bientôt, une révolution se fit dans le monde musical, et le public revint aux auteurs classiques.

S'il est difficile de trouver des paroles pour expliquer les qualités particulières de la musique de piano de Beethoven, il serait utile pourtant de trouver un moyen d'approcher le plus près du but. De mon côté, je crois qu'on y arriverait par l'étude du *style libre* qui y touche le plus près par les traditions. Qu'on se rappelle ce qui a été dit à ce sujet, à propos de l'exécution de Mme Ertmann. Mais on répondra que l'idée juste du style libre était perdue à cette époque. Aussi on doute que l'on parvienne, par l'application de ce style, à rendre l'esprit et les beautés des sonates, sans une étude préalable. Il est certain que le manque complet de modèles pour servir de guide aux efforts des aspirants, est un obstacle sérieux. Mais ceux-là ne devraient pas se décourager. Ils doivent faire ce qui est possible, cela ne vient-il pas uniquement des causes historiques.

Pour montrer ce qu'était la *libre exécution* à l'époque dite classique, nous citerons quelques autorités. D'abord il ne faut pas confondre ce terme : *style libre* ou *exécution libre*, avec le *Tempo rubato* des chanteurs italiens, qui n'était employé que dans l'*opéra bouffa*, et qui est inconnu dans l'*opéra seria*. Beethoven protestait en vain contre l'application de ce terme à sa musique ; mais, la terminologie italienne ayant été généralement adoptée, il s'en servit lui-même.

Ignace de Seyfried dit entre autres choses dans l'ouvrage apocryphe intitulé : *Beethoven's Studien*, page 18. (1)

« Notre Beethoven n'appartenait pas absolument à la catégorie
» des compositeurs jaloux, qu'aucun orchestre du monde ne
» pouvait remercier. Il était plein d'indulgence, et laissait souvent
» les endroits faibles en disant : cela ira toujours. (*Das nœchste*
» *mal wird's schon gehen*). Il exigeait cependant les nuances et
» une égale division de l'ombre et de la lumière, ainsi que les
» effets de *Tempo rubato*. (2) Il s'entretenait avec chacun sans
» trahir son mécontentement ; lorsqu'il s'apercevait que les musi-
» ciens entraient dans son idée et jouaient avec un feu croissant,
» électrisés qu'ils étaient par le charme de ses créations, alors il
» devenait joyeux et aimable ; on lisait sur sa physionomie la satis-
» faction et le contentement, il s'écriait avec un sourire aimable
» « *Bravi tutti*, » louant ainsi et remerciant ses exécutants en
» italien. »

Le fondateur du jeu moderne de piano, Ph. Em. Bach, parle ainsi dans son « *Essai sur la vraie manière de jouer du piano* : »

« Pour l'exécution exacte du *Tempo rubato*, il faut beaucoup de
» jugement et une grande dose de sensibilité. Celui qui possède
» ces deux qualités, n'aura pas de peine à conduire son jeu sans
» la moindre contrainte et à le diriger de manière à rendre avec
» agrément les pensées musicales. Autre chose serait de se donner
» beaucoup de peines, pour ne rien faire de bon, faute d'un sen-
» timent musical suffisant. Aussitôt que l'on tient servilement à la
» mesure dans la partie du chant, les autres parties perdent leur
» caractère essentiel ; car toutes les parties doivent être exécutées
» d'après une mesure sévère. »

En ceci, il est à remarquer que le grand maître avait sous les yeux la musique de son temps qui admettait un tel procédé. Comment pouvait-il exécuter ses sonates, ses fantaisies libres avec quelques rondos sur lesquels Ch. Fr. Cramer se prononça d'une manière si attrayante. (Voir le n° 82 de la *Gazette musicale*, du Bas-Rhin, de 1852.)

---

(1) Pour ce qui est de sa jalousie, plusieurs événements arrivés avec les quatuors de Schuppanzigh le démontrent et Seyfried en parle.

(2) Un TEMPO RUBATO même dans les morceaux à grand orchestre.

C. M. de Weber fournit un intéressant contingent au point en question. Interrogé sur les mouvements d'Euryante par Präger, directeur de musique, à Leipzig, il lui envoya une spécification de tous les mouvements, accompagnée d'un travail très-intéressant, mêlé d'observations importantes, qui fut inséré dans le n° 28 de la *Gazette musicale*, de Berlin, de 1827. Dans ce travail, Weber dit entr'autres : « La mesure ne doit pas être un tyran ni une enrayure ; encore moins un marteau de moulin chassant devant lui. La mesure est à la musique ce que les pulsations sont à la vie de l'homme. Il n'y a point de *mesure lente*, dans laquelle certains endroits n'exigent un mouvement plus vif, pour empêcher qu'il ne soit *trainant*. Il n'y a point de *Presto*, dans lequel l'oreille n'exige un mouvement plus calme, attendu qu'il est impossible de mettre de l'expression lorsque l'on presse... Presser le mouvement ou le retenir, est une affaire de sentiment, on peut le faire par phrase ou période, lorsque l'expression passionnée le rend nécessaire. Pour tout cela, nous n'avons pas en musique de signes assez clairs, ils doivent se trouver dans le cœur de l'homme qui sent vivement, et s'ils ne s'y trouvent pas, aucun métronome ne peut y suppléer. Ce dernier peut garantir de fautes grossières, auxquelles on est exposé par les indications imparfaites de la mesure. Mais ces indications que je voudrais introduire plus profondément dans la richesse du sujet ne me garantissent pas contre de tristes expériences. Aussi je les considère comme superflues et sans utilité, pouvant être diversement interprêtées. Voilà ce que j'avais à répondre sur les questions d'un ami. » (1)

Mais plusieurs autres jugements, relatifs à l'esthétique, doivent trouver leur place ici.

Hand s'exprime ainsi : « L'exécution doit être libre partout où
» la beauté l'exige. *Une mesure libre* n'est point l'*absence de mesure.*
» Celui qui, sans sortir de la mesure, la manie librement, aura une
» belle exécution. Les musiciens qui pressent ou retardent arbi-
» trairement en vue de leur propre expression, changent le carac-
» tère du morceau et sont dans une fausse route. »

Schilling traite aussi cette question : « Chaque morceau, dit-il,

---

(1) L'excellent maître semble avoir fait de tristes expériences à ce sujet ; très-vraisemblablement il pensait à ces chefs-d'orchestre qui, à part leur routine, ne voulaient rien apprendre. Peut-être aussi songeait-il à ces professeurs de piano ossifiés, qui se bornaient à faire jouer exactement leurs élèves sans aller au-delà. Pour ces deux classes d'individus, tout cela est inutile et superflu. Cependant ils osent combattre tout ce qui dépasse leur horizon borné. Plusieurs de nos célébrités pourraient être comptées dans leur nombre.

doit être exécuté selon ses qualités intérieures et extérieures, qui exigent beaucoup de soins pour trouver et maintenir le vrai mouvement du morceau, malgré les modifications que comportent certains passages. »

Le célèbre écrivain A. B. Marx se prononce ainsi sur cet objet : « Ainsi, nous sommes convaincus, qu'à part l'habileté technique, » une bonne exécution exige une parfaite connaissance et une » exacte observation des indications (signes.) Outre la capacité et » les lumières, il faut encore posséder ce que l'écriture ne peut » exprimer : l'intelligence nécessaire, pour rendre bien l'esprit et » la tendance d'une œuvre d'art dans toutes ses parties. Ces signes » doivent être écrits, ou complétés par nos propres sentiments. » Interpréter ainsi une œuvre d'après la pensée fondamentale, est » le problème d'une exécution parfaite. »

Enfin, le commentaire suivant d'un auteur inconnu, sur l'application de l'objectif et du subjectif à l'exécution musicale, doit être recommandé aux musiciens penseurs.

La nouvelle esthétique se sert également de l'*objectif* (1) qui se rapporte au style, et de *subjectif* qui regarde la personne, son intelligence et son individualité. Il consiste uniquement dans la manière d'interpréter. Dans le premier, il y a quelque chose de vrai, de nécessaire ; dans le second, de conditionnellement vrai et de fortuit. L'objectif seul opère une vraie représentation, le subjectif effectue l'exposition. Le premier donne l'image, la forme, et l'intuition ; il touche à la plastique. Le second est plus fondu, plus sombre, et se rapporte plus à l'impression de la musique. L'objectif est partout, par conséquent, dans le genre lyrique. L'artiste doit se représenter dans un objet comme non moi ; mais cette loi de l'objectif ne doit pas être prescrite à l'artiste d'une manière sévère. L'objectif ne peut pas et ne doit pas supprimer le subjectif, parce que celui-ci donne à l'œuvre la vie et la chaleur communicative.

« *L'auteur doit affirmer ici, avec toute son énergie, que tout ce* » *qu'il a entendu exécuter à Beethoven concorde, à peu d'exception* » *près, avec la thèse précédente ; il était libre de toute contrainte* » *dans la mesure, ainsi que l'exigeait l'esprit de la composition.* »

On peut dire, en parlant de l'exécution libre, qu'en général elle se bornait, pendant l'époque précédente, à changer un peu le mou-

---

(1) D'après la philosophie de Kant, l'objectif (non moi) comprend tout ce qui est objet. Le subjectif (moi) comprend l'être vivant. Le passage légitime de l'un à l'autre se rapporte à l'esthétique. *(Notes du traducteur.)*

vement, à ralentir dans le *cantabile* de l'allegro, et à suivre un mouvement modéré dans le reste du morceau. Sous ce rapport, les mouvements indiqués par Hummel dans son grand concerto en *la mineur*, peuvent servir de modèle.

Ces mouvements ne sont pas seulement indiqués dans l'œuvre en question, mais ils se trouvent aussi dans sa méthode de piano. Cela prouve que ce maître supposait nos virtuoses capables de jouer avec expression. En effet, d'après la nouvelle école de jouer du piano, inaugurée par Hummel, la cantilène doit ressortir, à l'instar du chant italien, tandis que, de nos jours, elle est perdue dans le fatras des passages. Hummel exécutait sa *Bella capriciosa* d'une manière chantante pleine de charme et faisait ressortir avec grâce et sentiment les belles mélodies de ce morceau.

Hummel n'ayant point consacré de chapitre à l'exécution libre et dramatique dans son école de piano, nous citerons ici un chapitre de Czerny sur les « *changements de mesure*. » Dans la troisième partie de sa méthode, on trouve une étude intuitive de cet objet. Pareillement, dans le paragraphe Ier, il appelle ce changement « un moyen important pour l'exécution. » Pourtant, tout ce qu'il y dit, relativement à l'exécution des œuvres de Beethoven, est insuffisant, notamment dans le chapitre deux de la quatrième partie. Quelques-unes de ces observations peuvent nous servir, mais il sera nécessaire de nous étendre sur la manière d'exécuter de Beethoven et de faire connaître ses qualités particulières, autant qu'il est possible de les rendre avec des paroles.

On a vu, à la fin de la première période, une appréciation de l'exécution de Beethoven, à l'époque où le virtuose surpassa le compositeur, du moins dans l'opinion publique. Ce jugement pourrait être complété par l'épithète de *fort joueur* (starkspieler), épithète que l'on donnait alors à plusieurs de ses rivaux, placés très-haut, comme *Ant. Eberl*, Mad. *Auerhammer* et *Joseph Wœlfl*. La manière d'attaquer avec force fut celle de Beethoven; il ne changea point jusqu'à sa mort (1). En 1822, on signala son goût pour le piano, dans la *Gazette musicale* de Leipzig, où on lit, à la page 310, avec raison : « Notre Beethoven semble de nouveau devenir plus » sensible à la musique. » — (En réalité, jamais il ne cessa de l'être); mais il improvisa, à cette époque, dans quelques réunions

---

(1) Dans la première période il a été question des reproches que me faisait Beethoven sur mon jeu de piano. « Si grand et si fort, disait-il, et pourtant vous traitez le piano d'une manière inhumaine. » Il me régala encore d'autres reproches dont je me suis corrigé.

d'amis, avec tant de *maestria* que tout le monde convint avec joie qu'il était toujours maître de son instrument et qu'il savait le traiter avec force, goût et amour, comme cela est arrivé dans le salon de Madame la baronne de Puthon, son amie.

A l'occasion des communications de Chérubini et de Cramer, citées dans la deuxième période, à propos du talent de piano de Beethoven, il reste à ajouter quelques observations. L'incisif Cherubini caractérisa d'un seul mot le jeu du grand maître ; il le trouvait « rude » (rauh), tandis que Cramer, avec les manières d'un gentlemen, adoucissait un peu cette expression, tout en reprochant à Beethoven l'inégalité dans l'exécution de ses propres œuvres ; un jour, il jouait d'une manière pleine d'inspiration ; le lendemain, d'une manière peu claire et embrouillée (1). Par ces raisons, plusieurs de ses amis témoignèrent le désir d'entendre exécuter en public, par Cramer, quelques-unes des nouvelles compositions de Beethoven. Celui-ci prit ombrage et sa jalousie fut éveillée. D'après Cramer, il y aurait eu entre eux une tension réciproque. D'un autre côté, il m'a semblé que Chérubini, s'appuyant sur une réputation européenne, et dans la force de l'âge, voulait imposer par ses talents à notre Beethoven, comme on l'a prouvé depuis. A notre rencontre à Vienne, Cherubini me déclara qu'il faisait porter souvent l'attention de Beethoven sur la méthode de piano de Clementi, c'est-à-dire sur sa manière de traiter l'instrument et de conduire son jeu ; celui-ci écoutait ses observations et l'en remerciait, en promettant gracieusement de le co... ter à la première exécution. — L'opinion de Clementi sur Beethoven comme pianiste, communiquée à l'auteur de cet écrit en 1827, à Baden, se borne à quelques mots ; il lui disait : « Le jeu de Beethoven était peu cultivé, souvent brusque, » comme son caractère, mais toujours plein de génie. » Clementi avait déjà entendu Beethoven, en 1807, exécuter différents ouvrages.

Il est consolant de voir que le jeune maître se rendait volontiers aux observations de ses aînés. Nous lisons, dans une lettre de Beethoven à E. Breuning, écrite dans les derniers jours de sa vie (citée dans sa caractéristique), que Beethoven est resté fidèle à la méthode de Clementi, et, si l'état de ses oreilles lui avait permis de pratiquer, il se serait appliqué à la conserver, par amour de l'instruction. Il entendit dire à Clementi comment, après de longues recherches et essais, il était arrivé enfin à des règles positives pour

(1) Czerny remarque dans le paragraphe 7, que le jeu de Beethoven ne pouvait guère servir de modèle sous les rapports de netteté et de clarté. Le temps lui manquait pour s'exercer.

rendre son jeu chantant. Il applique l'art du chant à l'art de phraser sur le piano, en suivant les principes de bonne prosodie dans les plus petites phrases de musique instrumentale, etc. Par ce moyen, il arriva à avoir un jeu chantant et nuancé, même dans les passages où les longues et les brèves jouent un rôle important (1).

Puisqu'il est question de l'art de jouer du piano de Clementi, que Beethoven adopta jusqu'à ses dernières limites, et par lequel commença son individualité artistique, citons, à cette occasion, l'opinion de Mozart sur le jeu de Clementi, que cet Amphion allemand trouvait dépourvu de goût et de sentiment. — A l'appui de cette appréciation si extraordinaire, nous reproduisons un *éclaircissement* de *Louis Berger*, élève de Clementi.

Parlant un jour de sa rencontre avec Mozart, en 1784, Clementi rendit justice au génie de ce maître, en disant : « Je n'avais entendu » personne, jusque-là, exécuter avec tant de charme et d'inspi- » ration. J'ai été surpris surtout dans l'adagio et dans plusieurs » variations improvisées sur un thème donné par l'empereur » Joseph, sur lequel nous devions nous essayer successivement. » L. Berger lui demanda si, dans ce temps-là (en 1806), il jouait déjà dans son style à lui ; Clementi répondit que non, ajoutant qu'on préférait alors « l'exécution brillante au style lié, et que lui-même, » subissant cette contagion, ne se plaisait que dans les passages de » doubles notes et dans l'improvisation. Ce ne fut que plus tard » qu'il commença à jouer avec expression ; son jeu devint alors » plus chantant et plus élevé. » L'avantage d'entendre d'excellents chanteurs italiens, et les perfectionnements apportés aux grands pianos à queue de la manufacture anglaise, contribuèrent à ce résultat.

La supériorité de Beethoven, comme pianiste, était incontestable pour son siècle ; voici encore quelques faits qui s'accordent avec le dire de Cramer et de Clementi. Une bonne tenue de mains et de haut-corps, un style lié et surtout une merveilleuse accentuation,

(1) Sous le paragraphe 1er de la caractéristique, il a été dit combien Beethoven avait profité des classiques grecs et latins pour son art. Une lettre datée de Bern, de 1784, insérée dans la GAZETTE MUSICALE du Bas-Rhin (n° 36, année 1858), renferme des détails intéressants sur Clementi : « Dans ses compositions, d'un mouvement lent, il me montra comment la partie intermédiaire conduit le chant ; il avait appris cela dans Rameau. Il trouva dans les auteurs latins la manière de donner une direction particulière à ses compositions. Il emprunta à la géométrie la consistance de la pensée, l'art de placer les épisodes à l'endroit convenable, si important pour les compositeurs. Il le devait au passage suivant de Quintilien : SI NON DATUR PORTA PER MURUM ERUMPENDUM. Ainsi Clementi était également disciple des latins, comme l'était notre Beethoven en partie. La preuve en est dans les INDICATIONS de prosodie, sur une vingtaine d'études de Cramer, comme on l'a vu plus haut.

étaient ses principales qualités. Sous le rapport de style lié, par lequel on reconnaissait autrefois un bon organiste, Beethoven était à cette époque supérieur à Hummel même, qu'on regardait alors comme modèle du jeu lié avec John Field. Aussi la direction de l'école moderne de piano scandalisa Beethoven, car le style se perdit avec elle; le seul, Hummel résista encore ! — Mais quelle singulière destinée ! — L'auteur de tant d'œuvres élevées dans toutes les branches de l'art musical, ennemi de toutes les grimaces et de mouvements de corps inutiles, était encore heureux de trouver dans Ch. Czerny une espèce de télégraphe, pour empêcher que sa musique ne disparût du répertoire. Néanmoins, malgré tout ce que le maître eut pu dire contre l'exécution de Czerny, celui-ci rendit des services à sa musique; il fut le seul, parmi les virtuoses de piano de Vienne, qui se soit donné la peine d'entretenir le goût du public pour les compositions de Beethoven, qu'il avait souvent entendu jouer du piano dans son bon temps. On doit donc de la reconnaissance à Ch. Czerny d'avoir combattu le mauvais goût en exécutant les œuvres de ce génie sublime, à l'époque où l'on ne jouait plus que des fantaisies ? Czerny lui-même subit l'influence de cette mauvaise tendance de l'école moderne, en ajoutant du sien à la musique de l'illustre compositeur, en mettant trop de pédales, en doublant le chant à l'octave aiguë. On connaît la passion de Czerny pour le haut du piano, où il aime tant à broder. Il prodiguait trop les cadences, les embellissements et le métronome. Une lettre que lui adressa Beethoven, en 1812, et qui fut rendue publique à la mort de Czerny, en 1858, prouve que le grand maître s'en plaignait déjà à l'époque dont nous parlons :

« Cher Czerny.

» Je ne puis vous voir aujourd'hui, mais demain j'irai chez vous
» pour vous parler. Hier j'ai tranché le mot, et j'en ai été fâché
» après. Il faut pardonner cela à l'auteur, qui aurait voulu entendre
» jouer son œuvre telle qu'elle a été écrite, bien que vous l'ayez
» parfaitement exécutée. »

Ce blâme se rapporte aux changements, aux passages doublés et aux transpositions de traits à l'octave supérieure que Czerny s'était permis, dans une salle de concert, dans le quintette en mi^b, avec les instruments à vent. Deux autres lettres, adressées par Beethoven à Czerny en 1815 et 1816, confirment ces circonstances. Pour qu'un pianiste de vingt-un ans se soit permis de tels méfaits en présence du maître, combien est plus grande la faute d'un virtuose accompli, devant servir de modèle à ses élèves.

Ceux qui ont entendu Fr. Liszt jouer du piano, devineront facilement les manières de son professeur Czerny ; c'est-à-dire l'habitude de lever les mains à chaque instant jusqu'à la tête et d'attaquer les touches de deux pieds de haut ? Liszt n'est qu'un imitateur de Czerny, qu'il eut pour maître pendant deux ans à Vienne. Lorsque Beethoven écrivit à sa digne amie, Mme Ertmann (voir la lettre de 1816, citée dans la troisième période), qu'il regrettait de ne l'avoir pas entendue jouer chez Czerny, cette lettre prouve encore son mécontentement de voir dénaturer sa musique par ce dernier. Cependant il allait souvent, en 1818, dans un cercle d'amis où Czerny exécutait ses œuvres ; mais il avait une autre raison pour cela. Quant aux auditeurs, ils écoutaient tranquillement, habitués qu'ils étaient à la manière de jouer de Czerny. Le reproche du maître, maintes fois répété : « Le jeu de Czerny manque de liaison et il accentue à faux », n'y faisait rien ; l'auditoire qui manquait de lumières et de pénétration, avait un culte particulier pour le jeune pianiste. Au reste, ces exécutions donnèrent l'occasion à l'auteur de ce livre de réunir les observations critiques du maître, ainsi que ses intéressants et savants éclaircissements sur plusieurs œuvres qui, sans cela, n'auraient peut-être pas été entendues avec succès. (1)

En ce qui regarde l'accentuation de Beethoven, nous pouvons citer en partie ses observations critiques sur l'exécution de Czerny, en partie tout ce qui ressort de l'étude immédiate du piano. Beethoven donnait la préférence à l'accent *rhythmique*, il y excellait, tandis que la partie mélodique ou grammaticale était souvent sacrifiée ; il ne s'en occupait que par nécessité, ayant l'habitude d'appuyer sur les belles notes du *cantabile* en prolongeant le son.

Dans la cantilène, il montrait la méthode d'un chanteur consommé, sans faire trop ni trop peu. Quelquefois il imitait le violon ou un instrument à vent dans la manière de phraser.

Il tenait beaucoup au bon toucher (*anschlag*), au point de vue

---

(1) Ces exécutions consacrées exclusivement à la musique de Beethoven, avaient lieu chez Czerny, pendant les hivers de 1818, 1819 et 1820, tous les dimanches, de 11 heures à 1 heure. Les portes restaient ouvertes à tous ceux qui avaient un culte particulier pour Beethoven. La position de Czerny et son talent attiraient la foule et tous les artistes étrangers en renom ne manquaient pas d'assister à ces mémorables réunions. Pour collaborateurs de ces matinées, Czerny s'était assuré le concours de Mme Ertmann, une des grandes prêtresses de l'art musical, puis MM. Pfaller et de Steiner, de Felsbourg, fonctionnaires de l'Empire. Ce dernier est l'auteur de la lettre adressée à Beethoven en 1824, par les artistes et amateurs de Vienne.

de la beauté et de la force du son. C'est ainsi que l'entendait Clementi. L'exécutant devait avoir le sentiment du son dans sa plénitude, avant de toucher au clavier: Sans ce don heureux, il est impossible d'exécuter un adagio avec âme. En général, Beethoven préférait la force et la puissance du son, au jeu délicat qu'il appellait : la miniature en musique. Nous avons la preuve de cette préférence dans l'exécution des quatuors par Schuppanzigh, où les quatre artistes produisaient l'effet d'un orchestre complet, en opposition avec les célèbres quatuors de nos jours, qui se plaisent dans les nuances les plus délicates.

Une partie importante dans la musique Beethovenienne, est celle qui se rapporte à la césure et à la phrase musicale. Pour bien comprendre la ponctuation du maître, nous donnerons des exemples tirés de ses œuvres. La suspension et la *pause rhétorique* jouent un plus grand rôle dans la composition que dans la versification où elles paraissent à un endroit déterminé du vers, comme, par exemple, dans le pentamètre du distique sur le troisième pied. Cette prolongation de la phrase musicale (*rhetorische pause*) sans le point d'orgue marqué, a pour but d'augmenter l'effet du chant suivant dans la musique de Beethoven.

Les qualités de la diction de Beethoven se trouvent déjà dans ses premières sonates, comme dans la première sonate en *fa mineur*; dans tous les quatre morceaux de la sonate en *mi* ♭ (op. 7); dans tous les trois morceaux de celle en *ut mineur* (op. 10); dans tous les quatre morceaux de la sonate en *ré majeur* de la même œuvre; dans la pathétique et dans les deux sonates (op. 14). Toutes les gradations caractéristiques, depuis le naïf, le sentimental, le sévère, le joyeux, jusqu'au passionné, se trouvent exprimées dans ces sonates. Un coup-d'œil rapide sur le premier morceau de la sonate en *ut mineur* donnera une idée de la *pause rhétorique* et de la césure.

Dès le commencement de la sonate en *ut mineur*, la musique exprime les oppositions entre la force et la tendresse, la passion et la douceur (1); ce sont des exemples parlants que le compositeur offre dans le premier et le troisième morceaux sans trop changer la mesure. C'est une lutte des plus dangereuses entre le sentiment et

---

(1) La musique de Beethoven, surtout ses sonates, devraient porter les inscriptions de PATHOS et ETHOS. Elles ont, sans nul doute, une signification ÉTHIQUE, car elles peuvent non-seulement réjouir, calmer, exciter, charmer, mais aussi pousser dans une nouvelle route, à d'autres formes techniques et délivrer la pensée musicale d'une routine vieillie.

l'esprit, lutte d'un effet indescriptible sous le rapport esthétique et comme peinture des mouvements de l'âme.

Depuis la treizième mesure jusqu'à la vingt-unième inclusivement, nous trouvons la phrase de rhétorique. Voici l'endroit :

Aux quarts de soupirs marqués dans le dessus, il faut en ajouter deux autres pour rendre la phrase interrompue avec impétuosité, en vue d'une plus grande contraction. Avec la vingt-deuxième mesure, rentre la suite de la diction passionnée, dans un mouvement énergique et continu, jusqu'à la pause générale (trentième mesure). Ce qui suit, à partir de là jusqu'à la cantilène en mi♭ (chant du milieu), doit être passé sous silence ; car « il est impossible de l'exprimer avec des paroles », dit Czerny. Cependant on doit le renvoyer à l'ouvrage de Th. Em. Bach.

La cadence qui précède l'introduction de ce morceau et son commencement, montre l'application de la thèse de Beethoven dans le point de repos, où le compositeur ne se pose pas expressément. Tout ceci a pour but de séparer l'introduction.

Voici cet endroit :

Ce passage se précipite vers le point d'orgue en si♭. Le chant suivant se joue dans le mouvement du premier allegro.

Dans le chant en *fa mineur*, la *césure* est indiquée dans la treizième mesure à l'endroit où il y a un soupir qui fait un point de repos.

Czerny fait la remarque suivante sur le troisième morceau de cette sonate : « Ce final est écrit entièrement avec cette *fantastique humeur* (1) qui était particulière à Beethoven. » Mais comment concevoir exactement ces mots ? Le genre du morceau ne les autorise pas, ou l'expression passionnée serait alors un peu fantastique et l'exécution poussée jusqu'à la caricature, ce dont Czerny lui-même veut se garder. En effet, le *passionné* qui se tient toujours dans les formes et la mesure, pourrait bien dégénérer en *fantastique* dépourvu de formes et de régularité. Dans les œuvres des véritables compositeurs, on trouve la clarté, l'unité et l'originalité dans les formes bien ordonnées. En trouve-t-on chez les rêveurs, les fantasques, et voir même chez les *Musiciens de l'avenir de Weimar!* Dans la composition, l'*humour* s'allie aussi bien avec le sévère, le sentimental, qu'avec le naïf, le joyeux et le passionné, mais jamais avec le fantastique qui blesse partout les lois de la beauté. En même temps, Czerny démontre que ce final doit être exécuté d'une manière exceptionnelle, ainsi que le premier morceau.

Dans la sonate pathétique, nous avons sous les yeux deux *césures*, une avant l'entrée du *chant du milieu* en *mi*♭, l'autre à la fin. Si l'on s'arrête à ces deux endroits, l'effet de la césure sera plus grand et la suite plus distinguée. Nous donnons ce chant en *mi*♭ d'après le manuscrit, avec l'addition des indications qui manquent dans les éditions publiées jusqu'à ce jour. On y trouvera aussi la manière dont Beethoven exécutait le *Grave* dans la pathétique.

On rencontre souvent, dans les sonates de l'illustre compositeur, les césures et les points de repos (les derniers encore plus souvent que les premières), qui ont pour but la séparation de phrases de chant (*Gegensætze*).

(1) Fantastischer humor !

Avec ces citations sur les particularités de l'exécution de Beethoven, surtout sur les exigences irrémissibles de sa musique de piano en général, nous donnerons également les contours extérieurs de l'ensemble. Tout ce qui se rapporte à leur essence intime peut être expliqué, verbalement au piano, aux personnes suffisamment préparées pour les comprendre. En attendant, le lecteur verra par ces exemples tout ce que le maître aurait écrit dans sa méthode de piano projetée (toute différente de celles des autres), si son dessein avait été exécuté.

Il est temps de donner ici les observations de Czerny, consignées dans son école de piano, relatives aux sonates de Beethoven. Ces observations viendront confirmer tout ce qui a été dit plus haut, et remédieront au peu de clarté de quelques-unes d'entre elles, qui pourraient induire en erreur.

Czerny parle ainsi du premier morceau de la première sonate en *fa mineur* :

« Le caractère en est sévère et passionné, puissant mais irrésolu, sans donner trop dans ces passages qui séparent les idées. Le mouvement est vif, mais pas trop « *alla breve* ». Dès la quatrième mesure commence le ritardando et le crescendo (non indiqués) qui durent jusqu'à la huitième. Les trois mesures, depuis quarante-et un jusqu'à quarante-quatre de la première partie, doivent être exécutées en retardant, et c'est seulement dans la seconde moitié de la quarante-cinquième mesure qu'on reprend le premier mouvement. Depuis la vingtième mesure de la seconde partie, on doit exécuter les vingt-deux mesures suivantes très-liées, mais avec force et vivacité, en accentuant bien la basse. »

Ch. Czerny s'exprime ainsi sur le quatrième morceau de cette sonate :

« Violemment excitée, (1) presque dramatique, comme le tableau d'un grave événement » etc... On le voit, ces observations sont réellement dans l'esprit de Beethoven. Néanmoins, l'exécutant aura de la peine, s'il ne connaît pas les principes développés plus haut, à faire entendre autre chose qu'un morceau défiguré.

En parlant de l'adagio *en mi majeur*, dans la deuxième sonate (œuvre 5), Czerny dit : « Dans cet adagio on voit se développer déjà une direction romantique, qui s'élèvera bientôt dans les compositions instrumentales de Beethoven à la hauteur de la poésie et de la peinture. Ce n'est plus seulement l'expression des sentiments

(1) Stürmisch aufgeregt.

qu'on entend, on en voit le tableau, on écoute le récit des événements ; malgré cela, la musique reste toujours belle et non tourmentée. Tous les effets sont obtenus dans les limites des formes régulières et d'une conduite *conséquente.* »

Sur le largo de la sonate en *ré majeur* (œuvre 10), qui exprime la mélancolie dans toutes ses phases, et où Beethoven se peint tout entier, Czerny fait des observations singulièrement remarquables : « Dans l'exécution des morceaux de ce genre, il ne suffit pas de s'identifier complètement avec eux ; les doigts et les mains doivent mettre plus de pesanteur que dans les pièces gracieuses et sentimentales. La qualité du son que l'on tire du clavier, peut seule donner la vie à la marche lente d'un adagio. Dans celui-ci, les *ritardandos* et les *accelerandos* bien calculés augmenteront son effet. Par exemple : la seconde moitié de vingt-trois mesures doit être jouée un peu plus vite, de même que la seconde moitié de la vingt-septième et de la vingt-huitième mesure. Depuis la soixante-onzième jusqu'à la soixante-quinzième mesure, il faut une gradation de force et de vivacité, qui se calme à partir de la soixante-seizième mesure. »

Selon Beethoven, il est nécessaire de changer le mouvement de ce morceau au moins dix fois, d'une manière à peine sensible à l'oreille. Le motif principal garde son premier mouvement au retour, mais les autres motifs sont exécutés avec une légère modification et doivent se mêler ensemble en conservant chacun son caractère.

Ch. Czerny parle ici en virtuose, car, pour la partie intellectuelle de la musique, il est loin de Beethoven, qu'il a cependant entendu jouer souvent. Aussi, la musique du maître devait perdre entre ses mains. Czerny avait pourtant une grande admiration pour le talent de Mme Ertmann, digne prêtresse de la musique classique, dont il avait demandé le concours, pour ses matinées, en 1818. Mais, soit présomption, soit désir de *briller*, il ne se bornait pas à rendre exactement les sublimes conceptions du maître, il cherchait des *améliorations*. Le mobile de ces abus était le désir de recueillir de vains succès auprès de la foule. Les œuvres de Beethoven étaient à la discrétion du jeune Czerny ; elles souffraient de cette légèreté, et cependant, il croyait bien servir le grand compositeur. Si je voulais soumettre son traité « sur une bonne exécution des œuvres de piano de Beethoven » à une analyse critique, j'écrirais un long livre. Mais, je ne toucherai que quelques points ; ce sera assez pour des musiciens éclairés et impartiaux.

Comme on le sait, Beethoven indiqua dans le premier morceau de la sonate en *ut ♯ mineur* (œuvre 27), « *Sempre senza sordini*, » c'est-à-dire, que le morceau entier devait être joué avec les étouffoirs levés. Comme les pédales n'existaient pas encore à cette époque, cela se faisait avec les genoux. Le son du clavecin étant très court, ne permettait pas de prolonger la mélodie. On se servait donc de ce triste expédient qui rendait le jeu très confus et très bruyant. Mais on ne tarda pas à voir les inconvénients de l'emploi inconsidéré de la pédale *forte*, et les personnes de goût ne s'en servirent, vers 1820, qu'avec une grande circonspection. Czerny abusa donc de cette pédale, dès le principe, en l'employant trop souvent dans les *forte*, tandis qu'elle offre plus davantage dans les *piano*, surtout lorsqu'elle est mitigée par la petite pédale, qui, en adoucissant le son, permet de le prolonger au moyen des étouffoirs qu'on lève au commencement de chaque mesure. Ainsi procédait Chopin dans ses poétiques compositions. Plus tard, Czerny recommande aussi de ne mettre la pédale *forte* qu'à la note basse de chaque mesure, notamment dans le premier morceau de cette sonate. Beethoven veut aussi que ce morceau soit exécuté très-simplement dans le mouvement d'*adagio*. Czerny se permet de corriger l'auteur, et recommande de jouer le morceau *alla breve*, dans un mouvement d'*Andante*. Il y a cependant une différence entre *Andante* et *Adagio*.

Un cas semblable se présente pour le troisième morceau de la sonate en *sol majeur* (œuvre 31.)

Ici le virtuose-pédagogue commente ainsi Beethoven : « Cet allegretto étant marqué *Alla breve* doit être exécuté très-vite. » Quand on lit cette explication, on n'en croit pas ses yeux. Beethoven avait-il en effet une idée assez bornée de la mesure : *Alla breve*, pour la désigner comme étant le mouvement normal d'un morceau, au lieu de s'en servir comme indication du caractère particulier. (1) Lui-même jouait ce rondo, et voulait qu'il fût joué

---

(1) En indiquant la mesure ALLA BREVE, Beethoven tenait à bien déterminer le mouvement du morceau. — Lorsque dans un allegro, au lieu de THESIS et ARCIS, on marque les quatre temps, cela prouve que la mesure est plutôt ALLEGRO-ASSAI. Ainsi, dans le KYRIE DE LA MISSA SOLEMNIS, qui procède par les quarts de notes, au lieu de deux temps, ce n'est plus ASSAI SOSTENUTO, mais plutôt ALLEGRO MODERATO, ce qui donne un autre caractère. Dans le

avec sentiment, dans un mouvement commode. Tout le morceau porte plutôt le caractère d'un récit tranquille.

Czerny se prononce ainsi sur cette œuvre sublime, riche en vraie et profonde poésie, pleine d'attraits pour les exécutants comme pour les auditeurs. Mais, si l'on compare les mouvements du métronome avec le caractère de chaque morceau, on perd les vraies notions de l'*Adagio*, de l'*Andante*, de l'*Allegro*, etc. Les deux morceaux cités le prouvent suffisamment. Ici, on aperçoit la principale cause pour laquelle la musique de piano de Beethoven fut si longtemps méconnue ; cette cause était moins dans l'insuffisance *des indications* que dans la manière de les enseigner.

L'usage de marquer au métronome les mouvements de la musique de Beethoven, introduit par Czerny, nous ramène à l'invention de Maelzel, à laquelle nous voulons consacrer quelques instants.

Dans la succession littéraire d'Ignace de Mozel, à Vienne, on trouva une lettre de Beethoven, à lui adressée et conservée dans sa famille. Je suis redevable à feu Aloys Fuchs d'une copie exacte de cette lettre, dont voici le contenu :

« Cher Monsieur,

» Je me réjouis cordialement de vous voir partager mes vues,
» relativement aux termes de musique, qui sont encore dans un
» état barbare. Y a-t-il quelque chose de plus contraire à la raison
» que le terme allegro « qui veut dire *gaiement* ; » lorsque souvent,
» un morceau portant cette indication, renferme des passages qui
» expriment le contraire (*Gegentheil*.) (1)

» En ce qui concerne les quatre principaux mouvements, qui,
» après tout, ne repondent pas à la vérité ni à la justesse des quatre
» principaux vents, nous n'y tenons pas. Autre chose est de dé-
» signer le caractère du morceau avec les paroles. Celles-là ne
» peuvent être jetées légèrement sans un grave préjudice pour
» l'esprit et pour la nature du morceau, attendu que la mesure est

---

chœur de Haydn « LES CIEUX RACONTENT SA GLOIRE », le mouvement ALLA BREVE est considéré comme PRESTO. Ainsi l'avait compris Mendelssohn au festival du Bas-Rhin, en 1846, où il fit prendre un mouvement très-vif par les cinq cents chanteurs. — On trouve dans le jugement de A.-B. Marx d'autres considérations dans la critique de la sonate en LA ♭ (opéra 110) (GAZETTE de Berlin, 1824). Le compositeur avait prescrit MODERATO CANTABILE. Cette indication peut être mal comprise, car l'exécutant s'en tient uniquement au MODERATO, lequel comprend aussi un allegro MODÉRÉ.

(1) Beethoven veut dire ici qu'un allegro peut renfermer des passages d'un caractère sévère, digne ou élevé.

» à la musique ce que l'âme est au corps (1). Ce qui me passe et ce
» à quoi je pense souvent, ce sont ces absurdes dénominations :
» *allegro, andante, adagio, presto*. Le métronome de Maelzel en fait
» justice ; aussi, je vous donne ma parole que je ne les emploierai
» plus dans mes compositions. — Une autre question se présente :
» arriverons-nous, par là, à généraliser le métronome, dont
» l'usage est si commode et si nécessaire ? Je le crois à peine ! On
» ne manquera pas de nous dénoncer comme tyrans ! mais si
» la chose en elle-même réussit, ce sera toujours mieux que de
» nous accuser de féodalité !

» Je crois donc que ce sera pour le mieux (surtout pour notre
» pays, où la musique est un besoin national) qu'on exige que
» chaque maître de musique ait un métronome, même dans les
» écoles de village. Mais, pour cela, il faut que Maelzel mette un
» certain nombre de métronomes à prix réduits, afin qu'on puisse
» les répandre partout. — On comprend facilement qu'il faut que
» quelqu'un se mette à la tête de l'entreprise. En ce qui dépend de
» moi, vous pouvez, en toute sûreté, y compter, et j'attendrai avec
» plaisir le poste que vous voudrez bien m'assigner dans cette
» affaire. »

Cette lettre porte la date de 1817. ce qui est une erreur. Beethoven mettait rarement la date de l'année sur ses lettres. C'est donc une perte pour l'histoire, comme le cas présent le prouve. Il n'y a nul doute que cette lettre ne soit antérieure à la date qu'elle porte. Elle semble appartenir à l'époque où Beethoven était fanatique du métronome de Maelzel et plein de sentiments patriotiques pour l'Autriche. Nous avons, dans la *Gazette musicale*, de Leipzig (XV° année, page 785), un éclaircissement signé de Salieri, Beethoven, Weigl et autres, sur l'utilité de l'invention de Maelzel, appelée alors « *Chronomètre*. » Par cette raison, la lettre précitée pourrait bien avoir été écrite en 1813. Une autre raison corrobore cette opinion, c'est la suppression des indications italiennes de mouvements dans les sonates (œuvres 90 et 101), dans lesquelles les signes caractéristiques, ainsi que les mouvements, sont expliqués en allemand. Ainsi, les quatre morceaux de la seconde portent ces inscriptions : I. « Un peu vivement et avec un profond sentiment. » — II. « Vivement, mouvement de marche. » — III. « Lentement (*sehnsuchtsvoll*) plein de désirs. » — IV. « Vite, pourtant pas trop et avec irrésolu-

---

(1) Lorsqu'un ouvrage de Beethoven venait d'être exécuté, sa première question était : comment s-t-on pris les mouvements ! le reste lui semblait de peu d'importance.

tion. » — Les indications données aussi aux numéros 1 et 3, parmi lesquelles on remarque celle avec : « sentiment rêveur » peuvent bien contribuer à l'intelligence d'une bonne exécution.

Mais bientôt arrivèrent des objections de la part des éditeurs anglais contre les indications des mouvements en allemand. Cette langue manquait également de la précision et de la clarté que l'on trouve dans l'italien. Beethoven se vit obligé de revenir, dans les deux sonates (op. 102), « aux indications qui touchent à l'enfance de la musique. »

Par rapport à l'historique du métronome de Maelzel, il ne faut pas oublier qu'il y en avait deux d'un genre différent. Le premier a la forme d'une petite pyramide, haute de douze pouces, pourvue d'un balancier battant la mesure extérieurement. Ce métronome doit se monter comme une montre sur une plaque de cuivre. On lit le nom de Maelzel et l'année 1815. Les chiffres indiquant la vitesse sont marqués sur le balancier depuis 50 jusqu'à 400 (1). Le prix très-élevé de cette mécanique, qui coûtait trois louis d'or dans les premiers temps, retarda son succès en Allemagne. Son auteur n'était pas pénétré d'un désintéressement patriotique, comme Beethoven. Vers 1820, Maelzel, qui habitait Paris, fit faire, par son frère de Vienne, une petite machine de huit pouces de hauteur; elle était destinée à l'Allemagne et devait se vendre au prix d'un louis d'or. Les chiffres montaient cette fois jusqu'à 208 et descendaient jusqu'à 40. Toutefois, ces améliorations ne répondirent pas à l'attente du public; on trouva trop de chiffres et le mouvement pas assez bien indiqué.

Il résulte de ce qui précède que Beethoven marqua les mouvements du métronome, dans ses symphonies, d'après la première construction (voir la *Gazette musicale* de Leipzig, XIXe année, page 863, 1817). Les changements qui intervinrent changèrent la valeur des premiers mouvements. On s'en aperçut à la publication de la symphonie en *la*, chez Steiner et Cie, dont les mouvements *métronomisés* étaient différents des premiers. Ils étaient faits d'après la petite mécanique et beaucoup plus lents. Ainsi, les mêmes chiffres placés sur les deux balanciers ne s'accordaient pas; les mouvements du petit métronome étaient bien plus vifs. Il est possible que ce fut à cause de ces variations que Beethoven abandonna peu à peu l'usage du métronome. En effet, on ne trouve depuis que la

---

(1) Le chanteur de la cour de Darmstadt, Cramolini, possède encore un métronome dans sa première forme.

grande sonate (œuvre 106), où le métronome soit marqué, et ce fut à la demande expresse de F. Ries, pour l'édition de Londres. Il en fut ainsi pour la neuvième symphonie, à la demande de Schott, son éditeur, et de la Société philharmonique de Londres. Une circonstance qui montre le peu d'importance que le maître attachait au métronome, se relie à cet événement. Il me pria de faire une copie des mouvements, préparés pour Schott, la mienne devait être envoyée à Londres avec la neuvième symphonie ; mais au moment du départ, elle ne se retrouva plus. Il fallut donc recommencer le travail et marquer de nouveau tous les mouvements. A peine Beethoven avait-il fini cette besogne, que je retrouvai ma copie. En la comparant aux nouveaux mouvements, nous vîmes qu'elle en différait entièrement dans tous les morceaux de la symphonie. Beethoven s'écria dans son humeur : « *Pas de métronome ! Celui qui a un sentiment juste n'en a pas besoin. Quant à celui qui en est dépourvu, le métronome ne lui sera d'aucune utilité, il fera courir par là tout l'orchestre.* » (1)

A l'époque des premières éditions de ce livre, l'auteur eût des preuves évidentes de cette confusion dans les œuvres de piano de Beethoven, en comparant les éditions de Londres, sur lesquelles les mouvements du métronome avaient été marqués par Moscheles, avec les éditions de Haslinger, à Vienne. D'un autre côté, Czerny marqua aussi les mouvements du métronome sur toutes les sonates de l'illustre compositeur, dans sa méthode de piano publiée par Diabelli. Comme le magasin de musique de ce dernier était situé sur le Graben, côté de l'ouest (grande rue de Vienne), du côté opposé à celui de Hasslinger (côté de l'est), et que chacun de ces deux éditeurs avait des mouvements différents marqués sur les œuvres éditées par eux, on disait que l'espace entre ces deux métronomes égalait, pour le moins, celui qui se trouve entre l'est et l'ouest. Lequel de ces deux mouvements fut le vrai, c'est ce qu'il est impossible de dire. Czerny a basé le sien sur la tradition ; étant contemporain du grand compositeur et habitant la même ville, il devait être cru, mais ses mouvements présentaient une trop grande différence avec ceux de Haslinger, et s'éloignaient beaucoup des traditions, ce qu'on peut expliquer par la confusion que ces *huit cents* œuvres de piano pouvaient faire naître dans sa tête. Depuis ces événements, Moscheles et Czerny, virtuoses tous deux, furent chargés souvent de marquer les mouvements au métronome, tant

(1) Voyez les observations de C. M. de Weber qui précèdent, sur l'emploi du métronome.

dans les différentes éditions de Beethoven que dans les journaux. Cette différence dans la manière de voir les choses, peut se comparer à la manière différente d'accorder un orchestre. La commission instituée à Paris, pour l'adoption d'un diapason unique (normal), nous donna un exemple incroyable de la divergence des opinions en matière d'art musical. Quant au métronome de Maelzel, de nombreuses contrefaçons, dans tous les pays, discréditèrent pendant quelques temps cette utile invention.

Ces indications de dates suffiront pour mettre en garde contre la confusion qui règne dans les mouvements des œuvres de piano de Beethoven. C'est une véritable Babel. On se demande à quel point il conviendrait de métronomiser les œuvres, qui se distinguent par tant de caractères particuliers. Cela donnerait une mauvaise opinion de celui qui tenterait de le faire et prouverait son ignorance complète de ces particularités et de la caractéristique de ce génie sublime.

Après avoir parlé de l'intervention nuisible de Czerny dans la musique de Beethoven, parlons un peu d'un autre virtuose agissant également dans la même sphère et partageant aussi les erreurs de Czerny, sous prétexte d'être utile à Beethoven. Nous voulons parler de F. Ries, qui peut se vanter d'avoir été l'élève de Beethoven pour le piano. La différence entre ces deux virtuoses (le mot pris dans le meilleur sens), consiste en ce que Czerny, pendant de longues années, étudia son faire, sous les yeux du maître, par la pratique, et, après sa mort, par la théorie; tandis que F. Ries, éloigné du compositeur, déclarait tenir les changements de lui, après s'être entendus naturellement. Sous un certain point de vue, il y a cependant entre eux une grande ressemblance. Plus ils cherchaient à briller par leurs propres talents de conception, plus ils s'éloignaient du modèle classique, chacun d'eux ayant suivi une autre direction. Il leur arriva ce qui était arrivé aux artistes, depuis l'époque de Louis XIV, jusqu'à la moitié du dix-huitième siècle : Plus ceux-là s'éloignaient de l'étude de l'antiquité pour sacrifier au goût moderne, plus ils s'exposaient à être oubliés jusqu'à ce que David les fit revenir à l'antique. Que sont devenues aujourd'hui les soi-disant compositions originales de Czerny et de Ries! et qu'est-ce qui restera, dans dix ans, de deux cents œuvres de Ries dans tous les genres, et d'un millier environ d'airs variés et d'arrangements de Czerny.

Il a été remarqué, dans la préface, que depuis des années, il régnait une grande mésintelligence entre Beethoven et Ries. Pour différentes raisons, ce dernier garda même rancune à son maître jusqu'à sa mort. Dans la troisième période, on n'a fait que mentionner en passant l'interruption des relations amicales entre le maître et l'élève, car ce n'était pas le lieu d'en rechercher les causes. Il est plus naturel de le faire à présent, d'autant plus que l'historique des travaux de Czerny nous y conduit. Or, les faits accomplis étant, par leur nature, en rapport avec la musique, ils ont de l'importance pour l'histoire de l'art et de la civilisation. Lorsque l'on considère que l'intérêt du public, pour la poétique de Beethoven, s'amoindrissait d'année en année, et que sa musique de piano était déjà reléguée entièrement dans l'alcôve, vers 1830, il ne sera pas sans intérêt de jeter les yeux sur deux artistes de grande valeur, qui passèrent une partie de leur vie près du grand compositeur. Il importera de connaître leur influence dans le succès extraordinaire de la musique de Beethoven, depuis 1830.

Dans sa notice sur Beethoven, F. Ries n'approfondit pas assez cette délicate question. Quant à ses lettres, elles ne sont pas exemptes, non plus, de passion et de personnalités.

Il est tout naturel que Beethoven, victime d'une triste infirmité, ait songé à son élève F. Ries, pour être le puissant soutien de ses œuvres de piano et le modèle de la bonne exécution qu'il lui avait enseignée depuis la quinzième jusqu'à la vingt-unième année de sa vie. Mais, plus Ries s'efforçait de mettre au jour ses propres compositions en suivant une nouvelle direction, plus brillante de forme que de puissance créatrice, plus il perdait la trace et le véritable cachet des compositions de son maître. Beethoven en fut prévenu, pour la première fois, par son ami Salomon, en 1814. Celui-ci lui mandait que Ries obtenait alors, à Londres, fort peu de succès avec les compositions du maître, et qu'il se permettait de faire beaucoup d'omissions et de changements dans les sonates et les trios. Ces renseignements furent confirmés plus tard par Ch. Neate, dont il a été question au commencement de la troisième période, et, ensuite, par C. Potter, en 1817. On conçoit que la concordance de toutes ces nouvelles fit faire du mauvais sang à Beethoven; elle donna lieu, plus tard, aux nombreuses plaintes du maître, contre son élève et ami. Cependant, il garda longtemps le silence, et ce ne fut que par les lettres à d'autres personnes, qu'on apprit le blâme de Beethoven, blâme qui pouvait blesser F. Ries, et qui le blessa en effet, ainsi que l'auteur l'a appris de la bouche de Ries lui-même.

Ainsi se développèrent les causes d'une tension réciproque et d'une mésintelligence fâcheuse. Ceux des professeurs qui ont formé des élèves, dans l'espérance que ceux-ci deviendraient un jour les défenseurs d'une grande cause, jugeront ces événements à leur juste valeur.

F. Ries s'est fait connaître aux admirateurs allemands de Beethoven, comme étant familiarisé avec les procédés de sa musique et aussi par ses observations critiques. Sous ce rapport, il soutint, en 1830, avec L. Berger, à Berlin, un vif combat, que l'auteur de ce livre connut plus tard, par le professeur Dehn. Ries blâma entre autres, dans la sonate intitulée : *Les Adieux* (œuvre 81), un passage où les accords de la tonique et de la dominante sont superposés et jurent avec l'harmonie parfaite.

Beethoven avait en vue d'exprimer, par là, les derniers adieux de deux amis s'appelant de loin ; c'est l'idée la plus originale qu'on remarque parmi les particularités de sa musique ; elle est aussi d'une exécution fort difficile, qui exige beaucoup de délicatesse, sans quoi l'effet en serait fort étrange.

L'enchevêtrement de ces accords résonnait à l'oreille de Ries d'une manière « détestable, » comme l'appel du cor avant la rentrée du motif principal dans la deuxième partie de la symphonie héroïque. L. Berger, en fort dialecticien, devait combattre cette critique sans ménagement. Pour citer encore un fait, il faut mentionner la suppression d'une partie de l'adagio de la neuvième symphonie, au festival du Bas-Rhin, à Aix-la-Chapelle, en 1825, comme le prouvent les parties d'orchestre effacées. En général, Ries en voulait aux adagios de Beethoven, qu'il trouvait d'une longueur excessive (C. M. de Weber était aussi du même avis). Malheureusement, Ries manquait de sentiment pour le *profond*, et son petit jeu était insuffisant pour rendre le caractère large de la musique de Beethoven et mettre au jour ses grandes beautés (1).

(1) La caractéristique de la musique de Ries, d'après l'Encyclopédie de Shilling, peut servir de preuve à ce qui vient d'être dit : « Le style sévère de Beethoven y est méconnaissable et il est loin d'atteindre sa profondeur. Sous les rapports de la variété et du charme

Lorsque Ries avait l'âge de vingt ans, aucune rancune n'existait encore entre le maître et l'élève. En 1816, Beethoven engagea Ries à lui dédier un morceau digne de lui, auquel il voulait répondre par une composition dédiée à son élève (voyez la notice de Ries). Dans une lettre du 6 avril 1822, Beethoven écrit : « Je n'ai rien » entendu dire de votre symphonie. » (Elle n'avait point été publiée). Dans le post-criptum de cette belle lettre, Beethoven ajoute : « Faites » donc que je reçoive votre dédicace et que je puisse la montrer ; » cela sera fait aussitôt que je la recevrai. » — Déjà, dans la lettre suivante, dont le commencement et la date manquent (comme Ries le remarque), on lit : « Puisque vous désirez (à ce qu'il paraît) une » dédicace de moi, je condescends à vos désirs plus volontiers que » s'il s'agissait d'un grand seigneur (entre nous). Au diable, si l'on » ne réussit pas dans vos mains. Ma neuvième symphonie vous sera » dédiée ; j'espère bientôt recevoir la vôtre. » — Dans une autre lettre de Beethoven, du 16 juillet 1823, on lit : « Maintenant, vous » devez avoir reçu les variations, œuvre 120 ; je n'ai pu les dédier » à votre femme, parce que je ne connais pas son nom. Faites-le » vous même, en mon nom et au vôtre, ce sera une surprise ; le » beau sexe aime cela. » — La copie de ces variations arriva réellement à Londres, et on lisait au-dessus ces mots, écrits de la main de Beethoven : « Dédiées à Madame Ries. » — C'était un grand honneur que Ries désirait depuis quelque temps obtenir pour sa femme. Lorsqu'il apporta la copie de ces variations à l'éditeur anglais Boosey, il fut tout surpris de trouver un exemplaire gravé de ces variations sur le pupitre de Boosey, édition de Vienne et de Paris, avec une dédicace à Madame Brentano-Birkenstock, de Francfort, ancienne amie de Beethoven. Celui-ci s'excusa sur cette double dédicace, dans une lettre adressée à F. Ries, dans laquelle il lui disait : « De ne jamais songer à un cadeau, ni à une marque » de reconnaissance pour cette dédicace. » Aussi, F. Ries remarque dans sa notice : « qu'il serait difficile de trouver une idée plus sin- » gulière et une contradiction plus choquante. »

La vie de Beethoven fourmille de nombreuses contradictions. Rien ne peut atténuer la conduite énigmatique du maître dans l'histoire de la double dédicace. Mais, pour l'intelligence chronologique de cette affaire, F. Ries aurait dû publier en entier la lettre

dans la manière de traiter son instrument, Ries peut à peine être placé après Dussek. Il ne peut être comparé non plus aux virtuoses de l'école moderne de piano ; comme Hummel, Moscheles, Kalkbrenner, etc. Il tient un certain milieu, il eut pour lui un nombreux public qui fit son succès dans le monde musical et surtout en Angleterre.

citée ci-dessus, car sa manière de raconter les faits jette un peu d'ombre sur le caractère du grand maître. C'est un devoir pour les biographes, connaissant bien les choses, d'en donner la clé au public. Sans cela, le plus simple événement pourrait être mal commenté dans l'avenir.

Dans le courant de l'année 1823, Ries envoya à son maître, par l'entremise d'un éditeur de musique de Vienne, quelques-unes de ses nouvelles compositions, entr'autres, son concerto, intitulé : « *Abschieds - Concert von London.* » Depuis quelques années, Beethoven n'avait reçu aucun ouvrage de la plume de son ami et élève. Il n'y avait pas alors, à Vienne, de maison de commission pour l'envoi à l'étranger. Aussi, on ne recevait que rarement des nouveautés, si ce n'est quelques contrefaçons. Par cette dernière composition de Ries, le maître acquit la conviction que son élève avait pris entièrement la direction de l'école moderne et qu'il excellait dans le genre superficiel. Cette circonstance, ainsi que le souvenir de l'abandon de ses œuvres, par l'élève rebelle, mirent le grand-prêtre dans une sainte colère ; il s'emporta jusqu'à écrire une lettre passionnée à la *Gazette musicale*, de Leipzig, dans laquelle il défendit à Ries de se dire son élève. Par bonheur, cette lettre n'a point été envoyée, grâce aux observations de son entourage. Mais les accusations furent envoyées à Londres à l'adresse de Ries, et la rupture devint inévitable, malgré les services rendus à Beethoven par son ami et élève.

Pour bien juger l'état des choses, il faut que le lecteur se place dans la position de Beethoven, dont la musique fut abandonnée par tous les siens. Même Ch. Czerny n'avait rien fait pour elle depuis 1820. Qu'est-ce qui serait advenu si la *Société des Concerts* n'avait pas réveillé un enthousiasme si extraordinaire, par suite duquel une nouvelle vie fut donnée aux sublimes créations du maître, abandonné de ses concitoyens.

III

Lorsque, dans la dernière époque, on entendait des plaintes fréquentes sur la décadence de l'art théâtral, on attribuait cela au petit nombre d'écrivains dramatiques, capables de rehausser la scène nationale et de lui rendre son caractère grand et élevé. Pareille chose est arrivée dans la branche de musique dont nous nous occupons. Le peu d'artistes capables de comprendre les idées poétiques et intellectuelles des compositions de Beethoven, était cause de l'indifférence du public. Par suite de cela, l'époque antérieure nous transmit beaucoup d'erreurs, relativement à la musique de piano du grand maître. L'intelligence nécessaire pour comprendre ses beautés manquait encore aux musiciens.

L'époque actuelle a vu surgir trois grands talents, ayant chacun une spécialité. Nous voulons parler de Thalberg, Chopin et Liszt. Si Thalberg avait pu appliquer sa manière de faire chanter le piano aux compositions classiques, il aurait rendu service à l'art. Le talent idéal de Chopin se manifestait surtout dans les airs nationaux polonais et dans ses propres compositions, écrites dans un style particulier, rempli de poésie. Mais il ne peut servir de modèle pour l'exécution des classiques. Son talent original laisse d'ailleurs loin de lui ses disciples et imitateurs, qui sont à leur maître ce que sont les lithographies à la peinture à l'huile.

Liszt croyait sortir de l'école de Czerny avec un talent fini. Si l'on peut finir ses études à l'âge de douze ans, cela veut-il dire, qu'à cet âge les idées soient assez solides et le sentiment du beau assez épuré pour ne rien craindre des orages de la vie. La suite a prouvé le contraire, et le talent du jeune Liszt n'a pris une bonne route qu'après de nombreuses transformations.

A dix ans, il devint l'élève de Czerny et annonçait déjà l'étincelle divine qui l'inspirait ; mais ce fut un malheur pour lui, d'avoir été confié à un tel maître. Ce jugement est justifié par l'aperçu de ses travaux de virtuose. Pendant deux ans, Czerny ne fit travailler son jeune élève que pour lui donner une exécution de bravoure. Elle devait lui suffire pour son instruction musicale et pour se produire en public ; c'est ainsi qu'il fit ses premiers pas pour monter au Parnasse. Mais bientôt, les effets de la direction du maître se modifièrent dans la vie parisienne, et son individualité artistique prit un nouvel essor. Sa facilité pour improviser sur des thèmes donnés, qualités rares, mais qui dégénérait souvent en manières excentriques, lui valut de grands succès ; aussi aimait-il à s'y livr   le professeur n'y voyait aucun danger. La suite montrera à quel gré le grand virtuose porta cette faculté en suivant la direction propre à son génie. On ne peut voir en lui qu'un modèle passable dans l'exécution de la musique classique ; s'il eût suivi cette voie, elle eût rehaussé sa valeur, d'autant plus que sa manière ne reposait sur aucun système, elle dépendait le plus souvent de ses préoccupations et de ses succès. Mais, comme Liszt n'était pas exclusif, comme Thalberg et Chopin, il se rendit maître de la musique de Beethoven et forma une partie importante de son répertoire de plusieurs morceaux qui lui convenaient particulièrement. Ce fut un malheur pour cette musique, mais non le plus grand de ceux qu'elle eût à subir de tout temps. Liszt saisissait bien la poétique des œuvres de Beethoven, et quand il ne pouvait pas la rendre avec bonheur et dans l'esprit du maître, son exécution était rehaussée par son propre génie. Il avait quelquefois de ces heures consacrées, où son âme inspirée aurait contenté le grand compositeur lui-même, comme, par exemple, dans l'exécution du grand concerto en *mi* ♭, à la fête de l'inauguration de la statue de Beethoven, à Bonn, en 1845. Depuis dix ans, Liszt a échangé sa carrière de virtuose, contre le bâton de chef d'orchestre et de compositeur ; sous ce rapport nous ne nous occuperons plus de lui, et comme il tient à son « *überwundenen Standpunkt* » (point de vue dépassé), la musique classique n'aura plus rien à craindre de lui ni de ses élèves. Nous devons en remercier le sort.

Après Liszt, la personne la plus admirée sur le piano, fut Mme Clara Schumann. Acceptée par la presse allemande comme un modèle des plus accomplis, dans l'exécution de la musique de Beethoven, cette artiste nous offre l'occasion d'émettre nos idées dans toute l'indépendance de notre critique. Il n'y a aucune analogie entre l'enthousiasme effréné de nos dilettantes et une critique qui veut se tenir dans les limites de ce qui est raisonnable. Nos amateurs s'enflamment facilement. Qu'on se rappelle l'engouement excité par les opéras de Rossini, et l'on conviendra qu'il n'est pas prudent, pour un juge éclairé, de suivre le dilettantisme dans ses exagérations. Un critique, de Vienne, s'écrie dans la *Revue mensuelle pour le théâtre et la musique :* « La théorie de la musique est la science du monde la plus dépourvue du bon sens, et son manteau flotte au gré des vents. »

Tout défaut trouve enfin son juge : C'est à la nouvelle revue, (1) qu'appartient le mérite d'avoir examiné, à fond, les jugements

---

(1) Publiée pour la première fois, en 1855, cette revue indépendante a changé son titre avec le commencement de l'année. Elle paraît maintenant toutes les semaines, sous le titre : RECENSIONNEN UND MITTHEILUNGEN UBER THEATER UND MUSIK.

portés sur Mme Schumann, et d'avoir élevé un autel propitiatoire aux mânes de Beethoven, lequel fut sacrifié pendant vingt ans par cette artiste. La même revue a prouvé aussi, qu'il y a encore à Vienne un reste de bonnes traditions du grand maître. Ces précieuses traditions sont restées malheureusement dans l'oubli pendant trente ans. Mme Schumann, tant prônée, arriva à Vienne pour la deuxième fois, en 1856, après une interruption de dix-sept à dix-huit ans. Elle espérait y trouver un autre *Grillparzer* pour chanter ses victoires. Mais elle trouva la nouvelle revue, qui veillait sur les intérêts de l'art musical avec une entière indépendance. Nous prenons acte ici de l'opinion des Viennois sur le talent de Mme Schumann. Les exécutions, à Vienne, avaient déjà provoqué une opposition. Le sort fatal qui pesait sur la musique de Beethoven n'était pas rompu, et le succès de la pianiste célèbre, dont le talent était à son apogée, n'y pouvait rien. Sur le programme de son second concert figurait la sonate en *ré mineur* (œuvre 31.) Qu'on nous permette de citer ici le passage de la critique qui la concerne. L'auteur s'exprime ainsi : « Sur l'accord brisé avec lequel commence le premier morceau, ainsi que sur les récitatifs, » Mme Schumann négligea ces endroits ; elle s'appliqua fort peu à rendre les pensées du maître, et elle joua en général cette partie de la sonate sans attacher une grande importance à son esprit. Dans l'*adagio*, elle ne fut pas plus heureuse. Un adagio comme celui de la sonate en *ré mineur*, exige quelque chose de *grand*, de *solennel*, de consacré dans l'exécution. Le mouvement pris par Mme Schumann ne convenait pas au caractère du morceau. Quant au final, Mme Schumann transforma le mouvement d'*allegretto*, en un *prestissimo*, qu'elle put à peine achever, malgré l'étonnante agilité de ses doigts. (1)

Parmi ceux qui ont fait beaucoup de mal à la musique de Beethoven, il faut citer Mendelssohn. Ce maître n'avait pas de système arrêté ; mais, comme pianiste et chef d'orchestre, il lui a porté des blessures graves par son éclectisme. Du nord au sud, de l'est à l'ouest, la mauvaise graine a poussé, il n'y a plus moyen de l'extirper. C'est en vain que plusieurs organes de musique ont voulu s'en donner la peine, le mal a pénétré dans la chair et le sang de

---

(1) M. Schindler entre ici dans de longs développements sur l'exécution de Madame Schumann. Il cite à ce sujet l'opinion de plusieurs critiques allemands ; nous sommes obligés d'abréger faute de place. D'ailleurs, les artistes et amateurs français ont souvent l'occasion d'entendre la célèbre artiste à Paris, où elle continue à propager la musique de son mari.

(*Note du traducteur.*)

la nouvelle génération ; aussi, le vrai public s'éloigna de Mendelssohn, ainsi que de tous les pianistes et virtuoses qui suivaient ses traces. On peut faire le même reproche à Conradin Kreutzer. Cependant, celui-ci ne dépassa jamais les justes bornes, tandis que Mendelssohn, dès son jeune âge, propagea les principes oligarchiques dans l'art, de pays en pays, de festival en festival. On était habitué à le regarder comme modèle dans tous les genres de musique. Il faut dire aussi qu'il ne manquait pas de qualités éminentes pour briller comme compositeur et comme chef d'orchestre. Et lorsqu'en 1836, l'auteur de ce livre crut nécessaire de combattre la manière avec laquelle la neuvième symphonie fut exécutée aux fêtes musicales de Dusseldorf, sous la direction de Mendelssohn, il se trouva seul de son opinion et ne put convaincre ses antagonistes. Cependant, à l'époque dont nous parlons, il était temps encore d'opposer une digue à cette marée montante, quoiqu'il ne fût pas facile de trouver des gens capables de rompre des lances contre un artiste placé si haut et réputé infaillible par les amateurs de province. Ainsi, une erreur fut suivie d'une autre plus grande, et l'arrivée d'autres virtuoses de piano, reconnus pour demi-dieux, donna un cachet caractéristique à cette époque, qui tiendra une grande place, à l'avenir, dans l'histoire de l'art musical.

Comme complément de ce tableau musical, nous donnons ici l'extrait d'un article de M. Otto Jahn, publié dans un journal de Leipzig, sur les concerts d'abonnement de cette ville, dans l'hiver de 1853 à 1854.

« Un mouvement trop rapide, est un inconvénient dans les
» exécutions à grand orchestre. C'est Mendelssohn qui a introduit,
» à Leipzig, la mode de presser le mouvement. Depuis, cette mode
» s'est incarnée partout, et devient un abus détestable. Il ne faut
» pas confondre la manie de presser, avec une exécution ardente
» et passionnée. Un mouvement trop vif ne permet guère de
» rendre le caractère du morceau, ni de mettre en relief la signi-
» fication de la composition. On comprend, aussi, que la trop
» grande vitesse est préjudiciable à la qualité du son, qu'on ne
» peut faire ressortir avec justesse. La rapidité du mouvement
» constitue-t-elle la supériorité d'un orchestre ? Cette question a
» de quoi nous surprendre, car, chez nous, on considère la chose
» autrement. »

» Même un très-bon orchestre n'est pas en état de faire ressor-

» tir les passages difficiles dans un mouvement trop vif. On entend
» à peine l'essentiel, et les détails sont négligés. Les doigts n'ont
» pas le temps nécessaire pour appuyer la corde avec exactitude ;
» aussi les sons tremblent et laissent à désirer. Les nuances fines
» ne peuvent plus trouver place ; elles disparaissent dans les grands
» effets d'attaque. Il s'en suit que la trop grande rapidité dans les
» mouvements réagit sur l'intelligence d'une bonne exécution. On
» regrette les rentrées heureuses, les dessins rhythmiques, ainsi
» qu'une égale division de l'ombre et de la lumière. Là où
» manquent ces qualités, on ne peut s'attendre à une bonne
» reproduction, ni à une exécution irréprochable des beautés
» esthétiques. »

C'est ainsi que cela se passe à présent. Nos anciens classiques ne pourraient rien comprendre à ce frivole rouage. Dans leur simplicité, ils ne reconnaîtraient pas même leurs œuvres. Si les grandes associations musicales n'entretiennent pas les lois de l'équilibre d'une manière inébranlable, si le public, fatigué des productions éphémères, ne s'adresse pas à ce qu'il y a de mieux, notre siècle ne verra bientôt que des ruines dans le domaine de l'art classique. Puisse la conclusion de cette partie être plus satisfaisante sous ce rapport que celle qui a précédé. Pour atteindre ce but, il faut d'abord jeter un coup-d'œil rétrospectif sur la vie du grand compositeur. Sa musique de piano (exceptés les concertos) eut un singulier sort. Ce sont deux dames amateurs, véritables virtuoses, qui pénétrèrent le plus profondément dans l'esprit de ses œuvres. Elles les interprétèrent fidèlement, avec une piété sincère. Elles s'approchèrent le plus près de la beauté idéale, sans prétendre à les améliorer. En leur qualité de virtuoses amateurs, elles étaient libres des préjugés qui s'attachent à certains virtuoses de profession.

Une de ces dames était la baronne Dorothea Ertmann ; l'autre la comtesse Sidonie de Brunswick, de Pesth. La première florissait dans les premières années du siècle, et suivait la direction du sublime maître. La seconde vécut plus tard, de 1830 à 1840. Il a été question de Madame Ertmann dans la troisième période. Nous avons constaté qu'elle excellait dans les sentiments tendres et naïfs. Elle unissait la sensibilité à la profondeur. Elle ne cherchait point à dépasser les limites du possible, lorsqu'elle jouait dans un vaste local, devant les connaisseurs. Son principe était : que tout ne convient pas à tous (alles paszt nicht für alle). Comme indice caractéristique de sa manière d'être, il faut louer, surtout, le sang-froid avec lequel elle se présentait devant les artistes virtuoses, sans se laisser imposer le moins du monde par leurs clameurs (1).

Quant à Mme la comtesse de Brunswick, son talent différait de celui de Mme Ertmann. La seule comparaison possible entre ces deux talents, serait celle que l'on pourrait faire entre un tableau de genre et une peinture historique. Mais la comtesse de Brunswick surpassait Mme Ertmann en inspirations poétique. Ses exécutions égalaient les grands tableaux à fresque et produisaient beaucoup d'effet. Elève de Beethoven, la comtesse de Brunswick fut surtout encouragée par son mari à jouer la musique de son maître. Dans un point essentiel, les deux dames s'accordaient ensemble. Elles éprouvaient les mêmes impressions en jouant la musique de Beethoven et avaient un même sentiment de leurs forces et de leurs faiblesses. D'un côté, l'œuvre produite n'avait rien de mystérieux, et l'on ne faisait pas ressortir ce qui n'y était pas, comme c'est l'habitude chez certains *initiés*. D'un autre, on restait fidèle, avec une délicatesse scrupuleuse, à la conception artistique. La comtesse Sidonie se plaça bien haut dans l'exécution du grand trio en *si*^{b}, dans la sonate en *fa mineur*, dans le quintette de Spohr en *ut mineur*, et dans quelques ouvrages d'Onslow. Elle était même remarquable dans les œuvres qui n'avaient point de cachet caractéristique et dont elle ne pouvait maîtriser les difficultés sans effort. Dans ce cas, elle était sévère pour elle-même et ne jouait que par complaisance pour les personnes présentes. La comtesse de Brunswick est encore en vie, mais elle brisa sa lyre à la mort de son mari, arrivée en 1847. Tous deux, mari et femme, jouèrent un grand rôle dans le domaine de la musique de chambre et de concert. Mais le comte de Brunswick n'a pas eu à se louer des circonstances. (2)

---

(1) Beethoven laissait d'ailleurs une entière liberté à Madame Ertmann pour faire valoir ses compositions, ainsi qu'il a été dit.

(2) La maison du comte F. de Brunswick, à Pesth, était un petit conservatoire, formé d'un cercle choisi d'amateurs et d'artistes pleins de zèle. Un excellent quatuor était dirigé par Thaborsky, premier violon du conservatoire de Prague; le comte de Brunswick tenait lui-même le violoncelle et la comtesse le piano. Ce Trifolium artistique exécutait avec une telle perfection, qu'on chercherait en vain la pareille dans la capitale de l'Autriche. Combien le comte savait protéger les arts et en propager le goût, le fait suivant le prouvera. Il entreprit, en 1819, la direction du grand théâtre de Pesth, dans le but louable de relever la musique. Dans la première année, tout marcha bien, les choses furent bien avancées; dans la deuxième année, la noblesse exigea plus d'opéras italiens et le public plus de farces de Vienne. Cela semblait revenir à l'ancien état de choses. Mais les concessions faites par la direction satisfirent peu la noblesse, et comme le comte de Brunswick persévérait dans son système, la moitié des loges du théâtre resta vide. Cela ne l'empêcha pas de faire venir les meilleurs acteurs et chanteurs, et de remplir les places avec un petit nombre d'invités. Après la déposition de la direction, en 1822, il perdit une somme énorme, mais non l'honneur, ni la cons-

Tournons-nous maintenant du côté des coryphées de la nouvelle école de piano. Elle domina pendant longtemps en Autriche comme partout. Hummel, Moscheles, Pixis, etc., lui sont restés fidèles dans leurs compositions. Arrivés à l'apogée de leurs talents, ils tenaient fermement à leur position conquise « den überwundenen Standpunckt. »(Comme les musiciens de l'*avenir* tiennent à la leur et qu'ils croient qu'étant maître du présent, l'avenir leur appartiendra). Ils laissaient de côté les œuvres de Beethoven, pensant qu'elles n'avaient plus aucun charme pour le public. Ils remplissaient les programmes de leurs propres compositions, comme on peut s'en convaincre en jetant les yeux sur les exhibitions du temps. Malgré cet engoûment passager, la musique de Beethoven devait renaître de ses cendres, comme le Phénix. Bientôt, sa gloire brilla d'un éclat inespéré.

Et tandis qu'un des artistes nommés, voyant pâlir son étoile, fut réduit à arranger les différentes compositions du maître, si longtemps oublié (arrangements de symphonies par Hummel), un autre s'occupa d'une nouvelle édition de certaines œuvres, pour y mettre son nom (Moscheles). Ces événements trouveront difficilement leurs pareils dans l'histoire de la musique.

L'aperçu suivant est une preuve parlante des nombreuses éditions d'œuvres de Beethoven, répandues partout d'une manière extraordinaire.

Les éditions originales d'œuvres de piano se partagent ainsi entre les anciens éditeurs.

> Haslinger, *à Vienne*, propriétaire de toutes les éditions du Comptoir d'industrie.
> Spina, *à Vienne*. Autrefois Diabelli et Compagnie, propriétaire des anciens magasins de Thad. Weigl, de Mathias Artaria, de Pennauer et de Leidesdorf.
> Schlessinger, *à Berlin.*
> Artaria et Compagnie, *à Vienne.*
> Simrock, *à Leipzig.*
> Peters, *à Leipzig,*
> Breitkopt et Haertel, *à Leipzig.*
> Hoffmeister, *à Leipzig.*

---

cience d'avoir bien rempli son devoir. Il resta toujours un des plus riches magnats du royaume. C'est de ces années que datent plusieurs lettres intéressantes de Beethoven, adressées à son ami à Pesth, dans lesquelles il encourage celui-ci à persévérer dans ses bonnes intentions. Béni soit son souvenir.

Il est remarquable que tous ces éditeurs de musique se sont réciproquement fait tort par des contrefaçons.

Les éditions de toutes les sonates (à l'exception des œuvres 106, 109, 110 et 111) parurent, aussitôt après la mort du grand compositeur, chez :

HASLINGER, à *Vienne.*
JEAN ANDRÉ, à *Offenbach.*
SIMROCK, à *Bonn.*
BOTE et BOCK, à *Berlin.*
CRANZ, à *Hambourg.*

Un plus ou moins grand nombre de sonates parut chez :

BREITKOPF et HARTEL, à *Leipzig.*
NAGEL, à *Hanovre.*
PETERS, à *Leipzig.*
SPINA, à *Vienne.*
SPEHR, à *Brunswick.*
BOEHME, à *Hambourg.*
WITZENDORF, à *Vienne.*
ARTARIA et Compagnie, à *Vienne.*
SCHUBERTH et Compagnie, à *Hambourg.*
WEINHOLZ, à *Brunswick.*
BACHMANN, à *Hanovre.*
CHALLIER, à *Berlin.*
SCHOTT, à *Mayence.*
ECK et Compagnie, à *Cologne.*
LOEHR, à *Francfort-sur-le-Mein.*
DUNST, à *Francfort-sur-le-Mein.*
NÆGELI, à *Zurich.*

Les deux dernières éditions furent vendues. Dunst avait, chez lui, tous les trios, les quatuors, les quintettes, et tous les concertos en partition, ainsi que les chants et les lieder.

HOLLE, à *Wolfenbuttel,* a fait paraître l'édition complète, revue par Fr. Liszt. Déjà, un certain nombre de sonates et quelques symphonies ont été arrangées à deux et à quatre mains, par F. W. Markull.

HALBERGER, à *Stuttgart,* a commencé à publier *toutes les sonates,* revues par Moscheles.

HECKEL, *à Manheim*, a publié tous les *trios* de piano, ainsi que les partitions de tous les quatuors, publiées aussi par les premiers éditeurs.

Il existe, à *Paris*, plus de dix éditions des œuvres de piano. Les partitions des symphonies ont été publiées par deux éditeurs ; les partitions de tous les concertos, par S. Richault.

En *Angleterre*, il existe six à huit éditions des œuvres complètes de piano ;

En *Belgique* et en *Hollande*, cinq ou six ;

Dans l'*Amérique du Nord*, quatre ou six ;

En *Russie*, deux ou trois.

En tout, le nombre des éditions des œuvres de piano de Beethoven s'élève au-delà de *quarante*. On peut évaluer le tirage de chacune à mille exemplaires sans exagération.

Il y a déjà bien des années, une édition des sonates de Beethoven fut entreprise par *André*. On pouvait la compter au nombre des plus rares et des plus malheureuses de notre époque mercantile. L'éditeur commença d'abord à allonger les sonates, en les publiant à quatre mains. La sonate pathétique, celle en *ut mineur*, et celle en *ré mineur*, parurent ainsi, grâce au zèle de M. Jules André, promoteur de cette heureuse idée.

Lorsqu'il y a quinze ans, l'éditeur Schott publia une édition du *Clavecin bien tempéré de Bach*, arrangée à quatre mains, par Bertini, un cri général de réprobation s'éleva dans toute l'Allemagne de la part des musiciens qui avaient quelque sentiment, contre cet attentat sur une œuvre d'art consacrée. Et si, à cette époque, l'Allemagne avait possédé un organe indépendant, s'occupant spécialement de la musique, ce sacrilège aurait été désigné au bucher, et avec raison. Je considère au même point de vue l'attentat commis contre les sonates de Beethoven, en les arrangeant à quatre mains. Une composition, conçue dans son ensemble pour un instrument d'une manière compacte, perd beaucoup par cette extension et par l'éparpillement des accords; cela ne s'appelle pas même un *arrangement* dans l'acception du mot. Celui-là peut être utile pour une œuvre à grand orchestre, ou un quatuor, qu'on rend, par ce moyen, plus facile à être compris des amateurs. Ce serait la même chose que si un copiste mettait du jaune en place du bleu dans un tableau d'art, et prétendait, avec ce changement de couleur, donner une copie exacte du tableau.

Les sons de chaque octave ont une couleur particulière. Naturellement, une mélodie transportée de la région moyenne à une octave plus haut ou bien à une octave suraigüe, perd le caractère que le compositeur aura voulu lui donner. Il arrive donc, à une œuvre arrangée ainsi, ce qui arriverait à un tableau dont on changerait les couleurs. Plus une œuvre est accessible au public dans sa forme originale, moins un pareil renversement aura du succès. Les sonates ci-dessus sont enfermées dans l'espace de cinq octaves; il n'y a donc aucune nécessité de les étendre; aussi trouve-t-on, dans l'arrangement d'André, des passages doublés et des mélodies de la nature la plus délicate, triplées; des accompagnements simples, doublés pour les deux mains pour accompagner de pareils mélodies; ce *rallongement* est surtout remarquable dans le troisième morceau de la sonate en *ut mineur*; on n'a jamais vu rien de pareil. Il est triste à dire que ce sont les deux fils du digne et célèbre éditeur Ant. André, qui se sont permis une semblable exécution sur une œuvre de l'illustre compositeur. Tout cela prouve l'égoïsme et le manque de respect de notre époque.

Nous avons déjà été interrogé souvent sur la question de savoir si Beethoven avait l'espoir que ses œuvres méritassent, dans un temps donné, l'admiration du public. A cette question on peut encore répondre en toute sûreté par le mot: *Jamais*. L'état musical, pendant les dernières dix années de sa vie, était tel, que toute pensée relative à l'avenir de ses œuvres devait être généralement bannie. Il voyait déjà, comme mortes, ses symphonies, ses quatuors et ses autres créations. Cependant, j'avais la présomption qu'il espérait leur résurrection dans un temps éloigné. Cette présomption se fonde sur le fait suivant :

Dans l'introduction au chapitre du divan oriental et occidental de Gœthe, intitulé : « Pour une meilleure intelligence », introduction qui se rapporte à la poésie des Hébreux, des Arabes, des Persans, et qui traite des poètes de ce dernier peuple, Gœthe parle ainsi :
« Mes premiers écrits ont été publiés sans préface, sans donner la
» moindre explication sur la façon dont ils devaient être compris.
» La foi, que j'avais dans ma nation, me disait que tôt ou tard elle
» saurait utiliser tout ce qui lui était soumis. Aussi, plusieurs de
» mes travaux produisirent leur effet immédiatement; d'autres,
» moins intelligibles, restèrent des années sans être compris. Enfin
» ils passèrent, *et la deuxième et la troisième génération me dédom-*
» *magèrent de l'injustice que j'avais essuyée de mes premiers con-*
» *temporains.* »

La dernière phrase de cette citation a été soulignée par Beethoven dans son exemplaire de Gœthe, et de plus, copiée dans son journal. On se rappelle ce qui a été dit dans l'introduction, sur sa manière de lire, et ce qu'on devait entendre par les passages soulignés ou copiés. La transcription de ce morceau n'était-elle pas une consolation pour sa propre tranquillité, contre les injustices de ses compatriotes? Si la certitude manque, la supposition, du moins, est permise.

Ajoutons encore à ces détails la réponse que Beethoven nous fit à l'époque de l'irruption de la musique italienne en Allemagne (1820 à 1830). « *Désormais, ils ne pourront pas m'ôter ma place dans l'histoire de la musique.* » Cette exclamation prouve que Beethoven avait encore un bon espoir dans l'avenir! et cette pensée le consolait dans sa disgrâce momentanée. Il disait souvent à ses amis : « J'écris pour avoir du pain. » « *Ich schreibe Noten aus Nœthen.* »

COMPLÉMENTS

(ERGÆNZUNGEN).

A

Portraits de Beethoven

Un bon portrait ne doit pas seulement rendre la ressemblance avec fidélité ; il doit, aussi, exprimer le caractère de la figure, surtout quand il s'agit d'un personnage historique. On reconnaîtra mieux son importance par l'expression de la physionomie, et le public aura une idée plus juste de l'homme célèbre. Ces considérations devraient engager les éditeurs à ne livrer à la publicité que les portraits qui répondent le mieux à ces exigences.

Les avis sont partagés sur les nombreux portraits de Beethoven. Pour formuler son opinion sur leurs qualités, le biographe se voit aussi embarrassé que s'il s'agissait de dire quelle édition est la plus correcte en Allemagne. Selon moi, c'est celle de Haslinger, comme ayant été faite d'après les copies célèbres, dont la société musicale de Vienne hérita de l'archiduc Rodolphe. Le portrait du célèbre compositeur qui accompagne cette édition, doit être regardé comme le plus ressemblant, ayant été dessiné sous les yeux de Beethoven. Quant aux copies, leurs corrections prirent une année entière de travail, malgré l'ardeur du grand maître pour les nouvelles compositions.

Les portraits de Beethoven peuvent être classés en deux catégories : d'abord, les portraits peints d'après nature, puis gravés ou lithographiés ; ensuite, les portraits de fantaisie, qui diffèrent entre eux, et ne satisfont pas aux conditions de ressemblance parfaite.

Comme les accidents de la vie humaine peuvent changer la physionomie, l'artiste doit saisir, avant tout, les traits caractéristiques de la figure. Par ce moyen, la tête conservera ses lignes distinctes. Beethoven se faisait remarquer par sa tête, entre tous les grands musiciens. Il avait une chevelure luxuriante ; le front, les yeux, la bouche, le menton, bien proportionnés ; le nez un peu large, sans nuire, pour cela, à l'harmonie de l'ensemble. Jusqu'à l'âge de cinquante ans, son visage portait les signes d'une bonne santé et ceux de la force intellectuelle. A partir de cette époque, il commença à changer, par suite de ses douleurs dans le bas-ventre ; pourtant, sa santé se maintint sans trop décliner jusqu'à sa cinquante-sixième année.

Il existe trois portraits à l'huile de Beethoven, le premier peint à l'âge de 30 ans, se trouve dans sa famille. Il n'a pas été reproduit, attendu le peu de mérite de la peinture. Beethoven y est représenté assis. Le second portrait, en buste, a été peint par Schimon, vers 1819 ; l'illustre compositeur avait alors quarante-neuf ans. L'original de ce portrait, un peu sombre, m'appartenait d'abord ; il se trouve actuellement à la bibliothèque royale de Berlin. J'en possède une copie, bien améliorée, faite par le professeur *Schmid*, d'Aix-la-Chapelle. Le troisième portrait est de *Stieler*, de Munich, peint d'après nature, en 1822. Le célèbre compositeur est représenté dans sa robe de chambre grise, debout sous un feuillage de vigne. Il tient dans sa main droite un crayon, dans sa main gauche un papier sur lequel on lit : « *Missa Solemnis*; » La différence qu'on remarque entre les portraits de Schimon et de Stieler, doit être attribuée à la grande maladie dont le maître fut atteint avant l'année 1822.

Mentionnons encore, en passant, un portrait de Beethoven, gravé par Scheffner, qui fut publié en 1804, dans la *Gazette musicale universelle*, de Leipzig.

Si l'on nous demande quel portrait pourrait servir de modèle dans les derniers temps, nous dirons que c'est celui de *Hœfel*, gravé sur cuivre d'après le dessin de *Letronne*, et publié par Artaria et Comp., en 1814. Le maître était alors à l'apogée de sa gloire ; il y est représenté avec des yeux rayonnants bien ressortis, des joues pleines et brillantes de santé. La *Gazette musicale universelle*, de 1817, donna une copie de ce portrait gravé sur la table du titre, mais dans un format un peu plus grand, qui nuisit à la vérité de l'expression. Cette copie parut également chez Breitkopf et Haertel, éditeurs de musique, à Leipzig.

En suivant l'ordre des temps, la lithographie de *Kloeber*, faite d'après la gravure de Hœfel, doit être placée ici. Elle est la plus répandue dans l'Allemagne du nord et de l'ouest ; malgré cela, on la considère comme le moins bon de tous les portraits de Beethoven. Au bas de la feuille, on lit : *Dessiné d'après nature, à Mœdling, en 1817.*

. . . .

Maintenant, il n'est pas sans intérêt de dire dans quelle circonstance le portrait de Schimon vit le jour. Ce fut sur ma recommandation, que le jeune peintre obtint la permission de placer son chevalet près la chambre de travail de Beethoven, et de le disposer à sa volonté. Etant très-occupé alors de la composition de sa *Missa Solemnis*, le maître ne voulut point consentir à poser ; mais Schimon le suivit secrètement pendant ses promenades et prépara ainsi plusieurs esquisses pour son travail. Ayant fini le contour de la tête, le jeune peintre fut arrêté au moment de faire les yeux, comme les plus difficiles pour l'expression. Mais, Beethoven vint au-devant des désirs du peintre ; il l'engagea à venir prendre le café avec lui, invitation que l'artiste accepta de grand cœur, et ce ne fut que de cette manière qu'il put terminer le portrait dont Beethoven fut très content.

Comme œuvre d'art, le portrait de Schimon est moins remarquable, mais, sous le rapport particulier de la majesté, du caractère de la figure, du regard, du front, siège des idées puissantes et élevées, de la couleur dans le dessin, de la bouche fermée et du menton en forme de coquille, il s'approche le plus de la vérité.

C'est d'après ce tableau de Schimon, que le portrait qui accompagne ce livre (édition allemande) a été gravé à Francfort. En ce qui concerne le portrait de Stieler, cet artiste, arrivé à Vienne en 1821, réussit à merveille auprès de Beethoven, qui lui accorda plusieurs séances de la manière la plus gracieuse. Aussi, son portrait est très-estimé comme œuvre d'art. Sous le rapport de l'expression, la pose caractéristique de Beethoven est bien rendue. L'illustre maître conserve sa dignité, même au moment des souffrances.

La première lithographie de ce portrait était bonne ; elle parut chez Artaria et Compagnie. Celle qui fut publiée par Spina réussit moins et paraît faible auprès de la peinture.

Quant au portrait à l'huile, par Waldmüller, j'ai eu occasion d'en parler dans la *Gazette musicale*, de Leipzig, n° 8, de 1835. Ce sont les éditeurs de musique Breitkopf et Haertel qui le demandèrent à Beethoven, qui, accablé de travail et souffrant des yeux, n'a pu poser qu'une ou deux fois ; le portrait n'a pas été assez fini.

Voici maintenant le portrait de Beethoven que nous a laissé Frédéric Rochlitz dans son ouvrage : « *Für freunde der kunst.* » (Pour les amis de l'art musical). Ecoutons-le : « Si je n'avais été prévenu,
» son regard m'aurait déconcerté, non moins que sa tenue négligée
» et un peu sauvage (*verwilderte*), ainsi que ses cheveux noirs, épais,
» tombant autour de la tête. Figure-toi un homme de cinquante
» ans (1), d'une taille petite, un peu voûtée mais très-forte,
» ramassée et singulièrement osseuse, avec un visage rond, coloré,
» de la forme d'une pomme de pin, des yeux inquiets, brillants,
» dont le regard fixe vous perce ; aucun mouvement dans l'expres-
» sion du visage, ni dans ses yeux si pleins de vie et de génie : un
» mélange de bonté naturelle et de timidité ! Dans toute la tenue,
» cette tension soucieuse pour écouter, particulière aux sourds qui
» sentent vivement. Une parole gaie, jetée librement, à laquelle
» succède un profond silence (2). Ajoutons à cela cette pensée qui
» préoccupe sans cesse ses auditeurs : Voilà l'homme qui fait
» éprouver une joie ineffable à des millions de ses semblables. »

Si l'on compare cette description avec les portraits du temps, on trouvera qu'elle s'accorde plus avec le portrait de Schimon qu'avec celui de Stieler. Quant aux portraits de Waldmüller, peints sur toile, un an environ après la lettre de Frédéric Rochlitz, il ne peut en être question.

Pour compléter tout ce qui a été dit sur les portraits de Beethoven, nous allons citer encore un passage de la lettre de Rochlitz, où il fait connaître comment l'illustre compositeur avait reçu sa proposition d'écrire la musique pour le *Faust*, de Gœthe. F. Rochlitz s'exprime ainsi : « Il s'écria, en levant la main : ce serait un fameux
» travail ! Il pourrait devenir quelque chose !... et il continua ainsi,
» en peignant ses pensées d'une manière merveilleuse et en fixant
» ses yeux sur le plafond. »

(1) Beethoven comptait environ 52 ans à cette époque.

(2) Il est inutile de dire que Beethoven avait un maintien différent dans un cercle intime. Là, il était DÉBOUTONNÉ (Aufgeknopft), tandis que devant les étrangers il ne se DÉBOUTONNAIT pas facilement et parlait peu.

Ceci se rapporte à l'habitude qu'avait le maître de lever les yeux pour regarder le ciel en se laissant aller à la méditation, surtout lorsqu'il était touché par la conversation. Le peintre Schimon a saisi ce moment avec bonheur. Mais Stieler n'a fait que l'indiquer. La maladie de 1825 rendit le regard moins brillant et amena un déclin précoce à l'intérieur comme à l'extérieur. Ce déclin est mieux rendu dans le portrait de Stieler.

Après la mort de Beethoven, ses portraits se multiplièrent à l'infini par le fait de l'industrie. La lithographie de Steinmüller, publiée par Artaria et Compagnie, devint le prototype des contre-façons; elle jurait avec celle du portrait de Stieler, publiée chez Mathias Artaria, et dans laquelle Beethoven était représenté avec des cheveux coupés courts, comme un lion auquel on aurait coupé sa crinière. Dans cette lithographie, on reconnaît difficilement l'immortel créateur de tant de chefs-d'œuvre. Une autre lithographie le représente en cravate noire, tandis que Beethoven portait toujours la cravate blanche, comme c'était la mode depuis un siècle. La lithographie publiée par Schott, à Mayence, se rapprochait davantage du portrait de Schimon; je l'eus pendant quelque temps chez moi, avec le portrait de ce dernier. Celle qui fut publiée par Laruelle, à Aix-la-Chapelle, était mieux, sous le rapport de la ressemblance, mais elle manquait d'expression.

. . . .

Les bustes existant de Beethoven ne supportent pas l'examen; ce sont, pour la plupart, des masses lourdes. Un jeune sculpteur de Francfort-sur-le-Mein, M. Schierholz, vient d'en faire un qui se distingue avantageusement des autres et qui sera bientôt sculpté en marbre.

Il importe aussi que le choix des habits, pour les portraits, soit fait avec un certain discernement. Il y a une différence entre les vêtements d'hiver et ceux d'été, comme il y en a entre la toilette de la semaine et celle des dimanches et fêtes. Beethoven s'habillait autrement pour sortir, et autrement pour le salon. Nous devons constater ici qu'il mettait un grand soin à sa toilette, et, jusqu'à sa fin, il observait une certaine harmonie dans le choix des couleurs. Un habit bleu avec des boutons de métal lui allait très-bien; mais il avait toujours un habit en drap vert foncé. En été, il portait le pantalon blanc, des bas blancs, gilet et cravate de la même couleur. Qu'on se figure, avec ces habits, une démarche aisée, des mouvements libres, une bonne tenue, et on aura la personne du grand

Beethoven devant les yeux. Sous ce rapport, sa statue, à Bonn, ne donne pas une idée juste du personnage; l'harmonie de l'ensemble y fait défaut.

B

Beethoven et son dernier médecin, le docteur Wawruch.

Nous avons mentionné, en parlant de la dernière maladie de Beethoven, un écrit intitulé : « Aerztlicher Rückblick auf L. v. Beethoven letzte lebens tage, » dû à la plume du docteur Wawruch, d'où il résultait que l'illustre compositeur était un homme adonné à la boisson. La première publication de cet opuscule eut lieu en 1842, dans le *Wiener Zeitschrift*; il fut réimprimé, ensuite, dans d'autres journaux allemands et français. Je n'ai été pour rien dans cette publicité, faite à Vienne; c'est *Aloys Fuchs* qui en fut l'auteur, et voici les raisons qu'il me communiqua à ce sujet, en 1852 :
« Après la mort du docteur Wawruch, j'ai été chargé d'examiner
» ses papiers pour savoir s'ils ne contenaient pas quelque chose de
» relatif à la musique. A cette occasion, la veuve du docteur me
» montra le manuscrit en question, et me pria de le faire imprimer,
» espérant en tirer quelque profit. Pour être utile à Madame
» Wawruch, je m'adressai à M. Witthauer, qui consentit à publier
» le manuscrit dans un journal et donna un peu d'argent à la veuve,
» laquelle m'en remercia beaucoup. Je n'avais qu'une seule chose
» en vue, c'était d'apporter quelque soulagement à la nombreuse
» famille du docteur. » — Ainsi, notre antiquaire, qui s'est tant occupé de Beethoven, n'a rien fait, dans cette circonstance, pour sauvegarder la mémoire du grand homme !

Mon devoir m'obligeait à combattre les déclarations si peu fondées du docteur Wawruch. Et, comme ma réponse n'a point été publiée par le *Wiener-Zeitung*, je l'ai fait paraître dans le *Conversations-Blatt*, de Francfort, le 14 juillet 1842. Il est juste aussi de consacrer, dans cet écrit, une place à cet important sujet.

Le docteur Wawruch commence son introduction par cette phrase : « Les grands talents ont des moments intéressants jusqu'à leur mort ; personne ne peut les observer mieux que le médecin ami de la maison. »

Pour apprécier cet énoncé, il faut nous rappeler les détails de la maladie du maître et les circonstances dans lesquelles le docteur fut appelé auprès de lui. On sait qu'en voyant son nouvel Esculape, Beethoven déclara qu'on lui avait envoyé un docteur qui ne connaissait pas la nature de sa maladie, qu'il ignorait d'où il venait et qui l'avait envoyé. Cela prouve que Beethoven n'était nullement lié avec le docteur Wawruch. Nous savons, aussi, que le docteur Malfatti, autrefois grand ami de l'illustre maître, ayant consenti, à sa prière, à lui donner des soins, de concert avec le docteur Wawruch, ordonna du punch pour le traitement du pauvre malade, afin de remonter un peu son organisme affaibli. Wawruch en donne les motifs suivants : « Comme ancien ami de Beethoven, le docteur Malfatti n'ignorait pas son goût pour les boissons spiritueuses. » Plus loin, il se permet des plaisanteries blessantes pour l'honneur de son client : « *Sedebat et bibebat*, » dit-il, et il n'hésite pas à faire croire que la maladie dont-il est mort (l'hydropysie), était le résultat de l'usage immodéré des liqueurs.

Tous ceux qui connaissaient Beethoven avant 1826, peuvent affirmer le contraire. Il était en général très sobre, buvait du vin très-léger et n'était guère connaisseur en vins. En 1826, par extraordinaire, il fit quelques exceptions à ses habitudes, ainsi qu'on l'a vu à la fin de la troisième partie. Mais cette disposition ne dura qu'un instant, comme on peut s'en convaincre par les détails donnés par G. Breuning, qui savait, par son père, combien les affirmations du Dr Wawruch étaient peu fondées.

Le fait suivant démontrera mieux que mes paroles, combien peu est croyable l'accusation du Dr Wawruch. En juin 1823, un des amis du sublime maître lui envoya six bouteilles du fameux vin du Tokay, pour fortifier son estomac. Me trouvant seul dans sa maison, j'écrivis sur le champ à Hetzendorf, pour lui annoncer le précieux cadeau. Quelques jours après, je reçus la réponse suivante :

« Pour ce qui regarde le vin de Tokay, on sait qu'il n'est pas
» bon en été ; mais, en automne, il peut consoler un racleur de
» violon et le mettre en état de tenir tête à l'orage. »

La servante qui m'apporta cette réponse me dit, en même temps, que je pouvais faire, du Tokay, ce que je voudrais. En conséquence, je lui envoyai une bouteille et je disposai des autres.

L'original de ce post-scriptum existe encore ; le *facsimile* a été publié dans le dictionnaire de la Conversation.

Il m'a paru bien étrange d'entendre dire à Paris : est-il vrai que Beethoven et Schubert aimassent à boire et qu'ils aient cherché l'inspiration dans le vin ? Ce bruit singulier avait donc été propagé à dessein, avant même que l'opuscule de Wawruch ne fut connu. Mais, c'est à ce dernier qu'il faut attribuer cette indigne calomnie, bien qu'il se dit l'ami de Beethoven.

G

Etudes de Beethoven. Traité d'harmonie et de composition.

Jamais on n'a été plus grandement induit en erreur que par l'ouvrage dont il est ici question. On a beaucoup écrit sur ce sujet. L'initiative appartient à l'auteur de ce livre, qui n'a pas eu de peine à prouver que : *Les Etudes de Beethoven* étaient une œuvre apocryphe. Voici son histoire en peu de mots.

C'est en novembre 1827 qu'on a vendu la succession musicale de Beethoven. La *Gazette*, de Leipzig, parle ainsi de cette vente :

« Un véritable combat eût lieu, à ce sujet, entre D. Artaria et
» Tobias Haslinger. Tous deux devinrent, après des offres considé-
» rables, acquéreurs d'une grande partie de cet héritage. On y
» comptait plus de 40 ouvrages inédits, fruits du travail des jeunes
» années du sublime maître. Ses admirateurs pouvaient donc se
» promettre de vives jouissances ; mais il était à craindre que ce
» trésor ne devint l'objet d'une spéculation dans les mains de
» nouveaux propriétaires. »

Entre autres, il s'y trouva un volume, écrit par une main étrangère. Haslinger en fit l'acquisition pour quelques kreutzers. Bientôt après, je fus questionné par l'éditeur Diabelli au sujet de ce volume, que par hasard j'avais aperçu quelques jours avant la mort de Beethoven. Comme je lui demandais ce que c'était ! le maître répondit : « Ce sont des exemples d'Albrechtsberger, écrits pour ses élèves. » En nous rappelant cette circonstance, nous sommes tombés d'accord avec Diabelli sur ce point, que Haslinger voulait tirer parti de cet ouvrage.

En 1832, ce volume tant prôné, parut enfin avec une liste de 1293 souscripteurs. Le titre portait : *Aus dessen nachlasse* (Beethoven's), rédigé et publié par le chevalier J. de Seyfried. — En lisant cette publication, je reconnus plusieurs fugues, mes anciennes connaissances du volume en question. Il fut décidé, avec Diabelli, qu'on attendrait une occasion pour faire ouvrir les yeux au public. Pendant ce temps-là, le livre se vendait; plusieurs journaux ayant proclamé que l'ouvrage était *authentique*. On lisait dans la préface de l'éditeur : « Je me suis appliqué avec la plus grande fidélité à le donner exactement tel que je l'avais trouvé disposé, en conservant les expressions de l'auteur. »

Bientôt la maison Haslinger annonça un nouveau portrait de Beethoven, qu'on voulait faire passer pour le plus ressemblant de tous, tandis qu'il n'avait été dessiné que sept ans après la mort du grand compositeur. Toutes ces faussetés me décidèrent à écrire à la *Gazette musicale*, de Leipzig, en 1835, pour émettre mes doutes sur l'*authencité* des prétendues : « *Etudes de Beethoven.* ».

Bientôt, je reçus trois lettres écrites sur la même feuille, datées de Vienne, le 28 février 1835. Une d'elle était de T. Haslinger, la seconde de Seyfried, et la troisième du poète Castelli, qui dirigeait le magasin de musique de Haslinger. Chacune de ces lettres m'engageait, avec une certaine prétention, à désavouer ma déclaration relative aux études de Beethoven. Le premier me menaça, en cas de refus, de publier des lettres originales de Beethoven, qui seraient *flétrissantes* pour moi.

Le texte de ces trois lettres prouve que j'avais raison. Je n'hésitai que sur un seul point, à savoir si la faute devait être imputée à ces trois personnes, car Haslinger seul possédait à peine des connaissances assez étendues pour pouvoir reconnaître, dans un cas donné, un manuscrit de Beethoven; il pouvait facilement avoir été trompé. Quant au poète Castelli, il n'entendait rien à la musique et pouvait être trompé encore plus aisément. Toute la faute se concentrait donc sur Seyfried, lequel, comme ancien professeur du contre point, initié à tous les styles, assumait sur lui toute la responsabilité. C'est dans ce sens que je communiquai l'affaire au docteur Bach, et j'écrivis à Haslinger une lettre ouverte, dans laquelle je me déclarais être prêt à rétracter mes doutes, si toutes ces Etudes étaient écrites de la main de Beethoven, mais qu'il fallait que la chose fût vérifiée par des juges compétents, parmi lesquels le Dr Bach devait nécessairement se trouver.

Mais ce fut en vain que j'attendis des preuves ou une réponse quelconque ; tout était calme et, dans la cabane du renard, (1) régnait un silence profond. Il dura longtemps. Ce ne fut qu'en 1841, lorsque je donnai dans un article de la *Gazette des Théâtres*, une réponse favorable sur le premier travail de Fidelio, que la question des études supposées de Beethoven revint sur l'eau avec plus de force. Alors l'irritation des blessés n'eut plus de bornes. Aussitôt que mon ouvrage sur Beethoven fut publié, T. Haslinger employa toute son influence pour lui nuire. Il écrivit à tous ses agents d'affaires pour les engager à le décrier, en insinuant que c'était l'ouvrage d'un valet de chambre de Beethoven. Deux de ces lettres tombèrent dans mes mains, et j'ai su toute cette intrigue, dont les effets se propageaient dans toute l'Allemagne par les marchands de musique et par les artistes voyageurs, formant la clientèle de Haslinger. Pendant ce temps, le livre et l'auteur poursuivaient leur chemin. Ce dernier fut bientôt en état de dévoiler, dans une troisième édition, toutes ces turpitudes.

En 1851, l'éditeur Schuberth, de Hambourg, annonça une nouvelle édition des *Etudes de Beethoven*. Dans l'intérêt de la vérité, je crus de mon devoir d'appeler l'attention du public sur cette entreprise, en publiant dans le numéro 16 de la nouvelle *Gazette de musique*, un article ayant pour but de montrer que cette œuvre supposée n'était qu'une mystification. Malgré cela, l'édition parut et se vendit bien à cause de cela et à cause du nom de Beethoven, dont la gloire suffisait à couvrir les méfaits des spéculateurs. C'est à tout ce bruit qu'il faut attribuer le succès de la traduction que Maurice Schlessinger fit faire à Paris par M. Fétis, et qui rapporta à l'éditeur 30,000 fr. Ma sortie, dans la nouvelle *Gazette*, eût cependant un résultat. Elle décida un musicien habile, F. Derckum, de Cologne, à étudier à fond la question et à publier plusieurs articles fort remarquables dans la *Gazette musicale du Rhin*, feuille qui précède la *Gazette musicale du Bas-Rhin*, rédigée également par L. Bischoff.

Il est très-remarquable aussi que A. B. Marx, qui ne connaissait point les circonstances relatives à cette discussion, comme il appert de son ouvrage : « *Ludwig v. Beethoven, Leben und Schaffen,* »

---

(1) C'est le nom que Beethoven donnait quelquefois au magasin de musique de la rue Pater-Noster.

n'ait pu découvrir la contrebande, dans le livre de Seyfried, avec son esprit pénétrant. L'ignorance complète de ce savant distingué, donna plus de crédit à l'œuvre apocryphe. Il fut facile aux spéculateurs de venir annoncer une troisième édition d'une œuvre controuvée. Il faut espérer qu'on opposera enfin un obstacle sérieux à ceux qui voudraient encore abuser, d'une manière si indigne, du grand nom de Beethoven.

. . . .

Quant aux relations de Beethoven avec Seyfried, on sait bien qu'ils n'ont pas échangé une parole ensemble, depuis les répétitions de *Fidelio* au théâtre *an der Wien*, en 1806. En ce qui touche les opinions et les jugements de Beethoven sur Hœndel, Mozart, Chérubini et Weber, Seyfried les a en partie recueillis, en partie inventés. Ainsi, il est vrai que Beethoven regardait Hœndel comme le « Maître des Maîtres. » Il connaissait moins les compositions vocales de Seb. Bach, qu'on appelait alors à Vienne « Musique luthérienne »; il est vrai aussi que Beethoven considérait la *Flûte magique* comme le premier opéra allemand, attendu que tous les *genres*, depuis le lied, jusqu'à la fugue, y sont traités avec perfection. Mais, lorsque Seyfried fait dire à Beethoven, à propos de *Don Juan*, « que c'est ravaler l'art sacré de la musique, que de traiter un sujet aussi scandaleux », cela voudrait dire que Beethoven n'aurait jamais pu composer cet opéra. Ce que Seyfried fait dire à Beethoven, relativement au *Requiem*, de Chérubini, est de son invention. Beethoven estimait plus la musique dramatique de Chérubini que sa musique d'Église. Et la preuve, c'est que, dans la lettre qu'il lui écrivait en français, en 1823, il n'est question que de sa musique dramatique, que Beethoven plaçait au-dessus de toutes les autres.

D

Beethoven et Ch. Holz.

Lorsqu'il fut question, dans la troisième période, des rapports entre Beethoven et Ch. Holz, nous avons renvoyé au supplément l'examen de *deux documents*, qui ont besoin d'être vus de près.

Pour bien les juger, il est nécessaire de remonter un peu plus haut.

Peu de temps après sa réconciliation avec son ancien ami, Etienne Breuning, Beethoven lui confia qu'il avait autorisé depuis peu, Ch. Holz, à publier sa biographie, et qu'il lui avait donné cette autorisation, par écrit, sur sa demande. Dans la confusion de toutes convenances, il n'avait pas assez réfléchi sur ce qu'il faisait; cet écrit lui avait été arraché par surprise; il ne songeait pas qu'un jour il voudrait le ravoir et qu'il chargerait Breuning de faire des démarches nécessaires pour cela. Plus tard, en effet, lorsque, pendant la maladie du maître, la question de la biographie fut débattue avec Breuning et moi, Beethoven revint à son écrit, témoignant le désir de se le voir restituer et manifestant des doutes sur sa valeur; il n'était écrit qu'au crayon, de la main de Ch. Holz. Cependant il n'eut pas le courage de faire un pas, pour obtenir la remise de ce document.

Par l'effet du hasard, ce document me tomba sous les yeux, de la manière suivante : Me trouvant à Heidelberg pendant les mois d'été de 1850, je reçus la visite du docteur Gaszner, directeur de la musique de la cour de Bade, à Carlsruhe, artiste dont j'avais fait la connaissance aux fêtes de Bonn, en 1845; je savais, par les journaux, que Gaszner avait le projet d'écrire une Biographie de Beethoven, il venait donc me voir pour cet objet. Il me dit : qu'il avait rassemblé des matériaux à Vienne à cette fin, et qu'il était en possession des papiers de Ch. Holz, y compris l'autorisation de Beethoven pour écrire sa biographie. Malgré cela il éprouvait de grandes difficultés, attendu que ces matériaux ne contenaient que des événements partiels de la vie du grand maître; par conséquent, il doutait de pouvoir arriver à l'exécution de son projet. En même temps, Gaszner me fit voir l'original de l'autorisation de Beethoven, écrite sur un papier timbré de six kreutzers, avec la date de la cession de Holz à Gaszner, placée sur la troisième page de la même feuille. Après m'avoir permis de prendre une copie de chacune de ces pièces, ce digne artiste mourut en 1851, sans avoir écrit une seule ligne de son livre. Tous les papiers, y compris le document en question, sont restés en possession de sa famille.

Une déclaration d'une si grande signification a trop d'importance pour être ignorée. Son origine rappelle une triste date dans la vie de ce grand musicien, à savoir le jour de sa brouille avec son neveu, le moment où commencèrent à s'obscurcir ses relations avec ses anciens amis, véritable catastrophe, dont la secousse fut profonde pour un homme aussi impressionnable que Beethoven. Toutes ces circonstances font un devoir à l'auteur de donner le texte exact de cette pièce ; car, bien des personnes ignorent à quelles interprétations elle pouvait avoir donné lieu. La cession au docteur Gaszner doit avoir sa place ici également, on s'en remet au jugement du lecteur. Il faut seulement se rappeler deux circonstances, les plaintes souvent répétées par le sublime maître, de n'avoir plus d'amis, la date de sa liaison intime avec Ch. Holz, qui ne commença qu'en 1825, comme cela ressort de ses conversations écrites et conservées dans la bibliothèque de la cour de Berlin. Voyons maintenant les documents en question :

« Je donne avec plaisir, à mon ami Carl Holz, la présente auto-
» risation de publier un jour ma Biographie, dans le cas où on la
» lui demanderait. A cette fin, je lui accorde toute ma confiance,
» et j'espère qu'il livrera à la postérité les faits communiqués par
» moi, sans aucune altération. »

» Vienne, ce 30 août 1826.

» LUDWIG VAN BEETHOVEN. »

L'original de cette déclaration, marqué d'abord au crayon, a été écrit ensuite à l'encre. La signature de Beethoven est authentique, sans nul doute. Ch. Holz s'est appliqué, depuis, à faire croire que cette déclaration lui donnait le droit de publier la Biographie de Beethoven ; le texte de la cession faite au docteur Gaszner le prouve :

« En cédant mes droits, spécifiés dans la déclaration ci-dessus, à
» mon ami, le docteur Gaszner, de Carlsruhe, je suis convaincu
» qu'il parviendra à écrire une biographie de Beethoven, basée
» sur les meilleurs documents. Je m'engage, en outre, à remettre
» à M. Gaszner les pièces relatives à la biographie projetée, et à
» user de mon pouvoir auprès des amis de Beethoven, qui sont
» encore en vie, pour qu'ils veuillent fournir à M. Gaszner les
» dates nécessaires pour rectifier les erreurs des biographies
» défectueuses. Je promets d'autant plus mon soutien zélé à
» M. Gaszner, qu'il prend l'engagement de livrer le manuscrit à
» l'impression vers la fin d'août 1844, ce qui me paraît possible,
» après son séjour à Vienne, à deux reprises différentes, séjour

» qui lui aura permis de faire des connaissances personnelles très-
» utiles pour remplir son but.

» Vienne, ce 4 novembre 1843.

» CARL HOLZ,
« Directeur des Concerts spirituels. »

Les anciens amis de Beethoven, tels que Etienne Breuning, le docteur Bach, Schuppanzigh et autres, n'auraient pas manqué de faire bien des commentaires sur cette pièce. Reste à savoir comment Charles Holz l'a obtenue ; est-ce par *précipitation* ou par *surprise* comme le prétend Beethoven ! — Ce qui est certain, c'est que Beethoven confia à Etienne Breuning, à son lit de mort, tous ses papiers de famille, et toute sa correspondance avec l'auteur de ce livre. Il ne peut donc y avoir d'équivoque sur ses intentions.

Mais, ce qui étonne le plus, c'est le mutisme de Charles Holz, relativement aux traditions de la musique de Beethoven. On sait qu'il fit partie du quatuor de Schuppanzigh, à son retour de Russie, en 1823. Cette célèbre réunion garda fidèlement les traditions du maître, jusqu'à la mort de son directeur, en 1830. Ch. Holz pouvait donc pénétrer plus avant dans l'esprit de Beethoven ; il connaissait bien les vrais mouvements des compositions et les modifications de ces mouvements dans les périodes entières. Comme exécutant, lui-même, il jugeait de la qualité du son, et du degré de force, ou de délicatesse, qu'on exigeait alors pour une exécution intelligente des quatuors de Beethoven. Ch. Holz connaissait les intentions du maître ; il pouvait les sauver de l'oubli ; mais il garda le silence et ne dit rien à l'arrivée du quatuor de Brunswick, dont les artistes n'étaient pas à la hauteur de la musique de Beethoven. Son caractère véritable leur était inconnu. Ch. Holz eut donc tort de garder le silence ; son opinion et son jugement auraient produit un très-bon effet, en s'appuyant surtout sur le témoignage des musiciens du temps de Schuppanzigh.

A la mort de Ch. Holz, en 1858, les journaux parlèrent, plusieurs fois, de ses rapports avec Beethoven. On publia même l'avis suivant : « Lorsque Beethoven écrivit la fameuse sonate, œuvre 101,
» Ch. Holz l'aida à traduire les termes musicaux en allemand,
» innovation qui fit un fiasco complet. » La vérité est : qu'au moment où cette sonate parut (1816), Ch. Holz était encore sur les bancs de l'université, et n'avait assurément aucun pressentiment qu'il deviendrait, neuf ans après, l'ami du grand compositeur.

Quant à la traduction des termes italiens, en allemand, les artistes et les journaux s'en occupaient déjà depuis longtemps, tantôt sérieusement, tantôt en plaisantant. On trouve aussi, dans le journal de Beethoven, de 1825 à 26, plusieurs de ces termes germanisés, qu'on attribue à Ch. Holz et à son neveu, et qui n'avaient qu'un but, celui d'amuser le maître. Maintenant, on en fait une chose sérieuse, et on veut faire passer Beethoven pour l'inventeur de ces niaiseries.

La même feuille de Vienne publia aussi une lettre fort drôle, adressée par Beethoven à Ch. Holz, de Baden, le 24 août 1825 :
« Certes, il m'est indifférent qu'un tel Cerbère me lèche ou me
» ronge ; qu'il en soit donc ainsi, pourvu que la réponse ne se
» fasse pas attendre. Le Cerbère, de Leipzig, peut attendre et se
» divertir avec Méphistophélès, le rédacteur de la *Gazette musicale*,
» dans la cave de Auerbach. Belzebuth, le premier des démons, lui
» donnera bientôt sur les oreilles. »

Le commentateur explique que le conseiller Rochlitz est désigné par Méphistophélès. Beethoven avait cependant trop d'estime pour lui, pour le désigner d'une semblable façon. On n'a qu'à se reporter aux appréciations, qu'il faisait ordinairement, comme on peut le juger par ses appréciations des personnes, dans les années 1825 et 1826. Ajoutons encore à cela que, déjà en 1822, Rochlitz avait annoncé au maître, à Baden, en ma présence, qu'il devait se retirer bientôt de la rédaction, ce qui eût lieu en effet.

Il est question encore, dans la feuille précitée, d'une notice, laissée par Ch. Holz, notice dans laquelle il y a des dates importantes, relatives à l'état de la musique à Vienne, et surtout à Beethoven. Pourtant, il est à craindre qu'on ne puisse pas en tirer de profit pour l'histoire. La plus grande partie de ces faits était déjà connue de l'auteur de ce livre. D'un autre côté, l'écrit en question renferme beaucoup d'abréviations et de réticences.

E

C. M. de Weber comme critique de Beethoven.

Pour bien juger ce qui suit, et qui se rapporte à la symphonie héroïque, il ne faut pas nous représenter C. M. de Weber comme compositeur, auteur de *Freyschütz*, d'*Oberon* et d'*Euryanthe*, mais comme un jeune homme de vingt-trois ans, sortant de l'école de l'abbé Vogler, à peine connu par quelques compositions où l'on voyait déjà les germes du talent. Mais il n'est pas moins vrai qu'il était dans la destinée du plus grand musicien des temps modernes d'être critiqué et persifflé par un jeune artiste, ainsi qu'il arrive aux jeunes généraux de l'armée de blâmer leur généralissime, couronné plusieurs fois par la victoire, et de soutenir qu'ils auraient mieux fait. Si l'on ne tient compte de la critique elle-même, les circonstances auxquelles elle se rattache lui donnent une valeur historique réelle, attendu qu'elle représente, en grande partie, les jugements d'une fraction considérable des musiciens contemporains. Laissons parler les faits.

Parmi les papiers laissés par Nägeli, de Zurich, on trouve une lettre de C. M. Weber, datée de Manheim, le 21 mai 1810, à l'adresse de cet éditeur. Cette lettre, publiée par Aug. Hischold, dans le n° 20 de la *Gazette musicale*, du Bas-Rhin, de 1853, est conçue en ces termes :

« P. P.

« Etant décidé, par les circonstances, à me consacrer de nouveau
» à la musique, je saisis le premier moment libre pour lier nos
» rapports, préparés par M. Wangenheim, et vous remercier de
» vos bons jugements sur mes compositions. Pourtant, je n'ose
» toucher à un point important pour moi, et que je ne voudrais
» pas non plus passer sous silence. C'est que, dans mon *quatuor* et
» dans le *Caprice*, vous me prenez pour un imitateur de Beethoven ;
» quelque flatteur que soit ce jugement, il ne m'est nullement
» agréable. Premièrement, je déteste tout ce qui porte le cachet
» d'une imitation ; secondement, je diffère trop de Beethoven, dans
» mes vues, pour me rencontrer avec lui. Le don de l'invention
» qui l'anime, si ardent et presque incroyable qu'il soit, est accom-
» pagné de tant de confusion dans l'ordonnance de ses idées, que
» je préfère de beaucoup ses premières compositions. Les dernières
» me représentent un inextricable chaos. La fraîcheur des idées
» est comme obscurcie par un cercle, d'où jaillissent néanmoins
» des éclairs du génie, éclairs qui montrent combien il eût pu être
» grand s'il avait su enfermer sa luxuriante fantaisie dans de justes
» bornes. Comme, naturellement, je ne suis pas toujours satisfait
» du grand Beethoven, je crois pouvoir défendre, au moins, ma
» musique du reproche d'avoir quelque ressemblance avec la sienne,

» sous les rapports logique et oratoire. Car le but de l'art est de
» faire de plusieurs pensées détachées un ensemble, où la variété
» n'empêche point l'unité du sujet, unité qui doit briller par le
» thème principal. Un article curieux a été publié, à ce sujet, dans
» le *Morgenblatt*, n° 309, du 27 décembre 1809; cet article pourra
» vous servir comme exposé de ma manière de voir.

» Le hasard a voulu qu'avec le *quatuor*, qui vous a été envoyé,
» j'aie pu ajouter le *Caprice*, qui venait d'être copié et dont vous
» tireriez, peut-être, la conclusion que toutes mes compositions
» portent le cachet de la bizarrerie. Mais, j'espère, quand j'aurai
» le plaisir de vous adresser d'autres compositions, que vous y
» reconnaîtrez mes efforts pour atteindre la clarté, l'art de la con-
» duite et le sentiment. »

Le renvoi de Weber à l'article du *Morgenblatt*, de 1809, sans qu'il s'en reconnût cependant l'auteur, me mit sur la trace d'une de ces critiques de Beethoven, dont il a déjà été parlé dans la première édition de ce livre, ce qui provoqua un torrent de plaintes et de reproches, partis de Dresde (voir le n° 47 de *Zeitschrift für musik*, de 1840), dans lequel on démontrait que je n'étais pas en état de me défendre preuves en main, attendu que toutes les recherches de *speci facti* étaient restées sans effet. Mais, Weber lui-même indiqua l'endroit où l'on pouvait trouver quelque chose, que l'on y trouva en effet. Encore une preuve de plus que, souvent, le temps aide à retrouver des objets et des faits déguisés. Trois découvertes concernant Beethoven s'ensuivirent l'une après l'autre, savoir : la déclaration de Beethoven à Ch. Holz, de 1826, — l'obligation du prince Galitzin, de la même année, — et la critique de Weber, de 1809, dont voici la traduction :

FRAGMENT D'UN VOYAGE MUSICAL QUI, PEUT-ÊTRE, PARAITRA UN JOUR.

« Plein de satisfaction d'avoir heureusement terminé ma sym-
» phonie dans la matinée, je m'endormis après un excellent dîner
» et me vis transporté soudain, dans un rêve, au milieu d'une salle
» de concert, où tous les instruments, en grande assemblée, étaient
» présidés par le vénérable et sentimental hautbois. A droite, on
» voyait réunies la *viole d'amour*, la *viole di gamba* et la *flûte douce*,

» qui se plaignaient de la perte du bon vieux temps. A gauche,
» le hautbois tenait cercle avec l'ancienne et la nouvelle clarinettes
» et les flûtes munies de plus ou moins de clés. Au milieu, était le
» galant piano, entouré de doux violons qui se sont formés d'après
» Pleyel et Gyrowetz. Les trompettes et les cors flûtaient dans un
» coin, et les petites flûtes, les flageolets remplissaient la salle de
» leurs naïves et enfantines boutades. Le papa hautbois planait au-
» dessus de leurs sons, comme un tableau de Jean-Paul mis en
» relief par le naturel de Pestalozzi. Tout était tranquille, lorsque
» la morose contrebasse, accompagnée de deux violoncelles, ses
» parentes, pénétra avec impétuosité à travers la porte et se jeta
» avec humeur sur le pupitre du directeur avec tant de violence,
» que le piano et tous les instruments à archets tremblèrent de
» frayeur. Non, s'écria-t-elle, que le diable emporte de telles com-
» positions. Je reviens justement de la répétition d'une symphonie
» d'un de nos jeunes compositeurs. Et, bien que je soie, comme
» on sait, d'une nature assez forte et puissante, j'ai pu à peine y
» tenir. Au bout de cinq minutes, l'archet m'est tombé des mains
» et les cordes de ma vie se sont brisées. Ne m'a-t-on pas fait sauter
» avec fureur comme un bouc ! aussi, je me suis adressée au violon
» pour exécuter l'*absence* d'idées de M. le compositeur, et j'aime
» mieux faire danser et gagner mon pain dans l'orchestre de Müller
» ou de Kauer.

» *Premier violoncelle* (essuyant la sueur). En effet, mon père a
» raison ; je suis aussi bien fatigué. Depuis les opéras de Cherubini,
» je ne me rappelle pas un pareil échauffement !

» *Tous les instruments* : Racontez-nous ! Racontez-nous !

» *Second violoncelle* : Cela ne peut être raconté, ni entendu ; car,
» d'après les idées que mon divin maître Romberg m'a inculquées,
» la symphonie que nous venons d'exécuter est un véritable monstre
» musical, où ni la nature d'un instrument, ni la conduite d'une
» pensée, ni aucun autre objet, ne sont en vue, excepté la volonté
» de paraître neuf et original... Qu'on nous fasse donc de suite
» grimper aussi haut que les violons !

Premier violoncelle (l'interrompant) : Comme si nous ne pouvions
» pas le faire aussi bien ! »

(Nous mettons de côté les conversations d'autres instruments, dans lesquelles chacun, avec un esprit piquant, apporte un contingent d'observations ou de sorties plus ou moins ingénieuses, en allant toujours de l'avant).

« Tout-à-coup entra le garçon d'orchestre; tous les instruments
» effrayés se séparèrent, car ils savaient que, de sa forte main, il
» les emballait et les portait aux répétitions. Attendez, cria-t-il,
» ne vous révoltez pas ! Attendez ! on vous donnera bientôt la
» *symphonie héroïque* de Beethoven, et celui qui pourra remuer
» un membre ou une clé, qu'il parle !

» Ah, pas celle-là ! prièrent-ils tous. Plutôt un opéra italien; là,
» on peut encore cligner l'œil, murmura l'alto.

» Larifari ! cria le garçon d'orchestre, croyez-vous, par hasard,
» que, dans notre temps civilisé, où l'on passe sur toutes choses,
» un compositeur renoncera, pour vous, à l'élan de ses idées
» divines, gigantesques. Dieu l'en préserve ! Il n'est plus question
» à présent de la clarté, de la netteté, de la tenue, de la passion,
» comme du temps de Glück, Haendel et Mozart. Non ! écoutez la
» recette de la nouvelle symphonie, que je viens de recevoir de
» Vienne, et jugez-en : Premièrement, un mouvement lent, plein
» d'idées courtes et interrompues qui n'ont aucune liaison entre
» elles. A chaque quart-d'heure, trois ou quatre notes ! — On
» attend ! puis un coup sourd de timballes, suivi d'un mystérieux
» tremolo d'altos, tout cela embelli par une portion congrue de
» pauses et de tenues. Enfin, lorsque les auditeurs, après une
» longue tension, désespèrent d'entendre l'allegro, un mouvement
» furibond entre, dans lequel il y a cela de particulier que le thème
» principal fait défaut; mais les changements de tons ne manquent
» pas, et l'on ne se gêne pas pour moduler comme Paër, dans
» *Léonore*, en faisant une gamme chromatique et en s'arrêtant sur
» la note du ton dans lequel on veut passer. La modulation est faite
» ainsi. En général, on évite tout ce qui est régulier, car la règle
» enchaîne le génie (1).

» Tout-à-coup une corde se cassa à la guitare qui pendait au-
» dessus de moi, et je fus réveillé en sursaut, tout effrayé de mon
» rêve, car je me voyais devenir un grand compositeur dans le
» genre nouveau, c'est-à-dire un fou.

» CARL-MARIE. »

C'est ainsi qu'un jeune artiste jugeait Beethoven, un maître qui
allait se placer bientôt à l'apogée de sa gloire artistique. A l'époque
où Weber publia cet article comique dans le *Morgenblatt*, le grand

---

(1) Sans doute, ce passage se rapporte à l'introduction et au premier morceau de la symphonie en si ♭, n° 4.

artiste avait déjà fait paraître six symphonies, neuf quatuors et toutes les sonates jusqu'à l'œuvre 69, sans compter d'autres ouvrages. Après ce spécimen d'aveuglement et de malice, on croirait difficilement à l'existence d'articles encore plus mauvais, où Weber, après avoir entendu la symphonie en *la majeur*, place son auteur dans une maison de fous. Si cet article existe en effet, il sera retrouvé tôt ou tard. Ce sera une preuve à l'appui des *connaissances transcendantes* du jeune artiste — (pour parler avec *Kant*) — devançant l'expérience et semant la confusion, ainsi que nous en avons le spectacle sous les yeux.

Un grand nombre de ces élucubrations et rêves soi-disant comiques, n'étaient point connus à Beethoven, ainsi que nous l'avons dit. Pendant longtemps, le baron Lannoy, compositeur et littérateur, passa pour en être l'auteur. Ce ne fut qu'en 1820 qu'on sût qu'ils sortaient de la plume de Weber. Malgré cela, ce dernier fut reçu très-amicalement, en 1823, par Beethoven. Il n'avait, au surplus, aucune raison de se plaindre de lui, si ce n'est d'avoir décliné la prière que lui adressait Weber d'examiner la partition d'*Euryanthe*, après son insuccès. Mais Beethoven déclara que Weber aurait dû lui faire cette demande plus tôt, avant la représentation, que maintenant c'était trop tard. — Weber voulait faire à son opéra les mêmes réformes que Beethoven fit autrefois à *Fidelio*. Ces réformes, du reste, ont été faites à l'*Euryanthe*, par d'autres, plus tard.

Les critiques de Weber sont d'un grand intérêt, si l'on considère surtout la transformation qui s'est opérée dans ses grands opéras, depuis sa première déclaration de principes. Mais il en résulte une leçon morale à l'adresse du jeune musicien : il avait tort de publier ces critiques sur d'autres ouvrages, pour faire plus tard la chose même qu'il avait d'abord blâmée. Cette conduite de Weber avait encore un côté fâcheux, c'est que la comparaison qu'il faisait de ses ouvrages, de ses opéras surtout, avec ceux de Beethoven, n'était pas faite en termes convenables.

F

Discussion sur la suppression de deux mesures dans le scherzo de la symphonie en ut mineur.

Pendant le festival du Bas-Rhin, qui eut lieu à Aix-la-Chapelle, en 1846, sous la direction de Mendelssohn, on parla d'une lettre de Beethoven adressée aux éditeurs de la symphonie en *ut mineur*, Breitkopf et Hærtel, lettre dans laquelle le maître demande la suppression de deux mesures du scherzo qu'on avait laissées dans les parties imprimées et qu'il qualifie de *grosse faute !* Cela se rapporte à la rentrée du motif principal, après l'*ut majeur*. Voici cet endroit avec les deux mesures marquées en astérisques :

Dans les deux mesures en question, on voit que le maître a écrit la même phrase d'une autre manière que dans les deux mesures suivantes. Ce sont ces deux mesures qui devraient être supprimées, selon la volonté du sublime compositeur.

La publicité donnée par Mendelssohn à la lettre de Beethoven, trente-six ans après la composition de l'œuvre, n'a pas manqué d'exciter un vif intérêt. Mais cet événement inspira de la méfiance à la majorité des musiciens présents ; plusieurs chefs d'orchestre se prononcèrent pour le maintien des deux mesures, n'y trouvant pas de fautes. Sollicité de toute part, à l'effet de faire connaître mon opinion sur cet objet, je répondis que je n'en avais jamais entendu parler à Beethoven.

Bientôt, la presse musicale prit parti pour et contre les deux mesures. On alla jusqu'à trouver *fautif* l'endroit sur lequel personne n'avait osé rien dire jusqu'à présent. Le journal des *Débats* se prononça pour l'intégrité. L'illustre Habeneck m'écrivit qu'il n'oserait point abandonner les deux mesures, qu'il s'exposerait à un orage violent de '.a part de l'orchestre du conservatoire. Mais, ce qui est digne de remarque, c'est que, pendant cette discussion internationale, le prix du coton monta sensiblement en Amérique. Toutefois, par l'effet de cette controverse, le monde musical offrit un de ces rares moments où l'on put voir une opposition ouvertement déclarée contre le sublime créateur de l'œuvre, parce qu'il osait jeter l'anathème à ces deux mesures. Bref, ce combat opiniâtre eut beaucoup de ressemblance avec les démêlés de nos philologues, qui se disputent pour des choses autrement importantes, telles que la manière de lire un mot, la place d'un comma, etc. — Qu'on nous permette de donner à l'examen de ces circonstances la place nécessaire.

L'existence de la lettre de Beethoven, probablement de l'année 1809, ne peut être contestée sans nul doute, et elle devrait être publiée en facsimile. Mais, il est possible que le maître en ait écrit une autre après, en sens contraire, par laquelle il pouvait faire grâce aux deux mesures supprimées, étant assuré qu'elles faisaient un bon effet et qu'elles étaient bien attachées. De tout cela, il aura oublié de prévenir l'éditeur. Cette symphonie fut d'ailleurs très souvent répétée et exécutée en sa présence, depuis sa publication jusqu'à la mort de Beethoven, pendant 18 ans, sans qu'il ait dit un mot sur cet endroit, non plus que sur la pause d'arrêt que l'on fait maintenant à la page 36 de la partition ; et pourtant, J. Seyfried nous dit que Beethoven tenait à ce que tout fut exécuté très-exactement, selon ses indications. Comment pouvait-il laisser faire les mesures en question, après s'être prononcé contre elles. Il était très-sévère pour l'observation de ses intentions, surtout dans les *Concerts spirituels*, dans lesquels cette œuvre et d'autres acquirent une nouvelle vie. La même chose arriva, en 1823, pour la même symphonie et pour d'autres compositions, sans qu'il fût question des deux mesures. La tradition prouve que Beethoven a changé d'idée sur ce point. Autrement, on n'expliquerait pas son silence sur cette « grosse faute » (en Allemand *grossen bock)*, dans une partition publiée depuis si longtemps.

Cette question peut être résolue en dernier lieu si l'on considère ce qui suit. — En examinant les manuscrits des grands ouvrages de Beethoven, on y aperçoit souvent de vrais combats pour les périodes rhythmiques ; on y trouve fréquemment deux, trois ou quatre mesures effacées, puis, au-dessus, on lit ces mots : « supprimé » « c'est bien » « cela reste » etc. Si l'on compare, après cela, les manuscrits corrigés avec les imprimés, il s'ensuit que les endroits effacés sont redevenus bons ! Je possède encore de ces manuscrits. — En considérant le cas présent avec la connaissance de cette manière d'agir pour formuler un jugement critique, il nous paraît évident que les deux mesures supprimées d'abord, furent rétablies et reconnues pour bonnes plus tard. La forme rhythmique de cette période prouve d'ailleurs que la pensée primitive admettait les deux mesures.

Lorsque les critiques disent, qu'à part la faute contre la disposition rhythmique, il y a encore une autre faute, qui saute aux yeux, c'est que la septième majeure au lieu de se résoudre dans la quatrième mesure, ne fait sa résolution que dans la septième, en tombant sur le sol. Il y a donc là une faute contre la règle. A cela, on peut répondre : en ce qui concerne le rhythme en général, c'est ici un charme particulier de la musique de Beethoven. Quel attrayant jeu de rhythme on rencontre déjà dans le premier morceau de la symphonie en *ut mineur* ! Quelle richesse dans la variété des formes rhythmiques, dans l'ouvrage entier ! Et, combien cette variété est encore plus développée dans plusieurs sonates. On voulait aussi en chercher la cause dans l'extension et l'inégale longueur des périodes; elles pourraient, disait-on, avoir été allongées de deux mesures par la faute du copiste. Mais nous voyons que le motif donné d'abord en huit mesures, reparaît bientôt, après le point d'orgue, sur la dominante, en dix mesures. Le retard de la tonique pendant une mesure entière, à l'entrée du motif, semble avoir pour but de donner une autre forme à l'irrégularité de onze mesures. Les rhythmes prolongés avec la partie constitutive de la mélodie, se rencontrent souvent chez Beethoven. Qu'est-ce que l'endroit qui, dans la symphonie en *ut mineur*, forme le passage du scherzo au quatrième morceau, endroit qui, selon Ulibischeff est une espèce de détestable miaulement qui déchire l'oreille la moins sensible, si ce n'est une prolongation du rhythme ! — Relativement à la faute de grammaire, ceux qui pourront s'arrêter sur le premier *fa dièse* auront raison.

Pour tranquilliser complètement ceux qui avaient encore quelques doutes, nous ajouterons que le critique Lewinsky qui, depuis longues années, connaît très-bien les affaires musicales de Vienne, s'était adressé aux artistes d'Aix-la-Chapelle, aussitôt après l'événement; il voulait connaître leur opinion sur les deux mesures, surtout l'opinion de ceux qui connaissaient Beethoven et qui faisaient partie des *Concerts spirituels* de Vienne. Aucun d'eux ne se souvenait de changements dans les parties de la symphonie en *ut mineur*, ce que prouvent, aussi, les anciennes parties conservées. Cette circonstance fut publiée dans le *Wiener-Zeitung*, de 1846.

G

Du procès avec le mécanicien Maelzel.

1. — DÉPOSITION.

« J'ai écrit pour Maelzel, de mon propre mouvement, une Bataille *(Schlacht-Sinfonie)* pour sa Panharmonica sans aucun intérêt pécuniaire. Quelque temps après qu'il eût reçu cette composition, et avant qu'elle ne fût gravée entièrement, il me la rapporta, avec prière de l'écrire pour l'orchestre. J'avais déjà conçu précédemment l'idée d'écrire une Bataille en musique, mais ce projet ne pouvait pas s'appliquer à la Panharmonica. — Nous convînmes de donner un concert au profit des militaires blessés et d'y faire exécuter la nouvelle œuvre avec plusieurs autres. Pendant que ceci se passait, je me trouvai dans un grand embarras d'argent, abandonné par tout le monde à Vienne. En attendant une lettre de change, etc., Maelzel m'offrit 50 ducats. Je les ai acceptés, en lui disant que je les lui rendrais, ou bien que je lui donnerais l'œuvre pour la faire exécuter à Londres, si je n'y allais pas moi-même; dans ce cas, je lui indiquerais un éditeur anglais qui lui payerait ces 50 ducats. A mesure que les concerts étaient donnés à Vienne, M. Maelzel développait son plan et montrait à découvert son caractère. Il fit mettre sur l'affiche, sans mon consentement, que la composition était sa propriété. Je m'élevai contre cette prétention, et fis disparaître cette annonce ; mais, il tenait à faire mettre ces mots : « par amitié, et pour son voyage de Londres. » Je le laissai faire, pensant que j'avais librement consenti à ces conditions. Je me rappelle avoir eu une discussion violente à ce sujet pendant qu'on imprimait les affiches ; mais, comme il restait peu de temps, je l'écrivis aussi sur l'œuvre. Dans le feu des représentations, je ne pensais plus à Maelzel, lequel avait déjà dit partout après le premier concert, dans la salle de l'Université, qu'il m'avait prêté 400 ducats. Prévenu de ce bruit par des personnes dignes de foi, je voulais le faire démentir par les journaux, ce qui n'eût point lieu, attendu que Maelzel y était tout puissant. Après le premier concert, je lui ai rendu ces 50 ducats, et je lui ai déclaré que, connaissant son caractère, je ne voulais plus voyager avec lui. (1)

2. — DÉCLARATION DE L. V. BEETHOVEN AUX ARTISTES ANGLAIS.

M. Maelzel, qui se trouve actuellement à Londres, a fait exécuter, à son passage à Munich, la *Bataille de Vittoria*. J'apprends aussi qu'il a l'intention de la faire jouer à Londres. Je déclare donc que je m'y oppose, n'ayant donné à personne l'autorisation de faire exécuter cet ouvrage qui est ma propriété. Personne, non plus, n'en possède de copie, excepté S. A. R. le prince Régent, auquel j'en ai offert une.

L'exécution de cette œuvre par M. Maelzel est une fraude vis-à-vis du public, attendu qu'il ne la possède pas régulièrement.

Ainsi, c'est tromper le public, que de lui donner une œuvre incomplète, sous le titre de *Victoire de Wellington* ou *Bataille de Vittoria*. Les artistes de Vienne, qui connaissent cette affaire, peuvent attester, que Maelzel n'a eu la partition de cette composition que pendant deux jours, chez lui, et qu'il en a profité à mon préjudice.

Je proteste aussi contre l'annonce de M. Maelzel, qui prétend que lui seul a eu l'idée de donner des concerts au profit des blessés, lorsque mes seules compositions figuraient sur le programme.

J'engage donc les artistes de Londres à ne pas souffrir que M. Maelzel abuse de mon nom, en faisant exécuter la *Bataille de Vittoria* pour son compte.

(1) Beethoven entre ici dans des détails qui sont sans intérêt pour les lecteurs français, et que nous croyons utile d'abréger. *(Note du traducteur.)*

3. — ATTESTATION.

Vienne, ce 25 juillet 1814.

Nous soussignés, certifions pour rendre hommage à la vérité et nous affirmons par serment, en cas de besoin, qu'entre L. v. Beethoven et Maelzel, mécanicien de la cour, il y a plusieurs entrevues en présence de Carl von Adlersburg ; elles avaient pour objet, d'arrêter les conditions d'après lesquelles la *Bataille de Vittoria* pourrait être exécutée à Londres. M. Maelzel fit, en effet, des propositions à M. L. v. Beethoven, pour obtenir de lui le droit de faire exécuter ladite composition en Angleterre ; ces propositions n'ayant pas été agréées par M. Beethoven, le présent acte a pour but de faire connaître ce fait au public.

Fait à Vienne, le 20 octobre 1814.

  L. S. Jean, baron de Pasqualati, négociant privilégié de S. M. Impériale et Royale.

  L. S. Carl Edler v. Adlersburg, avocat et notaire de la cour.

H

Coup-d'œil sur la Bibliothèque de Beethoven. — Sa vente publique en Novembre 1827.

En comparant ce que nous avons dit sur la Bibliothèque du maître, avec l'article publié dans les *Etudes de Beethoven*, par Seyfried, intitulé : « *Inventaire judiciaire et estimation des manuscrits et livres appartenant à la succession de Beethoven* », on se demande d'où viennent tant de contradictions et où est la vérité. Car, pendant que le Biographe rapporte notamment : qu'il n'y avait rien ni de J. Haydn, ni de Chérubini, le catalogue contient, sous la rubrique de « musique écrite », Partition de *Faniska*, de Chérubini, avec 21 différentes pièces, puis divers ouvrages de Mozart et de Haydn. Ensuite, sous la rubrique de « musique gravée, » le catalogue porte : « trois ouvrages de Haydn, plus : œuvres diverses de Mozart, Reicha, Salieri, Chérubini, Mehul, Paisiello, Séb. Bach, etc. »

Lorsque l'auteur eut connaissance du catalogue publié à Vienne, il exprima ouvertement son étonnement sur les prétendues richesses de la Bibliothèque de la chambre de Beethoven. On vendit, même, plusieurs ouvrages qui, selon l'opinion de l'auteur, avaient été apportés du dehors, bien que l'acte notarié en fît mention. Mais l'on sait que pareille chose arrive souvent après le décès d'un homme célèbre ; on profite de la circonstance pour faire monter les prix très-haut. Et rien n'est plus facile que d'introduire des objets étrangers dans une vente publique. Celle de Beethoven avait été confiée, par le curateur, à un homme qui n'était pas très-scrupuleux sur le choix des moyens à employer pour arriver à son but.

La question de la vente des manuscrits et des livres ayant été déjà traitée dans le supplément, nous ferons connaître seulement ici, l'opinion d'un célèbre antiquaire, *Aloys Fuchs*, à ce sujet. Voici les observations qu'il a bien voulu communiquer à l'auteur de cette biographie, à la date du 30 septembre 1851 : (1)

« ..... En ce qui touche la partition de la messe en ré ♯, de Beethoven, je puis vous communiquer ce qui suit : Pendant l'automne de 1828, M. G. Pœlchau, antiquaire musical connu, vint me voir à Berlin. Comme nous étions en relations pour des autographes d'hommes célèbres, il me demanda de lui procurer un bel autographe de Beethoven. Ayant été présent à la vente des manuscrits de ce grand compositeur, et ayant vu Artaria et Haslinger faire une véritable rafle sur tout ce qui s'y trouvait, je l'engageai à s'adresser directement à ces messieurs. Il résolut d'aller chez Artaria et me pria de l'accompagner. On nous montra plusieurs originaux de Beethoven, que nous considérâmes avec un grand intérêt. Parmi les manuscrits, se trouvait la partition de la messe en ré ♯, en grand in-folio, dont M. Pœlchau acheta le *Kyrie* pour quatre ducats en or. Je me rappelle y avoir vu l'inscription suivante de la main de Beethoven : « *Vom herzen kam es, zum herzen mœge es gehen.* » (2) (Cela vint du cœur, puisse-t-il aller au cœur.)

« N'est-ce pas un vrai vandalisme, que de vendre ainsi séparément les morceaux d'un grand ensemble, comme si l'on vendait au même poids un agneau tué par morceau ou en entier. Cependant c'était la destinée de la succession de Beethoven, car, moi-même, j'ai acheté le *Kyrie* de la première messe en *ut majeur*, chez Artaria ; quant au *Gloria*, je n'ai pu l'avoir que moyennant de grands sacri-

---

(1) Il est à remarquer que la vente des manuscrits de Beethoven s'est faite en charte privée ; aucun éditeur étranger n'en fut averti, afin d'éviter la concurrence.

(2) Aloys Fuchs fait observer dans une note en marge, que ce *Kyrie* se trouve actuellement à la bibliothèque de Berlin.

lices ; encore il n'allait que jusqu'au *Quoniam*, et Dieu sait où se trouve le reste. Toutes les recherches pour le retrouver restèrent sans résultat. Peut-être en savez-vous quelque chose. »

Je n'ai pu à mon grand regret répondre d'une manière satisfaisante à cet excellent homme, m'étant trouvé à Pesth pendant la vente des manuscrits. Du reste, je dois remercier le ciel de m'avoir épargné ce triste spectacle. La lettre de M. Fuchs éveilla mes souvenirs au sujet de bien des circonstances ; elle me fit constater l'absence, au catalogue, de la vente de la partition *Missa Solemnis*, que je cherchais en vain. Cette composition disparut de la chambre du maître ; cependant, quelques jours avant sa mort, elle était encore sur les rayons de sa bibliothèque. Aloys Fuchs s'adressa au docteur Bach pour savoir ce qu'elle était devenue ; mais ses recherches furent vaines. Aussi, à la date du 28 octobre 1851, il m'écrivit en ces termes « Par quel hasard M. A... est-il devenu propriétaire de la messe en ré #, je ne puis l'expliquer ; il l'avait probablement achetée à la succession. Mais on se demande comment une œuvre d'une telle importance ne figurait pas sur le catalogue de la succession ? Pourquoi ne l'a-t-on pas inventoriée après le décès de Beethoven ? Faut-il supposer que les personnes chargées de l'estimation du manuscrit se soient méprises sur la valeur d'un tel trésor. Il serait absurde de le croire malgré les apparences. »

Le long chapitre des attentats commis par les éditeurs contre la musique de Beethoven, était loin d'être épuisé. Tous les hommes sensés désapprouvaient ces abus. Il n'y avait que les suppôts de la mauvaise littérature musicale qui fussent capables de transformer les infracteurs de lois, en protecteurs de l'art, ainsi que cela s'est vu en 1840. On était étonné de lire dans certaines feuilles officielles, l'éloge d'entreprises qui mériteraient le blâme. Ces feuilles, sentinelles avancées des bonnes doctrines musicales, ne se faisaient pas scrupule de glorifier l'esprit mercantile des publications qui étaient à l'ordre du jour. Une exception honorable doit être faite en faveur de l'ouvrage de M. Hirchbach « *Repertorium für musik* » qui parut de 1844 à 1846. On y combattait les mauvaises tendances du commerce de musique ; mais, déjà, les vers rongeurs envahissaient tout ; les pâles élucubrations des héros du jour, régnaient dans les salons et chez les éditeurs de musique. Dans l'état actuel de cette branche du commerce, la critique bien dirigée rendrait service aux uns et aux autres, en dirigeant les travaux des jeunes artistes. Il y a si peu d'éditeurs pouvant faire les frais d'une œuvre originale, d'un compositeur n'ayant pas un *nom!* On publie des *arrangements,* qui entretiennent le mauvais goût et coûtent peu de peine à leurs auteurs. L'expérience a prouvé que ce genre de commerce de musique, qui rapporte très-peu, est la mort de l'art véritable. D'un autre côté, publier des compositions des auteurs connus sans examiner leur valeur intrinsèque, est une pure spéculation. Chaque époque a sa : *Signatura temporis.*

I

Lettre de Beethoven à Chérubini, datée de 1823, de Vienne.

Très-estimable Monsieur,

« C'est avec grand plaisir que je saisis l'occasion de m'approcher
» de vous par écrit. Depuis longtemps je l'ai fait déjà en pensée et
» j'estime par dessus tout vos compositions dramatiques. C'est un
» malheur pour le monde musical que, depuis longues années, on
» n'ait rien donné de vous, surtout en Allemagne. Si haut que
» soient estimées vos autres productions, autant c'est une vraie
» perte pour l'art de ne pas posséder une œuvre de votre génie
» pour le théâtre. L'art véritable ne passe pas, et un véritable
» artiste jouit sincèrement des œuvres du génie. Aussi, je ne puis
» voir sans émotion une nouvelle œuvre de vous; j'y prends une
» grande part, comme si c'était la mienne propre; — bref je vous
» aime et vous estime. Sans le triste état de ma santé, j'aurais été
» vous voir à Paris, et avec quel indicible plaisir j'aurais causé avec
» vous de l'état de la musique! Ne croyez pas que je vous dise tout
» cela comme introduction, étant dans l'intention de vous deman-
» der un service. J'espère et je suis convaincu que vous ne me
» supposez point des sentiments aussi bas.

» Je viens de finir une Messe solennelle, et je suis dans l'inten-
» tion d'envoyer un exemplaire aux principales cours de l'Europe,
» n'étant pas encore décidé à la faire publier. J'ai adressé, dans ce

» but, une lettre au roi par l'entremise de l'ambassade de France,
» pour demander à S. M. l'honneur d'une souscription pour cette
» œuvre. Je ne doute pas que le roi n'accède à ma prière sur votre
» recommandation (1). Ma situation critique demande que je ne
» fixe pas seulement, comme ordinaire, mes vœux au ciel ; au
» contraire, il faut les fixer aussi en bas pour les nécessités de la
» vie. *Wie es auch gehen mag mit meiner Bitte an Sie, ich werde
» sie dennoch alle zeit lieben und verehren* (n'importe ce qui arri-
» vera avec ma prière, je vous aimerai et vous estimerai toujours)
» et vous resterai toujours celui de mes contemporains, que je
» l'estime le plus. Si vous me voulez faire un estrême plaisir,
» c'était si vous m'écrivez quelques lignes, ce que me soulagera
» bien. L'art unit tout le monde, et plus encore des vrais artistes
» et peut-être vous me dignez aussi, de me mettre : *auch zu rechnen
» unter diese zahl* » (dans ce nombre).

» Avec le plus haut estime,

» Votre ami et serviteur,

» BEETHOVEN. »

K

Le Motif du 4me Morceau du Quatuor en UT ♯

(ŒUVRE 131).

Dans la troisième période, nous fîmes porter l'attention du lecteur sur les essais que Beethoven avait coutume de faire subir aux motifs ou mélodies nouvellement trouvés. Il cherchait à leur donner la forme pouvant répondre à ses intentions. Un motif n'était admis qu'après l'épreuve, qui consistait à le rendre susceptible de développement et pouvant se tranformer selon le caractère de la composition à laquelle il était destiné. Le *fac simile* du thème de l'ode à la joie de Schiller, dans la 9me symphonie, prouve cette vérité. Les diverses transformations du motif du 4me morceau du

---

(1) **Texte français de Beethoven.**

quatuor en ut # sont encore plus intéressantes. Nous en donnons deux exemples, d'après les esquisses de la bibliothèque royale de Berlin. Ce motif n'a pas moins de sept transformations, nombre le plus élevé de tous ceux qui se trouvent à Berlin. Il y en a dans une autre mesure en 2/4, souvent l'idée ne paraît pas déterminée, parfois les accidents manquent, ainsi que les barres de mesures.

Final, UT # mineur.

Autre transformation du même motif.

En UT # mineur.

I.

Introduction de la Sonate pathétique.

Les nuances n'ayant pas été marquées dans les premières éditions de la sonate pathétique, nous donnons ici les indications principales d'après les traditions de Beethoven.

Le son des premiers accords (attaqués fortement) doit s'éteindre insensiblement. Les accords suivants se jouent délicatement, mais avec précision, dans un mouvement indéterminé « *in unbestimmten Zeitmasze.* » Dans la troisième mesure, les trois derniers accords doivent être exécutés avec plus de fermeté, ainsi que les trois premiers accords dans la quatrième mesure, jusqu'au trait. On doit observer aussi le point d'orgue sur le *la* ♭, lequel manque souvent dans les éditions de nos jours. L'entrée de la cantilène, véritable inspiration du génie, exige un sentiment profond et beaucoup de poésie. Les oppositions entre le chant et les accords *ff* doivent être ressorties. Toute cette introduction exige un style large et bien accentué.

M

Reliques de Beethoven.

Les objets qui avaient appartenu à des hommes célèbres, comme les armes, les vêtements, les livres et les effets de ménage, ont toujours eu, de tout temps, un grand intérêt historique. Aussi, l'auteur de ce livre fut fortement engagé par E. Breuning et le Dr Bach à conserver quelques-uns de ces objets provenant de la succession de Beethoven, quand même leur valeur intrinsèque serait minime. Notre choix tomba principalement sur les objets de sa table à écrire, qui, depuis longues années, lui servait d'étagère. En voyant cette table, on était malgré soi transporté parmi les Grecs et les Romains, dont on avait sous les yeux des statuettes ainsi que des objets d'art. Malheureusement, un bon nombre de ces jouets, que le maître aimait à contempler, étaient perdus déjà de son vivant, ainsi qu'il a été dit plus haut.

Parmi les objets conservés par l'auteur il se trouve :

(A) Une pendule dans la forme d'une pyramide tronquée, avec une petite tête de femme en albâtre. (Présent de la princesse Lichnowska.)

(B) Inscriptions du temple de la déesse Neith en Egypte, copiées de la main de Beethoven (placées dans un cadre, sous la glace.)

(C) Un petit paysage de cheveux du maître, sous la glace.

(D) Un flambeau de cuivre avec un écran. (L'amour assis dans une nacelle, tenant le flambeau dans ses deux mains).

(E) Deux kosaks, en bronze, comme presse-papier.

(F) Une petite sonnette.

(G) Un grand ciseau à papier.

(H) Deux cachets, avec les initiales de Beethoven ; il appelait le grand cachet, *son sceau d'Etat.*

(I) Deux paires de lunettes, dans deux étuis séparés. Sur un de ces étuis, on lit le mot *Alt* (vieux) écrit de la main de Beethoven ; sur l'autre, le mot « *vordere* » (premier.)

(k) Une lorgnette, que Beethoven porta longtemps suspendue à son cou par un cordon noir.

(l) Une statuette représentant Brutus.

(m) Une plume d'acier et une plume d'oie, dans un étui noir. Avec la seconde il écrivit son vieux testament. Ce fut son dernier écrit.

(n) Un rasoir.

(o) Une canne en bambou avec une petite plaque en argent, sur laquelle le nom de Beethoven est gravée.

Quel sera le musée futur, qui enfermera ces intéressants objets ayant appartenu à Beethoven ? je l'ignore. Mais dans tous les cas, ils ne doivent point être séparés d'un grand nombre d'autographes et de documents existants, ainsi que de ses livres et manuscrits, dont nous venons de parler.

Facsimile de l'Ode à la joie de Schiller,
(9me Symphonie), voyez page 818.

TABLE DES MATIÈRES.

	PAGES.
Avant-Propos	XIII
Introduction	XVII

PREMIÈRE PÉRIODE

Depuis la naissance de Beethoven jusqu'à la fin de 1800, en deux parties.	1
Appendice I, sur l'état de la musique à Vienne, pendant les dernières années du xviii° siècle, et au commencement du xix°.	31
II Avertissement concernant le catalogue.	34
III Catalogue des œuvres de Beethoven publiées depuis 1795 à 1800.	38
IV Coup-d'œil sur le caractère de la critique musicale et les jugements des œuvres de Beethoven.	43

DEUXIÈME PÉRIODE.

Depuis 1801 jusqu'à 1814, en cinq divisions	49
Supplément au catalogue, I.	143
II Catalogue des œuvres de la deuxième période	145
III Caractère de la musique de Beethoven. (Obscurités)	150

TROISIÈME PÉRIODE.

Depuis 1815 jusqu'à la fin, en cinq divisions.	153
Catalogue d'ouvrages de la troisième période.	277

DER SCHWER GAFASETE ENTSCHLUSZ. (La résolution difficilement prise)	281

NOTES.

I Information sur les causes de surdité.	283
II Du testament et de la fortune.	283
III Une lettre d'Étienne Breuning et l'empreinte du visage par Danhauser	285
Caractère, singularités, événements divers.	287
I Religion, la basse-générale, esthétique	287
II Contemporains. — Le maître et l'élève.	294
III La mémoire.	296
IV Bibliothèque portative.	296
V Voyages (Wanderlust)	299
VI Dans le crépuscule.	301
VII Emploi du temps.	302
VIII Malice de jeunesse.	302
IX Certificat de vie.	303
X Contraste entre les frères	303
XI Moments de profondes méditations.	304
XII Le boire et le manger.	304
XIII Remercîments, ou Beethoven et Hummel	305
PARTIE MUSICALE.	309

COMPLÉMENTS.

A Portraits de Beethoven.	357
B Beethoven et son dernier médecin, le docteur Wawruch.	362
C Études de Beethoven. Traité d'harmonie et de composition.	364
D Beethoven et Charles Holz	367
E C.-M. de Weber, comme critique de Beethoven.	371
F Discussion sur la suppression de deux mesures dans le scherzo de la symphonie en *ut mineur*	377

	PAGES.
G Du procès avec le mécanicien Maelzel.	380
H Coup-d'œil sur la bibliothèque de Beethoven, sa vente publique en novembre 1827.	382
I Lettre de Beethoven à Chérubini, datée de 1823, de Vienne.	385
K Le motif du quatrième morceau du quatuor en ut # mineur, œuvre 131	386
L Introduction de la sonate pathétique.	388
M Reliques de Beethoven.	389
TABLE DES MATIÈRES	394

ERRATA.

Page 24, lig. 12, Giovanni Ponto, *lisez* : Punto.
— 26, lig. 11, { le renvoi (1) se rapporte à Weiss Alto.
              { le renvoi (2) se rapporte à Sina.
— 33 (dans la note), Gottlizeb, *lisez* : Gottlieb.
— 153, lig. 6 et 7, comment il se présente du dehors (influences extérieures), *lisez* : comme il se peint au dehors.
— 173, Niederoesterichische, *lisez* : Niederoestereichische.
— 193, lig. 15, formes, *lisez* : femmes.
— 244, lig. 33, Conrandin, *lisez* : Conradin.
— 287, Base générale, *lisez* : Basse générale.

www.ingramcontent.com/pod-product-compliance
Lightning Source LLC
Chambersburg PA
CBHW051836230426
43671CB00008B/973